大明帝国的衰亡
1500—1644

李晓鹏 著

变法与党争

团结出版社
北京

© 团结出版社，2025 年

图书在版编目（CIP）数据

　　变法与党争：大明帝国的衰亡：1500—1644 / 李晓鹏著. —北京：团结出版社，2025.2（2025.4 重印）
　　ISBN 978-7-5234-1015-8

　　I. K248.09

中国国家版本馆 CIP 数据核字第 2024ZT8374 号

责任编辑：安胡刚
封面设计：谭　浩

出　　版：团结出版社
　　　　　（北京市东城区东皇城根南街 84 号　邮编：100006）
电　　话：（010）65228880　65244790（出版社）
　　　　　（010）65238766　85113874　65133603（发行部）
　　　　　（010）65133603（邮购）
网　　址：http://www.tjpress.com
电子邮箱：zb65244790@vip.163.com
经　　销：全国新华书店
印　　装：天津盛辉印刷有限公司

开　　本：170mm×240mm　16 开
印　　张：29.5
字　　数：459 千字
版　　次：2025 年 2 月　第 1 版
印　　次：2025 年 4 月　第 2 次印刷
书　　号：978-7-5234-1015-8
定　　价：86.00 元
　　　　　（版权所属，盗版必究）

目录

引子　祸起辽东　　　　　　　　　　　　　　　　　　　1

第一章　文武之争　　　　　　　　　　　　　　　　　　6

一、萧墙之乱：辽东局势与明廷内斗　　　　　　　　6
二、天下"道统"：儒家士大夫的崛起　　　　　　　　9
三、科举腐化：士大夫阶层的特权与堕落　　　　　　15
四、党同伐异：宋军战斗力低下之谜　　　　　　　　19
五、岳飞之死：文官集团的罪恶　　　　　　　　　　22
六、儒家奸臣：史弥远擅杀韩侂胄事件　　　　　　　26
七、官权民权：宋朝与明朝的酷刑对比　　　　　　　29
八、文官之祸：腐化的出现及其后果　　　　　　　　34
九、汉唐归来：朱明皇权的两大支柱　　　　　　　　36

第二章　盛世危局　　　　　　　　　　　　　　40

一、重商抑农：明朝税制与税收结构　　　　　　40
二、商业帝国：空前的工商业大繁荣　　　　　　46
三、户籍改革：明廷的"新型城镇化"改革　　　50
四、浮华世界：明朝中后期社会风气的变化　　　52
五、四大名著：大一统王朝的文化遗产　　　　　55
六、出版自由：皇权合法性与言论管制　　　　　57
七、万妃冤案：写进正史的野史绯闻　　　　　　61
八、《孟子节文》：朱元璋删节《孟子》之谜　　66
九、官商一体：权力与财富的深度融合　　　　　71

第三章　正德一朝　　　　　　　　　　　　　　77

一、《问刑条例》：官僚集团的胜利　　　　　　77
二、得寸进尺：文官与皇权的交锋　　　　　　　80
三、刘瑾变法：被历史遗忘的改革　　　　　　　91
四、刘瑾惨死：官僚集团的报复　　　　　　　　96
五、应州之战：对鞑靼的军事反击　　　　　　　98
六、武宗南巡：朱厚照是一个荒唐的皇帝吗？　　104

第四章　嘉万革新　　　　　　　　　　　　　　109

一、嘉靖皇帝：入继大统的藩王　　　　　　　　109
二、"指伯为爹"：继嗣与继统的争议　　　　　112
三、君臣决裂：内阁驳封与皇帝辞职　　　　　　118
四、张璁变法：改革文官体制　　　　　　　　　122
五、反攻倒算："大礼议"保守派的反扑　　　　128
六、明朝抗倭：海禁的起因与反侵略斗争　　　　133

七、"奸臣"严嵩：抗倭战争中的内阁首辅　　　　　　　　138

八、海瑞上疏：在政治斗争夹缝中崛起的清官　　　　　　142

九、高拱专权：明朝的乱局与海瑞的失败　　　　　　　　147

十、帝国首辅：张居正变法　　　　　　　　　　　　　　150

第五章　党争误国　　　　　　　　　　　　　　　　　156

一、末世变法：张居正与王安石变法的异同　　　　　　　156

二、人亡政息：保守派对张居正的清算　　　　　　　　　159

三、讪君卖直：痛骂皇帝的言官们　　　　　　　　　　　164

四、国本之争：皇位继承权的合法性问题　　　　　　　　169

五、东林党人：激进的理学官僚集团　　　　　　　　　　172

六、贪腐横行：明末官场乱象　　　　　　　　　　　　　175

第六章　心学革命　　　　　　　　　　　　　　　　　182

一、吃人的理学：东林党的思想根源　　　　　　　　　　182

二、心学变革：从陆九渊到王守仁　　　　　　　　　　　192

三、海瑞变法：一场被误读的改革　　　　　　　　　　　195

四、海瑞罢官：明末主要政治派系之争　　　　　　　　　201

五、杀死异端：东林党对李贽的迫害　　　　　　　　　　204

六、唤醒皇权：明朝近代转型的机遇与败局　　　　　　　208

第七章　万历盛世　　　　　　　　　　　　　　　　　216

一、万历三大征：大明帝国最后的辉煌　　　　　　　　　216

二、皇帝罢工："万历怠政"的谜团与真相　　　　　　　222

三、简政放权：万历皇帝"断头政治"的真实效果　　　　228

四、抗税运动：隐藏在愤怒的群众背后的利益集团　　　　231

五、萨尔浒之战："文官统兵"制度的灾难性后果　　242

第八章　救亡图存　　253

一、辽东沦陷：东林党的第一次主政　　253

二、辽西溃败：经略与巡抚的内斗　　257

三、"癸亥京察"：保守派与宦官的结盟　　262

四、整肃东林：汪文言受贿案　　268

五、二十四大罪：杨涟弹劾魏忠贤罪名辨析　　273

六、魏忠贤变法：专权乱政还是打击贪腐？　　280

七、黄山贿案：对地方豪强的打击　　286

八、觉华惨案：宁远保卫战的成败得失　　291

九、皮岛总兵：毛文龙东江基地的建立　　298

十、东江移镇：文官集团对毛文龙的初步攻击　　303

十一、抗金援朝：第二次救援朝鲜　　312

十二、宁锦之战：毛文龙的胜利　　317

第九章　亡国之祸　　322

一、东林复辟：崇祯初年的政局剧变　　322

二、杀毛议和：东林党与袁崇焕的秘密约定　　329

三、金兵入塞：冤杀毛文龙的严重后果　　338

四、空饷黑幕：辽东军饷与关宁军数量之谜　　345

五、千古奇冤：袁崇焕杀毛事件再分析　　349

六、穷途末路：内忧外患之下的明王朝　　358

七、围城打援：大凌河之战　　361

八、吴桥兵变：一只鸡引发的悲剧　　364

九、最后的兵团：被包围的锦州城　　367

十、回光返照：崇祯皇帝的最后努力　　373

十一、明朝灭亡：崇祯皇帝最后的日子　　　　　　　　　　379

　　十二、清军入关：无可挽回的改朝换代　　　　　　　　　　385

第十章　千古兴亡　　　　　　　　　　　　　　　　　　　　**392**

　　一、东南豪强：明朝灭亡的深层次动力　　　　　　　　　　392

　　二、亡国祸根：土地兼并与官僚腐败的因果关系　　　　　　399

　　三、造反有理：底层起义与大一统王朝的崛起　　　　　　　408

　　四、问鼎中原：外族入侵与中华文明的四起四落　　　　　　412

　　五、华夏之殇：倒在近代化门槛前的中国　　　　　　　　　420

　　六、文明的宿命：如何逃出盛极而衰的规律？　　　　　　　430

　　七、太监救国：宦官专权的历史真相　　　　　　　　　　　435

　　八、青史昭昭：为中华帝国辩护　　　　　　　　　　　　　454

后记　寻找解读中国历史的新史观　　　　　　　　　　　　　**458**

引子　祸起辽东

有人说，明朝灭亡的罪魁祸首，是一个叫李成梁的人。

李成梁是明朝万历年间的辽东总兵，非常能打仗，在辽东地区基本上百战百胜，把蒙古和女真的各个部落都收拾得服服帖帖的。《明史》说他是"边帅武功之盛，二百年来未有也"。带兵把日本军队赶出朝鲜的主帅李如松便是他的大儿子。

但就是这么一个人，竟然养虎为患，故意扶植建州女真部落首领努尔哈赤，用明朝的军队帮助努尔哈赤消灭他在建州女真内部的敌人。谁跟努尔哈赤对着干，李成梁就去灭谁，帮助努尔哈赤统一了建州女真。

此外，李成梁还开设了贸易市场，让女真人和关内人做生意，解决了女真部落战略物资缺乏的问题。等努尔哈赤成了"气候"，李成梁又说女真现在太强大了，之后宣布关闭贸易市场，将防卫后撤，把抚顺以东的广大地区白白送给了努尔哈赤。

李成梁死后，努尔哈赤正式起兵反明，建立后金（1636年改称大清）。在1619年的萨尔浒战役中，努尔哈赤大败明军，之后就不断向明朝发起进攻，把明朝财政拖垮了，把明朝的主力军队也消灭了，还多次到河北、山东一带烧杀抢掠，毁灭了明朝北方的经济基础。明朝因此国力耗竭，无力镇压内部的农民起义。李自成打进北京后，明朝就灭亡了。清军趁机入关，夺取农民起义的胜利果实。

所以在很多人看来，明朝灭亡的源头就是李成梁扶植了努尔哈赤。

明朝的辽东总兵，怎么会故意扶植敌对势力呢？这个事情在历史上几乎就是一个谜。

李成梁对努尔哈赤好，努尔哈赤也很懂得投桃报李。李如松打日本军队的时候，努尔哈赤就主动要求带女真兵前去支援，不过被万历皇帝拒绝了。萨尔浒之战，四路明军总共8万多人，其中三路大军六七万人都被努尔哈赤围歼了，三大总兵杜松、马林、刘綎两死一伤，偏偏李成梁的二儿子李如柏带领的那一队人马啥事儿没有，在长白山山脉里面转了一圈回来了。这仅仅是巧合吗？

细说起来，努尔哈赤跟李成梁算是有着不共戴天之仇。因为努尔哈赤的爷爷和父亲都是被李成梁害死的。这两位以前带领女真部落投靠明朝，积极帮助李成梁消灭各个不听话的女真部落。有一次，李成梁派他们两个去劝降某个部落，结果二人进去的时间有点儿久，李成梁不耐烦了，就下令强攻，这两人就被杀死在乱军之中。此时努尔哈赤已经25岁，得知祖父和父亲的死讯，号啕大哭，跑去抱住李成梁的腿，请求李成梁把他一起杀掉算了。

就这么着，李成梁还大力扶植努尔哈赤，而努尔哈赤也在关键时刻放过了李如柏。这可真是很奇怪。所以就有一些民间传说，说努尔哈赤其实是李成梁的儿子。因为努尔哈赤的母亲喜塔腊氏是女真部落有名的美女，他的父亲和爷爷又投靠了李成梁，所以李成梁就跟喜塔腊氏有了感情，生下了努尔哈赤。李成梁知道这个事儿，喜塔腊氏在死前也把真相告诉了努尔哈赤，二人心照不宣。李成梁感觉自己有愧于喜塔腊氏和努尔哈赤，所以决定让自己的儿子成为女真之主。努尔哈赤当然也就毫不客气地接受了。要按照这种说法，明朝实际上亡于一段跨民族的不伦之恋。这剧情也确实令人难以置信。

李成梁跟努尔哈赤的爷爷觉昌安是老朋友，又比努尔哈赤大33岁，以上故事并非完全没有可能。官方文献《满洲实录》里面说："汗（努尔哈赤）十岁时丧母。继母妒之，父惑于继母言，遂分居，年已十九矣，家产所予独薄。"也即是说，努尔哈赤的母亲喜塔腊氏死后，继母在他父亲塔克世面前说努尔哈赤的坏话。塔克世相信了这些话，就把努尔哈赤赶出了家门，只给了他很少的家产。努尔哈赤的继母编了些什么坏话，竟然让一个当爹的把大儿子逐出家门呢？史料里面没有说。

努尔哈赤被逐出家门以后，就跑到李成梁家里，给李成梁当亲兵侍卫[①]。然后就发生了努尔哈赤的父亲和爷爷双双被"误杀"的事件，努尔哈赤以长子的身份回到部落继承首领的职位，李成梁开始不遗余力地扶植他并发展壮大。

以上都是官方史料记录的内容，里面确实不乏蹊跷之处。若依据这个就说李成梁是努尔哈赤的爹，也显然证据不足，只能是存疑。

如果我们更严谨一点，不从私生子的假设出发，这段历史能不能讲得通呢？

李成梁跟努尔哈赤的爷爷是多年的老朋友，努尔哈赤因为被继母忌恨而投奔李成梁，李成梁把他放在身边当贴身侍卫也是一件很正常的事。努尔哈赤聪明伶俐，深受李成梁喜爱，也很正常。

后来，李成梁不小心害死了努尔哈赤的爷爷和父亲，努尔哈赤作为塔克世的长子，回到他的部落继承首领之位。李成梁也就趁机扶植他一把，利用努尔哈赤来消灭其他不服从明朝管理的女真部落。当时北边的海西女真势力很大，而且不服从明朝管理；南边的建州女真则四分五裂，忙于内斗，无力与海西女真争雄。由于努尔哈赤对李成梁、对明朝表现得十分恭顺，在李成梁看来，努尔哈赤跟他的父亲、爷爷一样，可以培养成为一个很听话的部落首领。

于是，明廷和李成梁制定了一个错误的战略决策：扶植努尔哈赤统一建州女真来对抗海西女真。这个决策不完全由李成梁决定。努尔哈赤曾经亲自到北京朝贡，得到明廷的热情接待，并且不断地得到封赏，加官晋爵。

李成梁之前镇守辽东，一贯套路就是扶植小部落去攻击大部落，等小部落壮

[①] "太祖即长，身长八尺，智力过人，隶成梁标下。每战必先登，屡立功，成梁厚待之。太祖亦尽死力，成梁俾为都指挥。"（管葛山人：《山中闻见录》，载《先清史料》，吉林文史出版社1990年版）。此外还有诸多史料记录努尔哈赤年幼时就为李成梁所抚养（如《建州私志》记录"成梁雏畜哈赤"），也有史料认为是李成梁在杀了努尔哈赤的父亲后才抚养努尔哈赤的。但努尔哈赤生于1559年，其父祖被杀事件发生于1583年，努尔哈赤已经25岁，不再年幼，李成梁这时候再收养肯定不可能了。综合各方史料，努尔哈赤小时被李成梁抚养之事可能有也可能没有，但19岁之前一段时间肯定生活在父亲身边，这才有19岁之时被继母驱赶分家之事，然后到李成梁标下做事，再之后才发生其父祖被杀之事。

大了再扶植别的小部落去攻击它。这种调动女真部落内斗的方式比直接出兵效果要好,会让女真各个部落无法团结起来,只能争相依靠明朝。按照之前的惯例推测,等到努尔哈赤势力发展到一定程度之后,李成梁就会再扶植别的势力予以打击。

其实,李成梁早就埋下了一个伏笔,就是努尔哈赤的弟弟舒尔哈齐。

舒尔哈齐也在李成梁家里打过工。可能是努尔哈赤先去,后来把弟弟也介绍过去。李成梁在万历十一年(1583年)把努尔哈赤送回女真部落的时候,把舒尔哈齐也一起送了回去,后来又同时把二人封为都督,不分大小,舒尔哈齐当时被称为"二都督",共同管理他们的部落。这就为未来挑拨二人关系埋下了伏笔。

但是,万历十九年(1591年),就在努尔哈赤基本统一建州女真、准备向更北方的海西女真发起进攻的关口,当了20年辽东总兵的李成梁却在没有打任何败仗的情况下,因为朝廷的内部斗争而被免职。

此后,由于朝廷内部党争激烈,辽东总兵这一关键职位也如走马灯一样更换。十年间换了八个总兵,大部分都是无能之辈。努尔哈赤抓住这个难得的机遇,大规模向北扩张,击败海西女真叶赫部,基本统一了女真部落。等到十年之后,明廷发现问题严重,这才想起李成梁,再次让他出任辽东总兵。

此时的李成梁已经75岁高龄,不可能再像十年前那样亲自带兵打仗了。他知道努尔哈赤已经羽翼丰满,不是他想收拾就能收拾得了的,就采取了坚壁清野、以退为进的策略,把长白山山脉以外六座明军控制的军事据点宽甸六堡全部焚毁,中断了关内和女真的贸易,并且把这些地区的20多万汉民强制内迁。

这个策略看起来是把山外的土地拱手让给了努尔哈赤,其实是被迫撤退自保。因为明朝凭当前的军事实力,已经难以翻越长白山山脉去征讨努尔哈赤。把这些地方留在那里,无非就是为女真人的边境贸易提供方便。努尔哈赤什么时候想要跟明朝撕破脸了,很容易就可以将这些地方吞并,还可以获得20多万人口以及他们的财富。

宽甸六堡是20多年前李成梁上书皇帝提议兴建的。那个时候女真部落四分五裂,明军可以很容易地控制这些地方。在长白山山脉以外修建堡垒,开通贸易，形成汉人聚居地，可以逐步实现这些地方的汉化。但时过境迁，过去十多年努尔哈赤发展势头太猛，统一了女真部落，汉化的条件已不复存在，因此最好的办法是毁弃城堡并内迁人口。

宽甸六堡都是在大山里头找块平地建起来的，周边也没什么肥沃的土地可供耕种放牧，主要就是有军事价值和商业价值。军事上既然守不住，把人口一撤、贸易一停，这些地方就成了荒山野岭，努尔哈赤即便占领了也得不到什么好处，反而可以拉长他的守备线。这就是李成梁的算盘。

撤销宽甸六堡之后，李成梁开始利用他在努尔哈赤身边埋下的"地雷"——舒尔哈齐来分裂女真。万历三十五年（1607年），也就是李成梁复出之后六年，这种挑拨离间政策取得成效，舒尔哈齐宣布独立，带着亲信跑到靠近明朝控制的铁岭附近建立起一个新的部落，与努尔哈赤对抗。李成梁上书朝廷，封舒尔哈齐为建州卫首领，这是明朝在女真地区名义上的最高军事长官。

但这个办法最终还是失败了，因为就在舒尔哈齐独立之后的第二年，李成梁的辽东总兵之职又被罢免了。

没有李成梁的支持，舒尔哈齐无法与努尔哈赤抗衡，只坚持了两年就向努尔哈赤投降，被囚禁了一年后死去。

万历四十三年（1615年），90岁的李成梁在家中去世。明朝方面再没有人可以与努尔哈赤相抗衡。第二年，也就是万历四十四年（1616年），努尔哈赤登基称汗，建立后金，正式宣布脱离明朝独立，并在随后的萨尔浒战役中歼灭了明军主力，在辽东地区确立了对明朝的军事优势。

一个可以威胁明王朝生存的新政权诞生了。

第一章　文武之争

一、萧墙之乱：辽东局势与明廷内斗

回顾努尔哈赤发家的这段过程，有两个非常关键的时间点。

第一个是万历十九年（1591年）。努尔哈赤刚刚统一建州女真，这一年李成梁被罢免了总兵之职。这为努尔哈赤北上统一海西女真提供了十年的机遇期。

第二个就是万历三十六年（1608年）。舒尔哈齐独立之后，这一年李成梁第二次被罢免。这为努尔哈赤解决内部分裂问题创造了条件。

可以说，正是因为李成梁连续两次在关键时刻被撤职，努尔哈赤才能快速发展壮大起来，成就他的霸王之业。

那么，是谁连续两次在关键时刻替努尔哈赤赶走了李成梁这个心腹大患的呢？又是出于什么样的原因呢？

这就触及了一个更深层次的问题：明廷内部的政治斗争。

一个国家的政治清明程度和军队的战斗力成正比。岳飞当年抗金屡战屡胜，逼得金兀术想要放弃中原地区，撤回到燕云十六州，金兀术手下的谋士就说："国家内部政治不稳定，而大将能够在外建功，这样的情况从来没有听说过。现在岳飞自身尚且难保,如何能够收复中原呢?"于是献计让金兀术与秦桧和谈,以释放宋钦宗回国为条件,要求宋高宗赵构解除岳飞的兵权。岳飞遂被迫撤兵,随后死于政治冤狱。

李成梁面临的问题,与岳飞有相似之处。无论他在军事战略上如何高明、如何能征善战,一旦被朝廷认为在政治上不可靠,就会被立刻拿下。

万历十年(1582年),也就是李成梁把努尔哈赤送回部落当首领的前一年,朝廷里发生了一件决定李成梁命运的大事:权倾天下的内阁首辅、李成梁的有力支持者、独揽朝政十年的一代名相张居正,因病去世了。

张居正生前,发动了一场影响深远的变法,试图提高政府效率,并且向大土地所有者征收更多的税赋。他死后,立即遭到"官僚—地主"利益集团的反攻。张家被抄家,大儿子自杀,二儿子充军。跟随张居正变法的官员纷纷被清理出官僚队伍。他重用的军事将领当然也必须清洗。首当其冲的,就是与张居正关系最密切的抗倭名将戚继光,先被调离原职,然后被扣上专权冒功、贪污腐败、勾结张居正的罪名,被撤职了。

文官内部清洗完成,戚继光也被拿下,接下来就应该是李成梁了。但主导这次大清洗运动的内阁首辅张四维因为父亲去世被迫回家守孝去了,次辅申时行接替了他的职位。申时行受过张居正的提拔,属于处事圆滑、各方面都不得罪的中间派。这一轮清洗的风潮就暂时停顿了下来。但是等到万历十九年(1591年),申时行因为在"争国本"——也就是在立皇帝哪个儿子当太子的问题上得罪了官僚集团,最终还是被迫辞职。

申时行九月下台,李成梁十一月就被免去了辽东总兵的职位。言官们弹劾李成梁的罪名,跟戚继光差不多,都是在边境关起门来当土皇帝作威作福、贪污军饷、虚报战功、行贿官员,等等。

要说李成梁完全无辜,恐怕也未必,但远没有弹劾奏章里面说得那么严重。作为镇守一方的主帅,面对复杂的辽东局势,不独断专行是镇不住的,而且手里肯定要搞点"小金库"用于打点各方面的关系。给自己的亲兵发奖金、收买少数民族部落等活动都需要钱。明朝后期军队的军饷经常给不够,主帅必须自己想办法。

如果李成梁真的非常贪污腐败，那辽东地区绝不可能在他手下安定20年。清廉的将军不一定能打胜仗，但是腐败的将军一定会打败仗——就算有本事、运气好，偶尔能打赢几次，也绝不可能连续20年老是打胜仗。因为你贪得多了，士兵必然生活更加困苦，人民必然负担更加沉重。内部矛盾一定会影响军队战斗力，体现到战争的胜负上来。

李成梁打仗，总是喜欢身先士卒；他的儿子李如松也跟他一样，后来也真的在一场突击战中不幸阵亡。他们都是高级将领，完全可以在军帐中坐镇指挥，却选择了冲锋陷阵。这种能够将生死置之度外的猛将，你要说他们有多大的私心，贪图多大的个人享乐，从人之常情上是说不通的。

李成梁之所以一定要被拿下，主要是三个原因。

第一，他跟张居正关系好，张居正被清算后当然要一并清洗。

第二，他是纯武将出身，竟然成为镇守一方的主官，犯了文官集团的忌讳。他跟儿子李如松一样，对待不懂军事的文官很不客气。按照明朝中后期"以文制武"的政治惯例，同等级别的武将是文官的下级。但李成梁父子都不喜欢遵守这种规则，不把派到辽东来的同级文官当上级，所以官僚集团一定要把他清理出去。

第三，他们父子镇守辽东，把地区商业贸易牢牢控制在自己手里。武将管经济，也是一大忌讳，容易变成军阀。但他们要镇守一方，朝廷给的军费又不够，就必须控制经济。这是一对很难解决的矛盾。

这种控制触犯了商人集团的利益。当时有很多商人没有爱国观念，只要能赚钱的生意都做。至于把东西卖给蒙古和女真部落会不会危及国家安全，他们可不管。李成梁把商业贸易当成战略武器来使用，并且让自己的亲信控制商业贸易，以此获取经济来源，支撑军事行动，相当于把私人贸易国有化了。商业利益集团自然也对他很不满意。

明朝后期，商业资本集团的势力非常强大，可以影响朝政。商人们通过他们在朝廷的代言人向皇帝告状，说李成梁贵极而骄、奢侈无度，全辽的商民之利他都揽入自己名下，等等。

李成梁第一次下台十年之后，"争国本"事件结束。文官集团成功让万历皇帝接受了他们支持的太子候选人，但皇帝也狠狠打压了一批不听话、喜欢闹事的文官，奉行中庸路线的沈一贯担任内阁首辅。经沈一贯推荐，李成梁复出。

复出后的李成梁用了六年的时间终于把女真部落搞分裂了。到了第七年，也就是万历三十六年（1608年），代表大地主大资本的官僚集团领袖叶向高成为"独辅"（当时内阁有三个辅臣。首辅朱赓因病不能视事。次辅李廷机是个著名清官，但除了清廉以外别无长处，被朝廷的党争搞得很烦，干脆长期在家休养不来上班。剩下叶向高大权独揽）。李成梁立即被弹劾撤职。努尔哈赤因此获得第二次大发展的机会，镇压了舒尔哈齐叛乱，实现了女真部落的内部团结。

从这些事情上，我们就可以看出什么叫"党争误国"。利益集团及其代言人，为了自己所在集团的利益完全不顾国家安危。只要你触犯了我这个集团的利益，不管你战功多么显赫，多么有定国安邦之能，都要坚决换人。一个国家，一个政权，如果利益集团尾大不掉、失去控制，甚至反过来被利益集团所控制，那么它就很危险了，就会一步一步走向覆灭。

这个趋势不是某一两个英雄人物能够扭转得了的。戚继光、李成梁这种不世出的名将，可以指挥千军万马、战无不胜，但在庞大的利益集团面前仍然脆弱得不堪一击。

二、天下"道统"：儒家士大夫的崛起

这个能清算张居正、拿下李成梁、敢跟皇帝争论让谁来当太子的"官僚集团"，或者"代表大地主大商业资本的官僚集团"，到底是个什么来头？为什么会那么厉害？

为了方便，我们在这里讨论明末官僚集团的典型代表：东林党。东林党在以《明史》为代表的古代正统历史书写中，是以富有气节和改革精神的政治团体面貌出现的，但笔者认为，他们的历史面目并没有那么简单。

东林党的名字源自江苏无锡的东林书院。这个书院原来是宋朝著名理学家程颐的弟子杨时讲学的地方，在当时没什么影响力，杨时去世以后很快就废弃了。

一直到了400多年后的明朝末年，万历三十二年（1604年），从中央退下来的两个官员——顾宪成和高攀龙再次在这里开始讲学，它的影响力才壮大起来。

这两个人宣讲的政治观点主要就是两条：一是遵守儒家的道德原则比服从皇帝的命令更重要，二是国家应该尽可能少收税，政府管得越少越好。

那些赞成这两条观点的人逐渐形成一个政治团体，对明朝后期的政治影响非常大，所以才有了东林党的说法。它不是一个政党组织，而是一群政治观点相同的人的统称，他们有统一的纲领，并且积极参与政治斗争。

这群人、这股政治势力，在顾宪成东林讲学之前就有了，他们也不全都和东林书院有联系。我们称其为东林党只是为了方便，其中包括了魏忠贤《东林点将录》上的那批人，但并不仅限于此。

东林党的两条纲领，第一条代表文官集团的利益，向皇帝夺权。"道统"高于"法统"，"道统"就是儒家原则，"法统"就是皇帝作为国家元首的合法权威。文官集团拥有对"道统"的最终解释权。如果"道统"高于"法统"的话，那么皇帝的命令如果跟"道统"有冲突，就得以"道统"为准。这就是分了皇帝的权。

第二条代表大地主和大商业资本的利益，就是尽量少收税，包括农业税和工商业税。打的旗号就是藏富于民，反对统治者穷奢极欲、鱼肉百姓。但国家打仗需要花钱，赈灾需要花钱，兴修水利等也需要花钱，该怎么办？他们没有提出解决办法。

因为有这第二条，东林党才能获得经济支持。像顾宪成和高攀龙在东林书院讲学，就有人捐助土地，有人捐助房屋，当然还有很多人捐钱，以支持书院的运营。这种支持的背后就是大地主大商业资本。

一个政治势力同时提出这两条纲领，代表了官僚集团与资本的合流。他们是官场上的代表，我们也因此称之为"代表大地主大资本利益的官僚集团"。

官僚集团这两条纲领看起来很简单，其实都有非常深刻的政治经济背景和历史渊源，里面包含了足以毁灭一个大一统王朝的强大力量，比努尔哈赤的铁骑、西方殖民者的火炮威力还要大。李成梁能够压制努尔哈赤，但这股力量可以拿下李成梁；戚继光可以消灭有西方殖民背景的倭寇，而这股力量可以轻松灭掉戚继光；岳飞可以抵抗金兵的铁骑，最后也还是死在这股力量的手里。

我们先讲第一条纲领的来龙去脉。

官僚集团与皇权的斗法由来已久。

中华帝国皇帝的权力，主要是来源于战争。皇帝的本质是军事领袖兼任政府首脑——他首先是军事领袖，然后才是政府首脑。所谓军国大事，军务的重要性是在政务前面的。

中国文官体系的前身实际上是军事领袖的家臣。古代社会部落征战，谁能带领大家打胜仗谁就能成为部落领袖，部落领袖的职责就是保护部落和对外掠夺。那个时候部落比较小，经济社会结构简单，基本没有什么内政问题需要管。但是这个军事统帅不能光会带着大伙打仗，还必须考虑打仗的后勤问题，需要在部落内部分摊打仗的成本——也就是征税的雏形，需要储备管理战争物资等。这些事儿在政府形成之前没有专业人士负责，军事统帅就会让家仆去兼管一下。

后来部落之间互相兼并，形成统一的国家，有了政权组织，这些兼职就慢慢变成正式职位。比如，所谓宰相，在家为宰，外出为相。"宰"就是杀牛宰羊负责祭祀，"相"从"目"，就是在主人旁边东看西看充当耳目的助手。从家宰到宰相，就体现了从军事首领的管家变成整个国家行政首脑的过程。还有尚书，原意是为首领管理书籍资料的仆人，后来才成了中央各部一把手的称谓。

钱穆在《中国历代政治得失》里面讲过这个问题。汉朝的九卿，有太常、光禄勋、卫尉、太仆、廷尉、大鸿胪、宗正、大司农、少府，从名字上看，几乎都是从家臣演变过来的。

比如，太常，又称奉常，就是"尝"，是祭祀的时候负责尝一下肉和粮食有没有煮好的家仆；太仆就是直接从"仆"字来的，原意是首领的车夫；卫尉，就是首领的贴身护卫；廷尉，是为首领看大门的；大鸿胪，鸿就是鸿雁，胪是月字旁，指的是腹前壁的肌肉和筋膜，古人认为这个地方是用来发声的，所以鸿胪就是到处跑来跑去大声传达消息的仆人，也就是跑腿报信的；宗正是打理宗室关系的。从名字上就可以看得出来，他们都是原来部落首领的家臣、家仆，部落国家化以后，才变成中央政府负责各方面事务的官员。

也就是说，中国古代国家形态的演化，是先有军事系统，再有政府系统。在部落或王国时代，行政官员只是军事系统的附庸，是军事首领的家仆临时干点兼职发展出来的。

从家仆到政府官员，官僚集团就慢慢产生了，并逐渐有了天下国家的意识。他们觉得自己不能仅仅是家仆，还应是老百姓的父母官；不再只对皇帝负责，还要对国家的兴亡负责——这是好的一方面，促进了政治文明的发展。

另一方面，官员们也发展出了独立的利益，形成一个利益集团。他们对上要分皇帝的权力，要争取能够压制住军事集团，让自己这个集团成为国家的权力中心；对下要利用行政权力牟取私利，搞贪污腐败、土地兼并等——这是不太好的方面。

官员们的这种诉求，好的那一方面是可以公开拿出来说的，就是把孔夫子的思想逐步发扬光大，形成所谓的"道统"。

孔子的思想，是劝说军事独裁者（也就是各国诸侯）不要横征暴敛，不要随意发动战争，要像父亲对待儿女一样爱护老百姓；作为回报，老百姓也就会像儿女对待父母一样热爱和忠于国君。最后建立一个没有战争、人民安乐的"君君臣臣父父子子"的稳定社会。但春秋战国时期基本没有人听这一套，孔子宣传自己的政治主张收效甚微，只能专心搞教育，培养弟子从政去实践他的理念。

汉朝的董仲舒把孔子这些基本理念上升到"天道"的高度，儒家的"道统"观念于是有了雏形。但他认为皇帝是代表天道的，"道统"必须服从"法统"，这样的观念可以让皇帝认可儒家思想，重用儒家学者。

到了宋朝的理学家程颐和朱熹那里，"天道"被解释成了一个客观的东西，可以通过"格物致知"等哲学方法推导出来，因此皇帝不再掌握绝对的解释权，而是由儒家学者掌握最终解释权，"道统"与"法统"分离。

这样一个发展过程，跟文官系统势力的壮大相辅相成。

战国和秦朝的主流思想是法家思想。这其实是军事集团的治国方式，用严酷的刑罚来解决所有问题；到了汉朝，中国在军事上已经很强大，不怎么担心外敌入侵了，大一统的格局比较稳定，文官治理的作用越来越重要，儒家地位开始上升，开始儒法杂用。

需要注意，汉朝只是开始采用儒家思想来治国，并不存在所谓的"罢黜百家，独尊儒术"。这是后来儒家学者在编写历史的时候采用的说法。汉武帝只是对董仲舒的文章表示欣赏，既没有说过要按照这个来治国，也从来没有重用过董仲舒——只是把他派去给藩王当老师。汉武帝的目的很明确：用董仲舒那一套忠君的理论来劝说藩王们老实点儿，不要造反，仅此而已。

汉武帝执政真正的核心团队，是主父偃这样的纵横家、桑弘羊这样的理财专家，以及卫青、霍去病这样的武将勋贵。

汉朝中后期，朝廷里面的儒生文官越来越多，但对国家大政仍然不起主导作用。汉宣帝（汉武帝的曾孙）的时候，太子刘奭性格柔和、喜欢儒术，曾劝汉宣帝要轻用刑罚、重用儒生，以道德教化来治理天下。汉宣帝听了很生气，教训刘奭说："汉家自有制度，本以霸王道杂之，奈何纯任德教，用周政乎？"

这里的"德教"和"周政"都指的是儒家思想。汉宣帝的话说得很清楚：汉朝制度始终以王霸法家为主，杂之以儒学等百家学说而已——不存在"罢黜百家，独尊儒术"这回事。

汉朝文官地位较低，国家统治阶层实际上还是军事贵族。汉朝的外戚就是军事贵族的代表。皇帝一般会跟军事贵族联姻，或者说从姻亲中选拔将领，形成国家真正的统治集团。文官还没有摆脱军事系统附庸的地位。卫青、霍去病、李广利这些统兵大将都是汉武帝的亲戚，东汉"燕然勒石"的名将窦宪是太后的侄儿。这都不是偶然的。汉朝的传统就是把兵权交给这些皇亲国戚。

汉朝所谓"外戚乱政"，从理论上根本讲不通。如果外戚掌权只是因为跟皇帝有亲戚关系，那他就必须要有皇帝的支持才能掌权，但汉朝外戚还能废立甚至杀掉皇帝，这说明他们除了是皇家亲戚外，还有别的权力来源。这就来源他们其实是军事贵族，长期掌握军权。西汉最有名的外戚权臣霍光，是霍去病同父异母的弟弟，他当权的职位是大司马大将军，而不是丞相或者大司徒这种文官领袖；东汉最有名的外戚梁冀也是从校尉做到大将军的，走的是军队升迁路线而非文官升迁路线，最后掌权的职位也是大将军，不是丞相。王莽篡权，也是以大司马的身份掌握军权，然后开始封为公爵、"加九锡"。汉朝外戚政治的本质，主要是军队篡权。

隋唐建立了科举制度以后，特别是"武周革命"①以后，职业文官体制逐步完善，儒家士大夫的势力才开始真正壮大起来。

开元二十七年（739年），唐玄宗正式册封孔子为"文宣王"。孔子的这个"王"不是皇帝以下的亲王、郡王，而是跟皇帝是一个级别的，这才确立了儒家思想作为官方意识形态的地位。真正的"独尊儒术"是从这个时候才开始的，距离汉武帝时代已经过去了800年。

到了唐中后期，随着儒家文官的政治势力越来越大，他们越来越追求自己权力的独立性。以韩愈为代表的儒家学者掀起了"儒学复兴运动"。韩愈在《原道》这篇文章里第一次正式提出了儒家"道统"的概念。"斯吾所谓道也……尧以是传之舜，舜以是传之禹，禹以是传之汤，汤以是传之文武周公，文武周公传之孔子，孔子传之孟轲。"也就是说，儒家的"圣贤之道"从上古的圣贤尧舜禹开始，到周文王、周武王、周公，再到孔子、孟子，世代相传。这个"道统"的传承独立于皇帝世系，跟谁当皇帝无关，跟改朝换代无关。

韩愈等人的"道统"思想还有一点很有意思，就是认为孟子以后，"道统"没有人继承了，一直到他们这一代人才又重新发扬光大，所以叫"儒学复兴"。汉儒，包括董仲舒在内，都被踢出儒学正统的行列。

在唐儒看来，董仲舒的思想依附于皇权，独立性不够。《原道》最后说了一句很大胆的话："由周公而上，上而为君，故其事行。由周公而下，下而为臣，故其说长。"就是说，（根据儒家学者虚构的上古历史）在周公以前，儒家圣贤是当君王的，所以儒学能够大行其道；周公以后，儒家学者只能当大臣，就只能以发表言论为主了。

到了宋朝，儒家文官终于全面压制了军事集团，成为国家权力的核心。

唐朝每次科举只有几十个进士名额，而宋朝每次录取数百人，科举出身的士人迅速占据了国家权力机构。宋仁宗时，士大夫阶层的势力达到顶峰，龙图阁学士蔡襄就说："今世用人，大率以文词进：大臣，文士也；近侍之臣，文士也；

---

① 关于武则天的"武周革命"与科举文官势力上升之间的关系，参见李晓鹏《帝制与盛世：汉唐明的时代：公元1500年之前》。

钱谷之司，文士也；边防大帅，文士也；天下转运使，文士也；知州郡，文士也。虽有武臣，盖仅有也。"从行政官员到边防大帅，再到皇帝的近侍，全部被文官占据，武将被全面边缘化。

在这种情况下，皇权就非常弱势了。国家大事几乎完全由文官决定。这个时候必然会出现程颐和朱熹的理学：它是文官士大夫逐步压制皇权、试图在理论上来论证"道统"高于"法统"的必然结果。"理学"是"道学"的进一步发展和强化，它区别于道学的主要之处不仅是承认"道统"，还建立了一套抽象的哲学体系来证明"道统"是宇宙真理，即使皇帝也无权质疑。

三、科举腐化：士大夫阶层的特权与堕落

文官当权的好处是政局比较稳定，皇帝的人身安全也比较有保证。西汉后期和东汉中后期的外戚政治都比较血腥，动不动就废立甚至杀掉皇帝。唐朝确立了科举制度，文官势力更大，独立性更强，情况就比汉朝好一点，军阀只能在地方上搞割据，无法掌控中央政权。但是安史之乱以后，中央禁军的权力落到太监手里，本来应该是家奴的太监竟然也干起废立皇帝的勾当。宋太祖赵匡胤经过反思，发现军权交给武将不稳当，交给太监也不稳当，绕来绕去最后只能落到文官手里。结果就是宋朝皇帝的位置一直坐得比较稳当，除了亡国君主外，个个都得了善终。

但随着历史发展，文官集团的权力逐渐扩大。他们掌握军权之后，皇帝说的话就不算数了。宋朝是文官士大夫的天堂。皇帝不杀文人——不全是不想，而是很难做得到。有时候皇帝下令要杀掉谁，会被官员直接反驳回去，说本朝传统不能杀文官。皇帝也只能干瞪眼——军权被文官集团掌握着，皇帝也不敢轻易跟文官集团有太大冲突。

宋仁宗的时候，农民起义蜂拥而起。江苏高邮有一个地方官叫晁仲约，得知农民起义军从高邮路过，害怕他们来攻打高邮，就重金贿赂起义军领袖，请他们去打别的地方。宋仁宗知道这件事后非常生气，想要杀掉晁仲约。有好多大臣都

表示赞成，但是范仲淹坚决反对，力劝宋仁宗免除晁仲约的死罪。

退朝以后，同僚们责怪范仲淹，说："给叛军送钱，嫁祸于其他地方，这要是不杀，那以后郡县还怎么守卫？"

范仲淹说："我朝历来不杀大臣，这是盛德之事，怎么能轻易破坏呢？咱们都是同僚，还经常意见不一致，皇上就更不可能完全跟咱们一条心了对不对？咱们今天让皇上杀掉晁仲约，万一哪一天皇帝手一滑，把我们也拉出去杀了怎么办？"①

大臣们明白了范仲淹的良苦用心，转而支持免除死刑。宋仁宗没有大臣支持，只能放弃了杀掉晁仲约的想法。

范仲淹这段话说得比较露骨，"手滑"这种词都说出来了，道出文官集团反对皇帝杀士大夫的本质：不是为了实现文明与进步，而是为了维护自己这个集团的利益。

又过了几十年，到了宋神宗的时候，因为对西夏的战争遭遇惨败，皇帝下令处决一名失职的官员。这一次文官势力比宋仁宗时期更大了一些，宰相蔡确就直接表态拒不执行，用一种不容商议的口气跟皇帝说："祖宗开国以来，从来不杀士大夫，我们不希望陛下破这个例。"

宋神宗"沉吟久之"，估计斗争不过蔡确等人，就说："那就改为刺配到蛮荒之地吧。"

门下侍郎章惇听了，立即抗议："这样还不如把他杀了！"

宋神宗说："你这是啥意思？"章惇说："士可杀不可辱。脸上刺字这种事情是侮辱人格的，怎么能够用到士大夫身上？"

宋神宗被激怒了，声色俱厉地说："快意事更做不得一件？"

而章惇的回答竟然是："如此快意，不做得也好。"

宋神宗气得发抖，但仍然无可奈何，只得同意不在脸上刺字。

后来，又有一个叫赵仲宣的官员犯了死罪，结果当然是减免为流放。但按

---

① 原文："祖宗以来，未尝轻杀臣下，此盛德之事，奈何欲轻坏之，且吾与公在此，同僚之间，同心者有几，虽上意亦未知所定也，而轻导人主以诛戮臣下，他日手滑，虽吾辈亦未敢自保也。"李焘撰：《续资治通鉴长编》，中华书局2004年版。

照宋朝的刑法，经死刑减免下来的流放要附加杖刑和刺字。大臣们上书抗议说："古代的时候，刑不上大夫。就算犯了死罪该杀，也不能用刑。赵仲宣是正五品的官员，是可以坐马车的高贵士人，怎么可以像对待贩夫走卒之流一样，用板子打屁股、用针在脸上刺字呢？"[①]逼着宋神宗同意免除杖刑和刺字。从此以后，遂形成一个惯例：士大夫犯罪不仅不能杀，还不能打。

科举制度有利于从底层选拔人才进入政府，打破门阀贵族对政府官位的垄断，这是中国历史革命性的进步，对中华文明走向全面繁荣起了重要作用。但制度是死的，人是活的，任何一个制度都可能被腐化和扭曲。到了宋朝，科举文官独大，成了一个特权阶层。他们就反过来腐蚀科举制度，要垄断自己做官的特权，不再允许底层人士通过科举制度进入精英阶层了。

腐蚀科举制度的方法首先是舞弊。宋朝科举制度为防止作弊搞了很多规矩，进入考场要搜身，卷子要糊名，而且要找人把卷子重新抄一遍，阅卷官员一经指定就要被关在一个院子里，直到阅卷完成才能出来——也就是所谓的"锁院"制度。

但是这些规矩用来对付没有背景的老百姓可以，但对权贵人家就毫无作用。他们的子弟作弊也不需要靠夹带。被任命为考官的官员，会在"锁院"之前把考题或者"密码"悄悄送给亲友，由亲友负责收受贿赂，透露考题或者"密码"——也就是一段约定的句子。考官在阅卷中读到约定的句子，就会录取这名考生。

秦桧的儿子参加科举就直接中了状元。同一年，秦桧的两个侄子也进士及第。因为他可以提前知道考官是谁，而且"锁院"也锁不住他派的人。

后来秦桧的孙子秦埙参加科举。举行尚书省礼部试时，秦桧动用手中权力精心谋划。他先奏请让御史中丞魏师逊、礼部侍郎汤思退、右正言郑仲熊共同担任主考官，又荐举吏部郎中沈虚中，监察御史董德元、张士襄为参详官（宋代科举中负责初拟名次者）。这些人都是秦桧的亲信党羽。

董德元事先违规拆开糊名，找到秦埙的试卷，欣喜地对众人说："吾曹可以

---

① 原文："古者刑不上大夫，可杀则杀，仲宣五品，虽有罪得乘车，今杖而黥之，使与徒隶为伍，得无事污多士乎。"见叶梦得撰：《石林燕语》，中华书局1984年版。

富贵矣!"三位主考官于是议定秦埙为第一名。

名次还没有正式公布,沈虚中为了向秦桧邀功讨好,在"锁院"阅卷过程中就派遣一名小吏翻出贡院高墙,向秦埙的父亲秦熺报喜。

官僚集团整体腐败,各种徇私舞弊大行其道,科举制度也就逐渐失去了选拔人才的初衷,变成权贵子女进入官场的"合法"输送渠道。

除了考场舞弊以外,宋朝还有所谓的"恩荫":官员的子女可以不用参加科举考试而直接取得做官的权利,把做官变成一种世袭的特权。地方官六品及以上、中央官五品及以上就可恩荫儿子,而且官品每增加一级就可以多恩荫一个,最多可以恩荫六个儿子做官。

遇到国家有重大喜庆的节日,官员们就会上书请求皇帝增加恩荫的名额,皇帝按照惯例也会允准。官员退休的时候,又有一次恩荫的机会,宰相级别的官员可以恩荫三人,再按照品级递减;去世的时候,又可以再恩荫一次,也是宰相级别的官员可以三人,逐级递减。

在实际操作过程中,官员们往往又会要求皇帝显示恩典,超过规定名额予以恩荫。像北宋第三位皇帝宋真宗在位的时候,当了12年宰相的王旦去世,"其子弟、门人、故吏皆被恩泽……授官数十人"[1]。

以上这些都是惯例,此外还有特例。就是某人有了什么功劳,皇帝就会以奖赏的形式给他几个恩荫的名额。总之就是花样百出,千方百计把做官特权化、世袭化。

有那么多的恩荫机会,没有那么多儿子怎么办?没关系,侄儿晚辈都可以,实在不行兄弟也行,后来连门客都可以。

这个制度是从赵匡胤的弟弟宋太宗赵光义开始搞起来的。刚开始名额比较少,慢慢地越搞越多,到后来已经超过了科举的录取人数,成为官员的主要来源。有学者统计,宋代每年通过恩荫补官的不下500人,比科举每年的平均取士数量361人多了很多。宋徽宗政和六年(1116年),一年里就恩荫了1460余人做

---

[1] 李峰:《论北宋"不杀士大夫"》,《史学月刊》2005年第12期。

官①。所谓"一人得道，鸡犬升天"在宋朝完全变成了现实：只要家中一个人做了大官，七大姑八大姨的儿子、兄弟们就都有机会跟着做官。一个中央政府的高级官员，带着家里二三十人跟着做官是很正常的，而且完全合法。

讲到这里真的非常悲哀。因为我们这个国家自从秦朝统一以来，经过上千年的探索（包括十六国时期100多年血腥的杀戮），最后才产生了科举制度，建立了一个比较公平的官员选拔机制，让普通家庭的优秀子女可以进入国家的管理阶层。但是到了宋朝，这些来自普通家庭、受益于科举制度的官员们却反过来开始封杀科举选官的渠道。他们努力把自己变成特权阶层，不想再给后面的人更多的机会，希望子女不再像自己当年一样去参加那么残酷的公平竞争，于是搞出来恩荫制度，变相地恢复了当年的九品中正制。这种现象来自人性本身的缺陷，很难扭转。

四、党同伐异：宋军战斗力低下之谜

除了恩荫以外，宋朝官员们又通过师生关系、姻亲关系互相提拔同僚子女，还学习春秋时期豢养门客推荐他们做官等方式，形成一个一荣俱荣、一损俱损的利益集团。

这个集团掌握着军权、政权、财权，连皇帝都拿他们没有办法，就更别说小老百姓了。他们给自己发工资，想发多少就发多少，有正工资（正奉）、岗位津贴（职钱）、级别津贴（禄粟），还根据官职发给一定数量的土地（职田），下属随从还要发衣服钱，春天要发布匹，冬天发棉花，还有茶酒厨料、薪蒿炭盐、米麦羊肉……总之就是变着法儿地发钱发东西搞福利。

宰相级别的官员，合法的年收入按照购买力折合成人民币可达200万元②。而

---

① 屈超：《北宋冗官之弊与吏治改革》，《人民论坛》2017年第34期。
② 具体待遇与核算方式参见李晓鹏《帝制与盛世：汉唐明的时代：公元1500年之前》中对包拯工资水平的分析。

且宋朝官员数量极多，享受宰相待遇的就有好几十人，地方上的节度使不仅可以享受宰相待遇，还有额外的补贴。宋朝中后期的官员俸禄水平，在历朝历代都是顶尖的，只有汉朝初年可以与之相提并论[①]。

发了那么多钱，他们却不用承担责任。贪污腐败也好、抢占土地也好、丧师失地也好，杀也杀不得，打也打不得。一般的惩罚措施就是贬官。贬官这种事情，只要你在官僚体系中的关系网还在，到了地方上照样好吃好喝，作威作福。如果是从中央贬下去到地方当知州、知府、县令之类的，反而会成为独霸一方的土皇帝，而且没过多久依然会有提拔的机会。

官员真正犯了重罪，也就是流放。但是宋朝一般遇到皇帝和太后的整数生日，或是皇子降生之类的事情时，就会宣布大赦，而赦免的最终执行标准又掌握在官僚集团手里，有背景的官员自然会被优先赦免。所以基本流放两三年就又能回来继续做官，影响不大。官僚集团内部也存在政治斗争，但只要你不背叛整个官僚集团的利益，即使在政治斗争中失败，也不用担心物质生活待遇和特权受到损害。

举个例子，宋仁宗庆历三年（1043年），农民起义军张海等人打到光化军[②]时，光化军长官韩纲因虐待部卒，招致城中发生兵变。韩纲吓得带着家眷弃城逃跑。负责镇守的军事长官弃城逃跑，这种行为在任何朝代都必须严惩，在汉、唐、明、清都是死刑。

但韩纲的父亲韩亿以前当过朝廷高官，儿子全部被恩荫。韩纲的兄弟韩综、韩绛、韩缜、韩维等人同时在朝为官。韩氏家族又与朝中显宦互为婚姻，如韩亿是前任宰相王旦之婿，又与官至参政的李若谷"世为婚姻不绝"。李若谷之子李淑就是韩亿的女婿，当过翰林学士和户部侍郎。

韩氏家族与"权要之臣皆是相识，多方营救"[③]。结果韩纲"坐弃城除名，编管英州"，也就是先撤职查办，然后换个地方继续当官。

反之，在宋朝，对于不是文官系统出身的人，文官集团则坚决打压。其中最

---

① 侯建良：《古代官员的俸禄水平与廉政》，《中国行政管理》1997年第6期。
② 地名，相当于明朝的卫所。对于军队直辖的地区，明朝称卫，宋朝称军。
③ 李焘撰：《续资治通鉴长编》，中华书局2004年版。

主要的打击对象就是武将，特别是能够跟皇帝建立直接联系的武将，那是必须要拿下的。不然皇帝掌握了军权，就控制不住了。

像宋仁宗时期的名将狄青，出身贫寒，完全就是靠在战争中英勇杀敌被提拔上来的纯武将，没有文官背景。在宋朝和西夏的战争中，文官带领的军队多次全军覆没。只有狄青作战四年，前后打了大小25场战斗，身上全是伤，被箭射中过八次，但无一败绩。安远一战，他受伤很重，听说西夏军队到了，又挺身飞速赶往。士兵们因此也争先恐后，奋勇杀敌。

临敌作战时，狄青披头散发，戴着吓人的铜面具出入敌军中。西夏军均望风披靡，无人敢挡。

宋仁宗听说了狄青的威名，非常喜欢，对其大力提拔，最后将狄青提拔到朝廷来当枢密副使。御史中丞王举正、左司谏贾黯、御史韩贽等人便纷纷上奏反对。他们的理由就包括：狄青出身行伍，大臣耻于为伍。如果让这种没文化的粗人当国家高级官员，野蛮民族就会看不起大宋。

狄青进枢密院后，又遭到大臣们的排斥，被呼为"赤枢"——也就是"像野人一样长着红色毛发的枢密副使"。后来因为平定侬智高叛乱有功，狄青又被宋仁宗提拔为枢密使。但他持续不断受到文臣的攻击，被多次找碴儿。有的说狄青家的狗头上长了角，只有真龙才能长角，你的狗长了角，是不是意味着你要造反啊？于是告了一状。还有一次黄河发大水，狄青为了避水搬到一个寺庙的佛殿里面临时居住，而皇帝曾经来参拜过这个寺庙。而且当时狄青还穿了一件黄色的衣服在佛殿里面行走。于是被文官们抓住机会，告他不尊重佛祖，不尊重皇帝，穿黄袍有谋反倾向。

宋仁宗再三为狄青辩护，说他是个忠臣。宰相文彦博反驳说："本朝太祖也是周世宗的忠臣，那他怎么也造反了呢？"把宋仁宗问得哑口无言。

大文豪欧阳修也掺和了进来，他上书说："至于水者，阴也，兵亦阴也，武臣亦阴也"，把京师发大水的天灾解释为上天对狄青担任枢密使的警示。宋仁宗大病初愈，一位刘姓官员就大放厥词："今上体平复，大忧去矣，而大疑者尚在。"这"大疑者"就是狄青。

在强大的舆论压力之下，宋仁宗不得不同意把狄青流放到外地当官去了。

狄青到了地方上，仍然受到监视和猜忌，终于不能见容于文官集团，郁郁而终。

北宋末年，文官集团指挥的军队在金兵的打击下一溃千里。宋军一看见金兵的旌旗就望风而逃。靖康元年（1126年），金兵南征准备渡过黄河。朝廷派了13万军队去抵抗。结果金兵只在黄河对岸擂起战鼓，擂了一晚上，第二天早上起来13万宋军就逃亡得差不多了，留下一座座空空的营寨[①]。金兵遂乘坐小船安然无恙地渡过黄河。

宋军的战斗力怎么会烂到这种地步呢？显然，这是因为狄青这种能征善战的武将被一群文官排斥，一批无能的文官统兵打了败仗也可以轻易逃脱惩罚。

五、岳飞之死：文官集团的罪恶

两宋文官干得最过分的事情还是害死岳飞。

岳飞跟狄青一样，既不出身于官宦世家，也没有通过科举考取功名，就是一个完全行伍的职业武将，通过在战场上真刀真枪拼杀建功而成长起来。让这种人统兵建立盖世功勋，是文官集团不能容忍的。

宋高宗赵构本来对岳飞很信任，打算把南宋五分之三的军队都交给他掌管，让他统一负责北伐事宜。岳飞对皇帝的知遇之恩感激涕零。君臣二人多次单独密谈，商议北伐对策。

但宰相张浚和枢密副使秦桧一听到这个安排，马上就跳了出来，提醒宋高宗：武将专权是国家的大忌。防范武将是大宋的传统和祖宗家法。岳飞如果北伐成功，必将功高盖主，到时候想处置也没有办法了。

在这两位文官大臣的反复劝诫下，宋高宗犹豫了。把淮西地区的兵权交给岳

[①]《宋史纪事本末》卷56，金人南侵："壬申，粘没喝至河外，宣抚副使折彦质以兵十二万拒之，夹河而军。时李回以万骑防河，亦至河上。粘没喝曰：南军亦众，与之战，胜负未可知，不若加以虚声。遂取战鼓击之达旦，彦质之众皆溃，李回亦奔还京师。"

飞的这道圣旨本来都已经发出去了，硬是又加紧发了一道新圣旨，告诉岳飞事情暂缓，等张浚来跟你具体协商。

张浚阻止岳飞掌兵的目标很明确，就是把兵权攥在自己手里。他见到岳飞后，好像让岳飞统领淮西军的圣旨从来没有发出过一样，装模作样地征求岳飞的意见："淮西这支部队很服王德，现在准备任命他担任都统制，郦琼担任副将，再让吕祉以都督府参谋的名义统领。你以为如何？"

王德和郦琼都是淮西军内部的武将，而吕祉则是外调过来的文官，是张浚的亲信。他这句话的意思就是告诉岳飞，以前的安排不算数了，以后得由我来接管淮西军。

按照张浚的想法，岳飞应该很识相地说："一切听从宰相大人安排。"那么事情就结束了。

这种谈话套路在宋朝的官僚系统里面上级对下级失信时很常用。但岳飞是武将，并不懂得这些套路——即使懂得也未必会这样卖乖。他听得出来朝廷不想让他掌管淮西兵权了，但张浚并没有直接说，所以就只从字面上实事求是地回答张浚的问题："王德和郦琼素来不相上下，互不服气，这种安排必导致二虎相争。吕祉虽是通才，毕竟是书生，不习军旅，恐怕难服众。"

张浚又问："张俊怎么样？"（张俊是一位武将，跟谈话的宰相张浚不是一个人，也没有亲戚关系）。

岳飞回答："张俊原来是我的老领导。我本不敢说三道四，但为国家利益考虑，不得不实话实说。恐怕他性子太暴躁，缺少谋略，尤其郦琼会不服。"

张浚终于忍不住了，说出一句相当伤人的话："我就知道非你来不可。"

岳飞也忍不住了，愤慨地说："你正儿八经地问我意见，我都是据实回答。难道我是为了图谋这支部队吗？"

双方把话说到这个份儿上，已经全然没了回旋余地。岳飞上了一道奏章请求辞职，然后未等批复，就把军中事务委托助手张宪代管，自己给母亲扫墓守孝去了。

张浚也是怒不可遏，一回去就上书弹劾："岳飞处心积虑，一心想兼并别人的部队。此次辞职，真实意图是要挟皇帝。"这种不负责任的弹劾具有极其可怕的杀伤力,破坏了皇帝和岳飞之间的信任关系。岳飞立即陷入险恶的旋涡中[①]。

张浚最后仍然坚持派自己的亲信吕祉去统领淮西军队。结果不出岳飞所料:吕祉是个典型的纸上谈兵的文官,没有战争经验,平时吹起来天文地理、排兵布阵无一不通,仿佛是军事专家,真到统兵的位置上,却连最基本的治军方法都不懂,根本控制不了王德和郦琼这两名武将的内斗。朝廷本来打算派人来调查处理,但吕祉回复说派人来没用,还应该派军队入驻。这个消息泄露出来以后,郦琼等武将认为是吕祉要搞军事镇压,于是立即发动兵变,把吕祉抓起来杀掉,带领4万多人向金国投降。张浚也因此被撤职。

经过岳飞闹辞职和淮西兵变这两个事件,宋高宗对武将失去了信任。在此之前,他还一度信心满满地说:刘邦打天下的时候,诸将带兵多达几十万,刘邦并没有疑神疑鬼,所以他才能成功。正是出于这样的想法,他才主动提出要把兵权集中到岳飞手里,打算全力支持北伐。

当时金兵其实并没有占据中国北方的决心,主要还是以抢一把就走为主要目标。金兵一路南下推进过快,还没有在北方建立可靠的行政管理体系,看起来势不可挡,实际上是孤军深入。北方当时至少还有上千万汉人,金兵只有十几万。一旦岳飞北伐取得比较大的胜利,各地的民间武装一定会纷纷而起,切断金兵的后勤补给线。这种情况下金兵是没有能力长期坚守的,只能放弃中原,带着抢来的财宝退回到燕云十六州,那么整个中国的历史就要彻底改写了。

但是,正是由于张浚和秦桧这种文官集团的领袖人物,在国家民族大义与文官集团的私利之间选择了以集团利益为重,害怕岳飞功劳太大威胁到文官集团的权力。当他们看到皇帝和武将同心协力准备北伐的时候,不是感到高兴,而是恐慌,按照传统的政治斗争思路坚决挑拨、破坏武将与皇帝之间的关系,取得"成功"。

对于这段历史,有人认为宋高宗害怕金国送回徽、钦二宗影响他的皇位,所以才停止北伐杀害岳飞。但这样的分析并不符合历史事实,因为在岳飞第二次北伐之前,宋徽宗就已经死了。

[①] 参考《宋史·高宗纪》。

这件事金国专门派人来通报了。岳飞给宋高宗写的北伐奏章里面明确说的是要"迎还太上皇帝、宁德皇后梓宫"，也就是把宋徽宗和宁德皇后的棺材抬回来安葬。

宋徽宗是宋高宗的父亲，宋钦宗是宋高宗的哥哥。父亲回来的话，宋高宗可能会有很大的压力；但哥哥回来，权力威胁就没那么大了。宋高宗当时的地位比后来明朝土木堡之变后登基的朱祁钰稳当很多。因为朱祁钰手下都是他哥哥朱祁镇的旧臣，而宋高宗时北宋政权已经灭亡了，首都被金兵攻陷，宋钦宗时的官僚体系已经覆灭。现在南宋王朝的政府班子和武将系统都是宋高宗时搭建起来的，宋钦宗即使想要复辟也缺乏政治基础。

而且，岳飞的奏折里面只说要把宋徽宗的棺材抬回来，却没有提到宋钦宗，说明岳飞在政治上并不傻，考虑到宋高宗的担心，甚至有可能跟宋高宗达成默契，不把宋钦宗接回来。

宋高宗看了奏折很高兴，批示道："你的奏折我看了，写得很好。有这样的臣下，我还有什么可担忧的？以后军事决策一律由你决定，我不从中干预。只叮嘱你一点，管好手下的将领不要滥杀无辜就可以了。"[①]

从宋高宗的表现来看，他对于北伐原本是很积极的，让岳飞掌握全国兵马就是他在听说父亲宋徽宗的死讯后主动做出的决定。他并不怎么顾虑宋钦宗，后来对岳飞、韩世忠等武将的猜忌，是张浚和秦桧等文官反复告诫、提醒、挑拨的结果。《战国策》里面讲过"曾母投杼"的故事。曾参是孔子的弟子，学、识、德、行都非常好。他在外地居住，有个跟他同名同姓的人杀了人。消息传到家里，有人就跟他母亲说："你儿子杀人了。"他母亲不信，说我的儿子不可能杀人，只是埋头继续织布。过一会儿又来一个人跟她说，你儿子杀人了。曾母还是不信，继续织布。后来又来了第三个人跟她说，你儿子杀人了。曾母就丢下织布所用的"杼"，也就是梭子，逃走了。

[①] 原文："览奏，事理明甚。有臣如此，顾复何忧？进止之机，朕不中制。惟敕诸将广布宽恩，无或轻杀，拂朕至意。"参考【宋】岳珂编：《鄂国金佗稡编续编校注》，中华书局1989年版。

俗话说，知子莫如母。人言多了之后，母亲都会怀疑自己的儿子，更何况在前线打仗的将军和深居皇宫的皇帝之间呢？张浚等人先以谗言让宋高宗犹豫不决，再激怒岳飞，然后又以岳飞的愤怒来作为证据向皇帝告状，如此反复从中挑拨，让皇帝彻底倒向文官一方。宋高宗对武将失去信任的主要责任显然应该在挑拨者而不在被挑拨者。

宋朝皇帝的权力没有汉朝、唐朝、明朝那么大。不管宋高宗怎么想，如果张浚、秦桧等人能够从国家大义出发，支持岳飞北伐，文臣武将同心协力，皇帝想阻拦北伐也很难做到。

皇帝必须掌握兵权，说话才能算数。当时最精锐的军队掌握在岳飞和韩世忠手里，这两人是坚决主战的。剩下的军队，张浚基本能够掌控。如果岳飞、韩世忠在前方打仗，宰相张浚在后方劝说皇帝支持北伐，不搞猜忌掣肘，宋高宗就算有什么别的想法也很难付诸实践。更何况在一开始他压根儿就没有猜忌，这种猜忌本身也是张浚、秦桧灌输出来的。

最终，在秦桧的密谋和诬告下，为了讨好金国，岳飞被解除兵权，下狱审讯，以莫须有的罪名处死。我们对比一下之前范仲淹、蔡确等人跟皇帝死扛、坚决不准皇帝杀人的勇气，就更能发现两宋文官集团的无耻。他们所维护的是只有文官集团才能享有的特权，至于岳飞这种武将，则显然不在保护之列，杀了就杀了吧。

所以说，岳飞之死，核心原因不是皇帝的猜忌，而是两宋腐败的文官集团。他们一贯防范、打击统兵武将。皇帝猜忌，他们就趁机整武将；皇帝不猜忌，他们就一直挑拨离间到猜忌为止，然后继续整武将。

六、儒家奸臣：史弥远擅杀韩侂胄事件

岳飞死后65年，宰相韩侂胄再次力主抗金。

韩侂胄是外戚出身，宋高宗赵构的吴皇后是他母亲的姐姐。因为这层关系，韩侂胄担任了负责宫廷内务的长官，掌握一部分禁卫军权。宋高宗当了35年皇帝后，自己当太上皇，把皇位传给他的养子赵昚，这是宋孝宗。吴皇后就成了太

后。宋孝宗当了27年皇帝后，也学习宋高宗，把皇位传给儿子宋光宗赵惇，自己改当太上皇。吴皇后又升级成了太皇太后。

在这个过程中，作为侄儿的韩侂胄，权力也跟着越来越大。

宋光宗赵惇是个间歇性精神病人，无法胜任皇帝的职位。等太上皇赵昚去世，韩侂胄就在姨母吴太皇太后的支持下，联合赵汝愚等人逼迫宋光宗退位去当太上皇，把皇位禅让给儿子赵扩。韩侂胄也因为拥立有功，成为宰相，并安排自己的侄孙女当了宋宁宗赵扩的皇后。

岳飞在宋孝宗时期已经得到平反，但秦桧的罪行还没有追究。韩侂胄以外戚身份掌权，宣布追封岳飞为王，并剥夺秦桧的爵位，把他的谥号改为"缪丑"。

韩侂胄崇岳贬秦，大大鼓舞了主战派的士气，沉重打击了投降妥协势力，一时大快人心，上下抗金情绪极度高涨，包括辛弃疾、陆游在内的一批抗金主战派人士被重新启用。此外，韩侂胄还宣布儒家的道学为"伪学"，予以禁绝，当时主和派大臣几乎都是道学信徒，韩侂胄的本意是强化君权，为集中力量北伐做好政治准备。

但韩侂胄的问题是，当年抗金的那一批武将功臣都已经老去。辛弃疾此时都已经60多岁，陆游更是80多岁了。主和派文官占据了从中央到地方、从政府到军队所有的重要职位。他没有可以依靠的人才班底。有很多支持韩侂胄的文官也并非坚定的主战派，不过是政治投机分子，看见韩侂胄掌权了就投其所好而已。

韩侂胄只在几个关键位置上安插了自己的支持者，没有对官僚武将集团进行大规模的换血便贸然北伐。宋军趁金兵不备获得几次胜利，但很快就转入溃败。在前线统兵的文官大臣、进士出身的丘崈见势不妙，便私自与金国议和。

韩侂胄闻讯罢免了丘崈，并且捐出家产20万用于军费，力图鼓舞士气。但很多所谓的"主战派"文官投机倾向暴露，开始背着韩侂胄与金国继续和谈。

此时的金国已经处在严重内乱的前夕，官僚体系腐败，皇族勋贵内斗，农民起义不断，并无力量继续南进，非常希望与南宋媾和，但仍然虚张声势，叫嚣必须要有韩侂胄的人头才能议和。偏偏韩侂胄的侄孙女韩皇后病逝，新封的杨皇后不再买韩侂胄的账。主和派文官领袖、进士出身的礼部侍郎史弥远通过杨皇后秘密上书宋宁宗，要求罢免韩侂胄，被宋宁宗拒绝。史弥远遂在杨皇后的帮助下，伪造宋宁宗圣旨，派人于上朝的路上直接伏击韩侂胄，把他杀死。然后逼迫宋宁宗接受这个既成事实，并把韩侂胄的人头送给金国以表达议和的诚意。

金国大喜，以南宋每年进献的岁币从25万两增加到30万两，并一次性赔偿300万两白银为条件答应退兵。

跟害死岳飞相比，史弥远杀害韩侂胄的行径更为无耻，竟然采用伪造圣旨的办法直接暗杀当朝宰相，其行径之恶劣无以复加。

史弥远完成议和后干的第一件大事就是给秦桧平反，恢复他的王爵。第二件大事就是印钞票——"会子"，并且宣布新的"会子"不能兑换成金银铜钱，用这种没有准备金的纸币来掠夺民间财富，以满足赔偿金国战争军费的需求，引起严重的通货膨胀和经济混乱。

史弥远降金乞和的行为让南宋军民十分不满。在和议签订的第二年，有几位主战派的武将试图谋杀史弥远未成，都被处死，后来又发生了殿前司军官华岳谋杀史弥远未遂案。华岳是当时比较有名的军事理论家，写过《翠微南征录》等军事著作。宋宁宗听说过他的名字，向史弥远请求饶华岳一命。史弥远说："这个人想要杀我，怎能轻饶？"下令将他乱棍打死。

太子赵竑对史弥远非常不满，曾经在自己的书桌旁边贴了几个字："弥远当决配八千里。"史弥远得知后大为恐惧，于是阴谋废立，趁宋宁宗去世之际，再次伪造圣旨，废掉太子赵竑，另立自己选中的皇室子弟赵昀为皇帝，一年后又逼迫被封为济王的赵竑自杀。

史弥远专权20多年，公开弄权纳贿，直到病重才退休回家，任命自己的亲信接替自己，死后被封为卫王。他的七个亲信也是个个无法无天，被民间称为"四木三凶"。

史弥远贪污受贿、任用奸人、专权欺主、阴谋废立、枉杀大臣、坑害百姓、卖国求荣，按照儒家伦理，他所干的这些事无一不丧尽天良。如果他是一个外戚、武将或者太监，那么他在历史上的名声一定臭不可闻，生前、死后也一定会遭到清算。但他不仅得以善终，而且直到南宋灭亡都没有遭到过任何形式的清算，直到今天也没什么骂名。这是为什么呢？

其中一个原因就如孟子说："为政不难，不得罪于巨室。"史弥远对上限制皇权,严厉打击武将和外戚势力,带头纵容官僚集团贪污腐败,同时大力推崇理学思想,追封理学大师朱熹为太师、信国公,为一大批被韩侂胄打击迫害的理学学者平反。再加上史弥远有扶持宋理宗之功,且南宋此时已风雨飘摇,种种因素让他最终得以善终,未被清算。

反之,历史上其他著名的权臣,像霍光、张居正这些人物,他们当权的时候秉持天下国家的公心,大力整治权贵集团,以铁腕改革来使国家强盛。权贵对他们恨之入骨。等他们一死,立刻就会被清算,轻则抄家,重则灭族。所以,并不是说大臣专权,犯了皇帝的忌讳就会被清算,还要看有没有"得罪于巨室"。如果你代表巨室专权,只要巨室不倒,皇帝也拿你没办法。

宋朝灭亡以后,那些投降元朝的儒家学者在编写《宋史》的时候,拒绝把史弥远列入《奸臣传》,而大力为他粉饰,把阴谋杀害韩侂胄写成侠肝义胆之举,违反宋宁宗遗志非法废立太子也被写得名正言顺,对于降金乞和则只字未提——史弥远是进士出身,他的父亲又是著名儒家学者、进士出身的高级文官,这种人要是成了奸臣,那让以后的皇帝还怎么重用士大夫?至于为了收复中原献出自己家产和生命的韩侂胄,因为是外戚而且打击理学,则被列入《奸臣传》大加鞭挞。

七、官权民权:宋朝与明朝的酷刑对比

由于文官势力独大,宋朝基本没有太后专权,没有太监专权,也基本没有军事割据。有些人以此就认为宋朝政治开明,人权法制建设搞得好,那是有失偏颇的。言论自由、人权有保障,只是文官集团压制皇权控制军权后可以享受到的特权,与普通老百姓并无关系。相反,一旦文官集团腐化,老百姓所受的剥削和压迫甚至比其他朝代更甚。

宋朝针对人民的刑罚之严酷超过了汉朝、唐朝和明朝。宋朝不杀士大夫,但是老百姓贩卖私盐超过20斤就是死刑,贩卖茶叶超过20斤也是死刑,造反就会判以凌迟处死。宋仁宗天圣三年(1025年),官方批准的大辟(斩首等死刑)人

数就高达2436人，死刑判决人数比唐代增加几十倍甚至上百倍。

我国历史上的刑法制度有两次大的改革，第一次是汉文帝时废除了砍手、砍脚等肉刑，第二次是隋文帝制定的《开皇律》又进一步废除了枭首、车裂（也就是民间所称的"五马分尸"）等酷刑，确立了"笞（鞭刑）、杖（杖刑）、徒（监禁）、流（流放）、死（斩刑和绞刑）"五种刑罚，形成了比较完善的刑罚体系。唐朝也基本继承了隋朝的刑法。

到了号称"以宽仁而治"的宋朝，一方面对士大夫废除死刑和杖刑，另一方面对老百姓全面恢复了肉刑和酷刑。在脸上刺字的刑罚就是宋朝特有的。对于被认定为"群盗""妖贼""军贼""强盗"的罪犯，则频繁使用酷刑。北宋第三位皇帝宋真宗时期，大臣钱易在奏章里面说：

"今日……劫杀人、白日夺物、背军逃走与造恶逆者……皆支解脔割、断截手足、坐钉立钉、钩背烙筋，及诸杂受刑者，身见白骨而口眼之具犹动，四体分落而呻痛之声未息……"①

在实际执法过程中，杖死、腰斩、钉死、五马分尸、凌迟处死等刑罚纷纷恢复，其中自从商纣王以来已经消失上千年的"醢刑"——把人剁成肉酱的刑罚——竟然也被广泛使用。宋真宗时期，冀州知州张密学捕获一"巨盗"，就下令把他钉在门板上三天，然后剁成肉酱②；宋仁宗时期，转运使杜杞采用假意受降的方式，将广西环州的起义军首领70多人抓捕，然后食言而肥，下令把这些投降的首领处死，再剁成肉酱，命令各地区的少数民族首领吃掉，以警告他们不要叛乱③。

官吏们自己创造出来的、私自处理犯人的酷刑还有很多，诸如断手足、挑足筋、碎骨头、水溺坑杀、汤煮锯解，等等。宋真宗时期，对于私自离开部队逃

---

① 钱易：《上真宗乞除非法之刑》，载《宋朝诸臣奏议卷九十九》。
②《宋朝事实类苑》"张密学"条："张密学秉知冀州日，一巨盗劫民之财，复乱其女，贼败得赃，将就戮。其被盗父母，以不幸之甚，泣诉于公，公忿极，俾设架钉其门，凡三日，醢之，议者颇快焉。"
③《宋史·杜杞·列传第五十九》："会广西区希范诱白崖山蛮蒙赶反，有众数千……杞遣使诱之，赶来降……诛七十余人，后三日，又得希范，醢之以遗诸蛮。"

亡的士兵，普遍的做法就是先用烧红的铁烙，再用石头砸碎身上的骨头，最后斩首；宋仁宗时期，定州知州钱惟济，因为一名妇女虐待其丈夫前妻所生的儿子，他就下令将这个妇人所生的婴儿放到雪地里冻死，把这个母亲绑在旁边亲眼见证整个过程。

各种惨绝人寰的酷刑在宋朝很常见，不绝于史料。例子太多，无法详细列举，可以在郭东旭所著《宋代酷刑论略》里找到细致的考证。宋朝的文官从来不用担心自己会挨打挨杀，所以特别有勇气、有兴趣虐杀那些敢于反抗他们统治的人。

相传，北宋仁宗年间的高级官员包拯为官清廉，敢于为民做主，后来以"包青天"的声誉流传后世。包拯本人确实是一个好官。但是民间传说他用龙头铡、虎头铡杀贪官权贵，这样的事情是不存在的。证之于史料，包拯没有杀过任何一个贪官、豪强或者皇亲国戚，他也没那个权力。包拯所能做的就是努力去弹劾违法官员，却收效甚微。他影响最大的一次弹劾是要求严惩河东转运使王逵。此人巧立名目盘剥百姓钱物，激起民变后又派兵捕捉，滥用酷刑，惨遭其杀害者不计其数，民愤极大。但王逵与宰相陈执中、贾昌朝关系密切，因此有恃无恐。包拯连续七次上书弹劾揭发王逵的罪行，震动朝野[1]。结果王逵只是被免职，除此之外什么事儿也没有。而且没过多久又托关系复出，当了光州知州，又升任兵部员外郎，再当徐州知州，然后又升任兵部侍郎，最后以尚书待遇退休，活到了80岁[2]。包拯这段时间也还在当大官，却无力阻挡。也就是说，在宋朝，贪污腐败激起叛乱，然后用酷刑滥杀无辜，这样的官员即使被两宋历史上最为清正严明的包青天盯上了，也就是免职休养两年而已。既然这样，那还有什么可怕的？

后来，元朝和明朝也继承了宋朝的酷刑制度。明太祖朱元璋还发明了剥皮实草这种酷刑。明宪宗朱见深也屡屡下令凌迟处死农民起义领袖，著名太监刘瑾和明末辽东将领袁崇焕都是被凌迟处死的。但明朝的酷刑跟宋朝有两大区别：

第一，明朝的士大夫没有宋朝的免死特权，有很多酷刑是用来对付官员的。像剥皮实草就是为贪官量身定做的，普通老百姓无缘消受。

---

[1]《包孝肃公奏议·卷六·弹王逵》。
[2]《刑部郎中致仕王公墓志铭》，载《元丰类稿》卷四二。

第二，使用酷刑需要皇帝特批，不像宋朝一样官权力失控，可以随意采用自己想出来的方法残酷处死罪犯。

明朝的普通死刑犯都要皇帝在名单上打钩才能处决，这叫"勾决"。文官集团只能宣判而无权执行死刑，像宋朝那样私自虐杀犯人的行为是重罪。朱元璋颁布的《皇明祖训》里面明确规定："不许用黥、刺、腓、劓、阉割之刑。"在明朝，农民起义领袖，还有倭寇头目等罪行极为严重的人物，被抓住了之后都要先报皇帝批准才能处死。

明初丞相胡惟庸私自处死撞死他儿子的车夫，就被朱元璋要求杀人偿命。内阁首辅杨士奇的儿子在地方上打死人，被明英宗朱祁镇下令处决——只不过为了给杨士奇面子，先将人关起来，等杨士奇死后再杀掉。内阁首辅杨荣的曾孙、福建卫指挥杨晔因为打死人，被抓起来，死于西厂大牢，明宪宗朱见深下令将其抄家并全家充军[①]。所以明朝的文官相对于宋朝要老实很多，对虐杀犯人这种事情兴趣不大。

宋朝的人权保护得并不好，更谈不上是什么法治社会，只是"官权"保护得好，是典型的"官治"社会。

现在有很多人吹捧宋朝的人权法治，不过是站在文官的立场上做出评价。

宋朝的人权法治状况其实极差，原因就是文官的人权法治搞得太好了。宋朝的文官喜欢兼并土地，刑法就特别规定："佃客犯主，加凡人一等；主犯之，杖以下勿论，徒以上减凡人一等，……因殴致死者，不刺面，配邻州……"也就是佃农伤害地主，一律罪加一等；地主伤害佃农，杖刑以下的罪免于处罚，徒刑以上的罪减一等执行。如果地主把佃农打死了，则发配到比较近的州县服刑，而且不用在脸上刺字。这种"人权法治"，特权阶层当然非常喜欢。

实际上，明朝的人权保护——从古代社会的标准来看是不错的，原因就是因为它很不注意保护"官权"。明朝官员当然也不是省油的灯，可以像其他古代王朝的官员一样，想办法先把人关进班房再秘密杀害，然后谎报"瘐死"——也就是因为天气、疫病等原因死于监狱。但这是见不得光的行为，只能偷偷摸摸

[①] 以上故事详细均可见李晓鹏《帝制与盛世：汉唐明的时代：公元1500年之前》。

干,一旦被告发处理极重。像宋朝那样官员直接下令处死甚至虐杀犯罪嫌疑人的情况,在明朝则被严厉禁止,现实中也极为罕见。

明朝万历年间,应天巡抚海瑞在他的个人文集中记录了亲身经历的一件案子:

有夫妇二人在家中置酒招待一位因事过境的朋友,并留他住宿。正好在这个时候,妻子的哥哥来索取欠款白银三两,由于言语不和,遂由口角而致殴斗。其姻兄在扭打之中不慎失手,把丈夫推入水塘淹死。人命关天,误杀也必须偿命,所以妻子和住宿的朋友都不敢声张。丈夫的尸体,则由姻兄加系巨石沉入水底。

一个人突然失踪,当然会引起邻里注意,事情就不可避免地被揭露。审案的县官断定此案是因通奸而致谋杀,死者的妻子与这位朋友必有奸情。不然,何以偏偏在这位远道而来的客人到达的那天,丈夫突然丧命?又何以兴高采烈地置酒相庆?

然后,这个县官就判处这个女人凌迟处死,朋友作为奸夫斩决,姻兄参与密谋应被绞死。

按照明朝的法律,死刑案件必须多次复审。这件案子被送交杭州府复审,二审否定了奸情,认为确系殴斗致死,其姻兄按律判处绞刑,另外两人因为包庇则判了较轻的处罚。

虽然改判轻了很多,但是由于还是有死刑,因此这一案件要由北京的都察院和大理寺做出复核。都察院和大理寺仔细核对府县两级的审讯记录,发现前后两次审判的证据材料完全对不上,于是驳回重审。案件交给邻近三个县的县令会审。这三位县令经过审讯,再次认定是通奸,又改回了原来的判决。

改完之后,这一批人犯送抵浙江省巡按使的公堂,被判凌迟罪的女人当堂哭诉喊冤。案件又送到地区最高长官、应天巡抚海瑞那里进行第六次讯问。

海瑞的结论和杭州府审判官的结论完全相同,最后认定为斗殴致死。这个判决结论通过了都察院和大理寺的复核,最终只有其姻兄被判处死刑。但最后要杀掉他,还需要嘉靖皇帝打钩。

我们从这个案例就看得出来,明朝的官员要想合法杀掉一个普通老百姓有多么困难。明朝这个制度才叫人权保护,宋朝的只能叫官权保护。

官权好则民权差，官权差则民权好，这是帝国制度下的一对矛盾关系。宋朝和明朝就是这一对矛盾的两种极端。有人在评价明朝的时候这样说："连高级官员在朝堂之上都会被公然脱下裤子打屁股，普通人的人权保护就更无从谈起了。"这样的逻辑是错误的，把矛盾关系搞成了因果关系。正确的逻辑是："正是因为高级官员犯了错误都会被脱了裤子打屁股，所以明朝普通人的人权保护得还可以。"

八、文官之祸：腐化的出现及其后果

说了儒家文官那么多坏话，我们也可以从历史发展的逻辑上为他们辩护几句。

孔子的"仁政"思想是为了反对军事独裁者的暴政而产生的，有很大的历史进步意义。在部落时期，因为部落小，生产方式也简单，不太需要内政治理，只需要部落在打仗的时候有军事纪律就可以了；随着部落变成王国、帝国，内政事务越来越多，统治者就直接套用军队管理体制来管理人民。但很显然，用管理军队的方法来管理老百姓是不行的——军法过于严酷而且缺乏弹性，很容易搞成苛政、暴政，老百姓受不了就会起来造反。

秦朝二世而亡就是很惨重的教训，汉朝统治者不得不调整治理手段，更加倚重文官集团。其开端就是《史记》里面记载的，刘邦与儒家学者陆贾的对话。

刘邦说："我的天下是马背上打下来的，没用你们的《诗》《书》。"

陆贾说："马背上可以打天下，但不能治理天下。应该文武并用，国家才能长治久安。"

刘邦接受了陆贾的说法，开始任用儒生来参与政务。

文官集团的兴起、儒家思想的发展，使帝国内政治理更加文明，不断理性化，建立延续两三百年的大一统王朝成为可能。

除此以外，儒家思想还有一大功绩。东汉时期，佛学传入中国，和道家思想结合，产生了魏晋玄学这些虚无缥缈的思想，极大地损害了国家治理。魏晋时期的统治者就喜欢清谈玄学,搞什么"魏晋风度",对国家责任、民生幸福置若罔闻。而儒家思想是非常"入世"的,强调人生的社会责任——修身齐家治国平天下。孔子也说"未知生,焉知死",反对脱离社会现实去研究轮回报应、前生来世等。在这种理念的支撑下,儒家学者与佛学、玄学进行了针锋相对的斗争。南北朝时期,佛学、玄学大兴,儒家学者范缜就撰写了名篇《神灭论》,坚决反对统治者过分迷信佛学。他强调人死则神灭,来世之说皆为虚无缥缈,人应该珍惜现世的幸福,政府应该关注民生疾苦。这篇文章影响极大,迷信佛学的梁武帝亲自下诏反驳,还组织一大批佛教高僧和王公贵族写文章批判范缜。但范缜毫不畏惧,积极参与论战,丝毫不落下风。

如果没有儒家思想及其培养出来的文官集团,中国可能会被佛、道、玄学思想统治。所以,儒家思想至少在两个方面是有大功于中国的:第一是促进了原始的军事专政体制向理性化国家治理模式的转变,第二是阻止了佛、道、玄学等思想对理性精神的侵蚀。

但是,等到儒家学者的势力越来越大,从反抗者、改革者逐步变成统治者,也出现了腐败和堕落的问题。这个分水岭,大致就应该以"道统"思想的正式提出为标志,它一方面标志着儒家士大夫掌握了政治主导权,另一方面也标志着儒家思想的原则开始教条化、宗教化,儒学开始向儒教转变。儒家思想中遏制尚武精神、过度强调仁义道德的感化作用等问题就凸显了出来,出现了一些打着仁义道德的旗帜、干着祸国殃民勾当的腐败儒家官员,给国家、民族造成巨大的灾难。

文官腐败,除了害苦了老百姓以外,也把军队害惨了。由于赵匡胤"杯酒释兵权"剥夺了勋贵军事集团的权力,文官集团坐大,直接后果就是国家军事力量被严重削弱。

虽然历史上不乏文官出身的著名将领,但总体来说,真要打仗肯定还是职业军人厉害。儒家经典读得好又能够带好兵打好仗的人,不是没有,但只是特例,不是普遍规律。打仗的专业性很强,兼职或者半路出家是不容易干好的。个别天才可以,但如果把文官带兵变成制度,军队的整体战斗力必然会严重下降。

像王越这种进士出身还能带队消灭蒙古骑兵的军事天才实在是凤毛麟角。许多所谓的儒家名将,基本也就是镇压农民起义,能打好对外战争的非常少。

岳飞和狄青都成功镇压过内部叛乱，但若他们一碰到外敌就服软，还能被称为名将吗？只有真正能击败正规军主力的将领才有资格进入名将之林。按照这个标准，儒家文官中出的名将非常少。

汉朝的外戚勋贵，唐朝的关陇军事贵族，都是响当当的能征善战之将。卫青、霍去病、窦宪这些名将都是外戚，李广、陈汤也是职业武将，不属于文官序列。

唐朝初年至"武周革命"之前，对外战争势不可挡，横扫周边。这个战斗力就是国家真正的统治阶层——关陇军事贵族支撑起来的。这是一群世代以打仗为生的职业军事家。武则天当权以后，关陇军事贵族被血洗，科举文官势力坐大，内政治理倒还是不错，经济越来越繁荣，但对外战争则一年不如一年了。

到了北宋，文官统兵，对外战绩立刻一塌糊涂。权力失去制衡的士大夫集团蜕变成为贪腐权贵集团，对外割地赔款，对内兼并土地、鱼肉百姓，没折腾多久就导致北宋让女真人灭了。南宋也是一样。最后的结果是：汉族第一次完全被少数民族征服。

从这一点说，文人误国比武将专权后果更严重。汉朝的外戚专权或者唐朝的藩镇割据，再怎么危害国家，充其量不过是改朝换代，是亡国，而不是亡天下。因为这些军阀勋贵都很能打，也只有内部的其他军事势力能把他们消灭，外部落后的少数民族根本不是对手。像三国时期，魏蜀吴大战，谁也灭不了谁，但不管谁出去收拾周边的少数民族都是小菜一碟——魏国可以灭乌孙、蜀国可以征南蛮、吴国可以平南越。

两宋的士大夫们掌握兵权以后，大力清洗武将势力，自己又不会带兵，内斗内行、外战外行，严重地损害了汉民族政权的战斗力，搞得竟然连西夏都打不过，被周边的少数民族轮流击败。

九、汉唐归来：朱明皇权的两大支柱

朱元璋建立明朝以后，吸取宋朝灭亡的教训，重新调整了国家的权力格局。

军事勋贵再次成为皇帝权力的重要支柱,科举文官集团的地位比宋朝严重降低了。"不杀士大夫"成为文官遥远而美好的回忆。贪污腐败会被剥皮实草,拉帮结派不负责任地乱讲话,则可能被抓起来打板子——也就是"廷杖"。

打板子并不是朱元璋的发明,它是中国古代审讯犯人的常规手段。宋朝的时候也有,只不过专门用来打老百姓的屁股,官老爷不用担心被打。现在朱元璋竟然用它来对付士大夫,大家才觉得这个东西非常侵犯人权,在历史书上郑重地记录下来以供批判。

朱元璋为明朝设计的政治体制充分吸收了历朝历代成败得失的经验教训。"文官统兵"的制度被取消了,丞相这个文官首领的职位也被取消了;皇亲国戚重新掌握统兵之权;练兵、调兵之权则掌握在纯武职的将领手里。中央设立完全由武将管理的五军都督府来管理军事,直接向皇帝负责,五军都督府下设都指挥司,再下面是各个卫所,军事这条线完全垂直管理,文官无权干预。

军事这条线有自己独立的经济来源,也就是军屯的土地,不需要依靠文官系统的税收。军屯的土地数量非常大,大概占了全国耕地面积的一半。

根据洪武二十八年(1395年)的丈量数据,全国有耕地850万顷(一顷约合66667平方米)。但是有很多文献(包括最权威的《明实录》)中都说征税土地是400多万顷,直接少了一半。后世有一些学者搞不清楚,就说是朱元璋测量错误,明朝的实际耕地只有400多万顷。后来清朝初年统计出来耕地有500多万顷,有人就根据这个说清朝开国才几十年,就把耕地恢复得比明朝鼎盛时期还要多。这是错误的。

明朝经济发达的万历时期,耕地是1200多万顷,是清朝初年的两倍还多[①]。核心误解是什么?就是有很多土地是军事系统掌握的,由各个卫所直辖,里面有军人屯垦,也有普通的老百姓耕种而粮食直接上交给军队的。像明朝著名的清官海瑞,户籍就在海南卫,他们家就是生活在卫所管辖的土地范围内的普通居民,

---

① 《明神宗实录》卷379:"是岁户口田赋之数……官民田土共一千一百六十一万八千九百四十八顷八十一亩……屯田子粒地共六十三万五千三百四十三顷七亩八分六厘三毫有零。"官民田土和屯田子粒地相加超过1200万顷。

不归行政系统管。

军队掌握的土地情况由五军都督府直接向皇帝汇报,文官系统不掌握具体情况,只能知道一个总数。所以才有了总面积是800多万顷,而征税土地只有400多万顷的区别。军屯土地上交的粮食叫子粒粮,普通田地上交的才叫税粮。比如辽东、海南、贵州这些边境地区,在文官系统统计的400多万顷土地账里面,耕地面积就是零,这显然不可能[①]。

这样,明朝皇帝的权力就有了两根巨大的支柱:一根是五军都督府下面的军事系统,高层是跟朱元璋打天下的勋贵集团,中下层是职业武将;另一根是中央六部控制的文官系统。这两个系统互相制约。此外朱元璋还搞了一个锦衣卫,充当独立的监察力量。

这个制度体现了汉、唐、宋各自政治体制的优点,有汉朝的皇亲国戚统兵制度,有唐朝的武将勋贵集团练兵带兵制度,有宋朝的完全利用科举来建立职业文官体系的制度,再加上朱元璋新增的锦衣卫监察制度。因此这是帝国制度的集大成之作,是相当完善的。所以朱元璋才信心满满地说,我制定的是一套万世不易的制度,后世子孙千万不要变动,可以保证大明江山永固。

朱棣在靖难之役以后实际上剥夺了皇亲国戚统兵的权力,把这个权力交给了武将勋贵集团,又设立内阁来适度加强文官的权力,同时加设东厂来增加监察系统的权力,算是做了微调,但大的格局没有变。

唐朝的寿命很长,核心原因就是因为它各方面势力互相制衡,不像西汉、东汉那样军事贵族太强,也不像北宋、南宋那样文官集团太强。明朝的政治设计比唐朝更均衡,皇帝位置很稳当,从来没有将领、太监或权臣的权力大到可以威胁皇权;内政的治理,几乎完全由科举文官系统来执行,经济社会管理的理性化程度胜过汉唐;同时,明朝军队的战斗力又远胜宋朝,疆域之广,可与汉唐相媲美。所以它成了一个疆域广阔、政局稳定、经济社会持续繁荣的朝代,核心原因就是它顶层设计做得好,是中国古代帝制发展的顶峰。

---

① 关于军屯土地与卫所制度的详细考证,参见明史专家顾诚写的《隐匿的疆土:卫所制度与明帝国》。

按照这个规律，明王朝的寿命原本可以比唐朝更长，但实际上，明朝的寿命跟唐朝基本差不多，还少了那么十几年。这是为什么呢？

最主要的原因是帝国所处的外部环境发生了变化。古代世界已经进入尾声，世界开始进入近代。欧洲开始发展起来，大航海时代来临，明孝宗弘治十年（1497年），葡萄牙人达伽马绕过好望角，开通了从欧洲前往印度的航线；明武宗正德六年（1511年），葡萄牙人控制了马六甲海峡，并于五年后到达中国。也差不多在同一时期，西班牙人占领了南美洲，并在那里发现存量巨大的银矿；1526年，日本石见银矿开始大规模开采，产量与南美洲不相上下。全球航线打通，贵金属货币充足供应，两件事情使得全球贸易迅速兴旺发展起来。

这个变化最直接的体现，就是日本这个一直非常落后的岛国因为海上贸易和银矿开采而迅速强大起来，开始对中国造成威胁。倭寇问题在明朝中期变得非常突出，国家军事重心从北方向东南沿海转移，北边的蒙古部落和女真部落就趁机发展壮大起来，蒙古的俺答汗趁北方空虚的机会再次深入北京周边地区劫掠，给中国北方的经济造成巨大的伤害。

到了万历年间，日本第一次侵略朝鲜，中国被迫出兵应战。中国北方的精锐部队全部拉过去打日本了，又正好跟李成梁第一次被东林党搞下台的时间重合，这就为努尔哈赤带领建州女真发展壮大提供了千载难逢的战略机遇。

中国在历史上第一次遇到来自海洋和陆地的双重威胁。

更重要的是，海洋贸易的繁荣，在东南沿海催生了一个庞大的工商业富豪集团。这个集团通过城镇手工业和对外贸易，把西班牙人在南美洲搞到的一半多的白银赚了过来。

当时中国的财富基本都集中到东南沿海，朝廷中的官员也有很多来自富商家庭，或者跟他们有姻亲关系。这就促成东林党的第二个愿景：国家要少收税，主要是对东南沿海地区少收税。

当东南沿海地区的官僚集团通过商业贸易掌握了巨大的财富之后，力量也就变得特别强大，足以打破朱元璋精心设计的体制平衡。

第二章　盛世危局

一、重商抑农：明朝税制与税收结构

有很多人认为，明朝是一个重农抑商的保守王朝。这完全说反了。明朝是一个名义上重农抑商、实际上重商抑农的王朝。这个"重"和"抑"不是体现在政治待遇和政治口号上，而是体现在税收上。国家税收九成来自农业，商业税税率极低。你说是重农还是抑农？

明朝的税收制度非常奇葩，是定额税收制，也就是每年3000万石左右粮食。这个制度是朱元璋定的，他登基以后国家税收年年增长，一直增长到3200万石左右。他下令说，税收已经够多了，足够政府开销了，以后永远都按照这个额度收税，不许增加，剩下要全部藏富于民。

就这样，以后明朝经济继续发展，人口继续增长，税收始终就这么点儿，人多了就大家分担，每人少交点。中间有过微调，农业税减免过几回，又有一部分则算成了银子，商业税收有所增加，但税收总量大体保持不变。到了明朝后期万历皇帝的时候，大概是：

"（农业税）收入实征白银2667680两……若将本色米麦按照时价（米1石

价银1两，麦1石价银0.8两）折算成银两，则两税收入可以达到22217358两；商业税收入包括盐税250万两、茶税10余万两、市舶税4万两、通过税60万两、营业税20万两，总额不过340万两左右。"①

也就是说，来自农业的税收（粮食加直接交的银子）大概2222万两，其他跟工商业有关的税收总额340万两，总共2562万两。

基本上，明朝的税收，我们就按照2600万两银子或者3000万石大米算，比较好记。200多年了，朱元璋时期的人口也就六七千万，而明末按最高估计差不多有4亿人口②。人口增长了六七倍，税收还是那么多。平摊下来，4亿人每年交给政府的税收2600多万两，平均每个人的税收负担只有不到0.065两白银，能够买大概八斤大米。这就是明朝的税收水平③。

如果按照大米价格折算，相当于今天的几十元。不过古代大米的价值比今天高很多，但再怎么高，万历时期的一两银子的实际价值也不会超过今天的2000元，0.065两银子也就相当于130元。万历年间，北京劳务市场上，普通民工忙活一天，能挣纹银五分，也就是0.05两④，0.065两银子相当于民工大约一天半的收入——这就是明朝老百姓平均每年需要交给国家的税。

当时明朝官方统计的耕地是1100多万顷，也就是11亿多亩地，北方亩产大概一石，南方则可以达到2—3石，甚至更高。名义上有400多万顷军队屯田的粮食是没有算入纳税范围的，但明朝后期军屯破坏极为严重，十不剩一，军屯土地已经不用来供养军队，军费都要国家发，所以军屯土地最多还能剩下100万顷。这样，从理论上讲需要纳税的田亩估计在1000万顷。按照亩均1.5石来计算，明朝粮食年产量是15亿石，3000万石大米也就占当年粮食产量的2%左右。

---

① 林枫：《万历矿监税使原因再探》，《中国社会经济史研究》2002年第1期。
② 杜车别：《明末清初人口减少之谜》，中国发展出版社2018年版，第82页。4亿为最高估计，本书作者认可这一估计结果。也有更低的估算结论，根据高寿仙《明代人口数额的再认识》(《明史研究》2001年第8期) 一文，认为1.5亿的有何炳棣、王育民等人，认为2亿左右的有葛剑雄、曹树基、赵冈以及高寿仙自己，认为接近3亿的有国外学者黑德拉等人。按照2亿计算，则相当于人均每年纳税0.14两银子，也是很低的。
③ 高寿仙：《明万历年间北京的物价和工资》，《清华大学学报》2008年第7期。
④【明】沈榜：《宛署杂记》卷15，"搭棚匠四十名，各八日，每日每名工食银五分"。

这还是只算了粮食，如果算上城市工商业创造的财富，明朝政府财政收入占GDP（国内生产总值）的比重就更低。

所以说，从账面收入来看，明朝是一个超低税负的国家。当然，在账面收入之外还有一个很重要的实际税负，就是劳役。劳役就是政府无偿征用劳动力去从事驿站服务、道路运输、工程修建，等等。这是一个很沉重的负担，具体多少无法计算，有可能是正税的很多倍。但是有一点，就是劳役跟土地和户籍挂钩，只有拥有土地或者在户籍所在地的人才会被加派劳役。这是农业帝国管理的基本逻辑。而商人则不用承担或很少承担劳役，而且商人们雇用的城市居民，大部分都是从农村地区进城的非城市户籍人口。这些人进城，要么是为了打工赚钱，或者就是为了逃避农村地区的税收和劳役，总之就是基本不用承担劳役负担。

在这种情况下，整个国家平均每人每年只交大约0.1两银子的税，而且87%都是农业税，商业相关的税收（包括商业税、通过税、进口关税等加起来）只占了13%，而劳役则几乎全部由农村居民承担，明朝也就成了工商业发展的"天堂"。

在朱元璋时代，国家刚刚经过战乱，商业不太发达。朱元璋觉得从农业里面征收的3200万石粮食已经足够了，而且当时的商业有很大一部分都是为农业生产服务的，所以他就没怎么把商业税放在心上，下令凡是跟农业相关的工商业活动包括车船运输、农具生产、农产品加工和交易等全部免税。其他不免税的工商业活动，则按照"三十税一"的标准来征收[①]，也就是3.3%的营业税。茶叶属于官方特许经营的物品，税率最高，也不过"十五税一"。

更有意思的是，明朝很多商业税按照宝钞来计价。明朝的宝钞——也就是官方发行的纸币由于没有准备金，贬值速度非常快。到明朝中期已经基本没有人使用，它的主要用途就成了皇帝印来发给官员作为精神奖励。比如朱元璋曾经奖励朱棣100万贯的宝钞，朱棣也不会当真去换成银子；明宪宗朱见深奖励著名清官秦纮1万贯的宝钞，也是荣誉，秦纮拿到手也没办法真的去兑换1万贯铜钱出来。到了明朝后期，宝钞就跟废纸差不多了。商人交易用的是银子，交税的时候

[①]《明史·食货五》："凡商税，三十而取一，过者以违令论。"

用宝钞按照面值来交，就基本等于不交税。明朝末年，云南省全年的茶叶税只有17两，浙江全年交的茶叶税竟然只有六两银子。当时的学者就评价说，浙江的茶叶经销商早就不知道国家还有卖茶叶要交税的规定了[1]。万历六年（1578年），浙江金华商贸业极为繁荣，全年只交了七两银子的商税。当地的地方志坦率地承认，商税已经停止征收很长的时间了[2]。

综合来看，明朝是中国历史上工商业税负最低的时代。

明朝的皇帝还是跟古代皇帝一样，非常重视农业，认为农业是天下的根本，每年都要举行大型的祭祀活动祈祷风调雨顺，还要象征性地去农田里面劳作一下。而商人的政治待遇在名义上是很低的，"士农工商"的排名没有发生变化，商业依然被认为是末流，参加过科举的秀才见了县太爷可以坐着说话，而商人按规定则必须站着，类似的歧视性规定也确实不少。

但问题是，国家的税收和劳役负担几乎全部由农业和农民来承担，这种名义上的重农抑商没有实际意义。站在商人的立场来看：是政府把你捧上天，抬得很高，但是狠狠地征税，这样更好；还是在政治上歧视你，说你是末流，但基本不征税，这样更好？

对商人来说，肯定是后者好啊。

而且那些名义上的政治歧视，诸如商人不准穿什么颜色的衣服之类的规定，到了明朝中后期基本没人遵守，政府也没工夫去管这些闲事。万历时期，有三位内阁首辅——张四维、申时行、王锡爵都出生于商人家庭，可见商人政治地位并不低，并没有遭受什么实际意义的歧视。

明朝的这种农商政策，跟西汉初年"休养生息"的政策很相似。国家一再强调"劝课农桑"，但税收基本都从农业上来，而对农业之外的其他产业则基本不征税。到了汉景帝时，晁错就总结说："今法律贱商人，商人已富贵矣；尊农夫，农夫已贫贱矣。"就跟我们讲的名义上重农抑商，实际上重商抑农，是一个意思。

---

[1] 黄仁宇：《十六世纪明代中国之财政与税收》，生活·读书·新知三联书店2001年版，第338页。

[2] 黄仁宇：《十六世纪明代中国之财政与税收》，生活·读书·新知三联书店2001年版，第306页。

经常有人喜欢举例，说宋朝的商业税收占国家收入的80%，而明朝商业税收只不过十分之一，所以宋朝商业极度繁荣，而明朝商业活动非常落后。这是不对的，征税越多越繁荣的逻辑有问题。宋朝商业税收占的比例高，很大程度上是因为官方对商业活动控制严格。

宋朝有着非常广泛的"禁榷"制度。"禁榷"制度就是禁止民间自由交易，必须由官方来经营获利。

政府专营制度最早可以追溯到春秋时期的齐国，管仲制定了"官山海"的制度，也就是把山海的产出（铁和盐）列为官府专营的物品，后来各国纷纷效仿，秦朝也继承了这个制度。西汉初年因为实行"休养生息""无为而治"的政策，废除了盐铁专营。到了汉武帝时期，为了筹集远征匈奴的军费，这项制度再度恢复，食盐、酿酒和冶金行业都由国有企业垄断经营，获得的经营利润全部归国家。这就相当于对食盐的生产销售和冶金企业征收100%的所得税。

后来历朝历代都会根据实际情况制定不同的专营制度。到了宋朝，这种制度发展到顶峰。因为国家需要花很多钱养一批庞大的常备军，要给庞大的文官集团发高工资，还要对外赔款等，财政收入极为紧张。在这种情况下，宋朝的"禁榷"制度就搞得非常广泛，不仅盐铁专营，茶叶、酿酒、明矾、煤炭都在官方专营的范围内。宋代称酒的专卖为"榷酤"。酿酒的酒曲由官府垄断，禁止民间私造，违犯者重至处死。官府严格控制酒的制售且税课繁重，后人评价"……历代榷酤，未有如宋之甚者"。所谓宋朝的商业税收占了财政收入的八成，其中超过一半来自官方垄断收入。

宋朝的"禁榷"制度有多高暴利呢？有一个很绝妙的例子可以作对比，就是燕云十六州的盐价。在被辽国占据的时候，没有"禁榷"制度，食盐价格是每斤36文；后来金国灭了辽国。北宋以每年向金国进贡银20万两、绢20万匹、钱100万缗为代价，收回燕云十六州的部分土地。然后，北宋就开始在这里搞"禁榷"，立即把食盐价格涨到每斤250文至280文的水平[①]，增长了七八倍。

---

① 参考【宋】徐梦莘《三朝北盟会编》卷24："盐法，旧房中每贯四百文得盐一百二十斤，提举官都不念新附之民，贪功生事，每斤至二百五十文足，或二百八十文足。"

燕云十六州的人民，好不容易盼来了代表中华正统的大宋，想不到宋朝竟然如此搜刮无度。

由于盐价太高，对私盐的处罚又极重，穷人吃不起盐在宋朝成了常态。苏东坡有句诗"岂是闻韶解忘味，迩来三月食无盐"（《山村绝句》），说的就是这种状况。但宋朝政府并不害怕这个，文官发明了古代历史上独一无二的"食盐附加税"制度，直接按照人头收盐税，不管你买不买，只要有这么一个人，都要交那么多的盐税，每年交其他正税的时候一起交上来，然后官方给你发一点质量很差的盐，算是强买强卖。

唐末每年在盐政上的年收入是几百万，已经被批评价格过高，是刻剥百姓。宋朝人吃盐想来不会比唐朝、明朝多多少，在盐上的财政收入却是唐朝和明朝的十倍。就这样的收入，也被一些吹捧宋朝的人算到"商业税收"里面，作为宋朝商业空前繁荣的证据了。

除了"禁榷"以外，宋朝还有很多苛捐杂税。朱熹称古来刻剥百姓的办法本朝全有。此外，宋朝还开创了无数新税种，有经总制钱、月桩钱、板账钱、二税盐钱、蚕盐钱、丁绢、丁盐钱、僧道免丁钱、秤提钱、市例钱、折估钱、折布钱、布估钱、畸零绢估钱……当时的人都不能列举清楚，称为"不可以遍举，亦不能遍知"。

简单来说，宋朝所谓占了八成税收的"商业税"里面，"禁榷"收入占了一半多，苛捐杂税又占了两三成。

除了这些以外，剩下的所谓"商税"水分也很大。因为两宋所征商税不仅仅针对商业活动，而是针对所有能创造价值的活动，比如自己家建房子要收税，婚丧嫁娶也要收税。贩运物品过关当然要收税，但如果不带商品只带银子、铜钱也要按照比例收税，甚至进京赶考的学子通过税关的时候也要被搜身检查带了多少钱，按比例抽税。

所以北宋末期和南宋时期，国家财政收入里面农业税收入比例低，并不能说明两宋商业繁荣程度有多高，只能说明它收税厉害。宋朝才是一个真正的"重农抑商"的朝代，因为它对工商业活动盘剥得太厉害了；而明朝则是"重商抑农"，因为它极少征收商业税，国家税收和劳役绝大部分来自农业，除了盐业专营以外，其他方面几乎完全放开私人经营，而且盐业专营的收入也不到两宋的十分之一。

南宋后期，海上贸易发达，工商业确实比较繁荣，这是事实。宋朝在商业方面最大的进步是允许市场自由摆摊，而且大城市到了晚上还可以经营，不像汉唐一样严格划定商铺、交易种类和交易时间。唐朝的时候，曾经有法令限制县级以下的商业市集发展。到了宋朝，市集禁令取消，非官营的"草市"、墟市以及庙院集市日渐扩张。不过，它们的功能都非常传统，无非是为方圆几十里的农户提供日常消费品的交易场所，"布粟蔬薪而外，更无长物"。

二、商业帝国：空前的工商业大繁荣

明朝才是中国历史上工商业空前大繁荣的朝代。

江南地区除了嘉靖年间有短暂的倭寇问题外，270多年没有经历过战乱。国家处于大一统状态，大运河在朱棣迁都之前就被疏通，驿站遍布全国，商人四处贩运物品畅通无阻。商业税率极低，而且有时候可以用严重贬值的宝钞按照面值支付。当时的钞关（就是征收过路费的关口）收税也是很奇葩的定额制，也就是每年限定收多少过关税，达到定额之后就不收了，不管之后的商人运多少货物通过都不收钱。在这样的状态下，商业活动如何能够不欣欣向荣呢？

此时偏偏又赶上西方的大航海时期。葡萄牙人打通了从马六甲到菲律宾（当时被称为吕宋岛）再到中国的商业航线，又在美洲发现了巨大的银矿。日本也发现了巨大的银矿，成为世界白银主产区。于是，大量的白银源源不断地流向中国，购买丝绸、棉布、瓷器等手工业制品。这些手工业制品已经形成了极为强烈的外部需求。

在内部市场和外部市场都很繁荣的情况下，江南地区的工商业活动也就达到前所未有的顶峰，真的是像《红楼梦》里说的"烈火烹油、鲜花着锦之盛"。

当时江南地区已经有了比较完整的基于工商业专业分工的城镇群。中心城市是留都南京和府城，这是金融、商号总部和文化娱乐中心，人口在100万到300

万（南京）之间；府城下面是县城，这里是商贸物流中心，人口在10万到50万之间；县城下面是各个专业镇，是手工业聚集地，各个镇之间进行专业分工，有的织布，有的染布，有的做丝绸，有的做生丝，等等，专业镇三五万人；比专业镇更小的是集市，主要作用是收集和专卖农村经济作物，为手工业提供原料，一般有几千上万人[①]。

当时江浙地区最发达的是留都南京，再加上苏州、松江、常州、嘉兴、湖州和杭州，一共有七府。每个府下面有六七个县，比如苏州就有吴县、昆山县、长洲县、常熟县、吴江县、嘉定县、太仓州。每个县下面有十来个专业镇和集市。苏州府下面就总共有72个专业镇和集市。这七个府就有两三百个专业镇和数量差不多的集市。

当时专业镇的工商业发达到什么程度呢？

以嘉兴府桐乡县濮院镇为例。这里是著名的丝绸出产地，当时人记载"日出万绸"，也就是一天可以销售1万匹绸缎。按照每匹二两银子计算，扣除过年等淡季节假日之类，每年贸易额当在300万两以上。但《东畲杂记》里面又说，"所谓日出万绸，盖不止也"。可见这个估计还是保守的。

湖州府归安县南浔镇则专门卖湖丝——一种高品质的蚕丝。据温丰《南浔丝市行》中说，"一日贸易数万金"，也就是每天的贸易额都是数万两银子。蚕丝贸易的旺季是从小满到中秋，约四个半月（135天），数万金如果按5万两银子算，那么旺季贸易额就超过650万两银子。再加上淡季，一年800万两银子的贸易额当无问题。还有记录说，南浔镇"湖丝极盛时，出洋十万包"，也就是光海外贸易就要销售10万包蚕丝。每包蚕丝重1320两，当时的价格大概是100两银子一包，鼎盛时期的贸易额超过了每年1000万两银子。这是相当惊人的。

松江府华亭县的朱泾镇则主要做棉布生意。这里有"小临清"之称，相当于一个镇的繁荣程度可以比得上一个临清县城[②]了。"富商巨贾操重资而来市者，

[①] 参考杜车别：《明末清初人口减少之谜》，中国发展出版社2018年版。
[②] 临清县位于山东省西北部，漳卫河与大运河交汇处，是当时重要的南北运输枢纽、北方重要的商业城市。

白银动以数万计，多或数十万两，少亦以万计。"来这里批发棉布的商人，每来一回，至少带几万两银子，多的可达几十万两，那么这个地方的年贸易额必然也是好几百万两，甚至更高。

这些城镇数量庞大的人口主要是"流民"，也就是农村进城的非户籍人口。明朝初年朱元璋制定了很刻板的户籍政策：农户就世代为农，军户就世代当兵，匠户就世代当工匠，等等。这个制度跟征税和劳役密切结合，农户每年交多少粮食，匠户每年上贡多少工艺品或者在官方的织布局里面工作多长时间，军户每户需有人去当兵等都有规定。因为明朝是定额税收制度，官员的责任主要是按照规定的额度把税收征上来，人多了也不需要多交税。所以官府就懒得管什么户籍了：只要这个户籍下的家庭交够了规定的税收，承担了规定的劳役，那就行了，剩下的人爱干啥干啥。于是就有不少农户进城打工，还有一些是逃避劳役、税收的，放弃土地跑进城。总之，中国历史上一次大规模的城市化浪潮开始了，数以千万计的人口进入城市从事工商业。

江西的景德镇也是一个专业镇，主要是以生产瓷器闻名。明朝后期，因为海外贸易不断增长，大批流民涌入景德镇，为民窑业提供了大量的雇用劳动力。嘉靖四十二年（1563年），"本镇……居民，与所属鄱阳、余干、德兴、乐平、安仁、万年及南昌、都昌等县杂聚，窑业佣工为生"[1]。直至万历三十四年（1606年），"镇上佣工，皆聚四方无籍游徒，每日不下数万人"[2]。

这些都是县下面的专业镇，仅江南七府下面就有两三百个这种专业镇。至于县城，又要比小镇繁华数倍；府城又比县城繁华数倍；南京繁荣到什么程度就更不用说了。那真是日夜灯火通明，四方商旅往来不绝，山南海北货物辐辏，各色品种琳琅满目。在江南名城苏州的市场上："洋货、皮货、绸缎、衣饰、金玉、珠宝、参药诸铺，戏园、游船、酒肆、茶店，如山如林，不知几千万人。"[3]

在江南的各个市镇，还有《水陆路程》这种小册子售卖，也就是江南地区贸

---

[1] 参考《饶州府志》。
[2] 参考《江西通志》。
[3] 参考【明】顾公燮《消夏闲记摘抄》。

易导航手册：水路、陆路该怎么走，每个专业镇卖什么商品，哪些地方能雇到运货的大船，哪些地方能雇到骡马背运货物，等等，都有详细介绍。

整个江南地区，形成一个庞大的工商业城镇群。农村地区已经实现了"非粮化"，都不怎么种粮食了，改种桑叶和棉花，每亩地的收入是种粮食的两倍到三倍。"苏湖熟、天下足"变成"湖广熟、天下足"——中国粮食主产区从江南转移到湖广腹地，而江南则变成"衣被天下"的织物手工业中心。

沿海的福建、广东等地商业也十分发达。

克鲁士《中国志》描写了嘉靖年间中国广东的发展状况：

"这个省有十一座城，包括省城在内，还有八十个带城墙的镇，要在别处，每个镇都会被当作是一座城，因为它们极壮丽，人口繁庶。没有城墙的村镇不计其数（其中不少是相当大的），这些地方人烟十分稠密。"

"沿河小城镇无不布满大小船舶。离河半里格多的广州城，船只多到令人惊异，尤其叹为观止的是，几乎整年大量船只从不减少和缺乏，因为如果三十、四十或上百艘的船某天开走，那同样多的船必定再开进来。我的意思是说，数量从不减少或缺乏，尽管有时多点少点，始终都保持一个惊人的数字。而且，开走的船是满载而走，开来的船是满载而来，都接受货物和携运货物。"

福建、广东商人经常会贩运白砂糖、铁器、瓷器等物品来江南销售，然后满载丝绸、棉布而归。"燕、赵、秦、晋、齐、梁、江淮之货，日夜商贩而南，蛮海、闽广、豫章、楚、瓯越、新安之货，日夜商贩而北。"[1]中华大地上，商旅南来北往，交流如织。

随着商业活动的繁荣，"商帮"开始出现。在明朝之前，商人的经商活动都还是个体的、零散的活动，没什么组织性。到了明朝，逐渐就按照地域形成了不同的"商帮"。最著名的就是山西商帮和安徽商帮，也就是"晋商"和"徽商"，稍弱一点的就是闽商、浙商和广商等。中国著名的商帮都是在明朝形成的，商人们依靠地域关系互相帮助，一起外出经商，遍布全国各地。

---

[1] 参考【明】李鼎《李长卿集》。

三、户籍改革：明廷的"新型城镇化"改革

随着工商业的繁荣，明朝传统的城镇化政策已经不能适应经济社会发展的需要，明朝政府遂开始逐步推动"新型城镇化"改革。其中最重要的就是改革户籍制度。为了适应城镇化和商业繁荣带来的人口大规模流动，连科举考试都跟着做了调整。因为每个省有固定的举人名额，应试者必须在户籍所在地参加科举才可能中举。但是明代中期以后流动人口数量太大，州县"土著人少而客居多"，如山东临清，到这里来做生意的徽商及其家属、随从等竟然比本地户籍人口还多。这个时候，政府就专门设了"商籍"。它是"附籍"的一种，商人如因经商而留居其地，其子孙户籍就可以附于本地，称"商籍"。

"附籍"制度在朱元璋时代并不存在，就是专门为人口流动量身定做的。朱元璋死后38年，由他的玄孙、明英宗朱祁镇在正统元年（1436年）下令设立。有了"附籍"，流动人口就可以异地参加科举考试了，地方政府对流动人口进行登记管理也更加方便，可以更好地维护社会治安。这个改革解决了商人等流动人口的子女教育问题，有力地促进了明朝的人口流动和商业繁荣。嘉靖六年（1527年），嘉靖皇帝下旨，凡是在北京地区居住很长时间又买了房子的，允许他们在北京"附籍"。

附了籍的，在本地参加科举考试，就会占用本地的举人名额。因为当时也存在某些省份科举竞争比较激烈的情况，特别是江南地区文风鼎盛，录取比例比北方要低很多。像北京顺天府，因为是首都，官宦子弟很多户籍都在这里，所以录取名额就比较多，录取比例高。所以就有一些人利用"附籍"制度，到录取比例高的地区来参加科举考试。比如，外地人本来没在北京长期居住，也买个房子，托人走后门把儿子的户籍办到北京来。这在当时被称为"冒籍"。

嘉靖年间，浙江会稽人章礼参加北京顺天府的科举考试，竟然考了顺天府第

一名，马上就被指责为"冒籍"。当时这个事儿也闹得不小，竟然反映到嘉靖皇帝那里。嘉靖皇帝自己也是外地进京当皇帝，在这方面比较开明，说："普天下皆是我的秀才，何得言冒？"[1]这个事儿才算是过去了。

明朝户籍制度的这一系列变化说明，明朝政府、明朝皇帝的思想都很开明，能够根据经济社会发展需要不断进行户籍制度改革，而不是用一套僵化的制度去限制经济发展。

从这一点来看，我们也可以说，明朝中后期的经济繁荣，不仅是经济社会自发增长的结果，还是定额税收制度和户籍制度改革等顶层设计有力促进的结果。

在诸多有利因素的支撑下，中晚期的明帝国成为当之无愧的全球经济中心。每年出口大量的手工业品到全世界，物美价廉。美洲和欧洲地区的许多手工业者因此而破产倒闭。在当时欧美人笔下，墨西哥"土著居民逐渐停止纺织"，"西班牙所有的丝织工场全部毁灭了"[2]，日本人和西班牙人的白银像流水一样地进入中国。

欧洲当时正在兴起所谓的"重商主义"思潮，也就是把白银的流入视为国家财富增长的象征，大力鼓励发展工商业赚钱，但是根本挡不住白银从欧洲流入中国的趋势。为此法国和西班牙统治者多次下令：前往亚洲地区贸易，每次携带的白银或者银币数量不能超过一定的额度，以限制白银流往中国的速度。但是并没有起到什么作用。

据学者估计，每年从欧洲流入中国的白银数量大约50吨，从日本流入中国的白银数量大约100吨。明朝中后期，大约有1.5万吨白银流入。西班牙人和葡萄牙人从美洲抢来的白银超过一半被中国人赚了过来[3]。

---

[1] 参考【明】谢肇淛《五杂俎》。
[2] 张铠：《晚明中国市场与世界市场》，《中国史研究》1988年第3期。
[3] 本节关于明朝后期江南地区工商业发展状况的资料，来自樊树志：《晚明史：1573—1644》，《导论》第二节《商品经济的高度成长与市镇的蓬勃发展》，复旦大学出版社2015年版。

四、浮华世界：明朝中后期社会风气的变化

经济长期繁荣的结果之一是社会风气日渐奢华。

明朝初期，开国皇帝朱元璋出身贫寒，对于历代君主纵欲祸国的教训极其重视，称帝以后，"宫室器用，一从朴素"，"惟恐过奢，伤财害民"。在灾荒之年与后妃同吃青菜、粗粮，严惩贪污浪费。朱棣也相当节俭，有一次看见宦官用米来喂鸡，就大骂他们"暴殄天物"，说这样养一只鸡的花费相当于饥民一天的饭钱了。皇帝的表率和严格御下的作风对吏治的清明起了很大的作用。

到了明朝中后期，工商业越来越发达，民间日益富裕，奢华之风就慢慢兴起来了。

奢侈的花样不用细说了，反正就是不差钱嘛，可着劲地糟蹋各种好东西，讲排场、攀比，等等。明初规定民间盖房子，厅堂不能超过三间，超过就是违制，要受处罚。但自从迁都北京以后，南方盖房子就没人管了，富豪家的豪宅盖得跟王府没啥区别，不要说三间，十间八间也多得是，而且一个大堂装修花费上千两银子是常事。

在这些方面，历朝历代的富豪都是一样的，不过明朝经济较发达，物产较丰富，所以名堂更多一些罢了。真正比较有特点是这么几件事情：

首先是男性着装女性化。这是社会经济长期繁荣，人民群众闲到一定程度之后才会出现的现象。

明朝后期，在江南沿海有钱有势的人家，女人的着装早就已经千奇百怪，不足为奇。一般来说，男人装束是比较正式简洁的。但随着经济发展，底层的老百姓也穿得不错了，而且服装违制的情况非常普遍。传统士大夫和贵族的装束，只要你买得起，可以随便往身上穿，往头上戴，没人管。这样一来，富贵人家就得花样翻新，搞点有创意的，不然就跟老百姓一样了。

比如，以前的士大夫头上都戴方形的云巾，这是身份的象征。但是江南地区

后来连拉车的、运货的、跑腿的也全都戴着云巾在大街上招摇过市，士大夫再戴云巾就不能显身份了。所以就开始兴戴"汉巾、晋巾、唐巾、诸葛巾、纯阳巾、东坡巾、阳明巾、九华巾、玉台巾、逍遥巾、纱帽巾、华阳巾……"

这些头巾听名字都还有一些复古风韵，但古代的风格总归有限，戴多了之后也就不流行了。接着就出现了没有古代意味的"时样"，也就是新鲜设计的时尚头巾，不受什么风格限制，怎么新奇怎么设计。

除了头巾外，衣服也是一样。男人的衣服无论怎样设计都难免单调，于是就会染上更丰富鲜艳的颜色。富贵人家的公子哥，就会穿着大红大紫甚至花衣服、花裤子出来凸显个性，"嘉靖末年以至隆、万两朝……富贵公子衣色大类女装"。

再过一段时间之后，普通人家的青年男子也跟着穿上女装，成为整个社会的风尚。万历年间，浙江地区的男人"皆好穿丝绸绉纱湖罗，且色染大类妇人"，"东南郡邑凡生员、读书人家有力者，尽为妇人红紫之服"，"佻达少年以红紫为奇服"。

明朝初年，国家规定妇女的头饰不能用金玉，最多只能用银。至于翡翠珠冠、龙凤服饰是皇后、妃嫔才能穿戴的。但后来平民妇女头上插金玉、翡翠、珍珠之类都不足为奇了。真正有意思的是连男人头上也开始插花、戴金玉簪子，等等，不一而足。

明代李乐写的《见闻杂记》里面就说，他在浙江湖州做官的时候，很多生员"口脂面药"，就是嘴上要抹上胭脂，脸上要打粉底，还要"俱红丝束发"，就是用红色的丝巾把长发系起来。再配上前面说的花衣服，基本都是女孩儿打扮了。这帮人既不是街头浪子，也不是闲得没事的公子哥儿，而是在准备科举考试的学子。李乐很感慨地作了一首打油诗："昨日到城郭，归来泪满襟。遍身女衣者，尽是读书人。"

不仅男人穿女装，女性也开始流行穿男装，还流行过穿道袍，总之就是彻底穿混了。安徽文人萧雍在其著述《赤山会约》里面感慨地说："女戴男冠，男穿女裙者，阴阳反背，不祥之甚。"

再发展到下一步，不仅是青年男子，那些原本该一本正经的老先生也跟着花哨起来。到最后，严肃刻板的国家高级官员，上班穿朝服，回到家也要换上鲜艳明媚的衣服。万历时期的尚书周莲峰就是上班穿官服，一回家就穿上红色的衣服待客。而其中最著名的当属内阁首辅张居正，穿衣服极其讲究，喜欢以纯白色的丝绸为底，绣上五颜六色的图案，"鲜美耀目，膏泽脂香，早暮递进"，吃一顿饭就要换一身衣服，早上、上午、下午、晚上穿的衣服都不一样。不仅衣服穿得鲜艳夺目，身上还要抹香脂——当时没有香水，抹香脂可以达到跟喷香水差不多的效果。

张居正实际上是一个很严肃甚至很严厉的人，政治思想比较保守，而且注意官员的操守。但受当时社会风气的影响，日常生活也不能免俗。他这种权势地位的人，穿几件好衣服不代表就有多腐败，主要还是爱讲究。一个社会的浮华程度，从着装上来看，大体可能分成这么几个阶段。第一阶段是大家都很穷，不注意打扮；第二阶段是富贵人家的女人开始打扮得花枝招展；第三阶段是普通人家的女孩儿也打扮得花枝招展；第四阶段是富贵人家的公子哥开始打扮得花枝招展；第五阶段是普通人家的男孩也打扮得花枝招展；第六阶段是高级官员等原本应该是刻板、严肃的那帮人，也打扮得花枝招展。

经过长达200年的太平盛世，明朝后期已经发展到第六阶段，也是最高阶段。除了男性着装女性化外，明末还有一个现象，就是奢侈浪费不仅限于达官贵人，还包括底层人民。就算是农村的老爷子也会在家里备两件花衣裳，走亲访友的时候穿。主要是经济繁荣，普通人也能挣些闲钱，不过还是因为受到不良风气的侵蚀。本来穷人有钱应该储蓄起来，供孩子念书或者做点小本生意，但当时都花在吃穿和攀比上了。因为社会风气就是这样，你出门不穿好点，别人都看不起你。去参加酒席，主人都会安排你坐到角落里。

据广西钦州地方志记载，当时有大操大办丧礼的风俗，人死之后要请道士、和尚来做法事，杀猪、宰牛招待前来吊丧的亲戚朋友，有的大户人家需要耗费数十头。有些人家没有钱，借钱也得办，不办就没面子，被乡里乡亲瞧不起[①]。南京地区贫困人家的女孩，家里月收入才几石米，就要穿丝绸衣服，一有积蓄，就

---

① 嘉靖《钦州志》卷一《风俗》："人死，礼佛修斋烹牛以待吊客，有至十数头者，虽贫亦必举贷。"

要拿来买珠翠头饰①。因为追求奢华，没有积蓄，有不少人一旦生意不好就卖掉房屋，甚至带着妻儿跑路。嘉定县富有人家招待客人的宴席极为奢华，中低收入家庭也竞相模仿，吃一顿饭就要耗费好几个月的收入；湖州府中等之家为了追求富豪的奢侈，一不小心就负债累累，甚至破产的情况也不少②。

这种奢侈风气损害最大的还是官场。据万历年间江南地区的地方志记载，在明朝中前期，外出做官的人退休回到乡里，如果两袖清风，乡里乡亲就会说他道德高尚。如果带了很多金银珠宝回来，大家就会说这是个贪官，不愿与之往来。但是到了中后期，做官的人回来，大家都不讨论人品问题了，专问搞了多少钱回来。搞得多的话就竞相巴结，没有钱的话就取笑他这个官白当了，呼之为"痴牧者"，也就是白痴官员的意思③。

五、四大名著：大一统王朝的文化遗产

沿海地区经济发达、生活奢靡的一个副产品是：图书出版高度繁荣，带动了一大批文学名著问世。

中国古典四大名著，有三部都是在明朝中后期编辑完稿、公开出版的：《三国演义》《西游记》和《水浒传》。另外一部巨著《红楼梦》前80回描写的就是明朝末年江南官宦家族的生活状态，也可以算是明朝中后期经济文化大繁荣的成果。

这四大名著，正好分别写的是中国古代四大王朝的故事，很有意思。抛开严肃的历史记载，我们看一看这些文学作品，它们书写了什么样的历史：

---

① 参考【明】顾起元：《客座赘语》卷二，中华书局1987年版，"家才担石，已贸绮罗，积未锱铢，先营珠翠"。

② 参考李乐：《见闻杂记》卷八十五。

③ "正、嘉以前，仕之空囊而归者，闾里相慰劳，啧啧高之；反之，则不相过。嘉、隆以后，仕之归也，不问人品，第问怀金多寡为重轻。相为姗笑为痴牧者，必其清白无长物者也。"转引自魏天辉：《明朝中后期奢侈风气研究》，河南师范大学硕士学位论文。

《三国演义》讲的是汉朝故事。那是武将的黄金时代，描写了中华民族武力强盛时期的英雄事迹。东汉末年，天下大乱，群雄并起，有袁绍这样的贵族，曹操这样的权臣，刘备这样的英雄，诸葛亮这样的谋士，关羽这样的儒将，张飞这样的猛人，各种谋略、厮杀、英勇、忠诚、情义、悲壮……扣人心弦。小说文字也保留了古朴的文言风格，让人会想起那个遥远的时代。

《西游记》讲的是唐朝故事。那是对外交流的黄金时代，中国不但强大，而且周边的许多文明也发展了起来，万国来朝的局面出现。中华民族这个时候是积极乐观、包容进取的，对全世界敞开胸怀，也对外面的新世界充满了好奇。《西游记》遂成为四大名著中唯一的一部喜剧，充满了传奇色彩，展示了中国文化中蕴含的汪洋大海一般的想象力、乐观无畏的冒险精神和不拘一格的幽默感。这就是大唐盛世留给中国人的记忆。

《水浒传》讲的是北宋故事。政治黑暗、官逼民反。政府官员非常腐败，逼得人民起来反抗。而这些被逼上水泊梁山的好汉也用极其残暴的行为来报复社会，血腥可怖。现在很多人读《水浒传》，不能理解为什么民间会把水泊梁山上的那些土匪称为"好汉"。实际上他们杀人不眨眼，抓住跟自己有仇的官员经常会一刀一刀地把对方的肉割下来吃掉，而且滥杀无辜，动不动就杀人全家。这些人简直就是恐怖分子，跟好汉一毛钱关系也没有。但如果你读了笔者前面对宋朝酷刑制度的介绍，就可以理解了：都是政府逼出来的。老百姓把他们视为"好汉"不是因为他们"路见不平，拔刀相助"，而是他们敢于反抗腐败的政府。除了《水浒传》外，反映宋朝特点的著名文学作品还有《说岳全传》，讲的是文官集团如何残酷迫害抗金英雄岳飞的故事，这也是宋朝留给人们的一大记忆。

《红楼梦》讲的是明朝故事。明朝后期，整个社会极度地纸醉金迷。一个大家族的公子哥儿，在一群女孩子中间长大，不思进取，鄙视功名利禄，只晓得做一些浓词艳赋，喜欢和女孩子厮混，喜欢穿漂亮衣服，吃女孩的胭脂，房间也装饰得像个大家闺秀一般。整个家族日渐地腐朽堕落。最后终于盛极而衰，国破家亡。

四大名著和四大王朝的一一对应关系，有一些巧合，但不能说完全是巧合，可以叫作"偶然之中有必然，必然之中有偶然"。四大名著都不是一个人写成的，都是先在民间以戏曲、传奇故事等形式长期流传，形成一些早期的稿子，最后才由明朝的作家修订完成的。所以它们实际上反映了这些王朝在普通老百姓心中留下的印象，它们以一些虚构的故事情节把鲜活的感情保存并流传了下来，在某些方面可能比文官编写的历史更有参考价值。

六、出版自由：皇权合法性与言论管制

四大名著皆出于明朝中后期，并不是偶然的。那个时候的图书出版实在是很火爆，写出来好东西保证发财。当时主要的私人图书出版中心主要有南京、福建建阳、安徽徽州以及杭州、苏州等地。

南京地区的出版商最多，据张秀民《中国印刷史》一书记载，至今还能考证出来名字的民营出版社就有93家，如富春堂、文林阁、广庆堂、世德堂、万卷楼，等等。福建建阳地区现在能考证出来名字的比南京少九家，有84家，也相当惊人。

马伯庸在《记营销大师余象斗二三事》里面，讲了一个明末图书出版商余象斗的故事，很有意思。

马伯庸这篇文章说，余象斗是建阳人，书坊名字叫作双峰堂。参加科举考试考到30岁也没有中举，于是决定放弃，投身出版事业中来，而且选中最畅销的出版门类——通俗小说。

余象斗有个长辈叫余邵鱼，写了本通俗小说叫《列国志传》，讲春秋战国的，质量一般，销量却不错。余象斗初出茅庐，亲自写了一本《列国前编十二朝传》，从盘古讲到商周，跟风出售，大赚了一笔。

尝到甜头的余象斗后来又玩了一次跟风营销。万历二十年（1592年），一部著作横空出世，书名《西游记》。读者都疯了，没见过这么好看的小说，跟原来那些粗制滥造不可同日而语。余象斗一看，一拍桌子："跟！"

余象斗亲自上阵操刀，速成一部讲真武大帝的《真武大帝传》，一部讲华光的《华光天王传》，全是自己写的，文字粗陋不堪。他还从别人那里买来讲八仙的

《东游记》版权，全部命名为《西游记》，说是吴承恩那个《西游记》的姊妹篇，扔到市场上去卖。读者读过《西游记》之后非常过瘾，听说又出了三部，高兴坏了，马上就抢疯了。买回来一看，写得很差劲。但无可奈何，凑合着看吧。

万历二十二年（1594年），有一个作者叫安遇时，出了本公案小说叫《包龙图判百家公案》，销量相当火爆。余象斗一看，马上决定跟风炒作。可是时间紧、任务重，又没人会写，怎么办？余象斗一拍桌子："抄！"于是找人搬来刑部和各地衙门的卷宗，硬是拼凑出一部《皇明诸司廉明奇判公案传》。这部公案是部奇书，罗列了100多件案子，一半的故事惨不忍睹，一半连故事都没有，就是把判词、诉状往那儿一放……但当时正流行公案小说，读者照单全收，销量大好。在他之后，一群反应迟钝的书商疯狂跟风，一时间关于奇案、公案的书籍满天乱飞。最后连官府都看不下去，一纸禁文下来，才算稍微消停。

明末出版业的繁荣，也可以说明当时思想文化的自由和开放。这跟明朝皇帝一贯尊重知识、尊重文化的传统是分不开的。

据《明会要》卷二十六载："洪武元年八月，诏除书籍税。"同时免去税收的还有笔、墨等图书生产物料和农器。也就是说，朱元璋刚刚在南京称帝，还没有北伐统一中国，就先下令免除笔、墨和印刷产品的全部税收。可见在他心目中，加强文化传播、提高人民文化素质，与恢复农业生产、解决民生问题是处于同等地位上的。洪武二十三年（1390年）冬，朱元璋又下令让礼部"遣使购天下遗书善本，命书坊刊行"[1]。

朱棣更是爱书如命，不惜耗费巨资编辑《永乐大典》。他对负责搜集图书的人说："买书的时候不要过分计较价格，尽量满足藏书者的要求，才能得到好书。"然后他又对总编解缙说了一段对书籍的看法。他说："藏书并不难，但需要经常阅读才能真正从中受益。凡人都喜欢搜集金银珠宝，留给子孙。我现在搜集藏书也是想留给子孙。金银能给人的好处有限，书籍能给人的好处无穷。"[2]

---

[1]《明会要》。

[2] 原文："置书不难，须常览阅乃有益。凡人积金玉，皆欲遗子孙。朕积书亦欲遗子孙。金玉之利有限，书籍之利岂有穷？"《明太宗实录》卷五十三。

受两位皇帝的影响,明朝总体来说,成为古代王朝中对书籍出版和文化思想传播最开明的朝代之一。终明一朝,没有任何一个皇帝颁布过限制民间出版自由的旨意或修改过这方面的法令。

中国的禁书史源远流长。秦始皇"焚书坑儒"拉开中国禁书史的序幕。其实,在此之前已有商鞅"燔诗书"的预演。汉惠帝宣布废除秦朝在这方面的法律,允许民间自由出版。唐朝有禁书令,但是只禁那些对现政权有直接危害作用的天文、兵书及"鬼神之言,妄说吉凶"、"妖书"等。所以鲁迅才有"遥想汉人多么开放……唐人也还不弱"的感慨。

汉唐帝国恢宏的气度、开放的文化政策,正是国家强盛、充满生命力的表现。

到了宋朝,儒家思想一家独大,文官士大夫开始实行"废黜百家,独尊儒术"的文化专制政策。宋人强调的所谓"文治",即包括与政治、经济、军事高度中央集权相一致的文化专制。不但大兴科举,而且规范儒学以改造读书士子。至南宋时毁弃各地刊行的"异说书籍",直至禁止书坊擅自刻书(宋孝宗七年诏令)。禁书的目的,已由对直接危害现行政权的防范,上升到强化思想的一统。这一转变是对汉唐风范的舍弃[①]。

元朝基本继承了宋朝的做法,文学创作不符合官方意识形态是重罪。《元史·刑法志》载:"诸妄撰词曲,为讥议者,流……诸妄撰词曲,诬人以犯上者,处死……凡以邪说左道,诬民惑众者,禁之,违者重罪之。"

等到朱元璋建立明朝,汉唐风范终于得以恢复。他主持编订的《大明律》,虽然很多方面借鉴了宋元时期的刑罚,但把有关文学创作和书籍出版限制的内容全部删去。明朝文化思想的自由程度,直追汉朝。

明代的图书出版政策,相较于元代也是相当宽松的。元朝图书出版有严格的审查机制,想要印书,需先把书稿交给本地的士绅,委托士绅代为转交给地方官员审查。地方审查通过了,再交给朝廷有关部门审查,才能刻版刊行。"元人刻

[①] 李时人:《中国古代禁毁小说漫话》前言,上海汉语大词典出版社1999年版。

书，必经中书省看过，下所司，乃许刻印。"①"诸路儒生著述，辄由本路官呈进，下翰林看详。"②

朱元璋是贫民出身，很有英雄气度，对言论问题非常开明，废除了所有的出版审查制度。无论官府、私宅、书坊，或者达官显宦、读书士子，甚至包括太监、佣人，只要你有钱，就可以刻版印书，不需要事前交由任何机构审查。

在政策宽松、经济繁荣的大背景下，出书在明朝很快就成为一种时尚，但滥写、滥印的情况也非常普遍：读书人一旦考中了进士甚至举人，都要出版一本自己的文集以示纪念；退休了要出版回忆录；死了要整理墓志铭等纪念文章出版；等等。至于像各种野史见闻、神鬼小说更是铺天盖地。

为什么今天关于明朝的皇帝那么多不靠谱的传说？很大一个原因，就是因为明朝出版太自由、太繁荣，文人、书商可以随便瞎编皇上的风流故事或者宫廷秘闻，传了几百年，大家都搞不清哪些是正史，哪些是戏说了。

比如朱元璋的反腐败故事，就被编写成杀功臣、搞文字狱等故事来给大家看，因为严肃的政治，群众不爱看，阴谋诡计、帝王心术之类的大家才喜欢。关于朱元璋搞文字狱的记录全部来自野史，官方文献和同时期的官员回忆录都没有提到过一句话，都是朱元璋死后100多年才出现的野史，集中出现在嘉靖、万历年间。这段时期是《三国演义》《西游记》《水浒传》问世的时期，也是中国古代史上图书业最繁荣的时期。这不是偶然的，当时《金瓶梅》《水浒传》什么的都写得出来，看见《西游记》畅销就能整出三部新《西游记》出来，什么吸引眼球卖什么，编个文字狱故事，那还不是小菜一碟？

现在还能查到的关于朱元璋搞文字狱的原始文献，有一本叫《皇明纪事录》，据称是跟朱元璋打江山的一个叫俞本写的。这个俞本是从郭子兴时就跟着朱元璋，一直到朱元璋去世他都还在。首先历史书里面就找不到有这么一个人，类似经历不同名的都没有。而且这么一个传奇人物，写书的时候竟然是"禁军骑士"。在明朝也没有这么个官职，就算有，一个懂文化、会写字的人，从一开始就跟着

---

① 陆容：《菽园杂记》卷十。
② 钱大昕：《元史艺文志》卷一。

朱元璋打江山，怎么可能混到最后就是一个什么骑士？

而且这本书的出版时间是朱元璋死后200多年的天启年间，是一个名叫"张大同"的人对原书加以编辑以后出版的。真正的原书除了张大同外谁也没见过，之前200多年的各种文献资料中都没有人记录过原书的名字或内容。后来投降清朝的东林党领袖钱谦益写书的时候，就当真事抄了过来。赵翼编《廿二史札记》的时候又从钱谦益的书里抄了过来。这就有了好几个朱元璋因为文字忌讳胡乱杀人的"历史记载"——但全都出现在朱元璋去世200年之后。从这个书的来龙去脉看，最大的可能是那个名叫张大同的人编出来卖钱的。

这还是现在能找到原书的。像类似《朝野异闻录》这种听名字就不靠谱的书，也被明朝末期的作家抄来抄去，当成史料来作为朱元璋搞文字狱的证据了。这样的历史记载我们能够相信吗？当然不能相信。

七、万妃冤案：写进正史的野史绯闻

明朝中后期编出来许多荒唐野史，其中有一个故事很有名：明宪宗朱见深宠爱的万贵妃因为自己生不出孩子来，就逼着所有怀孕的妃子堕胎，毒杀所有妃子生的小孩。明孝宗朱祐樘刚出生的时候，他的母亲纪氏因为害怕，竟然想把儿子溺死，却被太监张敏拦住，说："皇帝还没有儿子，怎么能溺死呢？"于是秘密抚养长大。整个后宫都知道，就是万贵妃不知道。找到合适的时机，太监张敏才对明宪宗透露实情。之后朱祐樘的母亲纪氏就被万贵妃毒死了，张敏也被迫自杀。

以上内容被写进官修《明史》，但一定是假的。因为明朝离我们时间比较近，有很多比《明史》更可靠的史料保存了下来。我们可以考证出来，《明史》记载的这个故事抄的是成书于明末的《胜朝彤史拾遗记》这部野史，因为连文字都基本一样。而这本野史的作者毛奇龄也参与了《明史》的写作。

毛奇龄这本书里面的故事，又是从万历年间于慎行编的《谷山笔尘》里面抄来的。这是原始出处，因为于慎行在书里面说，这个故事他是从南京皇宫内一个老太监那里听来的。于慎行记录这件事的时间，距离万贵妃去世已经过去了87

年[1]。南京老太监讲述北京皇宫100多年前的事,这是相当不可靠的。

不仅如此,这件事情跟《明实录》和《明史》里面的其他内容冲突。《明实录》是每个皇帝去世以后修的政事记录,主要就是流水账,皇帝说了啥,官员们上了什么奏章,皇帝如何批示的,某年哪些地方发了水灾、旱灾,财政收入多少,等等,是更为可靠客观的历史材料。《宪宗实录》中,文官的奏章无一提到此事。

明朝的文官是出了名的管得宽。皇帝因为专宠万贵妃,又没有生孩子,他们都要上一道奏章要求皇帝"雨露均沾"。如果万贵妃不停地给怀孕的妃子打胎,文官集团怎么可能不上奏章?后来万历时期,因为万历皇帝宠爱郑贵妃,想立郑贵妃的儿子为太子,就把长子丢在一旁不管,还迟迟不立太子。文官集团因此轮流上阵,要求他尽快把长子立为太子,皇帝不断动用廷杖和罢免官员的手段,都没有成功,最后被迫立长子为太子。

明朝言官可以"风闻言事",听说了什么事情,不需要找到证据就可以上书向皇帝汇报。万贵妃要是不断给怀孕的妃子打胎,文官哪怕听到一点风声都会集体上书。因为这危及帝位传承,动摇国家根本,是在谋杀大明帝国的皇位继承人。这种事情文官集团不可能全部默不作声,肯定会有很多人豁出命去上奏。

但是《宪宗实录》中一点记载都没有,同时期的官员回忆录里面也没有相关记载。

除此以外,当时后宫里边还有一个比万贵妃地位更高的女人,就是皇帝的亲生母亲周太后。万贵妃竟然不断谋杀她的孙子,世界上有哪个奶奶会容忍这种事情,更何况她是太后?既然秘密抚养朱祐樘的事情整个后宫都知道,那为什么周太后不知道?别人怕万贵妃,难道周太后也怕?

况且,这个周太后可是个厉害角色:前任皇帝朱祁镇去世的时候,因为跟钱皇后感情深,立下遗嘱只跟钱皇后合葬。可是等钱太后一死,周太后就下令不准

---

[1] 于慎行:《谷山笔尘》卷二。于慎行在讲完万贵妃故事后,备注了一句"万历甲戌,一老中官为予道说如此"。这句话说明万贵妃强迫妃子堕胎的故事是他首次记录,不是转载其他文献。万历甲戌年为1574年,万贵妃死于1487年,中间间隔了87年。

钱太后跟朱祁镇合葬，经过皇帝和文武百官反复请求才收回成命。但是她又偷偷把陵墓的设计改了，让朱祁镇的棺材和钱太后的棺材不在一个墓穴里面，而在朱祁镇身边给自己留好了位置。

要说皇帝忙于政务不知道万贵妃给诸妃打胎或者谋杀皇子这种事，那么天天住在后宫养老、闲得无事的周太后会连一点风声都听不到？对后妃来说，生下儿子自己就可能当太后，再不济儿子也可以封王，自己去当太妃，那也是荣华富贵享之不尽的。如果生不下来，将来就得去冷宫打发余生。在这么大的利益面前，她们会不拼出命去反抗吗？方法也很简单，不用找皇帝，往周太后那里一告状就解决了。这个事情一旦捅出来，就是灭族的大罪，皇帝也保不住万贵妃。

相反，内阁首辅大臣商辂在一份奏章中说：

"皇子（朱祐樘）降生是天大的喜事。万贵妃殿下亲自抚育，比亲儿子还要亲。我们这些大臣听说了之后无不交口称赞，认为万贵妃的贤德无与伦比。但我们也听说，皇子的母亲纪氏，因为生病长期在宫外居住，很久没有见过皇子了。这个情况从人情事理上说不过去。请皇上让纪氏搬回宫居住，皇子仍然烦劳万贵妃养育，但也能时常见到自己的生母。这样就更好了。"①

从这封奏章来看，万贵妃不仅没有想要毒死朱祐樘，相反还亲自抚养。这里的道理也很简单：既然要立朱祐樘为太子，由于他的生母是一个普通宫人，身份过于卑微，因此在立为太子之前，交给万贵妃抚养一段时间，之后再立为太子就更加名正言顺了。立为太子之后，再交给周太后抚养。

不管如何，《明史》讲得绘声绘色，万贵妃把朱祐樘邀请到家里来吃饭，朱祐樘因为害怕被下毒而拒绝吃，把万贵妃气得双脚直跳，这个故事肯定是虚构

---

① 原文："臣等仰惟皇上至仁大孝，通乎天地，光于祖宗，诞生皇子，聪明岐嶷，国本攸系，天下归心。重以贵妃殿下躬亲抚育，保护之勤，恩爱之厚，踰于已出。凡内外群臣以及都城士庶之间闻之，莫不交口称赞，以为贵妃之贤，近代无比，此诚宗社无疆之福也。但外间皆谓，皇子之母因病另居，久不得见，揆之人情事体诚为未顺。伏望皇上敕令就近居住，皇子仍烦贵妃抚育，俾朝夕之间便于接见，庶得以遂母子之至情，惬众人之公论，不胜幸甚。臣等职居辅导，偶有所闻，不敢缄默，谨具题知伏圣裁。"商辂：《国本疏》，载《商文毅疏稿》。

的。因为年幼的朱祐樘由万贵妃抚育了很长时间，如果万贵妃要想下毒，可以有无数机会。对于万贵妃抚育朱祐樘这件事，内外臣僚都很清楚，内阁首辅还专门在奏章里面说了此事。

至于朱祐樘的生母被万贵妃毒死，这件事也是假的。奏章里面说得很清楚：纪氏生病已经很长时间了，一直在宫外养病。既然都要由内阁首辅亲自上奏请求母子相见，那么纪氏的病应该已经很重了，再不见可能就见不着了。从《明实录》的记载来看，商辂的奏章被皇帝批准了，纪氏搬进宫内居住了两个月，之后就去世了。她不是被万贵妃下毒害死的。

此外，不管是《明史》还是《明实录》都明确记载，在朱祐樘诞生的时候，皇帝已经有一个儿子了，叫朱祐极，活得好好的，等朱祐樘出生之后好几年才去世。所以张敏说什么"皇帝还没有儿子，不能溺死"这种话一定是假的。而且在朱祐樘被立为太子以后三年，《明史》和《明实录》里面还记载了一段张敏和皇帝的对话：张敏想诬告浙江巡抚杨继宗，因为杨继宗得罪了他弟弟，但是朱见深没有理睬。所以张敏冒死抚养朱祐樘、在朱祐樘被立为太子后就自杀之类的事也都是子虚乌有。

在朱祐樘执政时期进入朝廷工作的陈洪谟写过《治世余闻》一书，讲到明宪宗时期的往事，说万贵妃对朱祐樘很好，对朱祐樘的母亲纪氏也很好[①]。这么权威的资料，《明史》编写的时候不被采纳，却把100年后一个文人从南京老太监那里听来的故事当成史实写进堂堂正史，实在是很荒谬啊！

万贵妃逼诸妃堕胎的故事，其实就是江南地区的书商和好事的文人道听途说加上胡编乱造整出来的，用来吸引购书人的眼球，不足为信。实际上，万贵妃应

---

① "（万贵妃知道纪氏生朱祐樘后）遂具服进贺，厚赐纪氏母子，择吉日请入宫……后纪妃有病……万妃请以黄袍赐之，俾得生见"（陈洪谟：《治世余闻》上篇卷一）。陈洪谟同时记录说，万贵妃刚开始得知纪氏受宠怀孕以后，非常不高兴，"恚而苦楚之"，明宪宗对万贵妃搞了信息封锁，骗她说没怀孕。当万贵妃得知生了个皇子以后，才又改变了态度。可见万贵妃确实有点爱吃醋的毛病，但在皇子诞生之后，则表现得颇为大度，能识大体。从陈洪谟的记录亦可知，成化、弘治年间，官场上仅有万贵妃爱吃醋的传言，而并无万贵妃故意害死纪氏或想要打掉、杀掉孩子的传言。

该是很贤德的，后宫在她主持下一直很安稳，没出过什么事，朱见深也跟后妃生了十几个儿子。

为什么明朝的皇帝在历史上记述得那么不堪？为什么朱元璋被描写成因为一两个字触犯禁忌就胡乱杀人的恶魔？为什么以贤德著称的万贵妃成了十恶不赦的杀婴变态？

有这么几个可能的原因。

首先，明朝对图书出版放得太宽了，什么书都让出，什么故事都可以编，不审查、不追责。书商可以胡乱编书赚钱。明朝文人就杜撰了很多关于皇帝、后宫的故事，还根据道听途说写了很多不负责任的野史，用来吸引眼球，赚钱获利。

其次，明朝灭亡以后，负责编修明史的官员是投降清朝的文人。根据上述分析，如果投降清朝的文官想把亡国的责任推出去，很可能会片面采用明朝中后期江南地区书商编写的野史文献，而不顾官方史料的明确记载，抹黑明朝皇帝。

最后，就是清朝统治者需要丑化明朝来证明自己统治的合法性。

在这三个原因中，很多人认为第三个是最重要的。但综合各方面的史料，笔者认为第三个恰恰是最不重要的。清朝出于政治考虑，主要在两个方面篡改了《明史》：第一是把入关之后的战争杀戮编派到朱元璋头上去，集中修改地方志，说朱元璋打天下的时候到处屠杀，让人民把被屠杀的历史记忆归结到元末明初，而非明末清初——类似的事儿还包括篡改地方志，把清兵在四川进行大屠杀的罪行推到农民起义领袖张献忠身上，编造所谓"张献忠屠四川"的谎言[①]；第二是集中力量丑化明朝最后几个派兵跟他们打过仗的皇帝：万历、天启、崇祯。除此以外，他们对之前的皇帝并不想过多丑化，因为如果丑化得太厉害，甚至可能危及皇帝制度的合法性，毕竟清朝的统治权是从明朝传下来的。

《明史》初稿编成以后，康熙皇帝看了很不满意。不是不满意把明朝写得太

---

① 清朝还伪造了一个张献忠的"七杀碑"："天赐万物以养人，人无一德以报天。杀杀杀杀杀杀杀！"但后来经过考古发掘，其实张献忠这个碑文的原文是这样的："天有万物与人，人无一物与天，鬼神明明，自思自量。"根本没有杀人的内容。张献忠本人在1647年就去世了，直到12年后的顺治十六年（1659年），清军才攻陷重庆，进入四川。要是张献忠在1647年前把四川人都杀光了，那么清军在张献忠死后怎么可能又打了12年才夺取四川？

好,而是不满意把明朝皇帝写得太坏。清朝皇帝都看不下去了,下令修改。明史专家顾诚专门考证过康熙皇帝对修《明史》所做的一系列指示,大部分都是要求改善明朝皇帝的形象。至于万贵妃的故事,乾隆皇帝还亲自写了一篇文章来反驳,叫《驳明宪宗怀孕诸妃皆遭万妃逼迫而堕胎》,反驳的证据跟笔者前面讲得差不多。

清朝的皇帝真的搞了很多文字狱,但现在形象相对还好。或许是因为他们吸取了明朝皇帝的教训,对待文人更为严厉,以致他们的事迹流传下来的就以好事居多了。

八、《孟子节文》:朱元璋删节《孟子》之谜

明朝从未大兴文字狱,朱元璋也从未因为有人提到他当过和尚的事情而杀过人。大规模文字狱是从清朝兴起的,汉、唐、宋、明都只是个案。

朱元璋曾经组织人修订过《孟子》,删去其中诸如"民为贵,社稷次之,君为轻"、"君之视臣如草芥,则臣视君如寇仇"的内容。这一事件长期被当成明朝钳制思想的标志性事件。

但事实并非如此。朱元璋在颁布《孟子节文》的同时并没有禁止流通完整版的《孟子》,只不过在原来的版本之外又多了一个精简版而已。这么做的主要原因是,他需要改革宋朝以来文官一枝独大的政治传统。

像"民为贵,社稷次之,君为轻"这句话,老百姓说可以,但站在文官集团的立场来说,就有问题——那你文官自己是贵还是轻呢?中国古代社会并不是由民、社稷、君组成的,而是民、社稷、官僚、君组成。漏掉了官僚群体,这句话就有可能被歪曲和利用。

这句话把文官集团放到最终裁判者的地位,让文官集团掌握了"民"的代言权,而把君民关系对立起来了。我们常说臣民、臣民,好像臣和民是一体无差别的,除了高高在上的皇帝外,下面的人都很卑微无助。实际上并不是这样,臣是官,是统治阶层,民是被统治阶层,二者不仅不是一体的,还在很多方面存在严

重的利益冲突。

在帝国制度下，这种冲突由皇帝来裁判，只有皇权才镇得住官权，老百姓是镇不住的。"君为轻"的必然结果，就是"民为轻，官为贵"。宋朝的实践已经证明了这一点：皇权被架空以后，刑不上大夫，文官就无节制地贪污腐败、丧权辱国、横征暴敛，用最残忍的酷刑去镇压老百姓的反抗。最后的结果是民、社稷、君全都遭殃。人民遭受残酷剥削，经受一次又一次的外敌入侵；皇帝被敌国抓走或者被迫跳海自杀。打了败仗死的是士兵，只有文官有可能毫发无伤，他们即使临阵脱逃也可以免于死刑，即使国家灭亡了还可以选择投降继续做官。所以，朱元璋删去这句话，并不能说明他反对"民为贵"，而是反对官员说"君为轻"，意在重新定位君臣关系，强化君权。

而且，这件事情发生在洪武二十七年（1394年），"胡惟庸谋反案"和"蓝玉谋反案"这两个大案爆发后。官僚集团对朱元璋铁腕反腐败的反抗，严重威胁了政权稳定。在这样的大背景下，朱元璋觉得有必要对文官可以推翻皇帝的言论加以限制，才开始删减《孟子》。删减的原因他自己也说了，是因为这些话"非臣子所宜言"。这是皇权和文官集团之间的政治角力，不涉及民间的出版自由。

朱元璋只是规定，以后科举考试必须按照《孟子节文》来出题。对于《孟子节文》中没有的孟子言论，"课试不以命题，科举不以取士"——也就是告诉儒家学者，你们要想做明朝的官，就得遵守明朝的政治规矩，想像宋朝那样欺负皇帝是不行了。仅此而已。完整版的《孟子》一书并没有被禁毁，在民间阅读、印刷、销售、传播都没有受到限制。这本《孟子节文》，相当于"孟子考试大纲"，也就是皇帝给大家画的考试重点。

朱元璋颁行《孟子节文》之后三年就去世了，此书后来又沿用了13年。就因为这16年，他被人一直骂到现在，说他黑暗专制、钳制文化思想自由传播。

永乐九年（1411年），文官奏请朱棣停止将《孟子节文》作为科举指定参考书，改为以宋朝理学家朱熹的思想作为科举出题和评分的标准。从此以后，《孟子节文》就被文官封杀，不允许流传。参与编写《孟子节文》的刘三吾等儒生被斥为"逆臣"。

明末清初，很多历史学者、藏书家都记录了《孟子节文》事件，但是他们也都表示这本书已经找不到了，身边也没有读过原书的人。朱棣时期编写的《永乐大典》、清朝的《四库全书》和《明史·艺文志》里面都没有抄录这本书的内容。一直到清朝灭亡以后，人们才在宫廷内部的档案馆找到它的明初刻本[①]。

所以，朱元璋没有禁书，相反是士大夫禁了朱元璋的书。《孟子》在明朝从来不是禁书，《孟子节文》才是禁书，以致从历史中消失了400多年，儒家学者自己要想研究都找不到了。

理学家把他们对《孟子》等儒家经典的解释当成考试范本，认为这是天经地义、光明正大的事，而朱元璋把他对《孟子》的理解当成考试范本就是思想文化专制。这就是士大夫的逻辑。

朱元璋还要求科举考试要从他编写的反腐败教材《御制大诰》中出题。等他一死，这个规定马上就被废除了，比封杀《孟子节文》的速度还快。此后该书逐渐消失，到编写《明史》的时候，写作班子想要找《御制大诰》看一看，不想这本曾经被要求每家每户都收藏一册的书竟然找不到了。

明朝皇帝基本不主动查禁书籍。偶尔有大臣跑来告状，说某本书不利于社会稳定，需要查禁，皇帝即使批准也不太上心。隆庆年间，给事中李贵和上书，请求查禁《皇明资治通纪》，说这本书是民间未经批准私自编写的本朝历史，很不严谨，容易惑乱人心。皇帝同意查禁。但批准之后，"海内之传诵如故也"，皇帝也不管。实际情况是，因为这本书有了被皇帝查禁的名声，反而身价倍增。过了几年，"复有重刻行世者，其精工数倍于前"[②]。

明朝还有一些书被禁，是文官集团内部斗争的结果。

万历年间，在儒家学者内部，理学学派和心学学派激烈斗争。心学学派的思想家李贽写书揭露理学学者是伪君子，遭到理学官员的痛恨。首辅沈一贯撺掇言

[①] 杨海文：《朱元璋时期的〈孟子节文〉事件》，原载于刘小枫、陈少明主编：《柏拉图的哲学戏剧》（《经典与解释》第2辑），上海三联书店2003年版，第259—296页；第5节以《〈孟子节文〉的文化省思》为题，刊于《中国哲学史》2002年第2期。

[②] 李璇：《明清两朝的禁书与思想专制》，载《吉林大学》2009年。

官张问达上书，诬告李贽，说李贽到处散布反伦理道德的学说，白天带着妓女在水池里面洗澡，借讲课的机会跟听课者的妻女淫乱。一些年轻人听了他的课，就去拦路抢劫、猥亵妇女，等等。还说李贽马上就要到北京来讲学，已经走到通州，还有40里路就进城了，如果不尽快制止一定会把首都搞乱[①]。

这篇告状奏章的成功之处，在于它把李贽的政治思想和一些捕风捉影的荒唐事情结合起来，混在一起告。万历皇帝看了之后大怒，下令把李贽逮捕并焚毁其书。

文官见这次诬告得逞，便想要趁着皇帝生气再搞一次"废黜百家，独尊儒术"。礼部尚书冯琦亲自撰写《为重经术祛异说以正人心以励人才疏》，向皇帝建议："讲书行文以遵守宋儒传注为主……一切坊间新说曲识，皆令地方官杂烧之。"但万历皇帝这一次提高了警惕，没有批准。

明朝皇帝之所以对思想文化能够秉持开明的态度，主要是因为他们的权力合法性很高，政权非常稳固，不怎么担心"异端邪说"会威胁皇权。

按照中国古代社会的正统思想——不管是"道统"还是"法统"——底层人民造反也具有一定合法性，但必须遇到完全无法忍受的暴政才可以。朱元璋参加起义军，确实是被元朝的暴政逼得走投无路之后的选择：先父母双亡，又流浪乞讨，然后到庙里当和尚，最后和尚也当不成了，才去投靠郭子兴的起义队伍。

---

① 参考《明实录·神宗实录》："乙卯礼科都给事中张问达劾李贽：李贽壮岁为官，晚年削发，近又刻《藏书》《焚书》《卓吾大德》等书，流行海内、惑乱人心。以吕不韦、李园为智谋，以李斯为才力，以冯道为吏隐，以卓文君为善择佳偶，以司马光论桑弘羊欺武帝为可笑，以秦始皇为千古一帝，以孔子之是非为不足据。狂诞悖戾、未易枚举，大都刺谬不经，不可不毁者也。尤可恨者，寄居麻城，肆行不简，与无良辈游于庵，拉妓女白昼同浴，勾引士人妻女入庵讲法，至有携衾枕而宿庵观者。一境如狂。又作《观音问》一书，所谓'观音'者皆士人妻女也。而后生小子喜其猖狂放肆，相率煽惑，至于明劫人财、强搂人妇，同于禽兽而不足恤。迩来缙绅士大夫亦有捧咒念佛、奉僧膜拜，手持数珠以为律戒，室悬妙像以为皈依，不知遵孔子家法而溺意于禅教沙门者，往往出矣。近闻贽且移至通州，通州距都下仅四十里，倘一入都门，招致蛊惑又为麻城之续。望敕礼部檄行通行地方官，将李贽解发原籍治罪，仍檄行两畿各省，将贽刊行诸书并搜简其家未刊者尽行烧毁，毋令贻乱于后世道，幸甚。"

而且，也不是他个人的遭遇不好，整个国家都是这么一种形势。在这种情况下造反，合法性就很高。除此以外，按照当时人们的观念，朱元璋推翻元朝的统治，是驱逐了异族，恢复了中华正统，这又是一层更大的合法性。

所以明朝的士大夫常说："自古得国之正，无过于本朝者。"这么强的执政合法性，再加上朱元璋文武平衡的制度设计，皇帝很有安全感，有一种很强的"天命所归""天下共主"的意识，民间想说什么随便说，反正皇位来得很正，无须通过搞文化思想专制来保障自己的地位。

相反，宋朝皇帝就不一样了。赵匡胤是后周世宗一手提拔起来的将领，后周世宗临终托孤给他。他没有吃不饱穿不暖，也没有被政治迫害，却欺负恩主留下的孤儿寡妇，发动军事政变，黄袍加身。这让赵匡胤对自己的位置日夜不安。为了维护赵家王朝的统治，在国家强大和皇位安全之间，他选择了后者：大力防范武将，重用文官；不但不反腐败，而且用良田美宅、美女金银来诱惑开国元勋，这样他们就不会对皇位产生威胁。这些做法最终导致文官势力失控，道学思想一家独大，官场极度腐败。宋朝也成了封建王朝中对民间文化思想钳制最厉害的一个。

刘邦跟朱元璋一样，因官逼民反而起兵，得国很正，皇权合法性高，因此汉家天子也不重视思想文化控制，百家争鸣。唐朝李渊、李世民父子，以皇帝亲戚和国家重臣的身份起兵夺取隋朝的天下，合法性有点问题。但当时天下确实也是因为隋炀帝杨广的暴政搞得官逼民反，所以李家皇帝的合法性就略低于明朝和汉朝，而高于宋朝，他们对文化思想的控制力度便高于明朝和汉朝，而低于宋朝。

至于元朝和清朝，因为是以少数民族的身份入主中原，所以他们对民间文化的钳制力度很大。元朝从出版审查制度到事后追责都很严[①]。清朝则主要是事后审查，具体表现就是大规模的文字狱，不仅焚毁图书，还不断运用死刑来对付被怀

[①] 由于元朝统治阶层汉化程度比较低，从皇帝到贵族很多都不认识汉字，对文人和文官基本没有搞过文字狱。但由于元朝高层文化水平低，不注意史料的记录和保存，元朝保存下来的文献资料实在缺乏，不能确定对中下层人士或普通老百姓如何。现有文献中只能看到元朝有一系列非常严酷的处罚文学创作违禁的规定，但缺乏具体案例。

疑对清政府不满的文学创作者。这是统治者的权力危机感、恐惧意识的反应[①]。

九、官商一体：权力与财富的深度融合

讲了那么多有关江南工商业和生活、文化的故事，我们对明朝工商业经济的发达程度已经有所了解了。这种经济发达的后果，就是形成一个工商业富豪阶层。这个工商业富豪集团，或者说资本集团，并不是只有那么少数几个富甲天下的人物，而是有一个群体，数量非常庞大，遍布各大府城、县城、集镇。他们掌握着惊人的财富，构成了一股巨大的政治力量。

这个新兴的工商业资本集团与中国上千年传统的官僚集团合流，共同对抗皇权，最终改变了明朝和中国的命运。他们是如何合流的呢？

我们先来看这样一个数据对比。

---

① 与明朝比起来，清朝皇帝在查缴禁书的工作中可谓尽职尽责，极其认真。

乾隆三十四年（1769年），查禁钱谦益《初学》《有学》二集："今偶阅其面页，所刻《初学集》，则有本府藏板字样，《有学集》，则有金匾山房订正，及金间书林敬白字样。是《初学集》书板，原系伊家所藏，纵其后裔凋零，而其书现在印行，其板自无残缺，转售收存，谅不出江苏地面，无难踪迹跟寻。至《有学集》，则镌自苏州书肆，自更易于物色。但恐因有查禁之旨，书贾等转视为奇货，乘间私行刷印密藏，希图射利，尤不可不早杜其源。高晋此时现驻苏城，着传谕令其将二书原板，即速查出。"

——乾隆皇帝查缴禁书的细心实在是令人佩服，连禁书的各种版本都进行了详细的考证，对可能的藏书之地及流传之地都要亲自查看过问，督促官员迅速查缴。

乾隆四十六年（1781年），对尹嘉铨一案禁书的查缴，在将尹嘉铨抄家问斩、将其所著禁书销毁之后，乾隆皇帝又下旨说："尹嘉铨悖谬书籍既多，其原籍亲族戚友，必有存留之本。着传谕袁守侗，明切晓谕，令其将书籍板片悉行呈出，毋任隐匿，一并解京销毁。至尹嘉铨，曾任山东山西甘肃司道，其平日任所必有刊刻流传之处。并着传谕该督抚等详悉访查，如有书籍板片即行解京销毁。倘查办不实致有隐漏，别经发觉必将原办之该督抚等治罪。"

——皇帝在查缴禁书时连罪者的亲友及曾经为官之地都一一想到，详细指示该如何追缴销毁，而且说明了没有查缴清楚还要追责问罪。可见清朝对于禁书查缴之严密，以及皇帝对待查缴工作的不遗余力。

历朝宰相籍贯分布[1]

	北方地区		南方地区	
	关陇地区（陕西、甘肃、宁夏）	华北地区（河北、河南、山东、山西、北京）	长江中下游及其以南地区（湖南、湖北、广东、福建、江苏、浙江、上海、江西、安徽）	西南地区（四川、云南、贵州、重庆、广西）
西汉	8人（18.2%）	28人（63.6%）	7人（15.9%）	1人（2.3%）
东汉	24人（16%）	88人（58.7%）	34人（22.7%）	4人（2.7%）
唐朝	95人（30.1%）	178人（56.3%）	43人（13.6%）	0
宋朝	2人（1.7%）	41人（35%）	67人（57.3%）	7人（6%）
明朝	2人（1.7%）	29人（25%）	76人（65.5%）	9人（7.8%）

这张表统计了中国历史上几个存在了100年以上的封建王朝的宰相籍贯分布情况。在汉朝和唐朝，宰相绝大部分来自北方，江南地区的比例很低。西汉约82%、东汉约75%、唐朝约86%的宰相都来自北方。这个时候南方经济文化发展水平还比较低，出不了多少高级人才。

但是到了宋以后，形势开始发生转变，北方的宰相只占37%，而来自南方的宰相比重上升到63%，其中江苏、浙江、福建等地数量大增。这是国家经济重心南移的重要标志。

到了明朝，南北经济力量发生了根本性的逆转，南方地区的经济繁荣程度远远超过北方。南方出的宰相（内阁首辅）也随之占了绝对优势，达到约73%。

明朝跟之前所有的朝代相比，有一个不一样的地方：它的政治中心和经济中心是分离的。之前的秦、汉、晋、隋、唐、宋，首都所在的地方就是经济中心。这种分离体现了防御北方少数民族入侵的战略需要。

在政治中心和经济中心合二为一的时候，我们看不出来文官精英的培养是受经济因素的影响大，还是受政治因素的影响大。到了明朝，结论就很明显了：经济因素的影响更大。在高官云集的中央地区，本地培养出高官的概率反而低于作为经济中心的江南地区。

---

[1] 根据《历代宰相籍贯分布规律及其形成原因》中提供的"历代全国宰相籍贯分布的统计表"提供的数据二次整理而成。陈国生：《论我国古代历代宰相籍贯分布规律及其形成原因》，《内江师范学院学报》2004年8月。

经济中心比政治中心更能出高官的原因，在清朝再次得到验证。因为清朝也是政治中心在北方，经济中心在南方，而宰相（军机大臣）来自南方的比例仍然超过北方。但清朝来自长江中下游及以南地区的宰相比例比明朝下降了十个百分点，应该是明末清初清兵在江南地区的战争和清朝严格的海禁政策严重损害了江南地区经济社会发展造成的后果。

如果说前面的籍贯比例看起来还不够直观的话，我们来看一下明朝有名的官员都出身何处。

明朝有名的内阁首辅应该是嘉靖年间的严嵩，他是江西人；严嵩是把前任内阁首辅夏言干掉以后上位的，夏言也是江西人；夏言是把张璁搞掉上位的，张璁是浙江温州人；张璁之前的杨一清，是云南人；杨一清之前的费宏，是江西铅山人，费家是铅山最大的商业豪族；费宏之前的毛纪，他是北方人，是山东东莱人，但他只当了三个月首辅，属于临时顶替一下；毛纪之前的蒋冕，是江西人；蒋冕之前的杨廷和，是四川人。

后来，严嵩又被徐阶搞下去，徐阶是华亭人，也就是今天的上海人；徐阶的弟子，明朝权力最显赫的内阁首辅张居正，是湖北荆州人。

张居正死后的内阁首辅张四维倒是北方人，来自山西，但他出身晋商家族，家中巨富，晋商也是明朝唯一能和南方的工商界富豪集团势力抗衡的商业集团；张四维之后的申时行，是江苏苏州人，而且出身江南巨富家庭。

申时行之后的王家屏是山西人，家境也一般，这是个例外。但王家屏之后的赵志皋，是浙江兰溪人；王锡爵，是江苏太仓人，家里号称太仓首富；沈一贯，是浙江宁波人；朱赓，是浙江山阴人；李廷机，是福建晋江人；叶向高，是福建福清人；方从哲，是浙江湖州人——这又是一串东南沿海出身的帝国首辅。

所以，明朝中后期历时最长、最重要的两朝——嘉靖朝和万历朝，内阁首辅的位置基本就被来自江南地区的人物垄断了。虽然有张四维和王家屏这两个例外，但他们都出身山西，背后有晋商势力的支持，张四维家就是巨富。

明朝中后期这些出身江南地区的内阁首辅，在政治上倒不一定都一边倒，有好多还是死对头，像夏言和严嵩。还有，张居正虽然是南方人，但家里跟商人倒没什么瓜葛。所以我们也不能简单地从"有钱就能操纵朝政人事安排"这么简单的层面来理解这个现象。

主要原因还是经济发达地区的整体教育水平高，更容易培养出优秀的人才。文化教育、家学传承这些东西，主要还是跟着经济活动走的。汉朝和唐朝，北方那么多豪门巨族，肯定不缺乏家学传承，但北方经济一落后，他们在人才培养方面的能力自然就衰落了。这就是"经济基础决定上层建筑"的完美体现。经济基础不行，上层建筑再好也会逐渐衰落。江浙地区所谓"文风鼎盛"并不是自古以来就如此，也是从北宋才开始初露端倪。在汉唐时期，这些地方还属蒙昧地区，没什么文风底蕴。但随着江南地区的经济发展，特别是东南沿海贸易的繁荣，文化教育跟着发达起来。

当南方的商人掌握了巨大的财富，成为一个数量庞大的社会阶层之后，他们自然就会培养出更优秀的后代——可以为子女聘请本地最好的先生，送他们进最好的学校，购买足够多的图书供他们学习，等等。即使子女的文化水平不高，家族中有天资聪慧、长于科举的子弟，也可以提供资助，供他们去考取功名，并为其仕途打点各方面的关系。

我们以江西铅山费氏家族为例。最初是一个叫费广成的人开始经商，积攒了数千两银子的家业。然后就在家里形成一个传统：有几个儿子的，一半经商，一半去考科举做官，经商的资助做官的，做官的为经商的提供政治支持。到了费广成的孙子费应麒这里，家族已经非常显赫。费应麒有五个儿子，两个经商，三个去考科举，并延请名师教授子侄。他的孙子费寀做官做到礼部尚书、太子少保；而他的侄孙费宏则考取了状元，最后官至内阁首辅。

费宏任职内阁首辅的时候，有中央官员到江西做官，他就亲自接见，说江西地方土地比较贫瘠，人民生活艰苦，很多人经商都是生活所迫，谋生不易，请你上任以后多照顾商人。有了费宏的托付，这些到江西的官员当然会为费家的商业活动大开方便之门。费氏家族也成为江西铅山最大的"商业—士绅"家族。

明朝中后期，费氏家族出了进士六人，其中状元一人，探花一人，还有举人14人，贡生、国学生等不计其数；更有四人叔侄同榜、四人兄弟同科。其进入仕途者，遍布朝堂和地方，有内阁首辅一人，尚书一人，入翰林者四人，其余寺卿、侍郎、地方封疆大吏、将军、府州县官及佐吏等，不胜枚举，盛极一时。

通过这样的方式，商业财富很自然就会转化成为政治影响力。明朝的"商籍"制度为商人子女参加科举考试做官创造了条件。来自商人家庭或者商人家族的后代，迅速进入官场成为骨干力量。内阁首辅中频繁出现商人的后裔，江南地区出现的内阁首辅比例跃居历朝历代第一，就是财富转化为政治权力的体现。并不需要什么见不得人的交易，这些来自商人家庭或家族的官员，很自然就会站在商人的立场上来思考问题。他们中或许有人能够跳出这个立场，但作为一个整体，他们毫无疑问会成为新兴工商业阶层的政治代言人。

这是商业财富转化为政治权力的方面。还有一个更重要的方面，就是政治权力自身也会去追求商业财富，从上而下地实现官商一体。

在明朝中后期，士大夫经商成为一种社会风气。

历代官员经商之盛、家财之富，以明代为最。弘治年间，皇室宗族、功勋之家已纷纷插手经商。到了嘉靖之后，此风终于大盛。据吴晗考证，从亲王到勋爵、官僚士大夫都经营商业，"原来明制规定四品以上官员禁止做买卖，与民争利，但这一条始终行不通。事实上是官愈大，作买卖愈多愈大……16世纪中期的这种现象，是过去所没有过的"[1]。

王毅在《中国皇权制度研究》一书中也说：权贵工商业形态虽然是汉代以后两千年间始终沿袭不替的传统，但是它竟然发展到如16世纪前后这种烈火烹油一般的炽盛程度，却是前代制度环境下所难以实现的[2]。

万历年间的文人于慎行在《谷山笔尘》里面记载："士大夫家多以纺绩求利。其俗勤啬好殖，以故富庶。"顾炎武也说："自万历以后，天下水利、碾硙、场渡、市集，无不属之豪绅，相沿以为常。"[3]

嘉靖朝最后一个首辅徐阶，在家里开纺织工厂，招聘女工纺织，然后销售其产品，狠狠地发了一笔财。此外，他还积极进行商业创新，让家人在北京和老家松江同时开钱庄，时人称之为"徐氏官肆"。松江地区需要转运进京的税银直接

---

[1] 吴晗：《关于中国资本主义萌芽的一些问题》，载《灯下集》，三联书店1960年版。
[2] 王毅：《中国皇权制度研究——以16世纪前后中国制度形态及其法理为焦点》，北京大学出版社2007年版，第756页。
[3] 顾炎武：《日知录》卷十三"贵廉"条。

存入他在松江的钱庄，税吏拿着收据到北京再去他家钱庄把银子取出来[1]；从北京回江浙地区的人，则可以反向操作[2]。大学士陈文，靠贩卖食盐发财，其门生弟子戏称其为"阁（盐）王"。崇祯年间的内阁大学士徐光启，喜欢研究科学问题，在天津购买荒地实验种桑养蚕，进行销售，获利颇丰。户部员外郎毕一衔则跑去承包荒山，种植苗木贩卖获利。此外还有卖米的、卖纸的、卖布的，还有开钱庄放高利贷的……总之只要是赚钱的生意，什么都干[3]。

李连利在《白银帝国》这本书里面说：明朝在万历年间几乎达到"无官不商"的地步。文官在做官的同时让家里人兼营商业赚钱，成了"标准配置"。东林党主要成员大多出身商人家庭，其政治纲领最重要的一条就是要给工商业减税。在两淮地区，商人出身的进士、举人占了录取总额的70%[4]。商人子弟遍布官场。

拿明代晋商的典型张、王两家为例。万历时期的内阁首辅张四维之所以能成为首辅，在政治上靠舅舅王崇古（兵部尚书、陕西总督），在经济上，其父亲张允龄、叔父张遐龄、岳父王恩、大舅子王海、三弟张四教、四弟张四象都是大商人。王崇古呢？父亲王瑶、哥哥王崇义、从弟王崇勋、伯父王文显、姐夫沈廷珍、外甥沈江均都是大盐商。

张、王两家在联姻的同时，还与大学士马自强家联姻，而马家也是大盐商。三家联合几乎垄断了当时的盐业市场，以致御史永邨为此愤怒地说道：盐法之所以败坏，就是被权势之家所垄断。

官商从两个方面相结合："商变官，官变商。"商人家庭或家族培养出优秀的后代去当官，官员则凭借特权让家人去经商赚钱，再加上传统的行贿受贿、利益输送、强取豪夺等方式，官员和工商业富豪阶层就实现了利益上的一体化。

---

[1] 于慎行：《谷山笔尘》卷四："松江赋皆入里第。吏以空牒入都，取金于相邸，相公召工倾金，以七铢为一两，司农不能辨也。"

[2] 范濂在《云间据目抄》卷三中便记录了一个叫苏克温的人用"徐氏官肆"在北京存入银子在松江取钱的故事。

[3] 张印栋：《明代中期的官绅地主》，载《顾诚先生纪念暨明清史研究文集》，中州古籍出版社2005年版。

[4] 据嘉庆《两淮盐法志·科举志》记载："明代两淮共取进士137名，其中徽、晋、陕籍者106名；共取举人286名，其中徽、晋、陕籍者213名，均占70%以上，盖皆商人子弟。"

第三章　正德一朝

一、《问刑条例》：官僚集团的胜利

这个官商一体的利益集团在国家权力格局中占据主导地位，这个过程应该开始于明孝宗朱祐樘时期。

明孝宗弘治十三年，公元1500年，正好是公元16世纪的第一年。

这一年，发生了一件不起眼的惊天大事：经皇帝批准，《问刑条例》正式颁布。

《问刑条例》是对明王朝刑法典《大明律》的重大修订。因为朱元璋下过死命令，要求后世子孙"勿作聪明，乱我已成之法，一字不可改易"[①]。所以100多年来，《大明律》从来没有正式修改过。但在实际执行过程中，时常会遇到《大明律》里面没有规定清楚的案件，朝廷就会颁布一些法令作为判案依据。上百年积累下来，各种法令数量太多太杂。文官就以此为理由，要求统一编订一部新的法令集，作为《大明律》的附件。实际上就是希望修订《大明律》。

---

① 参考《太祖实录》卷八十二。

这个要求合情合理。《问刑条例》共有200多条，在很多方面改进了《大明律》，特别是对雇用工人、商业债务等方面做了新的规定，更加符合商品经济发展的大趋势。但文官也没少在里面夹带私货，加进去两条极为关键的规定：

首先，《问刑条例》废除了贪污罪的死刑。

《大明律》规定贪污80贯就是死刑。虽然朱元璋死后，这条法律实际上已经很少执行，但它始终是悬在贪官污吏头上的一把刀。偶尔有清官主政，严格执行的情况也是有的。《问刑条例》终于彻底解决了这个问题，对于贪赃之罪，明确规定最高刑罚是"发附近卫所充军"①。

其次，《问刑条例》把花钱赎罪的范围扩大到几乎不受限制的地步。

《问刑条例》规定，不管什么人，除了犯谋反、谋逆等少数重罪必须处死以外，其余罪行，不分笞、杖、徒、流、死罪，全都可以通过缴纳规定数量的炭、砖、米等财物来赎罪②。

这一规定几乎就是对朱元璋《大明律》的彻底颠覆。《大明律》对用钱物赎罪的范围规定得很窄，只有少数几种：

首先是"存留养亲"，就是独子犯了罪，为了让他可以照料父母，允许用财物赎罪。

其次是"老小废疾"，也就是老人、未成年人和残疾人可以赎罪。

再次是过失犯罪。

最后是妇女——朱元璋作为底层出身的大人物，他比较重视保护女性权利，在中国历史上第一次给女性以赎罪的特权，避免女性遭受鞭笞和刑杖等羞辱性的处罚。"明朝普遍允许妇女以钱赎罪，其做法十分宽松和纵容。"③

---

① "文职官吏、监生、知印、承差，受财枉法至满贯绞罪者，发附近卫所充军。"《皇明制书·问刑条例卷十三》，载《北京图书馆古籍珍本丛刊（46）》，书目文献出版社1987年版，第375页。

② "凡军民诸色人役，及舍余审有力者，与文武官吏、监生、生员、冠带官、知印、承差、阴阳生、医生、老人、舍人，不分笞、杖、徒、流、杂犯死罪，俱令运炭、运砖、纳米、纳料等项赎罪。"《皇明制书·问刑条例卷十三》，载《北京图书馆古籍珍本丛刊（46）》。

③【清】薛允升：《唐明律合编》，法律出版社1998年版，第57—58页。

此外就是比较轻的罪行，如果只被判处鞭笞，可以花钱免打。其他的一概不许赎罪。

《问刑条例》这样一搞，就等于宣布大明朝成为有钱人和有权人的天堂：只要你不造反，不杀父、杀母，其他不管犯什么罪都可以用钱来搞定。不管贪多少钱，最高刑罚就是充军，而且可以用钱来赎，贪得越多越划算。

《问刑条例》是对朱元璋立国精神的背叛，是官商利益集团的巨大胜利。把悬在头上的"恶法"巧妙废除之后，他们就可以更加放心大胆地想干什么就干什么了。

在明孝宗的英明领导下，户部尚书叶淇改革"开中法"，把食盐专营的好处输送给徽商利益集团，导致边防严重废弛。文官不断进谏，请求皇帝减免江南地区的钱粮，以宽民力，朱祐樘总是一再批准。他本人也带头勤俭节约，从不大修宫室，也不广招后妃宫女，专宠张皇后一人。但不管他怎么节约，国家财政还是越来越紧张，总是入不敷出。

明朝中央政府开始出现长期财政紧张就是从明孝宗开始的。此后一直到明朝灭亡，这个问题也没有得到解决。

朱祐樘对此大惑不解。在他执政的后期，专门找了最信任的大臣刘大夏来问："古人常说，天下的财富，不在官则在民。太宗皇帝的时候，又迁都又修长城，又下西洋又打安南，也没见匮乏。如今我们百般节俭，但军民却穷困不堪，钱财都到哪里去了？"

对于朱祐樘这个问题，刘大夏毫不客气地把它归结于太监贪污，要求皇帝把各地的镇守太监撤回来。这个回答并不靠谱，太监根本没有那么大本事把国家掏空。答案其实很简单，天下财富当时既不在政府手里，也不在普通老百姓手里，大多落到这个"官商一体"的利益集团手里去了。

嘉靖年间的大臣霍韬在写给皇帝的《天戒疏》里面对此点评得很清楚：

"《大明律》规定贪赃八十贯为绞刑，文官因此不敢随便贪污。但是后来官员们认为这样的规定过于严厉，遂让皇帝颁布《问刑条例》，把贪赃从真犯死罪的名目中去掉，改为杂犯，而且允许赎罪。结果就是贪得越多越容易花钱赎罪。这样，贪赃枉法之事就越来越泛滥，贪官污吏越来越肆无忌惮。收税的时候，十分里面只有一二分上交朝廷，剩下的八九分则据为己有了。"[1]

当时江南地区的工商业阶层已经十分富有，却很少交税，而且通过其在朝廷的政治代言人一再请求皇帝减税。但是在中原地区不断暴发黄河洪灾，在西北地区连续出现旱灾，国家财政大量用来救灾，入不敷出。税负被大量加于农业之上，加在无权无势的普通农民头上。老百姓苦不堪言，一场大的动乱已经迫在眉睫。

二、得寸进尺：文官与皇权的交锋

与此同时，军队也非常穷困。武将勋贵的贪污腐败现象非常严重，他们把军屯土地大量据为己有，贪污国家军费，奴役军士给自己家的生意干私活。如此等等，不一而足。军队战斗力迅速溃散。明孝宗在位十多年，对蒙古的战争屡战屡败，丢失了明宪宗朱见深苦心经营多年才夺回来的河套地区，长城沿线不断被蒙古入寇侵掠，军队一看见蒙古军队来了就龟缩到城里，等他们抢够了、撤退了，再上去抓几个走得慢的老弱病残邀功，甚至杀掉当地的老百姓，用他们的人头来记功。

等到朱祐樘去世的时候，鞑靼小王子巴图孟克趁机入寇大同。大同守军惨败，阵亡六七千人，创造了自从土木堡之变以来对蒙古作战最惨重的失利，史称"虞台岭之败"。

在这个时候上台的新皇帝朱厚照才16岁，但是他很有一番决心，要扭转他父亲治下国防软弱的被动局面。

刚一上台，朱厚照就想要抓军事，首先是把他父亲晚年搞的一个案子翻过来。

---

[1] "洪武三十年定《大明律》……有禄人受枉法赃八十贯绞。严为之禁。欲人难犯也。文官以其厉己。遂托钦定事例，改从杂犯而许之赎。故得赃愈多赎罪愈易……赃官以法轻易犯。清议不公也。遂肆无忌惮。职催科则借法肆贪。赋入朝廷不一二。利归私家常八九矣。"《皇明经世文编》卷一百八十六"霍文敏公文集二（疏）"。

这个案子的缘由是，有人弹劾辽东军区指挥佥事张天祥，说他竟然袭击其他明军营寨，杀掉38人，然后宣称是对海西女真的作战成果。吴一贯奉命调查，张天祥被下狱审问，随后自杀于狱中。张天祥的亲戚等人，走东厂太监刘瑾的门路，声称吴一贯在诬陷张天祥。明孝宗相信了刘瑾的话，反而将吴一贯下狱，贬为云南嵩明州同知。

这个案件到底真相如何，从现在的史料来看，没有办法做出判断。但朱厚照亲自过问他父亲定下来的案子，而且为吴一贯翻了案，升了官，也可以看出他希望在军事上有所作为。

但案子刚刚办完，大臣的奏章就上来了，内容是这样的：

"陛下前段时间亲自召见吴一贯，了解边防情况。这个事情关系到刑狱，应该交给相关部门去处理，不必您自己裁决。因为陛下日理万机，事情太多了顾不过来，万一有一些细节没有搞清楚，就可能被小人利用做出错误的判决。这是一定要坚决避免的。

"请陛下把政务都委托给六部九卿，谁犯了错误就找谁负责。这样一来事情就不用烦劳陛下也能得到正确的处理。这方面你应该向先帝学习，他老人家执政十八年，除了吴一贯这个案子以外，有关刑狱的事情从来都是交给大臣们处理的。

"……从今往后，刑狱之事都请责成相关部门堪问，秉公论断，谁犯了错误陛下再去追究谁的责任。这样，大臣们在下面努力工作，陛下不会那么辛苦，国家大事也不至于荒废了。"[1]

这封奏章隐含地表达了这样的意思：你翻了这个案子，虽然结果对文官是有利的，但皇帝直接过问军事事务总归不合适。军政事务不论大小都应该交给文官集团来处理，这才合乎明君圣主的行为准则。

通过以上分析，我们可以解读出这样一种可能性，那就是文官迫切希望趁着皇帝年幼抓紧给他"立规矩"：以后你就像你父亲一样"无为而治"就可以了，剩下的事情全部交给文官集团来做。

---

[1] 参考《武宗实录》。

朱厚照刚刚登基，毕竟还有他父亲的临终嘱咐在，要听那几个辅政大臣的话。而且他也跟明朝所有太子一样，从小接受标准的儒家教育，被告知听从贤臣的话是明君圣主的行为准则。收到这份奏章以后，朱厚照批示同意，暂时也就不再过问具体的军政事务了。

应该说在一开始，新皇帝和明孝宗留下来的老臣之间，关系还算融洽。在《武宗实录》里面，朱厚照登基的第一年，几乎所有的奏章都跟着两个字"从之"，也就是一律批准。

朱厚照继位以后，也想厉行节约一下，本来该给皇室宗亲的奖赏也减免了，但唯独给三位内阁大臣刘健、李东阳、谢迁的奖赏还是很丰厚。又给刘健加封了左柱国、太子太保，给李东阳加封了太子少保，以示尊崇[①]。兵部尚书刘大夏因为年老想要辞职，也下诏挽留。

御史李廷光弹劾刘大夏在当兵部尚书期间用人不当、管理不严，导致边防废弛，才有了先帝去世时候的"虞台岭之败"，应该追究其责任，并且提出一些整顿边防的措施，恳请皇上派御史前往边镇巡视，纠正边防弊病。

这个奏章的内容还是比较实事求是的，明孝宗时期的军事失败和内阁的错误决策的确有很大关系。"虞台岭之败"，兵部尚书刘大夏当然难辞其咎。但朱厚照毫不犹豫地驳了回去，并且下旨责备李廷光，还温旨安慰刘大夏，说你有功于国家，这种风言风语我是不会听的，以表示自己绝对信任父亲留下来的老臣。

但这种温情脉脉的局面并没有持续多久。

大臣发现小皇帝相当听话，便打算更进一步，提出要取消"皇庄"。

皇庄，顾名思义，就是皇帝家的庄园，由太监直接收租交给皇帝花费，不用经过户部。明英宗朱祁镇的时候，太监曹吉祥造反被抄家，土地全部没收入官。明宪宗朱见深继位后就下令把这部分土地改为皇庄，作为皇帝的直接经济来源。

[①] 参考《明实录·武宗实录》："加少师兼太子太师吏部尚书华盖殿大学士刘健左柱国，食正一品俸，与诰命加太子太保；户部尚书兼谨身殿大学士李东阳太子太保礼部尚书兼武英殿大学士。"

这就是皇庄的起源。

按照"普天之下,莫非王土"的理论,全天下的财富都是皇帝的,还搞什么私房钱呢?问题在于文官集团权力扩大以后,皇帝想伸手向户部要钱就很困难了。一旦遇到皇帝要钱,户部的第一反应就是驳回,需要几次讨价还价、打一个很大的折扣之后再支付。

朱厚照16岁大婚,这属于国家大典,照理该户部出钱。典礼总共要花费60万两,但户部讨价还价只给30万两[①],剩下的请皇帝陛下自己想别的办法解决,还顺便教育了皇帝要注意节约。朱厚照心里未必高兴,不过还是接受了。

对皇庄问题,照例先是由言官向皇帝提出建议。皇帝批示让内阁讨论,内阁讨论之后说:当初宪宗皇帝设立皇庄的时候,打算用皇庄收入来孝敬两宫太后。但是现在看来,皇庄"琐琐之利恐不足以孝养两宫",建议"请革皇庄之名,通给小民领种"。

这个建议逻辑有点混乱:既然皇庄的收入很少,不足以给两宫太后尽孝,那应该增加才是,为什么反而要革除呢?

朱厚照这一次没有简单地听从,而是下令再议,委婉地表达了不同意见。

内阁再次讨论,发现了自己的逻辑错误,于是改了一下口风,说如果要给皇太后尽孝道,那么可以由户部来收钱,按照实际需要支付给皇太后,剩下的钱归入国家财政,可以用来救灾和支付军费,等等。

这一次内阁的意见道出问题的关键:关键不是谁花钱,而是谁收钱。

文官在奏章中一再强调皇庄的弊病:让太监直接管理和收租,会出现太监中饱私囊、欺压百姓的严重问题。所以不应该由太监来收钱,而应该由文官来收钱。

要说太监管理皇庄有贪污腐败的问题,难道让文官集团去管理就没有这方面的问题了?文官在一口咬定太监很坏的同时,其实还需要证明一件事情,就是文官一定没有太监贪婪,不会欺压百姓,才能证明革除皇庄的正义性。

文官声称全天下的钱财都是皇帝的,皇帝不应该有私财,所有钱财应该由

---

① 《武宗实录》卷18。

国家财政统一管理。这种说法当然很漂亮、正义凛然。但真的全部纳入财政以后,皇帝想要钱就很困难了。所以文官要证明革除皇庄的正义性,还需要再证明一点:文官花钱一定比皇帝花钱更加注意国家整体利益,而不是个人利益、集团利益。

以上两点,其实都不一定总是成立。文官不一定比太监清廉,也不一定总是比皇帝更关心国家利益。在王朝的早期,官僚集团比较清廉,上面两个命题可以成立,财权掌握在文官集团手里就没问题;但是到了王朝的中后期,官僚集团日益腐朽,有可能以上两个命题都不成立,财政税收的权力完全掌握在文官手里可能是国家的灾难。后来明朝的灭亡也证明了这一点。

归根结底,皇庄的存废并不是皇帝该不该花钱的问题,而是财权掌握在谁手里的问题。天下的权力,无非就是那么几种:兵权、财权、人事任免权。如果这三种权力都被文官集团掌握,那么皇帝就成了一个空架子。宋朝就是这么一种情况。所以革除皇庄,核心是文官集团削弱皇权和打击太监势力的一种斗争策略。

朱厚照虽然未必能像我们分析得那么清楚,但他还是拒绝了内阁的意见。这些大臣各自家里都有自己的土地田庄,几乎没有人是靠国家俸禄过活的,为什么就不能允许皇帝有自己的庄田呢?皇帝朱厚照批示说:"你们检举揭发太监们的非法行为值得表扬,但是皇庄是祖宗旧制,又是用来孝敬太后、彰显孝道的,不好突然革除。我决定把管理皇庄的太监数量削减一半。如果再发现太监有非法行为,请你们及时弹劾,我一定严肃处理。"[1]

碰了个软钉子以后,文官又换了一种策略进攻:讲迷信。

因为过去三个月断断续续下了几十天的小雨,这种天气情况在干旱的北京比较罕见。给事中周玺、御史耿明上奏:天象异常,必有妖孽。妖孽就是太监,上次我们上奏弹劾太监苗逵、田忠等人的不法行为,皇帝竟然没有批准。老天爷对此表示不满,所以连续下雨。

大理寺少卿吴昊又上奏说:您还在居丧期间(先皇刚去世不到一年),竟然

---

[1]《武宗实录》卷10。

老是跟太监一起游玩，没有表现出足够的哀悼。老天都看不下去了，所以才不断下雨。

这些攻击太监、顺带骂一下皇帝的奏章让朱厚照很不舒服。他忍住怒火说："天气异常，确实是不好。我有不足之处一定认真反省，诸位大臣有不足之处也需要勤加改正，军国大事有决策不对的地方要据实及时上奏，不要尽说空话（毋事虚文）。"①

朱厚照用了"毋事虚文"这个词，显然相当不满意这种赤裸裸的、毫无根据的排挤打击太监的行为。

但文官并不打算就此止步，此后又连续不断向太监发动攻击，有的借口星象异常要求杀掉某些让他们不满的太监，有的要求减少太监数量，有的要求降低太监的福利待遇，没完没了。朱厚照明显不听话了，有时候会同意，有时候就直接批示不准。

弘治十八年（1505年）年底，太监刘琅要皂隶50名。这本是件小事，但大臣要求减为20名，皇帝答应了。接着，大臣又说20个也太多了，应该一个不给，皇帝又答应了。

正德元年（1506年）一月，文官列一个名单，要求连太监和锦衣卫一共裁员7570人。皇帝拒绝了。因为孝宗皇帝刚去世的时候，文官就替新皇帝写了即位诏书，把太监和锦衣卫裁了上万人，剩下的人已经不够办事了。

正德元年（1506年）二月，御用监因为需要建造龙床等物品，人手不足——被文官裁得太厉害，要求增加六个人手。文官坚决不同意，说皇帝刚登基的时候，御用监裁了700多人，这次新增的六个人都是那700多人里面的，此例一开，那些被裁掉的人肯定会想方设法又回来。朱厚照批示同意了文官的意见。

总之，文官对于负有监察职权的太监和锦衣卫恨之入骨，一逮着机会就要尽可能地削减他们的势力，恨不得全部裁光了才好。

但与此同时，理学官员难免会严于律人、宽以待己。他们一边严格要求裁减

---

① 参考《明实录·武宗实录》。

太监锦衣卫数量，一边又增加政府雇员。明末思想家顾炎武在《日知录》里面就说：

"一邑之中，食利于官者，亡虑（大约）数千人，恃讼烦刑苛，则得以吓射人钱。故一役而恒六七人共之。"

就是说，据顾炎武所知，在县里面（县级政府没有太监，也没有锦衣卫），一个正式编制的岗位往往会有六七个超编人员，他们吃财政饭，为正式编制人员干活，还会欺压百姓，勒索财物。

这种事情早在朱元璋时期就非常严重了。对这个问题，吴思在《血酬定律》里面作了详细的分析。

吴思考证认为，早在朱元璋时期，一个松江府就能查出1000多名编外人员，这些人可都不是太监或者锦衣卫搞出来的。而朱元璋死后，文官每逢皇帝去世就大力裁减太监、锦衣卫以及宫廷工匠的数量，却从来没有借机裁减过文官政府中的编外人员。从中央到地方，文官都养着一大群奴仆和书吏为自己生活和办公服务。但对于皇帝的奴仆和秘书——太监，他们则认为必须坚决裁减，裁得越多越好。吏部尚书马文升，就是要求朱厚照裁减太监编制最起劲的官员之一，自己却不断违规把自家亲戚塞进国家公务员的队伍，还私自在吏部增设了六个主事的职位，用来安排自己人。这个事情被御史弹劾，马文升被迫请求退休，朱厚照批准。

正德元年（1506年）四月，吏部给事中安奎上奏说："中外冗员奔竞成风，贿赂未已。"朱厚照下令内阁讨论。内阁说经研究没有这样的事情，安奎在胡说八道，污蔑大臣。诸司会审，要求安奎点名说出谁在跑官、谁在行贿受贿？安奎不敢指名道姓，只能认罪受罚[①]——也就是说，文官认为用天象异常来弹劾太监是天经地义的，其正义性毋庸置疑；而若是要弹劾大臣，则必须有确凿的证据，不然就要严加惩罚。

我们讲这些，并不是说太监不该裁减，也不是说太监有违法犯罪行为不该被弹劾被惩罚。实际上文官集团和太监集团互相斗争、互相检举揭发是好事，有利

---

① 参考《武宗实录》卷12。

于国家政治清明。但需要看到：文官裁减弹劾太监并不全是出于大公无私的道义考虑，权力斗争仍然占了很重的分量。

朱厚照虽然不再像刚登基的前几个月那样对内阁言听计从，但总的来说他还是不断妥协退让，大臣的大部分奏议最终都被批准了。这就给了大臣一个假象，认为只要他们坚决斗争，可以逼迫皇帝同意他们的任何意见。

经过酝酿，大臣决定发起具有决定意义的攻击：弹劾"八虎"。

"八虎"，就是和皇帝朱厚照最亲近的八个太监。按照文官的说法，他们都是在引诱皇帝斗鸡走狗、不务正业、荒废朝政。文官认为，皇帝如果有时间，也应该努力学习儒家经典，由专业的儒家学者来给皇帝讲课，保证皇帝的一言一行都符合儒家规范；或者跟大臣在一起讨论国家大事——当然讨论的结果必须是听从大臣的意见，因为从谏如流是皇帝的美德，不听的话就是昏君，坚持正义的大臣会一起跪在地上请求皇帝同意，或者连续不断上奏，一直到皇帝同意为止。

虽然"八虎"当时并没有干什么出格的坏事，但文官已经看到不好的苗头。皇帝整天和太监厮混在一起是很危险的，随时可能会被教坏，会远离理学正统去搞一些旁门左道。因此必须趁着皇帝还没有被完全教坏，彻底消除这方面的隐患，把"八虎"杀掉。

为了解决"八虎"，文官轮流上阵弹劾。但他们确实没有抓到"八虎"的把柄，弹劾的内容大多空洞无物，无非是说信任太监导致朝政混乱，类似的历史教训有很多。因此朱厚照这一次并不愿意听。而且，朱厚照跟太监混在一起，可能并不是沉溺于各种荒唐的游乐。从之前和之后发生的事情来看，他很有可能是在跟年轻的太监一起练习骑射，为振兴国家军事力量做准备。

朱厚照还在当太子的时候就十分喜欢骑射。文官向明孝宗进谏，说太子应该多花时间来学习儒家经典，练这些骑马射箭的功夫没有用。皇帝并不需要亲自去上战场，学好如何治理国家才是最重要的。

明孝宗一向非常听文官的话。但这一次，他说：国家需要居安思危，皇帝也应该文武兼备，太子已经花了很多时间学习儒学了，花一点时间练习骑射也是很好的。

明孝宗自己可能也意识到皇帝过分儒家化并不是什么太好的事情。虽然他生性比较软弱，对武功之类的事情也来不及弥补了，但他希望自己唯一的儿子能够做得更好。出于父子之情，他十分罕见地坚决驳回大臣的意见——既然儿子喜欢，那就让他去练习吧。

事实证明，朱厚照骑马打仗的功夫练得还可以，是明朝历史上除了朱棣之外，唯一一个能够亲自骑马上阵跟蒙古骑兵作战的皇帝——明宣宗和明英宗都带兵出征过，但是没有亲自上阵，亲自上阵的只有朱棣和朱厚照。五年后的应州战役，"八虎"中的张永、谷大用等人都各自统率一支队伍，与朱厚照一起击退了鞑靼骑兵的攻击。这说明朱厚照和"八虎"都系统地练习过骑射。要达到能跟蒙古骑兵作战的水平，花的时间也一定不少。

从历史记载来看，朱厚照和张永、谷大用等人学习骑射，很有可能就是文官口中的斗鸡走狗、荒废朝政。如果他们在一起就是吃喝玩乐，专干荒唐事，哪里来的时间去练习骑马打仗呢？

不管怎么说，文官是认定了"八虎"正在把皇帝引诱得越来越疏远大臣，就必须杀掉"八虎"。正德元年（1506年）十月，六部九卿联名上书，弹劾"八虎"。这封奏章说：

"自古以来，皇帝就需要辨明忠奸，而敢于犯颜直谏的人才是忠臣。

"现在，有一群奸佞小人在陛下身边，影响到了天下的安危。过去一年朝政问题丛生，国家号令失当。特别是今年秋天以来，陛下上朝的时间越来越晚，面容憔悴。大家都说这是因为太监马永成、谷大用、张永、罗祥、魏彬、丘聚、刘瑾、高凤等八人每天哄着皇帝游玩所致，经常击球走马，放鹰逐犬，听歌看戏。还引导着陛下跑到皇宫外面去玩，有失体统。白天没玩够，晚上还要接着玩，耗费精力，破坏陛下的圣德。天地之间的正气因此紊乱，所以最近天上打雷的声音都变了，星相也很不正常，京城桃树和李树竟然违反节气在秋天开花。根据研究，这些都是不祥之兆。

"这八个人都是小人，只知道蛊惑君王，谋取自己的私利，没有一点天下国家的责任感。皇帝血脉的传承，都要依赖于陛下。虽然您已经完婚，但还没有生儿子。天天这样玩耍，万一起居失节（这四个字是原文，就是荒淫无度的委婉说法），劳损了精力，生不出孩子怎么办？到时就算是把这八个人剐了也于事无补啊！

"想当年太祖高皇帝（朱元璋）身经百战才取得天下。经过历代皇帝的传承，才传到了陛下。先帝临终时候说的话，陛下应该还记得（就是要对顾命大臣言听计从之类的）。怎么能让这一群奸邪小人成天在您左右，破坏了圣德呢？历史上宦官误国的先例层出不穷，比如汉朝的'十常侍'、唐朝的'甘露之变'等等，都充分证明了这一点。如今这八个人的罪行已经昭然若揭，如果不予以惩治，将来必然更加肆无忌惮，危害国家社稷。

"请陛下以天下为重，忍痛割爱，将这八个人处以极刑，明正刑典，以挽回天地的正气，平息上天和人民的愤怒，消除潜在的祸患，永保国家安宁。"[①]

以上内容是对奏章原文的全文翻译，没有删节。这封告状信比明宪宗时期内阁弹劾西厂太监汪直的奏章还要空洞。从奏章的内容来看，文官没有发现"八虎"恶行的证据，也没有抓住切实的把柄。

16岁的朱厚照看了这封奏疏后被吓坏了，首先他对天象异常这种说法感到害怕，还有就是感到事态严重。从朱厚照的角度来看，大臣是要逼着他杀掉自己从小到大一直形影不离的伙伴。这些人天天与他朝夕相处，多少年下来不可能没有感情。《明史》上说他"惊泣不食"，被吓哭了，饭都吃不下。

皇帝于是派司礼监太监王岳等人去跟内阁讨价还价，表示愿意把"八虎"贬到南京去赋闲，但不要把他们抓起来论罪。但文官集团感觉胜券在握，拒绝妥协，仍然要求皇帝处死八人。如果皇帝不同意，内阁和六部九卿就要集体总辞职。

经过讨价还价，皇帝同意先逮捕八人，审问一下看到底有什么罪行。文官集团遂和太监王岳等人达成同谋：把八人逮捕以后立即打死，然后逼迫皇帝承认既成事实。但是因为当天时间已晚，遂决定第二天再执行。

听到消息，"八虎"相拥而泣，不知道该怎么办。最后还是"八虎"中排名

[①] 原文见《明史·韩文传》。这封奏疏是户部尚书韩文起草，以诸大臣的名义共同上奏的，所以放到《韩文传》里边。

第七，平时不怎么显山露水的刘瑾想到解决方案。

刘瑾此时已经56岁，经历过政治风波。他由那个号称能白日飞升、收取"黄米、白米"等贿赂的太监李广推荐到东宫伺候太子朱厚照。李广死后，受贿的名册被朱祐樘发现，文官一方面托英国公张懋去跟皇帝说情，请求皇帝以宽大为怀不要追究行贿官员的责任；一方面又趁机牵连收拾了一批太监。刘瑾就被贬到南京去充军，但没过多久就又找关系重新回到北京，继续伺候朱厚照。

有了这样一番经历，刘瑾的心理素质起码就比另外几个年轻太监要强得多，可以临危不乱。而且他平时就爱结交朝廷中的文官，以免再次遭遇李广这种事件。这份弹劾奏章在入奏之前，刘瑾就已经从内阁大学士李东阳、吏部尚书焦芳等多个渠道了解到弹劾内容，并且开始想办法应对。

经过分析，刘瑾认为目前皇帝对几位顾命大臣还是非常敬重的，要说他们的坏话并不容易，最好的办法还是从太监内部挑拨离间。于是他带领另外"七虎"找到朱厚照号啕大哭，说："这都是司礼监太监王岳等人想要陷害我们。"

朱厚照一听就来了精神，问他有何证据。

刘瑾就说："王岳之前掌管东厂的时候，御史言官说什么他就说什么。这次内阁弹劾我们八人，王岳奉陛下的命令去和内阁讨价还价，不仅没有效果，回禀的时候竟然为内阁说好话，可见他一直就跟文官大臣是一伙的。在进献鹰犬、陪皇帝游玩方面，王岳干的一点也不比我们少。但文官竟然和王岳合谋，要杀掉我们八人。这说明文官并不是真心反对皇帝游玩，王岳也不是真心主持正义。文官与王岳合谋的目的就是想要架空皇帝；而王岳与文官合谋则是嫉妒我们八人得宠，杀掉我们以后就可以独享大权。"

刘瑾这笔账替皇帝算得很清楚：内阁负责拟定意见，司礼监负责盖章批准。如果司礼监和内阁穿一条裤子，那他们想干什么就能干什么，没皇帝什么事儿了。司礼监和内阁合谋是对皇帝权力的严重威胁。杀掉"八虎"，就是杀一儆百，警告皇帝身边的人：如果只知道讨皇帝喜欢，而不跟文官集团亲近，那就必死无疑；只有站到文官集团这边，权势、富贵才能长久。

经刘瑾这么一分析，朱厚照恍然大悟，立即改变主意，下令把王岳及其党羽贬往南京充军，任命刘瑾为司礼监太监，马永成掌东厂，谷大用掌西厂，一夜之间局势大变。内阁重臣刘健、谢迁被迫辞职。

经过这样一番风波，朱厚照终于下定决心与他父亲留下来的旧臣决裂。他接受了刘瑾的观点，决定用铁腕整顿文官集团，重振国家武备，以洗刷"虞台岭之败"给大明王朝带来的耻辱。

在朱厚照的支持下，太监刘瑾登上了历史舞台。

三、刘瑾变法：被历史遗忘的改革

关于刘瑾掌权，《明史》上绘声绘色地讲了一个故事：小皇帝很贪玩，刘瑾等人就专门挑他玩得最高兴的时候，抱着一大堆奏章来让他批阅。小皇帝很不耐烦地说："你们是干什么的？别来烦我。"于是刘瑾就得到皇帝的授权，开始代理皇帝批阅奏折，成为"影子皇帝"。

以上的故事不太可能是真的。因为刘瑾掌权以后，天天要处理各种政务，没工夫陪朱厚照。真正天天陪着皇帝的是谷大用、张永等"八虎"中几个年轻、体力好的太监。

但刘瑾在政务上偏偏喜欢跟他信任的文官商量，包括首辅李东阳，文士焦芳、刘宇、张彩等人，并不怎么买太监的账。其他太监有所请求，刘瑾多不应允。马永成、谷大用等人都对刘瑾很不满。当时张永是东厂太监，谷大用是西厂太监，刘瑾都指挥不动，就干脆自己新设了一个内厂来监察百官，顺便还要对东厂、西厂进行监督，一副要把其他太监得罪到底的样子。

张永有一次还跑到朱厚照面前去告刘瑾的状。朱厚照把刘瑾叫过来对质，结果张永竟然当着皇帝的面跟刘瑾打了起来，可见二人矛盾之深，已经到了水火不容的程度。后来刘瑾倒台，就是张永密告刘瑾谋反造成的。

在这种情况下，要说刘瑾是靠皇帝贪玩、不理朝政而独揽大权，可能性不大。因为皇帝身边的太监不仅不是刘瑾的心腹，还跟他有矛盾，随时会在皇帝跟前告状。更有可能的情况是，朱厚照对"八虎"进行了分工，由于发现了刘瑾的行政才能，就把政务交给他处理，放手让他对官僚集团进行整顿，而自己则带着另外几个继续练习骑射,处理军队事务。

刘瑾推行的变法措施,主要有以下那么几条:

首先对国家各种财政收支进行全面审计,这在当时被称为"查盘",组织科道官员对天下军民府库、钱粮、各边年例银、两淮盐运司革支盐引、都司卫所军器等进行审计。

以边关的年例银为例。它是朝廷每年发往各边的银两,数量相当大,且有急剧增长的趋势。如正德元年(1506年),宣府和大同在五万两年例银之外,又分别送银六十一万两和四十万两,辽东在十五万两年例银之外,又送银三十三万四千两①。

正德三年(1508年)三月,户部安排送各边年例银,被刘瑾驳了回来,他在批示中说:

"各个边镇既然有自己的屯田,政府还每年从内地往边镇输送粮草,应该够用了。天顺(明英宗朱祁镇)之前并没有户部往边镇送银子的事,成化二年(1466年),因为边镇有紧急军情,又说有旱灾等因素,临时拨付了一些银子,原本是权宜之计,后来竟然成了惯例。而且年年增长,年年说不够用,这里面难道没有贪污浪费的问题吗?"②

关于边饷边银屡告缺乏的原因,刘瑾认为:"主要是因为主管官员失职。这些人治边无方,导致粮草损失数百万,等到追究起来,却把罪责全部推卸到普通士兵和仓库管理员身上。"③

两个月后,刘瑾奏请查盘各边镇年例银的使用情况:

"过去六年,中央发往辽东、大同、宣府、宁夏、甘肃、榆林各边的年例银、

---

① 韩文:《为缺乏银两库藏空虚等事疏》,见《皇明经世文编》卷八五:"姑以近日言之、宣府年例外运送过六十一万余两。大同年例外运送过四十万两。辽东预送过三十三万四千余两。"

② 《皇明典故纪闻》卷十六:正德三年三月,户部请发年例银于各边。得旨:各边即设屯田,又有各司府岁输粮草,天顺以前,初无送银之例。其例始于成化二年,盖因警报,或以旱潦,事变相仍,行权宜接济之术耳,其后遂为岁额。且屡告缺乏,得无盗取浪费之弊耶?户部其会官查究事端,议处经久长策。

③ 王世贞:《弇山堂别集》卷九十四·中官考五。

奏讨银共五百多万两，请派遣给事中、御史分头去核查这些钱到底花到什么地方去了，有贪污浪费问题的，从实参奏。"朱厚照批准执行[①]。

最后查出来很多问题。正德三年（1508）八月，礼科给事中曹大显等奏：查盘延绥等处仓库，粮食草料烂掉的有三万六千余石，布匹等烂掉的有三万三千三百二十余匹。九月，给事中蒋金等奏：查盘建昌、松潘等粮仓，被私吞或者烂掉的有万余石。还审计了国家食盐专营的收入。因为管理食盐专卖的官员经常会私自出卖盐引而中饱私囊。刘瑾派遣御史乔岱等人前往浙江核查盐务，查出来的缺额，让历次巡盐御史及运司官赔偿，责任小的赔偿数百两银子，责任大的赔偿数千两，追责了数百人。

刘瑾把查盘当作一件大事来抓，不时举行，并用经济制裁的手段惩治官员。在查盘中被劾官员，开始多被逮下狱；后来改为追赔罚米。刘瑾还别出心裁地搞了一个"罚米输边"的制度，让那些侵吞边关钱粮的官员，自己把被罚的大米运到边关去。有些人直接就累死在路上了。

刘瑾变法的第二项重大举措，就是清丈军屯土地。

清丈土地这个事情，明朝有三次大规模的行动。第一次是朱元璋主持的，第三次是张居正主持的，而这二者中间，规模最大的一次就是刘瑾主持的。

刘瑾主持的清丈主要是针对军屯土地，较少涉及民田。这跟朱厚照比较重视军事而不太关心内政有关。这也从侧面说明了刘瑾变法并不全是刘瑾自己的想法，朱厚照才是真正的后台。

清丈土地的原因也很简单：有很多军官私自侵吞军屯土地，却不缴纳军屯子粒粮。军官把缴纳军粮的负担压到普通军户身上，或者就隐瞒这些土地的存在，谎报说这些土地上的军户已经逃亡了，土地被抛荒了。军户逃亡是真实的，但抛荒是假的。军户不能承担繁重的军粮缴纳，或者老是被军官拉过去从事无偿劳动，因为无法生存才被迫逃亡的。逃亡之后，这些土地并没有抛荒，而是被军官侵占了，雇人耕种，却以军户逃亡为理由逃避军粮缴纳的义务。

刘瑾掌权以后，就屡有清丈土地的记载：

[①] 参考《明实录·武宗实录》卷38。

正德二年（1507年）十月，命户部侍郎王佐等踏勘徐保投献的皇庄田四千三百余顷。结果查出来，徐保投献的土地并不是他自己的，很多都是普通老百姓的。这些土地被返还给原来的田主，正常收税。（《武宗实录》卷31）

正德二年（1507年）十二月，派御史赵斌清丈大同军屯土地，查出来不交军粮的五十九万多亩；又清理宣府，查出来被隐藏不交军粮的土地二十多万亩，照数登记造册。（《武宗实录》卷33）

同月，又派司礼监太监高金、户部员外郎冯颙去丈量泾王府的土地，查出来合法赐给泾王的土地只有两万多亩，其余各类土地十多万亩不符合赐田的规定，被政府收回。锦衣卫逮捕有关人员回京审问。（《武宗实录》卷33）

正德三年（1508年）二月，户科给事中段豸前往山东，清丈当地官员声称不能产粮食的盐碱地。查出来可以产粮食的土地十二万亩，按照下等田的标准交税；不产粮食但能种植一些经济作物的盐碱地六万多亩，可缴纳少量布钞以摊低本地区其他土地的税负。（《武宗实录》卷35）

正德三年（1508年）四月，派御史张彧清理陕西宁夏等卫屯地，新增四十四万亩。（《武宗实录》卷37）

正德三年（1508年）五月，派御史李璞清查甘川等十二卫清丈屯田，查出来隐瞒的上等田三十多万亩。（《武宗实录》卷38）

正德三年（1508年）六月，派巡按周熊查山东屯田，新查出来一百八十多万亩。（《武宗实录》卷39）

正德四年（1509年）二月，派户部主事李思仁清查徽王府的土地，查出来非法隐藏不纳税的土地有六十多万亩，一次性补交粮食两万多石。其中两千石给了徽王，剩下的收归国家财政。（《武宗实录》卷47）

从这些处置来看，刘瑾清丈土地是为了查革隐漏，增加税地，以保证"租税不失原额"。新开垦的土地没有交税的也要交税。这样就可以平摊原有土地承担的赋税。因为明朝实行的是定额税收制，土地基数大了以后，平摊到每亩土地上的税赋就会降低。实际上就是降低了无权无势的普通农民的税负，提高了有权有势的权贵之家的税负。

正德四年（1509年）七月以前，清丈屯田还是局部的现象。到八月，开始对屯田进行全面的丈量：派户部侍郎韩福赴辽东、兵部侍郎胡汝砺赴宣府、大理寺丞杨武赴大同、通政司左通政丛兰赴延绥、大理寺少卿周东赴宁夏、尚宝寺卿吴世忠赴蓟州、兵科给事中高涝赴沧州[①]，开始了一场较大规模的土地清丈运动。

从这场清丈运动的数据来看，军屯土地被侵占的比例超过百分之七十，不交军粮的军队土地数量比正常缴纳军粮土地数量的两倍还多。军事系统的腐败可见一斑。明孝宗时期跟蒙古打仗老是打不过的原因也就昭然若揭了。

除了审计财政收入和清丈土地以外，刘瑾还做了一些改革，比如，南方富庶省份的官吏不仅不能由本省人担任，就是邻省人也不行，帝国的官员开始南北大对调，任职漕运总督的官员也不能跟运河沿岸的省份发生任何联系。此外，调整各省的科举录取名额，增加陕西、河南、山西等地的录取人数，降低江南经济发达地区的录取人数。

还有两条在当时看来很奇怪的举措："令寡妇尽嫁，丧不葬者焚之。"但仔细分析起来，其实又一点也不奇怪。比如"令寡妇尽嫁"，实际上明朝并没有寡妇不能嫁人的法律或者政令，但是由于理学思想的兴起，搞所谓的"存天理，灭人欲"，把守寡当成女性的行为规范。大量寡妇被迫守寡，形成很严重的社会问题。

还有所谓的"丧而不葬"，也是当时有权有势的人搞出来的奇怪风俗。从宋朝开始兴起，人死了以后要"看风水"，挑一块儿风水宝地才能下葬。说好听点是尽孝道，其实还是出于自私自利的人性，希望把祖宗的风水搞好一点有利于自己升官发财。这个风俗先是权贵人家讲究，之后形成一个习惯：家里有老人死了，不能马上埋，而是停棺在家，到处找风水师去看地方，找风水宝地，如果风水有欠缺的还要改造山行河流，既花钱又花时间。结果就有很多人家，父亲、母亲死了，棺材在家放上几个月甚至好几年，尸骨烂在棺材里臭不可闻，也不下葬。到最后就是家里死了人，如果很快就下葬了，反而会被周边的亲戚朋友说这个人不孝。有钱人家等得起，穷人家也受到影响，不管能不能找到风水宝地，起码也得把棺

---

① 参考《明实录·武宗实录》卷48。

材放家里几个月再下葬。所以刘瑾命令"丧不葬者焚之",就是要废除这种愚昧落后的风俗。跟让寡妇嫁人一样,都是在保护弱势群体,改良社会风气。

刘瑾之所以这么做,跟他出身社会最底层有关。虽然机缘巧合身居高位,他却没有忘记自己的出身,在改革国家大政方针的同时,还顺带想要消灭道学家搞出来的奇怪风俗。这也让刘瑾变法比后来张璁、张居正的变法多了一份光彩:不仅是改革政治经济制度,还试图对社会风俗进行改良。尽管只有两条,而且几乎没有得到执行,但这里面闪耀的人性光辉却值得尊敬。

四、刘瑾惨死:官僚集团的报复

除了清丈田地和审计财政收支以外,刘瑾还加强了对官僚体系的管理。

正德二年(1507年)三月,刘瑾奏请皇帝下令:凡是在京官员休假超期及生病满一年,全部强制退休。

这又是试图纠正中国官僚体系下的一个老毛病。反正做官是铁饭碗,有些人混了个一官半职,领着国家的工资就长期请假不来上班,然后利用关系在外面做自己的生意。刘瑾这么一搞,就是断了这些人的饭碗。

然后刘瑾又改革官员考核制度,不再采取每三年考核一次京官、每六年考核一次地方官的方式,而是随时抽查,轮换着来。这样一来就增加了官员的考核压力。

这些措施都激怒了官僚集团。再加上清丈田地让他们补交多年隐瞒的税收,查盘钱粮搞得他们不好侵吞国家财政,权贵集团无比愤怒,团结起来要置刘瑾于死地。

首先是安化王叛乱。因为刘瑾对军屯土地的清查,激起边关军事将领的愤怒,大家怨气冲天,说刘瑾是个混蛋。安化王的王府在甘肃,靠近边镇,听闻这些消息,认为朱厚照和刘瑾的改革已经犯了众怒,趁机起兵篡位,打的旗号就是"清君侧",也就是清理掉皇帝身边的奸臣——刘瑾。

朝廷派出文官杨一清和太监张永前往平乱。朝廷大军还在路上,安化王叛乱就已经被附近的将领扑杀了。但是张永抓住这个机会，和文官合谋，把安化王的造反公告和文官写的告发刘瑾罪状的奏章进献给朱厚照，添油加醋地告了刘瑾一状。

刘瑾自己确实也有很严重的问题，主要就是贪污。虽然他大力打击贪污腐败，但似乎认为自己贪污一点没什么关系。他一方面替皇帝敛财，增加国家财政收入；另一方面也没少干贪污受贿的事情。这成为刘瑾变法的最大污点。贪污的数量，根据刑部档案，被抄家后抄出来数百万两。这个数量没有后来各种野史吹嘘得那么多，而且这些钱不全是受贿所得，也包括他们全家人经商的收入。虽然家人经商也会利用刘瑾的权势，比如可以在京城黄金地段开店、打击同行等，但有一部分可以算为合法收入。权贵之家经商在明朝是普遍现象，在当时并不被视为违法行为。而且我们对照后来严嵩的抄家数据，抄出来上报皇帝的钱比最后真正进入国库的多了几十倍，所以刑部档案记录的数百万两也可能是过分夸大的，存在官僚集团栽赃陷害的可能性。

朱厚照看了安化王的造反告示，又听了张永的密告说："刘瑾辜负了我。"于是下令把刘瑾逮捕审问。第二天又下令把刘瑾罚往南京闲住，降为六品奉御。这个处罚跟当年朱见深处罚汪直一样，相当于强制退休，是很轻的。

文官集团和张永等人决心置刘瑾于死地。《问刑条例》已经明确废除了贪污的死刑，而诸如专权、迫害官员、伪造圣旨等罪名，看起来皇帝并不认可。文官于是组织人连夜查封了刘瑾的家，往他家里塞进去很多武器、盔甲、伪造的玉玺，等等，制造刘瑾要谋反的假象，最严重的还是往刘瑾常带的一把扇子里面装了一把隐藏的匕首，说这是刘瑾随时带在身边准备刺杀皇帝的，然后请皇帝亲自前去查看。

朱厚照看到这些东西以后，果然勃然大怒，同意以谋反的罪名处置刘瑾。诸法司会审判处刘瑾凌迟处死，获得朱厚照的批准。

正德五年（1510年）八月，刘瑾被凌迟三日而死。

这一年，刘瑾刚好60岁。

刘瑾的惨死昭告世人：触动权贵利益的改革者很难有好下场。而且，改革者在对权贵集团的利益动刀的时候，一定要首先管好自己，管好家人，不要给利益集团以把柄，不然一旦遭到反扑，下场必然极为悲惨。

随后，刘瑾当政期间所有的改革政策立刻被全部废除，清丈活动停止，连已经清丈出来的田地也不算了。

这场斗争最大的失败者除了刘瑾和他的支持者以外，就是皇帝朱厚照了。他一时冲动听信了文官的诬告，同意残酷处死刘瑾，也就意味着他所想要推动的改革被终止了。大家都看得很清楚：只忠于皇帝而得罪官僚集团是不行的。皇帝可能一时宠信你，给你很大的权力，但官僚集团总会想办法反扑，把你置于死地，到最后算总账肯定得不偿失。

刘瑾一死，再也没有人愿意替皇帝去干得罪官僚集团的事情了。而朱厚照自己也因为刘瑾的贪污和谋反等罪行以及变法活动激起藩王叛乱这样严重的后果，不敢再授予其他人这样大的权力去推动改革、变法了。

这场疾风骤雨一般的变法，刚刚开始就结束了。

五、应州之战：对鞑靼的军事反击

体制方面的改革虽然终止，但朱厚照还是没有放弃振兴国家军事力量的努力。他再也没有刘瑾能帮忙镇住文官集团了，所以只能选择逃避。他在皇宫的旁边营造了一个豹房，花了大概24万两白银，跑到里面去处理政务。这样就可以避开宫中的各种繁文缛节，也可以不跟大臣见面。

朱厚照在豹房里面，每天仍然批阅大量的奏章。《明史》里面说他在里面纯粹就是玩乐，荒废朝政，但在《明实录》中可以看到朱厚照不少批阅奏章的记录。他把镇压农民起义有功的武将江彬视为心腹，在豹房里面跟江彬一起练习武艺，商量整顿军备的策略。江彬是一个非常勇敢的武将，头上中了一箭还坚持冲锋杀敌，在皇帝面前也无拘无束，想到什么就说什么。作为皇帝，朱厚照恐怕更喜欢这样的人，不喜欢成天引经据典对他进行说教的文官士大夫。

根据江彬的建议，朱厚照做了一个重大的军事调整，就是把京城的军队和边防部队进行对调。这样做是因为京城部队长期不习战阵，战斗力大幅度下降，在镇压刘六、刘七起义中表现很糟糕。这种轮换制度就是把内地的军队送到边关去锻炼，提高他们的战斗力。实际上，京城的军队都算是精锐，按照高标准来招募的，花大价钱养着废掉，肯定是不好的。

除了这个重大部署以外，朱厚照的其他措施都没有被官方史料记录下来。这并不奇怪，因为朱元璋为明朝制定了两套相互独立的管理系统——行政系统和军事系统，军事系统是实行"五军督护府—都指挥司—军事卫所"的指挥体系。这个体系的运转可以不经过文官行政系统，武将的报告和皇帝的命令也不会像文官的奏章一样公开刊发，属于军事机密，所以文官整理的历史里面找不到这些材料。

文官参与军事决策的方式主要就是跟皇帝讨论，还有就是出征的时候需要文官统兵。朱厚照进入豹房，拒绝跟文臣见面，当然也就更没有兴趣跟内阁讨论军事问题，也不再让文官统兵，那么这方面的信息文官就几乎一无所知。所以他们就发挥想象力，硬说朱厚照在豹房里面天天淫乐妇女，饲养各种珍禽走兽，等等，什么正事儿也不干。

要说好色、玩乐这些事，20岁出头的年轻皇帝应该是有的。但能不能就说皇帝除了这些事情以外就不干正事了呢？

有证据证明，朱厚照在豹房是干了很多正事的。第一是《武宗实录》里面显示，他每天都在不断批阅大臣的奏章，做出各种决定。第二是他在豹房期间，边镇的军事力量不断增强，明孝宗时期那种被动挨打的局面得到扭转。

在《孝宗实录》中，对蒙古骑兵作战取得斩首100级以上的战斗，只有王越偷袭贺兰山那一次。除此之外，斩首超过100的战斗都是镇压农民起义，在云南、两广的战斗，或者是在辽东对女真作战取得的——那个时候女真还比较弱。

但是到了朱厚照时期，特别是刘瑾变法之后，边关对蒙古作战斩首100级以上的战斗则开始频繁出现：

正德五年（1510年）四月，蒙古骑兵进犯甘肃庄浪，各路明军联合进击，取得胜利，斩首一百五十八级，取得自从王越贺兰山大捷之后对蒙古的最大胜利。(《武宗实录》卷62）

正德六年（1511年）十月，陕西山丹境守备都指挥张鹏在独峰山湖斩首六十五级，西北副总兵白琮在甘州黑柴沟斩首一百六十三级，并各获马驼牛驴及器械甚众。（《武宗实录》卷80）

正德六年（1511年）十一月，总兵官王勋在甘肃观音山斩首二百六十六级；都指挥张鹏、傅德在甘肃新河北山坡斩首一百八十六级；副总兵苏泰游击将军吴英等在凉州姚家寨斩首二百四十七级。（《武宗实录》卷81）

正德六年（1511年）十二月，副总兵苏泰等在甘肃大沙窝斩首一百零七级，副指挥同知吕桧在陆坝湖斩首七十三级。（《武宗实录》卷82）

正德七年（1512年）一月，都指挥董杰在肃州斩首一百零九级；总兵官王勋在甘肃赤斤番城斩首九十九级。（《武宗实录》卷83）

正德九年（1514年）六月，蒙古鞑靼部落小王子率兵进攻宣府。明军初战不利，后来使用前后夹击的战术迫使鞑靼退兵。这一场战争虽然明军没有占到便宜，但跟之前的胜利一样，可以明显看出来：明孝宗时期那种被动挨打、龟缩不出的局面已经大为改观。军队敢于出城和鞑靼骑兵硬碰硬地打野战了，而且给对方的杀伤有时还比较大。

此外，在《武宗实录》里面还有边将探听到鞑靼骑兵在某处驻扎、在晚上长途偷袭取胜的两次记录，更是英勇不凡。

如果说朱厚照就像文官描写的那样，天天淫乐游玩，不务正业，那边关军队的战斗力和战斗意志怎么可能会有这样巨大的变化呢？

正德十二年（1517年）八月，朱厚照得到消息，鞑靼骑兵可能有一次大规模的进犯。他偷偷换上便服，带上江彬等少数几个心腹，瞒着文官，溜出北京德胜门，直奔昌平。但是出乎他的意料，居庸关巡关御史张钦竟然拒绝开关，并写奏疏劝皇帝返回。朱厚照拿他一点办法都没有，在关外等了一晚上，只好于次日返回北京城。

回到北京之后，朱厚照立即就被大臣催促着上朝，还要处理他出去这几天积压的奏折，搞得他不胜其烦。半个月之后，朱厚照吸取了上一次的教训，打探到张钦出巡，不在居庸关，再次半夜偷偷跑出北京城，神不知鬼不觉地出了关。为了防止那些大臣又跑来把自己拉回去，朱厚照留下谷大用镇守居庸关，不准任何官员出关。

朱厚照最终如愿以偿来到边关重镇宣府。朱厚照和江彬两人经常穿着便装，和平民一样在宣府游玩。这里没有宫廷的拘束，没有文官的絮絮叨叨，朱厚照可以像普通人一样参加这里的各种娱乐活动和集市。他太喜欢这个地方了，称宣府为他的"家里"。

正德十二年（1517年）九月，也就是朱厚照刚到宣府的那个月，鞑靼5万骑兵开始在玉林卫周围集结，意图大规模进犯明朝边境，统帅是鞑靼小王子。朱厚照闻讯大喜，集结明军边境最有战斗力的军队准备与鞑靼骑兵进行一场大战。

朱厚照召集大同一带的守军做出军事部署，大致结果是：以大同为防守核心，命令总兵官王勋驻守。同时，在大同四周布下重兵，大同外围的聚落城由辽东参将萧滓驻守，大同东北的天成卫由宣府游击时春驻守，大同北边的阳和卫由副总兵陶羔驻守，镇房卫由副总兵朱銮驻守，威远卫由游击周政驻守。朱厚照集结了6万明军，严阵以待5万鞑靼骑兵的到来。

十月，朱厚照亲自率军来到顺圣川。这里在宣府和大同之间，与两地遥相呼应，便于指挥。但是十月十五，鞑靼骑兵并未进攻大同，而是分道南下。朱厚照考虑到镇房卫和威远卫的兵力薄弱，立即命令驻扎在大同周围的时春和萧滓带兵驰援。同时，要求大同参将麻循等人带兵尾随鞑靼骑兵，牵制其南下，并调集宣府各处的军队来到战场，准备迎战。

十月十八，在应州城西北的绣女村，明军王勋部和鞑靼骑兵遭遇，双方展开激战。

第二天，明军其他部队和王勋会合，在应州城北的五里寨再次和鞑靼军队激战到黄昏，鞑靼骑兵无法取得优势，只好暂时退却。王勋率军退入应州城休整，准备明日再战，明军朱銮部等也在当天晚上赶到会合。

十月二十，王勋带兵出城主动攻击鞑靼骑兵，双方在应州城附近的涧子村遭遇，展开激战。鞑靼方面人数略占优势，朱厚照立即派萧滓、时春、周政等人前往援助，但是鞑靼小王子派人对援兵进行阻截，使得两边的明军不能会合，情况十分危急。

在后方指挥的朱厚照得到消息，和江彬、张永等人亲自率军从阳和赶到战场支援。正在作战的明军见援兵赶到，而带兵来到阵前的居然是皇帝，都受到强烈鼓舞，士气大盛，无不拼死作战，将鞑靼人逼退。朱厚照命令明军就地扎营，等待明日的决战。

十月二十一，鞑靼人主动进攻明军，昨天已经上过战阵的朱厚照带着内心的激动，亲自率军冲向战场。6万明军士气高昂，奋勇杀敌，连朱厚照都在阵前亲斩一名敌人。双方战斗激烈，规模空前。

到了夜里，鞑靼人不得不撤退。第二天基本全部西去。朱厚照试图集结大军准备对鞑靼人再进行追击，但是不幸遇到天气问题，黑沙风暴对作战不利，只好就此作罢[①]。

应州战役是明朝中后期对鞑靼作战取得的最大一次胜利。它比明宪宗时期王越和汪直偷袭鞑靼王庭更重要，因为那一次是趁其不备的偷袭，威慑作用大于对敌军的杀伤。而这一次是两军主力的正面野战，并以明军胜利而告终。鞑靼军队退兵以后，十年间没有发起过较大规模的入侵，其原因是鞑靼内部发生了分裂。这并不是朱厚照的幸运，而是应州之战取得胜利的结果。

根据鞑靼方面的史料记载，小王子巴图孟克就是在这一年去世的。如果应州之战发生在他去世之前，那么这场战役距离年底也就两个月，巴图孟克之死就有可能是受应州之战失败的打击或者受伤造成的；如果巴图孟克在这之前就去世了，那么鞑靼部落的新汗就是他年轻的儿子。这个新的小王子刚刚继位就带大军南下，试图树立威望，想不到被朱厚照亲自带兵迎头痛击，无功而返，其威望必然受到很大打击。这必然对鞑靼部落的再次分裂起了很重要的作用。

从应州之战的过程来看，朱厚照表现出了很好的军事素养。

第一，情报工作很到位。他偷偷跑出居庸关之后一个月，鞑靼骑兵就发动了大规模的入侵。

第二，军队调度有方。刚开始策划以大同为中心守城待援，拖住鞑靼骑兵寻求决战。发现鞑靼骑兵进军方向有变之后，又及时调整策略，派遣先头部队火速拖住鞑靼军队主力，再逐步派遣援军，最后亲自带兵与之决战。

[①]《武宗实录》卷154。过程描述转引自《明武宗正德皇帝朱厚照》，慈询。

第三，各路明军战斗力相当强。以6万人击败5万鞑靼骑兵，进退有序，训练有素。

第四，勇于上阵厮杀，亲手斩杀鞑靼骑兵一名。

所有这些东西加起来，我们对朱厚照的形象就有了更丰富的认识。文官记录的历史里面所说的，朱厚照从小就光知道飞鹰走狗、宠信奸佞、不务正业，可能只是片面的记录。

按照文官的说法，朱厚照的父亲朱祐樘是明君，每天都很勤政，使用的人全都是贤臣，又没有太监乱政，什么都好。但不知道为什么，军队战斗力越来越糟糕，屡战屡败。而朱厚照是古今罕见的荒唐皇帝，特别是重用太监刘瑾，更是祸国殃民、颠倒乾坤，但明军却在皇帝长期不务正业和刘瑾不断贪污腐败、陷害忠臣的情况下，突然就变勇敢了，敢主动出城和鞑靼骑兵野战了，还能打得赢。朱厚照远离贤臣，每天都在宠信奸佞，但这些奸佞却跟朱厚照一起带兵上阵跟鞑靼骑兵作战。

这样的历史记录，可能也很片面。

历史是文官记录的，他们对内政事务有话语权，但是对外战争的结果是无法改变的。这就让我们多了一个寻找历史真相的视角。

根据能够看得到的史料，笔者认为以下的解释才更符合历史事实：

朱厚照是一个受儒家理学思想教育长大的皇帝，原本很尊重文官士大夫。但他也看到父亲执政时期国力衰落、屡屡被鞑靼部落欺凌的现实，下定决心加以改变。结果他一上台，就发现文官在千方百计地架空他的权力，阻止他想要改革现状的任何努力。最后他下定决心和父亲留下来的文官集团决裂，重用太监刘瑾大力进行整顿，严格吏治、清理财政、丈量军屯土地，等等。但是太监刘瑾贪污腐败严重，令他十分失望，被凌迟处死。朱厚照的改革期望落空了。

此后，朱厚照不再寻求全面改革，但他对文官集团还是没有任何好感，拒绝文官集团试图给他订立的任何规矩。于是，他抛弃文官集团，躲进豹房，任用江彬等行伍出身的武将，利用朱元璋设计的军事指挥系统来对军队进行改革。同时自己带着太监努力练习骑射，为亲自上阵作战做准备。

这种努力的成果，就是明军战斗力和战斗意志都得到提高，对鞑靼作战不断取得胜利，在应州之战中更是击败了鞑靼5万骑兵，并间接促成了鞑靼部落的分裂，使得朱厚照执政的后期，中国北方边境相对安宁。这不是朱厚照的运气好，而是他拼命努力工作取得的成果。

六、武宗南巡：朱厚照是一个荒唐的皇帝吗？

正德十三年（1518年）七月初九黎明，朱厚照又故伎重演，穿上便服，带着几十个随从，偷偷溜出居庸关。这一次，朱厚照带着1.7万人的军队，从宣府出发向西而行，开始巡视各个边镇。这次巡视持续了五个月，朱厚照走了1000多公里，全程骑马，从河北一直走到甘肃。顶风冒雪，历经艰险。有当地官员为他准备了舒适的车，朱厚照从来不乘坐，一直和士兵走在一起[①]。

皇帝亲自骑马巡视边关，这样的行动在中国历史上绝无仅有。但文官依然把这么吃苦耐劳、关心国防的皇帝描写成荒淫无耻、古今罕见的大昏君。对于朱厚照在宣府下了哪些军令、巡视到了哪些地方，等等，文官绝口不提，表示皇帝不准我们出居庸关，我们没法记录。而朱厚照在宣府抢了几个民女、什么时间在哪里抢的、姓甚名谁、有没有带着江彬一块去，等等，他们全都记得清清楚楚，好像当时就在身边亲眼看见一样。

朱厚照在外巡视期间，仍然在不停地批阅大臣不远千里送来的奏章，只不过数量比较少，专门挑选重要的批示，朝政事务则委托首辅杨廷和处理。这个杨廷和倒真是一个很干练的行政人才，在朱厚照离京期间，把行政事务处理得井井有条。《明史·杨廷和传》里面说："当廷和柄政，帝恒不视朝，恣游大同、宣府、延绥间，多失政。"而杨廷和"灾赈蠲贷犹如故事，百司多守法"，使国家机器正常运转。明末文人陈子龙指出："武皇穆骏西驰，而天下晏然者，以任相得人也。"[②]可见朱厚照用人得当，并没有因为自己跑到边关去亲自督查国防，就把内政荒废了。国防力量加强，鞑靼不敢再来侵扰，内政也没有出大乱子，这是一个

[①] 参见《明实录·武宗实录》。

[②]《皇明经世文编》卷之一百二十一，"书题奉录后"。

荒淫无耻的皇帝能干出来的事儿吗？

从宣府回来以后，朱厚照又想去巡视江南地区。这一次文官下定决心，坚决不让他南下。因为皇帝管军队还勉强说得过去，如果经济、社会问题也跳过文官系统由皇帝直接抓，那文官就完全不能接受了。

文官集团认为皇帝最好的做法就是把自己关在紫禁城里面，所有信息都要以文官系统提供的奏章为准，文官说国家是个什么样就是什么样。明朝的皇帝大部分都很听话，一辈子窝在皇宫里面哪里也不去。

实际上，明朝也是唯一一个皇帝从来不在京城以外给自己修建行宫、离宫、避暑山庄、皇家围场的朝代。朱元璋在《皇明祖训》里面明确告诫后世儿孙："凡诸王宫室，并不许有离宫、别殿及台榭游玩去处。虽是朝廷嗣君掌管天下事务者，其离宫、别殿、台榭游玩去处，更不许造。"后来的皇帝一直遵守了这条祖训。

到了朱厚照时，花24万两银子把皇宫旁边的豹房——也就是皇室饲养珍稀动物的地方，严格来说也属于皇宫的范围——改成办公居住的场所，有200个房间，占的土地也还是皇室的土地，就被文官骂。

最搞笑的是，清朝编写的明朝历史记载，明朝皇帝所用的太监、宫女有10多万人。而明朝紫禁城总占地面积也就75万平方米，房间面积15万平方米。如果真有10多万人，室内人均使用面积就只有一平方米。这么荒谬的数据，还在研究明史的各种书籍文献中被反复引用，作为明朝皇帝挥霍无度的重要证据[1]。

朱厚照要南巡的消息一传出来，文官就接连不断地上奏反对。在所有反对无

---

[1] 所谓宫廷里面有10万人的谣言，源头是康熙皇帝的一句话，他听皇宫里面以前的老太监说，明朝有10万宫人。因为是皇帝说的，就被当成权威资料记入正史。实际上，明朝宫廷全部人员加起来应该不超过1万人。邱仲麟所著的《〈宝日堂杂钞〉所载万历朝宫膳底帐考释》里面有过考证："从《宝日堂杂钞》所录膳单来看，其身份属皇家者，膳食均以'分'计；至于宦官、宫女人等，身份较高者以'位''分'计者，其余则以'桌'计者。统计宦官、宫女（含婆婆），以'位''分'计者，数字为618。至于以'桌'计者，则有361桌。以一桌8人计，数字为2888人。""其他，还有一些内廷杂差净身人等，未记其分数或桌数，暂估为5000人。合计宦官、宫女，加起来不满9000人。若加上其他外朝的官役，宫膳所供应的人员，合计10000多人。"邱仲麟对内廷杂差净身人的估计明显过高，所以实际应该是不超过1万，五六千人是比较靠谱的。

效之后，他们就集体跪在皇宫门口，要求皇帝保证绝不南下，否则就不起来。

对这种耍无赖的做法，朱厚照是真生气了，下令锦衣卫把这帮家伙抓起来打板子。有几个身体不好的挨打之后，回家几天就死掉了。这又成为朱厚照的一大罪状。

皇帝作为国家元首，对帝国兴衰、人民疾苦负最终责任，有权利也有义务去了解国家的真实情况。这种行动要花一些钱，耗费一些人力、物力，不能简单地斥之为劳民伤财。

朱厚照出巡边关并没有耗费巨资。他要去巡游江南，也没像隋炀帝那样修大运河、修离宫别殿，只不过带着卫队去视察一趟，为什么文官集团拼了命都要拦着呢？这里面有一些人是装糊涂，还有一些人是真糊涂，真的认为皇帝出游会危害国家、劳民伤财。但这样的认识是错误的——把皇帝关在皇宫里面，不让他接触真实的中国社会，由文官集团垄断皇帝的信息渠道，这样对国家、人民才是不利的，会导致官僚欺下瞒上，贪污腐败的情况得不到有力的监督。

明朝的文官没有宋朝的文官那么大的权力，但是他们在团结起来跟皇帝斗争方面，力度更大，态度更坚决。一个很重要的原因就是理学思想在明朝已经发展得很成熟了。有这么一个完善的意识形态作为思想支撑，就教育出一大批真不怕死的激进分子，为了维护"道统"非要跟皇帝死磕到底。而理学文官也需要利用这种激进分子，把他们捧为英雄，树为典型。谁要是上书把皇帝骂得狗血淋头，谁就是正直之士；谁要是激怒了皇帝，挨了廷杖，那就更是无上的光荣。这种人只要没被打死，很快就会被提拔重用；就算被免官回家，也是名震一方，不管经商、办学都有人来资助帮忙；万一真被打死了，也会有人照顾其父母、妻儿。

廷杖完了，大臣还是没完，继续抗议。朱厚照一看真没办法，只好宣布取消视察江南的计划。

不过朱厚照"运气很好"，没过多久江西的宁王就造反了。于是，朱厚照宣布以皇帝亲征的名义南下，这下大臣就找不出充足的理由来阻拦他了。虽然宁王叛乱很快就被南赣巡抚王守仁平定了，但朱厚照仍然继续南下，在南京待了六七个月才返回北京。关于他在南京这大半年做了些什么，历史资料上没有详细记载。这期间，葡萄牙人已经到了广州，他们派了一个懂中文的代表到南京来朝觐中国皇帝。朱厚照很高兴，不顾大臣的反对接见了他，又把这个使者留在身边问长问短，还带回北京，详细了解了西方国家的一些情况。

在返回北京的路上，朱厚照不小心在一次游玩中掉入湖中，虽然很快就救了起来，但是从此一病不起。看起来有可能是呛水引发的肺炎。回京之后不久，朱厚照就去世了。

朱厚照在位16年，这是明王朝历史上国防力量振兴和社会安定的16年。当然，正德年间确实爆发了一次较大规模的农民起义，就是正德四年（1509年）十月，"河北响马"刘六、刘七起义，起义队伍发展到数万人，波及河北、山东、湖北、江苏等数省，花了两年多的时间才平定。但刘六、刘七等人当"响马"打家劫舍是从明孝宗年间就开始的，当时河北就已经很乱了。当地负责给朝廷养马的农户，时常因为无法缴纳足够数量的马匹而破产逃亡，很多人选择去当强盗，小规模的暴动时有发生。

刘瑾当政以后铁腕镇压，派御史宁杲为"捕盗御史"到河北搜捕"响马"。宁杲"奏立什五连坐法，盗贼捕获无虚日"。这些"响马"头目以前就被官府逮捕过，但每次都通过行贿被放了出来。这次被逮捕以后，他们还想行贿逃脱，被刘瑾拒绝了（正史里面的说法是刘瑾的家人要价太高，刘六等人交不起）。这才激起大规模的起义。

在平叛初期，朱厚照发现京城的军队战斗力严重下降，老是打不过农民起义军。他亲自召见在战斗中表现英勇的一线将领江彬，了解了其中的内情，并接受江彬的建议，下令边军和京军对调，之后起义才被平定。

起义被镇压以后，朝廷随即下令减免京畿、山东、河南等地税粮，并宣布"流民归业者，官给廪食、庐舍、牛种，复五年"，又裁撤冗官，清查皇庄、官庄，退还给农民一部分土地。从此一直到嘉靖初年，明朝经历了一段政治清明、社会安定的好时光。朱厚照采用先铁腕镇压叛乱，再对暴乱地区轻徭薄赋的方式，化解了矛盾，恢复了社会秩序。这种做法是正确的、成功的。

不管从国防方面还是从内政方面看，朱厚照都跟昏君沾不上边。如果真要说他是昏君，那最昏的事情就是听信奸臣诬告，把忠心耿耿为他推动变法改革的太监刘瑾凌迟处死了。这让他的改革不能再深入，而只能做一些整顿军务这样的表面工作。

没有深刻的内政改革，军事力量的强大注定只能是短暂的、不可持续的。因此，朱厚照没能实现明王朝的再次中兴，只能在军事上暂时取得一些胜利，维持表面上安定的局面而已。

总的来说，朱厚照是一个不错的皇帝，一个非常努力为国家工作的皇帝。但跟他的祖父明宪宗比起来还是要差一大截。朱厚照最后的庙号也很合适——"武宗"，在军事上成绩比较突出，但与全面中兴的"宪宗"不在一个档次上。

第四章　嘉万革新

一、嘉靖皇帝：入继大统的藩王

朱厚照死了以后，文官干的第一件事就是把江彬抓起来判处死刑，还把那个葡萄牙使者也杀了。

第二件事就是确定皇位继承人。

朱厚照没有儿子，也没有亲兄弟。明孝宗就朱厚照一个儿子。继承人只能在宗室里面找。

明朝皇位继承严格遵循嫡长子继承制。所谓嫡子，也就是正妻（皇后）所生的儿子，嫡长子继承制就是在嫡子当中挑选最年长的继承皇位；如果没有嫡子，那就在其他嫔妃所生的儿子中选择年龄最长的继位。

对于皇帝死后无子这种情况，朱元璋制定的《皇明祖训》里面规定：

"凡朝廷无皇子，必兄终弟及，须立嫡母所生者。庶母所生虽长不得立。若奸臣弃嫡立庶，庶者必当守分勿动，遣信报嫡之当立者，务以嫡临君位，朝廷即斩奸臣……"

这个规定没有任何商量余地。它是帝国制度的基石：选择皇位继承人只能根据血统而不能根据才干。因为血统是很客观的东西，而才干的标准太主观了：你觉得老大有才，我觉得老二能干，谁也说不服谁，而皇位只有一个，就会导致两边拉起队伍以拳头论英雄，很容易引起内乱甚至内战。

皇位的嫡长子继承制度虽然问题很多，但在古代社会也有合理之处。这个制度是明朝200多年政局稳定的基石。当朱厚照死后没有儿子，也没有留下继位遗嘱的时候，这个制度就开始发挥稳定政治的作用了——大臣和太后只能按照血缘关系确定继承人，不能自己选。

根据嫡长子继承制度，首先要找朱厚照的儿子，然后找朱厚照同父同母所生的兄弟，然后找同父异母所生的兄弟。都没有的话，朱厚照的皇位就没法被继承了。

这种情况下，就只能往上追溯，去找他父亲明孝宗那一脉。明孝宗就朱厚照一个儿子，只能继续找明孝宗的弟弟。

明孝宗是明宪宗朱见深的第三子，前面老大、老二都夭折了，没有成年，也没有儿子。剩下兴献王朱祐杬是明宪宗的第四子，是明孝宗的弟弟中年龄最大的。朱祐杬此时也已经死了，但他有一个儿子，而且是王妃所生的嫡子，就是朱厚熜。因此，朱厚熜在法理上就是皇位的第一继承人，"伦序当立"，没有人能与之竞争。

这里有一个问题，就是朱祐杬已经死了，生前并没有当过皇帝。为什么皇位应该由他的儿子来继承，而不是由明孝宗更小的弟弟来继承呢？因为嫡长子继承制度就是这样规定的。朱元璋生前，太子朱标已死，他就把皇位传给朱标的儿子朱允炆，就是为了尊重嫡长子继承制度，为后世儿孙做好表率。有朱允炆的例子在，朱厚熜继位的合法性就更加无可置疑了。

理解这一点非常重要。内阁首辅杨廷和上奏张太后——也就是朱厚照的生母——请求迎立朱厚熜为新皇帝。太后立即批准。这个过程杨廷和与皇太后都是照章办事，不是他们看中了朱厚熜，觉得这小子聪明能干，适合当皇帝。他们没有选择的余地。所以后来朱厚熜与杨廷和发生冲突的时候，才能如此不给杨廷和面子。他很清楚自己并不欠杨廷和的人情，自己的皇位也不是杨廷和给他的。

朱厚照去世的当天，张太后联合内阁一起颁布了以朱厚照名义写的遗诏：

"朕疾弥留，储嗣未建。朕皇考亲弟兴献王长子厚熜，年已长成，贤明仁孝，伦序当立，已遵奉祖训兄终弟及之文，告于宗庙，请于慈寿皇太后，即日遣官迎取来京，嗣皇帝位。奉祀宗庙，君临天下。"

朱厚熜当时已经15岁了，父亲朱祐杬两年前去世，他还在守孝，突然接到通知，让他去继承皇帝位。朱厚熜于是带着少数亲信和中央派来的庞大迎驾团一起从湖北兴献王府出发，前往北京继位。

刚到北京城外，就发生了一个问题。杨廷和给朱厚熜安排的是皇太子继位的礼仪：从东安门进皇宫，然后入住皇太子居住的文华殿，接受大臣的劝进，再登基做皇帝。朱厚熜对此很不满，因为根据遗诏，他是来北京继皇帝位，不是来当皇太子的。虽然所谓的遗诏也是杨廷和在朱厚照死后拟定的，但法理上那是朱厚照说的话，杨廷和无权更改。杨廷和之所以这么做，也是在给新皇帝"立规矩"：你要当皇帝，就得听文官大臣的话。

朱厚熜拒绝从东安门进皇宫，于是停在北京城外不走了。官员赶紧通知杨廷和，杨廷和表示必须从东安门进，没商量。然后又通知朱厚熜，朱厚熜表示绝不从东安门进。两边就这样僵住了。

最后还是张太后出来打圆场，说天位不可久虚，还是按照遗诏来，以皇帝身份进宫。杨廷和只得同意改变程序，由魏国公徐鹏带着文武百官往朱厚熜在城外的驻地劝进。经过三次劝进以后，朱厚熜表示同意即位。于是以皇帝的身份从皇宫正门——大明门进入皇宫。

随后，杨廷和又进呈了他为皇帝写好的即位诏书，而且给朱厚熜阅读的时间很短，不断派人来催，赶紧定稿颁布。朱厚熜没有时间做更多的改动，但是把杨廷和给他定的年号"绍治"改成"嘉靖"。

这个改动有很深的含义。明孝宗朱祐樘的年号是"弘治"，杨廷和定的"绍治"，就是要让新皇帝效法明孝宗，把弘治年间的德政发扬光大，希望他能像明孝宗一样对文官言听计从。而"嘉靖"中的"嘉"是美好的意思，起修饰作用，真正有意义的是"靖"字，带有拨乱反正、平定乱局的意思。朱厚熜用这个字非常大胆，因为当年朱棣造反，以藩王身份杀进京城赶走建文帝自己当皇帝，这个行动被朱棣称为"靖难"。朱厚熜也是外地藩王进京当皇帝，用这个字，一方面表示自己对朱厚照时期的很多政策不满意，要改正；另一方面表示自己没打算学习明孝宗，而是要搞新的一套。

二、"指伯为爹"：继嗣与继统的争议

除了这两个程序上的冲突外，嘉靖皇帝对杨廷和仍然十分尊重，即位诏书里面提出的明武宗时期的各种弊病，全都同意加以纠正。对杨廷和的各种奏请，也一律批准。还给杨廷和加封了一大堆诸如太子太保这样的荣誉头衔。

由杨廷和起草的即位诏书，内容跟之前的皇帝即位诏书差不多，主要就是继续清退一大批超编的太监和锦衣卫，取消一些宫廷冗员，压缩宫廷开支，继续清理一大批皇族、勋贵、太监侵占的土地，等等。

这些政策总的来说是好的，老百姓确实能得到好处。不过是片面的，专门收拾不利于文官集团统治的异己势力。对帝国最大的问题——文官集团的贪污腐败、非法经商、侵占土地、结党营私，则避而不谈。

当时官员贪污腐败已经到了无法无天的地步。

内阁大学士梁储就是个典型，朱厚照出居庸关时，他亲自跑去追回来；朱厚照要封自己为威武大将军，他拒绝起草诏书；朱厚照南巡，他到皇宫门口跪着不让去；南下之后，他又跑到朱厚照在南京的驻地跪求皇帝回北京。于是，他被理学文官视为大贤臣。但梁储却纵容家人在老家胡作非为。他的儿子梁次摅为了夺取一个杨姓富翁的田产，把杨家200多口人全部杀死，制造了骇人听闻的灭门惨案。明朝官员为了抢夺老百姓的田产打死人，这是常有的事儿，但一次打死200多人实在是太夸张了，这个数据在《武宗实录》和《明史》中都可以找到证据。

案发以后，朱厚照看在梁储的面子上免除梁次摅的死刑，只发配边关。但没多久梁储就疏通关系又把儿子调回老家继续当官，官至广东都指挥佥事。此类事情在杨廷和拟定即位诏书的时候都没有写进去。

嘉靖初年皇帝与内阁的关系，跟正德初年朱厚照与内阁的关系非常类似，都

是皇帝非常尊重内阁，一切政令以内阁商定为准，但双方关系很快就彻底破裂。因为内阁想要给皇帝立规矩，而皇帝觉得这些规矩太荒谬无法接受，于是冲突爆发。

朱厚照不愿意杀掉"八虎"，嘉靖皇帝也不愿意遵守内阁的建议：认自己的伯父为父亲，而改称自己的父亲为叔叔。

嘉靖皇帝是兴献王朱祐杬的儿子，而朱祐杬只是藩王。按照礼法，皇帝的父亲即使不是皇帝，也需要追封为皇帝。朱元璋祖上三代都是贫农，但登基以后也全都封为皇帝，从未有人表示疑义。嘉靖皇帝登基不久，就让内阁商议一下，给自己死去的父亲确定皇帝尊号。这是合情合理的。

但内阁接到旨意之后，压根儿就没去研究该给朱祐杬封什么名号，而是告诉嘉靖皇帝：你的父亲不是皇帝，你继承的是孝宗皇帝的大统，所以应该入继孝宗一脉，这样你的皇位才名正言顺。为了维护皇位的合法性，你需要管孝宗皇帝叫皇考，而称生父兴献王朱祐杬为皇叔父。至于兴献王只有你一个儿子，那也没关系，我们会从同辈藩王里面再找一个儿子来过继给他，为他延续香火和王位。

明朝历史上著名的"大礼议"事件就此拉开了序幕。

嘉靖皇帝一看这份奏章就傻眼了，说父子天伦怎么可以这样随便改？下令内阁再议。

内阁讨论的结果当然是坚持原议，而且引用汉代定陶王和宋代濮王的故事来证明内阁的正确。汉成帝一直都没有儿子，于是他选择了共王的儿子定陶王立为皇太子，并将其作为儿子养在身边，一直到其继位成为汉哀帝。宋代的例子和这个基本差不多，宋仁宗也没有儿子，于是从濮王的儿子中找了个孩子养在宫中改名，作为自己的孩子以备继承皇位，这个孩子后来成为宋英宗。

这两个例子其实和嘉靖皇帝的情况并不相同。因为他们在皇帝生前都已经过继为养子，而明孝宗生前压根儿就没有见过嘉靖皇帝，更没有过继——因为明孝宗死的时候嘉靖皇帝还没有出生。嘉靖皇帝登基之前一直是兴献王世子的身份，还给他父亲守了两年孝，因此前后情况并不相同。

而且，这些文官还在宋英宗的问题上撒谎。宋英宗被大臣逼迫，刚开始屈服过一段时间，同意称自己父亲为皇伯父，没过多久又想办法改回来了，还是称生父濮王为皇考。杨廷和等人当然只讲前半段故事，把后半段故事省略了。

嘉靖皇帝看了之后破口大骂，要求驳回再议。

一切尽在那群政治老手的掌握之中。大臣装模作样等待了几天，表示他们确实经过反复研究，之后再一次把几乎相同的奏疏送到皇帝面前，附带一篇宋代理学大师程颐写的有关濮王事件的文章，让这位新皇帝好好学习一下儒家圣人是怎么看待此类问题的。他们还提出，可以对古代的做法作进一步的优化，等以后皇上您有了很多儿子，让第二个儿子再过继回去给朱祐杬当孙子，袭王爵，这样您从兴献王的儿子变成孝宗的儿子，而您的儿子又变回为兴献王的孙子，皇室血脉和兴献王血脉都得到继承，多么完美的计划啊。

嘉靖皇帝当然不会觉得完美，于是驳回再议。但是他的理论水平跟这群理学专家相比微不足道，无法从礼法上辩驳，只能以皇帝的权威跟他们对峙。大臣也不断再议，但每次议论的结果都坚持原来的看法。事情遂陷入僵局。

嘉靖皇帝被逼得团团转，心情十分沮丧。他是朱祐杬唯一的儿子，从小就被当心肝宝贝宠着。少年时期父亲带他拜访名师、学习诗书，父子之间的感情很深。让他管自己的父亲叫叔父，实在是无法忍受。

嘉靖皇帝试图采取求饶的办法，想让大臣改变意见。他几次派出太监去给各位大臣送礼，但都被拒收了。然后他又亲自邀请杨廷和到皇宫喝茶聊天，请教国家大事，好像学生对待老师一样，而且提出要给杨廷和加封文官的最高荣誉——太师。在此之前，明朝还没有大臣能在活着的时候得到这么高的封赏。杨廷和当然懂得怎么对付这一套：该喝茶喝茶，该聊天聊天，还要保持大臣的礼节。但管孝宗叫皇考这个事儿没商量，太师头衔也不要。

杨廷和等文官大臣之所以团结起来，坚持要让嘉靖皇帝管他伯父叫皇考，核心诉求是为明孝宗朱祐樘立后。

明孝宗在大臣中间已经成为一个传说、一个神话，一个千年难得一遇的贤君圣主。而他偏偏只有朱厚照一个儿子，朱厚照又没有儿子，孝宗一脉就算断绝了。这样一个完全按照儒家理想塑造出来的明君楷模，一个完全按照文官意志行动的好皇帝，怎么能够绝后呢？

部分文官无论如何不能接受如此残酷的现实。所以他们必须要为孝宗立后，让明孝宗的光辉形象完美无缺，让他的儿子、孙子能够永远当大明的皇帝，世世代代永远传唱孝宗皇帝的美德。以后的皇帝，都要向孝宗皇帝学习，与文官大臣打成一片，不宠太监，不理武将。将来嘉靖皇帝如果有什么地方违背了文官集团的意志，他们就可以拿孝宗为榜样来教育他，从而取得对抗皇权的政治资本。

"大礼议"事件的第二个目标，就是要"纯洁"干部队伍。通过号召大家干一件明显不靠谱的事，来考验文官对本集团的忠诚度。如果连管自己的叔叔叫爹这种事情都坚决赞成，那么就是理学思想的好学生，是忠诚的文官集团成员，可以提拔重用；如果竟然反对此事，那么说明他的理学修养和对文官集团的忠诚度还是有问题，需要及时加以清理。

这种事情，秦朝的太监赵高干过一回，就是历史上著名的"指鹿为马"的典故，是太监专权最有名的故事之一。

事实证明，不只太监如此，文官想要专权也会采取同样的手段。宋朝的大臣就干过一次，现在杨廷和还要再来一次。

跟赵高"指鹿为马"在朝堂上引起巨大争议不一样，经过理学思想的百年浸淫，这次杨廷和"指伯为爹"，文官集团异常团结，朝廷五品以上文官全部表示赞同，毫无异议。只有一个小人物最先站出来表达反对意见，这个人是兵部主事霍韬，官位只有正六品。

霍韬并不是投机分子，他没有先跑去向皇帝邀功，而是写信给礼部尚书毛澄，表达了自己的不同意见，希望礼部能真的召开一次会议讨论一下，他也要参加。因为之前大臣虽然每次上奏都说经过反复讨论，其实只是杨廷和等几个高官私下里议定，没有公开讨论过。

对于这种小官的意见，毛澄当然不会采纳，而是警告他不要多事。霍韬这才直接上奏皇帝，表达了他的看法。他主要的观点是：当皇帝是继统，当儿子是继嗣，继统和继嗣不是一个概念，两者可以说是完全不同的两件事情，没有礼法规定说继统一定要继嗣。

嘉靖皇帝看到这样一篇奏疏，高兴得快要跳起来，他拿着这个奏疏给大臣看，满怀期望地盼着大臣能回心转意。结果大臣不屑一顾。霍韬很快就被言官的弹劾奏章湮没了，被骂得无法忍受，只能告病还乡。

第二个站出来支持皇帝的是观政进士张璁。观政进士比霍韬的兵部主事位置还要低，就没有品级，是刚考中进士派到各个部实习的士人，实习完了再根据表现授予官职。张璁考中进士时已经47岁了，还是个实习生，跟杨廷和这种19岁就中进士的人才没法比。但他将成为比杨廷和更加了不起的政治家和改革家。

张璁也不是想巴结皇帝，当时巴结皇帝太危险。刘瑾和江彬都是前车之鉴，皇帝能保得了你一时，保不了你一世。文官集团会永远盯着你，决定你的升迁荣辱。

嘉靖皇帝以藩王入继大统，在北京没有一点儿根基。而张太后和杨廷和是一条心的——为孝宗立后也完全符合张太后的利益，如果嘉靖管孝宗叫爹，那就得管张太后叫妈。从帝国体制来看，太后与宰相联合起来架空皇帝，是完全可行的，也有先例。宋朝的王安石变法时，神宗皇帝支持王安石，保守派大臣跟太后联合，赶走王安石，架空神宗，成功终结了这次变法。还有武则天的例子，甚至直接废掉皇帝李显。嘉靖当时的处境比唐中宗和宋神宗还要糟糕，他是外地藩王入继大统，而李显和宋神宗都是前任皇帝的亲儿子，皇位合法性比他强得多。在这种形势下，冒着得罪张太后和杨廷和的风险去巴结皇帝，得不偿失。

张璁一开始只是对这个问题有自己的看法。他跟礼部侍郎王瓒是同乡，私底下聊天的时候就跟王瓒说：你们礼部搞的这个事情有问题吧？皇上是入继大统，又没有过继为孝宗的儿子，怎么能和汉哀帝、宋英宗相提并论呢？

王瓒是礼仪问题专家，经过张璁这么一提醒，仔细一想觉得确实有些地方不对头。他就找到杨廷和，说了一些自己的想法。杨廷和没说王瓒说得对，也没说不对，而是安安静静地听完，客客气气地把他送走。然后一转身就找了个名义把王瓒贬到南京去了。

这一下张璁就震惊了。他原本认为这真的就是一个礼仪问题，大家看法不同而已。想不到堂堂内阁首辅这样的人物，竟然会采取如此卑鄙的手段来压制不同意见。这就不再是意见之争，而是赤裸裸的权谋了。而且王瓒是因为他才被贬官的，这也让张璁非常愤怒和愧疚。他毅然上书嘉靖皇帝，阐明了自己对"大礼议"事件的看法：

第一，皇上对亲生父母的尊崇是大孝的表现。《礼记》里面说礼"非从天降也，非从地出也，人情而已矣"。所以人情才是礼的根本，脱离于人情来讲礼是非常荒谬的。

第二，把这个事儿与汉代定陶王、宋代濮王类比是完全不合理的。当年汉成帝、宋仁宗都是先预立太子，养在宫中，实质上已经是皇帝的继子，所以哀帝、英宗认继父为父亲顺理成章。但现在的情况和定陶王、濮王毫不相干。

第三，武宗皇帝的遗诏明明白白说的是"朕皇考亲弟兴献王长子厚熜"，并没有说朱厚熜是明孝宗的儿子。

第四，嘉靖皇帝的母亲现在还在世，如果称呼其为皇叔母，那么在见面的时候，应该以何种礼仪相见？皇太后和皇帝的见面自有其母子之礼。但是皇帝和皇叔母相见就要行君臣间的礼仪。儿子高高在上为君，而母亲却要在下面跪拜为臣，这是对孝道极大的违背。

第五，大臣要皇帝听理学大师程颐的话，但程颐也说，按照礼制的规定，长子不能去当别人的继子。如果继承祖父的那一宗断绝了，而这位长子又没有兄弟，那他应该直接去继承祖父而不需要去继承断绝的那一宗。嘉靖皇帝是兴献王长子，而且是唯一的儿子，怎么能给别人当儿子呢？按照这句的道理，嘉靖皇帝该继承的是宪宗皇帝之统而不是孝宗皇帝。

第六，继统和继嗣有着本质的区别，没有规定说继统的同时一定要继嗣。大家都说明孝宗非常贤德，一定要给他立后，但如果兴献王朱祐杬没有死，那么他以弟弟的身份继承明孝宗的皇位，这样明孝宗还是没有儿子。难道能让朱祐杬来给明孝宗当儿子吗？那就更荒谬了。当年汉文帝、汉宣帝继位，都不是前一任皇帝的儿子，他们也没有继嗣，也没人说他们的皇位合法性有问题。

综上所述，张璁认为称明孝宗为父亲、称兴献王为叔叔的理由完全不成立。

张璁的奏章跟霍韬那一篇相比，论理清楚，无懈可击，从礼法思想上彻底驳倒了嘉靖皇帝需要认明孝宗为父亲的谬论。嘉靖皇帝看完这篇奏章，仰天长叹，激动得流下了眼泪，说："吾父子获全矣！"

继文官在杀"八虎"事件上逼哭朱厚照以后，他们再一次成功地逼哭了嘉靖皇帝，这也就意味着皇帝与大臣的决裂已不可避免。这不但是权力冲突，而是真的感情破裂了。

三、君臣决裂：内阁驳封与皇帝辞职

张璁的奏章公开以后，在文官中间引发很大的震动。震动的原因倒不是因为有个观政进士支持皇帝，而是因为张璁这篇文章所讲的道理无法反驳，满朝大臣竟然没有一个人能写出一篇像样的文章来把它驳倒。

在这种情况下，即使是完全被理学思想洗脑的文官也无法再保持团结，有些人当然要继续装糊涂。但有些人看了张璁的奏章之后就不糊涂了，转而支持张璁，或者至少保持中立，保持沉默。

有了张璁的理论支持，嘉靖皇帝迈出非常大胆的一步：召集内阁大臣，拿出自己亲笔写的手敕，交给杨廷和，说自己刚刚决定，加封自己的父亲为兴献皇帝，母亲为兴献皇后，要求内阁按照这个拟一道圣旨。

明朝皇帝的指示必须先经过内阁草拟之后才能成为合法的诏令，这是明朝内阁权力大的重要原因。

杨廷和把皇帝的敕书读了一遍，面无表情地把它退还给嘉靖皇帝，以表示内阁拒绝接受这样的诏书。

嘉靖皇帝极度震惊。封驳权六科有，内阁理论上也有，但几乎没有使用过。因为六科是言官，主要职责就是挑政策的毛病，内阁是和皇帝一起制定政策而不是搞监督唱反调的。内阁驳封，那就是文官和皇帝直接对抗，而且是非理性的对抗，双方已经拒绝沟通了。杨廷和显然是铁了心要给皇帝立规矩。

随后，言官又一拥而上，开始弹劾张璁。嘉靖皇帝当然知道这都是内阁指示的，所有弹劾奏章一概留置不发。

正在激烈斗争的时刻，嘉靖皇帝的母亲兴献王妃也来火上浇油了。嘉靖即位之后不久，就下令去湖北迎接母亲来北京居住。经过几个月的跋涉，王妃走到北京城的郊外。和嘉靖皇帝当初进门的时候一样，礼仪又成了大家争执的焦点。嘉靖皇帝开始表现出强硬的姿态，再三否决了礼部的提议，提出要以太后的仪仗入宫，并祭拜太庙。杨廷和等人坚决反对。双方再次陷入僵局。

城外的王妃听说嘉靖皇帝要称呼明孝宗为皇考时，不禁大怒，对身边迎接的官员高呼："我的儿子！为什么要变成别人的儿子？"她也和自己的儿子一样，以拒绝入城的方式表示抗议。

听说母亲在外停留很久也不能入城，嘉靖皇帝再一次痛哭流涕。这个时候，他身上那种倔强的性格发挥了作用，他决定作最后一搏，带着满脸的泪水奔向慈宁宫。他一边哭泣，一边启禀张太后：为了不让母亲受苦，不让自己无法认亲生父亲，他要求退位，带母亲回到湖北继续做亲王。任凭张太后如何劝慰，嘉靖皇帝的态度都异常坚决。

张太后和杨廷和最后还是妥协了，因为皇帝退位这个事情实在是震动太大了，他们还下不了这样的决心。这将引发明朝历史上最严重的"法统"危机，谁也不知道最后会如何收场。讨价还价的结果是：兴献王和王妃可以改称兴献帝与兴献后，但是只能称帝和后，不能加皇字。

至于要不要管明孝宗叫皇考的问题，则仍然悬而未决。嘉靖皇帝也没有再争，毕竟退位这个事儿也是非常悬乎的，他其实也承受不起。

这次微小的胜利并未让内阁退缩。此后杨廷和又两次采取内阁驳封的方法来拒绝皇帝的命令。阁权和皇权之间高度紧张。

张璁的实习期结束了，要安排实际岗位。杨廷和当然毫不犹豫地把他安排去了南京，临走之前还派中书舍人张天保警告他说："你本来可以不去南京的，现在只能委屈你了，以后不要再在礼仪问题上搞鬼了。"给事中熊浃上书，说兴献后应该尊称太后。杨廷和把他贬为河南按察司佥事。

而那些力挺杨廷和的官员则得到重用。巡视云南的都御史何孟春上疏说兴献王不宜称考，杨廷和就调他任户部侍郎；都御史林俊上疏说，嘉靖皇帝如果坚持己见，就会"取讥当时，贻笑后世"，杨廷和把他提拔为工部尚书[1]。

嘉靖二年（1523年），宫内发生火灾。文官上奏，称这是老天爷对皇帝违反礼法、不称自己的伯父为父亲的惩罚。嘉靖皇帝这个人最大的弱点就是迷信，后

---

[1] 胡凡：《嘉靖传》，人民出版社2004年版，第74页。

来还热衷修道。嘉靖皇帝母亲也是一样。他们暂时接受了文官的看法，决定妥协：嘉靖皇帝管明孝宗称皇考，管朱祐杬称本生皇考。两个都称考，相当于同时认两个父亲，明孝宗是继父，朱祐杬是生父。杨廷和对这样的胜利感到满意。

但这些胜利都只是表面上的，时间在嘉靖皇帝这一边。

朱元璋安排的文武分立的体制仍然在发挥作用。杨廷和之所以不敢冒险让皇帝退位，最重要的就是兵权并不在文官手中。只要在这个问题上他退缩了，让嘉靖皇帝坐在皇帝的位置上，又不能剥夺皇帝的兵权，他就没有胜利的希望。等皇帝学会了如何熟练地掌控锦衣卫和军队，文官集团就无法再抗拒他的意志。

同时，文官内部也出现了分裂，一些言官开始弹劾杨廷和的各种不法行为，特别是兵部给事中史道弹劾他收受宁王的贿赂，为宁王谋反之事提供庇护。

这个事情，霍韬在私人笔记中也提到过，说宁王在造反之前到北京到处行贿，并记录了受贿名单。从名单中看，满朝大臣只有内阁大学士梁储和兵部尚书王琼没有受贿。而王琼在宁王叛乱中的表现可以证明他应该真的没有受贿。因为当京师风传宁王要造反的时候，他慧眼独具地把王守仁派到江西去当巡抚。宁王叛乱，京师一片慌乱，王琼却说："我安排王守仁去江西就是为了今天。有王守仁在，宁王用不了多久就会覆灭。"结果真的不到两个月，王守仁就在朝廷不发兵、没给钱的情况下，愣是把声势浩大的宁王叛乱扑灭了。

嘉靖皇帝继位之后，在杨廷和独揽大权的这段时间，言官不断弹劾王琼，导致王琼下狱。而王琼在狱中弹劾杨廷和，揭露了很多杨廷和的不法情状。行贿名单王守仁是看过的，他可能向王琼泄露过。霍韬当过兵部主事，也有可能了解内情。把霍韬的笔记与王琼的弹劾结合起来看，杨廷和与宁王应该多少是有些瓜葛的。

还有，杨廷和当首辅期间提拔了很多同乡。他的弟弟杨廷仪也被提拔为兵部侍郎，他的儿子参加科举又中了状元。这些都有利用特权照顾私人、扶植党羽的嫌疑，也遭到言官的弹劾。

随着文官集团的分裂，自己的一些不法行为又被披露出来，原本希望通过"大礼议"来架空皇帝、实现内阁专权的杨廷和害怕了，上书请求退休。嘉靖皇帝多次挽留，因为他确实需要一个干练的老臣来帮他管理政府。到了嘉靖三年

（1524年），杨廷和确信他已经无力再与皇帝对抗了，再三请求辞职。嘉靖皇帝感到自己地位稳固，也需要把"大礼议"的争论再往前推进一步，也就顺水推舟接受了杨廷和辞职。

杨廷和刚一退休，嘉靖皇帝就宣布：召回被贬到南京的张璁。随后，嘉靖皇帝又在张璁的支持下正式宣布：从今往后，他不再称明孝宗为皇考，而改称皇伯父。

保守派的理学大臣听了这个决定之后极度震惊。虽然杨廷和不在了，但他们仍然决心要跟皇帝斗争到底。他们在杨廷和那个考了状元的儿子杨慎的带领下，来到皇宫门口集体下跪，表示皇帝不收回成命就不起来。

跪了半天，嘉靖皇帝不予理睬，只是派人来劝大家回去。后来生气了，又派锦衣卫抓了几个低级官员以示警告。但这些官员决定对抗到底，一些人冲到皇宫大门前用手拍着门梁号啕大哭，诸大臣也跟着一起放声大哭。

经过这么一闹，嘉靖皇帝彻底被激怒了。他下令锦衣卫把这些人全部投入诏狱，四品以上的大臣罚俸一个月，四品以下的全部廷杖，又打死了十几个。至于杨慎则被廷杖了两次。但他命大没死，又被贬往云南充军。在文官集团的庇护下，他只是受到名义上的惩罚，其实一直在南方各省游历，不时回云南就行了。所过之处，杨慎往往被地方官员视若英雄，管吃、管喝、管路费。他还在长江边上写下了著名的诗句"滚滚长江东逝水，浪花淘尽英雄"。

嘉靖皇帝每次问起杨慎的情况，文官一律汇报说他在充军地生活得苦不堪言，被病痛折磨，估计很快就会死了。嘉靖皇帝就很高兴。但其实杨慎身体一直非常健康，最后活到71岁，比嘉靖皇帝还长命。

不管怎么说，经过这一次廷杖，文官挨打的挨打，充军的充军，贬官的贬官，他们终于老实了。

到目前为止，明朝历史上已经出现了三次文官集体到皇宫门前跪着请愿的事件：第一次是明宪宗时期，周太后不准钱太后跟明英宗朱祁镇葬在一起。这次请愿获得胜利，明宪宗同意了大臣的请求，一起去找周太后求情，允许钱太后与明英宗合葬。第二次是为了阻止朱厚照南巡。朱厚照动用了廷杖，但最后还是屈服了，下令收回南巡的旨意。

这两次事情说明皇帝还是讲道理的，真有道理的请愿很快就被接受，阻止南巡这种没什么道理但还不算很过分的要求，皇帝最后也会让步。因为有了前两次胜利的经验，所以文官这次才搞得这么过分，死活非要让皇帝管自己生平从未见过面的伯父叫爹。文官不仅要下跪，还集体哭丧，终于遇到铁腕皇帝，遭遇失败。

"大礼议"事件以皇帝的胜利而结束。它暴露了明朝士大夫阶层的极端腐朽和思想僵化。同时，它也给年轻的嘉靖皇帝留下了永远的心理阴影。他永远也不会忘记，自己为了称呼亲生父亲为父亲，不止一次被逼得痛哭流涕，还跑到张太后面前去下跪哀求。但不管他怎么跟大臣讲道理，怎么放下皇帝身段去请求大臣，都只能得到冷酷无情的回绝。

这让他明白了权力世界的冰冷现实，形成一种倔强、多疑而又冷酷无情的性格。嘉靖皇帝也因此成为明朝皇帝中除了朱元璋和朱棣之外，御下手段最为严酷的皇帝。

四、张璁变法：改革文官体制

"大礼议"事件最大的好处就是清除了朝廷里面的一大批理学极端分子。张璁、霍韬等一批官员位居官僚系统的中下层，思想还没有僵化，而且敢于不顾个人安危挺身而出，他们得以掌握权力。张璁很快被嘉靖皇帝提拔为内阁首辅，在嘉靖皇帝的支持下对帝国政治、经济等多个方面展开了系统的改革。

田澍在《嘉靖革新研究》一书以及他的多篇论文中，对张璁的改革措施作了比较深入的研究。

首先，改革科举制度。

经过100多年的发展，明朝的科举制度也跟宋朝一样逐渐被腐蚀，成为文官集团内部拉帮结派的工具。录取考生的主考官可以成为这些新进士的"座师"，以师生关系为名结为私党，座师提拔学生，学生孝敬座师。霍韬担任主考官后就废除了这个制度，对新科进士说："我不是你们的座师，你们也不是我的学生。我没教过你们一天书。以后请诸位各自为国家尽力。"

为了消除科举考试中的作弊现象，从嘉靖七年（1528年）开始，各省的科举考试改由中央组织，不再由地方自主管理。而且明确规定，录取的文章要求文风朴实，说理明白，明确反对写作空谈大道理、辞藻华丽的文章。张璁从改革第一年录取进士的文章中挑选了一批范文结集出版，颁行天下，以端正文体。

在这个文集的序言中，张璁引用了他给嘉靖皇帝上奏的内容，指出好文章的标准之一是："于圣贤经义亦多发明，与古义无甚相远。"鼓励考生对儒家经典的说法阐述自己的思考，有所创新和发挥——当然也不能故作惊人之语，离经叛道。这里提到的"古义"，就是孔子、孟子的原文含义，也就间接打破了把朱熹理学思想作为科举评分标准的老规矩。

这个改革的影响非常深远。嘉靖年间的科举考试录用了一大批富有改革精神、勇于突破常规的人物，其中就包括后来隆庆变法的主持者高拱，万历变法的主持人张居正，抗倭英雄胡宗宪、谭纶、唐顺之，著名清官海瑞，等等。明朝开始进入一个长达数十年的"名臣时代"，这些人个性鲜明，敢作敢为，不像之前的100年那样，所有的"贤臣"基本都是一个模子刻出来的。这为明朝在嘉靖、万历年间的经济大繁荣打下了坚实的干部基础。

其次，张璁等人又强调"三途并用"和"内官外放"。也就是强调用官不能只用进士，举人和贡生也要大力提拔使用。因为考试只是选拔人才的一种方法，虽然很重要，但是不能僵化。到了明朝中期，如果只能在乡试中举但不能在朝廷的会试中成为进士，那是不可能在朝廷工作的。在地方上，最多也就混到五品通判就到头了，不可能当上知府。四品以上的文官职位完全被进士垄断。因为进士是中央级的科举考试考出来的，有座师罩着，座师会把他当成自己的政治势力提拔。

强调"三途并用"，实际上仍然是以进士为主，因为整体来说进士的素质肯定还是最高的。这个改革主要是加强竞争，防止文官集团的僵化。

而内官外放，就是把京城的官员大量调到地方上去做官锻炼。特别规定言官如果没有地方的工作经历，就不能直接改任中央政府的行政职位。这样做的目的是避免某些人靠言论博出位，或者依附大臣成为党争的工具。京官外派以后空出位置，就给了地方上的官员进京做官的机会，让大量拥有基层工作经验的官员进来充实干部队伍。

张璁的这个改革，有一个很直接的影响，就是举人出身的海瑞终于熬出头了。由于中央扩大了举人当官的名额，40岁的举人海瑞终于等到做官的机会，被安排到县里面当教谕。他在这个位置上努力工作，很快就被提拔为知县。后来又进入户部，最后竟然成为正二品的应天巡抚，在江南地区大力整顿官僚集团兼并土地，并探索"一条鞭法"的改革，名动天下。以举人出身而进入中央政府，又官至二品，除了朱元璋和朱棣时期有人可以做到之外，100多年来仅此一例。这固然有海瑞自己才能出众之故，也与各种机缘巧合有关，但跟张璁所推行的"三途并用"的措施也密切相关。

最后，张璁还改革文官监察系统，开创了"科道官员互相弹劾"的先河。也就是六科给事中和御史之间也有互相监督、互相检举揭发的义务。而且规定"风闻言事"只有低级别的六科给事中才行，而御史弹劾官员则必须有证据，不准"风闻言事"。还出台了《纲宪七条》，要求御史到地方巡查，地方官员不准超标接待，等等。

除了文官集团内部整顿之外，张璁当然也对于皇亲国戚、武将勋贵的特权严格加以抑制。最主要的功绩就是大量清退包括文官在内的各种权贵势力违法侵占的土地：

那时土地兼并最为激烈、数量最大的是皇宫、王府、勋戚、文官所占有的庄田。藩王、勋戚、宦官、官僚等向皇帝乞请和强占民田，到明孝宗弘治二年（1489年）共计庄田332处，占地3.3万余顷。霍韬在奏章中说，其严重程度已到了天下额田减半的地步："自洪武迄弘治百四十年，天下额田已减强半，而湖广、河南、广东失额尤多。非拨给于王府，则欺隐于猾民。"

张璁坚决清理庄田，行动由北京周边地区扩大到各省。至嘉靖九年（1530年），查勘京畿勋戚庄田528处，计57400余顷，其中2.6万余顷分别还给业主等。撤回管庄军校，严定禁革事例，不许再侵占或投献民田，违者问罪充军，勋戚大臣亦参究定罪。

这样的改革在一定程度上缓和了土地兼并造成的冲突和百年积弊，使社会秩序趋向稳定，为明王朝统治的延续起到重要作用[①]。

总之，张璁和嘉靖皇帝一起推动的改革，是对文官集团的一次深刻变革，成为明朝"嘉万大繁荣"的政治基础。

张璁推动的这一系列改革严重得罪了权贵贪腐集团，他们每天都恨不得置张璁于死地。再加上张璁在"大礼议"问题上本来就跟理学士大夫决裂，所以他的每一点毛病都会被文官抓住。

嘉靖十一年（1532年）冬天，哈雷彗星出现在天空。古代一般将彗星出现看作不祥之兆，皇帝下诏请大家上书指出国家政策的问题。南京御史冯恩就趁机上疏，请斩张璁、汪鋐和方献夫三人——这三人都是在"大礼议"中支持皇帝而得到重用的改革派大臣。

冯恩说，天上出现彗星，是因为朝廷里面有妖孽，这三人就是彗星在朝廷里面的三个代表：张璁是"根本之彗"，方献夫是"门庭之彗"，汪鋐是"腹心之彗"。"三彗不去，百官不和，庶政不平。"只有把他们都杀掉之后，灾难才不会降临到国家头上。

嘉靖皇帝大怒，下令把冯恩抓起来审问。这个冯恩一审就服软，把朋友出卖了，说这些都是自己私底下跟御史宋邦辅聊天的时候听说的，害得宋邦辅也跟着被抓了起来。

就这么一个人，竟然被文官集团安上了"四铁御史"的称号，说他肝胆、骨头、膝盖、嘴巴都是用铁做的，坚贞不屈，勇于弹劾大奸臣。冯恩虽然被贬，但后来嘉靖皇帝一死，文官集团马上就把他提拔为大理寺的副长官。

被冯恩弹劾的三大奸臣，张璁和方献夫都是"大礼议"之时支持嘉靖皇帝的官员。方献夫的情况和张璁差不多。而这个汪鋐当时担任督察院长官，负责执行张璁对御史制度的改革，是张璁的坚决支持者，所以也被御史视为大奸臣。

关于这个汪鋐还可以多说两句。他是中国历史上第一位抵抗西方殖民者入侵的民族英雄。

正德十年（1515年），汪鋐被派到东南沿海去巡查海疆。四年前，葡萄牙人

[①] 田澍：《嘉靖革新研究》，社会科学出版社2002年版。

刚刚占领了马六甲，然后就派遣四艘军舰前往中国，占据广东的屯门岛，作为基地"劫夺财货，掠买子女"，干着海盗的勾当，同时大力营建屯门岛，作为进一步进攻中国的基地。

正德十六年（1521年），汪鋐收到朝廷的命令，要求把葡萄牙人驱逐出屯门岛。汪鋐带领海军前往，但是跟葡萄牙人刚一交战，就发现对方火炮的威力远远强于明军，舰船也比明军的军舰更坚固、更灵活。明军首战不利，汪鋐立即下令撤退。

退兵以后，汪鋐就派人混入屯门岛，策反了给葡萄牙人工作的两个中国人。汪鋐托他们暗中学习葡萄牙的火炮和造船技术，搞清楚以后立即组织兵工厂生产。只过了两个月，竟然把葡萄牙的火炮和小型战船仿制出来了，而且做了一些改进。随后汪鋐再次带兵攻击屯门，用仿制的葡萄牙火炮向葡军猛烈开火，结果仿制的大炮比原版火力更猛，很快就全歼了屯门岛上的葡军，夺回屯门。

一年之后，葡萄牙从马六甲再次派遣五艘战舰前往广东，要想夺回屯门。汪鋐带海军主动出击，在西草湾与葡萄牙军队遭遇。这是历史上中国海军第一次与西方殖民者海军在大海上交锋，最后明军击沉葡萄牙军舰一艘，俘获一艘，剩下三艘逃走，生擒舰队司令别都卢[①]。

从冯恩弹劾事件中，我们可以看出，被文官切齿痛恨、很想置之死地而后快的官员都是些什么人。主要就是两种，一种就是致力内政改革、打击权贵的人，一种就是在对外战争中英勇作战、立下赫赫军功的人。

当然，汪鋐被弹劾主要是因为他支持张璁，不是因为他打败了葡萄牙海军。但他的事迹可以帮助我们作出判断：支持张璁的人和反对张璁的人，到底谁才是真的正直无私、为国为民。

---

① 《明世宗实录》卷24，原文：佛朗机国人别都卢寇广东，守臣擒之。初都卢恃其巨锐利兵，劫掠满剌加诸国，横行海外。至率其属疏世利等千余人驾舟五艘破巴西国，遂寇新会县。西草湾备倭指挥柯荣、百户王应恩率思师截海御之，转战至稍州。向化人潘丁苟先登众兵齐进，生擒别都卢、疏世利等四十二人，斩首三十五级，俘被掠男妇十人，获其二舟。余贼米儿丁甫思多减儿等复率三舟接战，火焚先所获舟。百户王应思死之，余贼亦遁。巡抚都御史张岭、巡按御史涂敬以闻都察院覆奏，上命就彼诛戮枭示。

不过，权贵集团的攻击最终还是没能整倒张璁。首先，张璁有嘉靖皇帝的坚定支持。但有一点更重要，就是张璁确实没什么把柄可以抓。张璁为官极为清廉，一再告诫家乡族人不要因他在朝做高官便倚势凌人，或干不法之事。他居朝十载，"不进一内臣，不容一私谒，不滥荫一子侄"。他上书嘉靖皇帝说："臣平生不志温饱，不事产业，年过五十，守祖父薄田数十亩，未尝有求于人。"因为"大礼议"事件而得到重用之后，弹劾张璁的奏章非常多，但没有一份奏章里面提到过张璁有贪污受贿的问题。

张璁在任期间，还多次跟嘉靖皇帝闹矛盾。很重要的一个原因就是嘉靖皇帝受"大礼议"事件的刺激，对于礼仪问题特别重视，老在礼仪问题上折腾，整出不少幺蛾子。其中有一次，就是在加封他父亲为皇帝之后，还得寸进尺，想要让他父亲"称宗附庙"，也就是进入太庙接受祭祀，还要有庙号，封为"明睿宗"。

这个要求是不合礼法的，只有真正的皇帝才能称宗附庙。朱元璋的祖宗没有庙号，也没有太庙的祭祀位置。后来嘉靖皇帝又搞出来"天地分开祭祀"的理论，把原来统一祭祀的天地坛，改为天坛和地坛。嘉靖皇帝这么改的动机到现在还搞不清楚。但是天地合祭是朱元璋定下来的，嘉靖皇帝的这个决定不符合祖制。张璁对这两件事都坚决反对，最后跟嘉靖皇帝闹僵了，被迫辞职。回家路上，他只带了一个大箱子的行李，别无他物。

嘉靖皇帝成功把他父亲的牌位送进太庙，之后执行天地分祭，然后又把张璁招回来继续当首辅。

整倒杨廷和以后，嘉靖皇帝还试图打击张太后。张太后的弟弟张延龄因为长期犯有贪污腐败、仗势欺人等罪行，后来被告发。嘉靖皇帝不理会张太后的请求，把张延龄下狱，而且想给他安一个谋反的罪名。张璁和霍韬都明确反对，说张延龄为非作歹罪大恶极是有的，但说他谋反并没有一点证据，罪名不能成立。

以上这些事实都说明，张璁不是一个投机分子，而是一位真正致力国家复兴的政治家、改革家。也正是因为他清廉正直，才在各种政治攻击中安然无恙，善始善终。中国历史上的大臣，像张璁这样不惜触犯权贵利益大力推动改革，仍能取得成功，而且生前、死后都没有遭到清算的人物，极为罕见。

五、反攻倒算："大礼议"保守派的反扑

张璁死后,"大礼议"之时的保守派全面复辟。

在称宗附庙和天地分开祭祀问题上,张璁、霍韬等官员都不支持皇帝。这就给保守派提供了机会。兵部给事中夏言上书对皇帝表示支持,遂得到重用。

嘉靖皇帝因为"大礼议"事件,把礼仪当成他皇位合法性的关键。但张璁、霍韬这些人却只关心政治改革,对这种形式主义的东西很不热心,经常一问三不知,甚至跟皇帝抬杠,搞得嘉靖皇帝很不高兴。夏言利用这个空档,努力研究礼仪,成为皇帝的礼仪顾问。而且这个夏言还有一个特点,就是人长得帅,官话说得很标准。每次跟皇帝讲礼仪,声音洪亮,吐字清楚。嘉靖皇帝一看见他就高兴。因此夏言得以步步高升。

当时士大夫痛恨张璁、霍韬,就想凭借夏言来与之抗衡。夏言也很乐于承担这个角色。嘉靖十年(1531年),御史喻希礼、石金上书,请求皇帝特赦因"大礼议"一事而定下的案犯。嘉靖皇帝非常生气,让夏言揭发他们的罪状。夏言却说,喻希礼、石金并无他意,请皇帝宽恕他们。

嘉靖皇帝把二人关进诏狱并流放到外地,附带着又把夏言也责怪了一顿。因为这件事,夏言很得士大夫的赞誉,他们之间遂结成政治同盟。

嘉靖十四年(1535年),张璁去世,方献夫又因病退休,霍韬势单力薄。

霍韬喜欢跟人激烈辩论,行政能力比不上张璁、方献夫,他一个人主持大局是不可能的。夏言很容易就把他打倒,自己成为内阁首辅,张璁变法也就走到尽头。

夏言当政以后,国家立刻步入"正轨":恢复了理学士大夫团结起来收拾太监、收拾武将、架空皇权、自己独享贪腐特权的传统套路。因为"大礼议"事件遭到打击的保守派官员被全面起复。除了杨慎等几个皇帝能记得住名字的人以外,其他不少保守派官员都在皇帝不知不觉间被提拔上来。

其中有一个叫徐阶的,也是坚决要求皇帝管自己伯父叫皇考,因此被贬到云南。因为他的奏章言辞激烈,嘉靖皇帝印象深刻,还命人在皇宫的柱子上刻上:"徐阶小人,永不叙用。"但事实证明皇帝的记忆力远不如文官集团可靠,刻在柱子上也没用。徐阶被提拔进朝廷工作,各种奏章里面不断出现他的名字。后来徐阶还成为内阁首辅,天天出现在嘉靖皇帝面前,嘉靖皇帝也毫无察觉。徐阶的成功,除了本人精于权谋、八面玲珑以外,有一条原因很重要:在"大礼议"事件中站队很坚决。

嘉靖皇帝当年把张璁、霍韬等人从南京召回来的时候,杨慎等人扬言,只要张璁、霍韬敢进北京,就要组织人把他们当街打死。武定侯郭勋站了出来,让张璁等人住进自己家里,为他们提供庇护。郭勋也因此得到皇帝的重用。由于他还属于武将勋贵,不是文官,理所当然成为重点打击对象。嘉靖二十年(1541年),夏言当首辅后四年,郭勋因为奏章里面用词不当激怒了嘉靖皇帝。嘉靖皇帝把他下狱论罪。文官经过审讯,把郭勋定为死罪。

嘉靖皇帝一看就蒙了——他只想教训一下郭勋,没想杀人,于是以证据不足为名,发回重审。但诸法司经过讨论,认为证据确凿,为了维护法律的尊严,必须判处死刑。嘉靖皇帝又驳回,再次要求减轻处罚。文官再次坚决判处死刑。嘉靖皇帝再驳回。

这样闹了三次,文官知道不可能让皇帝同意杀掉郭勋,于是就直接把郭勋整死在监狱里。

明宪宗年间,前内阁首辅杨荣的玄孙杨晔死在西厂大牢,六部九卿怒不可遏,认为这是关系社稷存亡的严重事件,联名上书弹劾西厂太监汪直;但级别比杨晔高得多的武定侯郭勋莫名其妙地死在监狱里,文官则认为没什么大不了的。

这件事也再次警告世人,得罪这个国家最大的权贵集团后果有多么可怕。改革者——郭勋只能算是改革派的同情者——要想功成身退,一定要小心谨慎,不要犯错误,否则死无葬身之地。

但夏言的好日子也没持续多久。嘉靖皇帝很快就不玩礼仪了,转而修道。夏言跟不上皇帝的节奏,反而屡屡劝诫皇帝不要去迷信修道,搞得嘉靖皇帝很烦。

而新晋大学士严嵩则积极协助皇帝修道,极为敬业地给皇帝撰写"青词"——也就是向神仙祷告用的文章。这个东西写了之后唯一的用处就是拿来给道士烧掉，据说这样就能让神仙看见。夏言每次都敷衍应付。皇帝赐给他一顶道家的香叶冠，他也从来不戴。相反，严嵩则不仅天天戴，还弄了一层薄纱罩在上面挡住灰尘，以示尊崇。

这么看起来，夏言还是有些节操的。虽然礼仪问题属于形式主义，毕竟还在儒家理论研究的范围内。作为理学士大夫，陪皇帝修道这种事情，他实在无法接受。而严嵩则无所谓。失去皇帝宠信的夏言很快就被严嵩扳倒了，之后严嵩成了首辅。

算下来，最有节操的"大礼议"改革派败给操守稍微差一点的夏言，夏言又败给操守还要再差一点的严嵩。

然后，严嵩又败给操守更差的徐阶。

徐阶就是一个纯粹的政治投机分子。杨廷和权倾朝野的时候，他就撰写奏章论证皇帝管伯父叫爹的重大意义；夏言当权的时候，他就成了礼仪问题专家，大力支持天地分开祭祀，为皇帝和首辅提供各种贴心的礼仪咨询服务；皇帝喜欢修道了，严嵩当权，他就热衷撰写青词，还把孙女嫁给严嵩的孙子做妾。

最后，等严嵩老了，写不出好的青词了，失去皇帝的欢心，徐阶便抓住机会扳倒严嵩，当上了首辅。为了不让严嵩有东山再起的机会，他又继续落井下石。严嵩的儿子严世蕃有贪污等不法行为，遭到弹劾，诸法司经过审讯判处严世蕃死刑，准备上奏皇帝。但是徐阶看了奏章，觉得这些罪名还不足以将严世蕃置于死地，嘉靖皇帝不会批准，于是大笔一挥，把奏章改为严世蕃勾结倭寇、占据有王气的土地准备造反。这直接导致严世蕃被杀和严嵩被抄家。对于自己这种栽赃陷害的行为，徐阶不以为耻、反以为荣，在他主持编纂的《世宗实录》里面，还很得意地写了进去，以显示自己的聪明绝顶。

严嵩被抄家以后，负责的官员上报抄出来数百万两银子。嘉靖皇帝还很开心，觉得发了一笔横财，下令把抄家所得的一半运往边关作为军费，一半送进皇帝的内承运库。但等了半年，进入皇帝库房的银子只有可怜兮兮的十几万两。嘉靖皇帝对此很生气，就问徐阶抄出来的几百万两银子都到哪里去了。徐阶回答说，那些财富都被严嵩家人转移了，为了给内承运库运银子，过去半年到处追赃，已经搞得江西一省糜烂，无数大户人家家破人亡，所以最好还是不要再追缴了。

这个回答也很无耻。不管转移财富的事情是真是假，既然是抄家所得，那么肯定是转移之后剩下的。转移出去没看见的东西怎么能作为抄家所得上报皇帝？只能说明那份抄家清单本身就是瞎编出来的，极大地夸大了严嵩的家产。然后通过追赃，把和严嵩有亲戚朋友关系的人一网打尽。为了给皇帝的库房送10万两银子就搞得江西一省糜烂，也根本不可能，这点银子并不算多，抄家所得的银子肯定有很多被徐阶及其同党贪污了。

除了政治品行以外，从张璁、夏言、严嵩到徐阶，嘉靖年间这四大首辅的清廉程度也是每况愈下。张璁是最清廉的，不仅自己清廉，还很好地管住了自己的家人。夏言自己比较清廉，但是没管好家人，他的老丈人苏纲与边将曾铣的儿子有不正当的经济往来，这件事被告发。因为"边将结交近臣"是重罪，导致夏言被杀。严嵩不怎么收钱，但喜欢收藏古玩字画，同时又对自己的儿子严世蕃缺乏管束。严世蕃大肆贪污受贿、卖官鬻爵，严嵩多少是知道的。而徐阶就是一个特大贪污犯，整个家族都依靠他的权位发大财。他的家人在北京开了很多店铺，在老家又疯狂兼并土地，累计达到24万亩。

这种内阁首辅一代不如一代的情况，根源当然还在嘉靖皇帝身上。他喜欢用权谋来驾驭大臣，大臣当然也就用权谋的心理来进行政治斗争，最后的胜利者肯定是越来越烂。

"大礼议"事件给当时只有16岁的嘉靖皇帝刺激太大，他深切感受到如果皇帝不掌握实权，会悲惨到什么程度，对那些开口闭口就仁义道德的大臣也失去信任。他在位40多年，真正谈得上尊重、信任的也就只有一个张璁，张璁也没有辜负他的信任。嘉靖皇帝在登基后的14年里，称得上是一个励精图治的好皇帝。

但张璁一死，后面的首辅不管是夏言、严嵩还是徐阶，嘉靖皇帝都不够信任。他们不过是听话和好用的工具，同时是猜忌和防范的对象。夏言当首辅，他就安排一个明显跟夏言不合拍的严嵩来当次辅；看到夏言权力太大，就把他赶走，换上严嵩；看到严嵩权力太大，又把夏言招了回来。因为嘉靖皇帝从"大礼议"事件中得到的最大启示，就是必须要文官集团内部不断斗争，皇帝才能享有独裁的权威。

夏言的岳父和边将曾铣的儿子被告发有私通贿赂的问题，嘉靖皇帝就用"边将结交近侍"的罪名把夏言和曾铣同时杀掉。其实这种事情在贪腐成风的明朝官场并不罕见。宣宗年间，内阁大学士杨荣多次收受边将送的军马，宣宗也没有处罚杨荣。嘉靖选择了最重的处理方式，还是出于典型的"帝王心术"，毕竟文官领袖结交军事将领可能会威胁皇权。

曾铣曾经向朝廷提出要统兵12万，用三年时间收复河套。嘉靖皇帝一度大为赞赏，但当他看到夏言也极力支持的时候，就很快转变态度，变得狐疑猜忌起来：一个可以统率帝国12万最精锐的部队，收复河套，立下盖世功勋的武将，如果跟内阁首辅大臣联合起来，那会有什么后果？当年如果杨廷和掌握着兵权，那他这个皇帝可能到现在还是个傀儡，而且要被逼着管自己亲爹叫叔叔。

一想到这个事情，嘉靖皇帝就断然否决了曾铣收复河套的提议，同时对曾铣和夏言起了疑心。这种猜忌心理被严嵩抓住，遂与边将仇鸾合作，告发曾铣和夏言家人之间的经济问题。这印证了嘉靖皇帝的猜忌，于是他毫不犹豫，下令用最重的罪名杀掉二人，以儆效尤。

需要注意的是，严嵩虽然在背后捣鬼，但他确实没打算整死夏言，只不过想把夏言扳倒，取而代之。按照以前的惯例，内阁首辅犯下这种罪名是不会被杀的，一般也就是免职或者废为庶民，最严重就是抄家。法司上报的罪名，曾铣比照守将丢失城寨的罪名判处死刑，夏言就只是被免职。嘉靖看到奏章以后，直接批示改用"边将结交近侍"这个罪名，旨意发下来的时候大家都惊呆了。夏言辞职回家半路又被抓了回来。作为文官集团的领袖人物，严嵩也同样反对皇帝用死刑来对付大臣。明朝历史上从未有过内阁首辅被处死的先例，这个头一开，说不定以后就会落到自己头上。严嵩连续六次上书请求皇帝赦免夏言的死罪，但都没有起到作用。

这个事情也让严嵩被文官骂得狗血淋头。后来嘉靖皇帝又多次处死大臣，严嵩都无力劝阻，这也是他被称为"大奸臣"的一个原因。因为在文官集团看来，首辅最重要的职责是"调和阴阳"，皇帝对大臣要打要杀，宰辅必须拦着。按照这个标准，张璁和严嵩就是奸臣；杨士奇、杨廷和、夏言、徐阶都是贤臣。

六、明朝抗倭：海禁的起因与反侵略斗争

实事求是地讲，曾铣收复河套的建议，以明朝当时的军事力量恐怕很难实现。光曾铣自己算账，每年都要花费150万两白银。这个数字的前提是必须不断打胜仗，如果遇到较大的挫折，开销更会直线上升。真正头痛的问题还不是打仗，而是打完之后怎么办。

河套地区太大，就算取得胜利，也只能暂时把蒙古人驱逐到阴山以北，他们很快又会再来。三年战争结束以后，还必须沿着阴山修建新的长城防线，才能解决问题。这个工程量太大，政府的财力无法支持。把防线向北推进数百公里之后，后勤补给成本会大大增加。除非明朝能够像汉朝或者唐朝初年一样，具备翻越阴山扫荡漠北的军事能力，否则单纯清理河套意义有限。

嘉靖和严嵩否决曾铣的提议是正确的，因为当时东南沿海已经开始出现比较严重的倭寇入侵，葡萄牙人占据了浙江沿海的岛屿，对海防构成威胁。国防重心要从北方的塞防，逐步转向应对近代殖民者的海防。如果这个时候收复河套，南北两线同时大规模开战，有可能把国家置于危险的境地。

在曾铣提议收复河套之前，嘉靖十九年（1540年），葡萄牙人完成了对东南亚国家的征服，把东南亚国家到中国参加朝贡贸易的船队基本纳入自己的管理，占据了浙江舟山附近的一个岛屿——双屿岛，并把这个地方作为商业据点来跟中国做生意。短短两年内，这里就聚集了超过3000名基督教教徒，其中葡萄牙人1200人[①]。葡萄牙人完全把这里当成自己的国土，在岛上设立了行政机构、议会、法院、收税系统、城防司令，等等。岛上有炮台，水道上有军舰，葡萄牙人

---

① 平托：《东洋行纪》（Peregrinação），原文大意：在1540—1541年，葡萄牙人已在双屿建造房屋1000多所，其中有些花费3000—4000达卡银币。在那里居住有3000多人，其中葡萄牙人1200名，余者为各国的基督教徒。转引自李金明：《葡萄牙人留居澳门年代考》，载《中国边疆史地研究》1999年第3期。

把这里称为"吾王陛下忠诚不渝的双屿镇"。

嘉靖二十六年（1547年），朝鲜国王向明朝报告：日本过去没有像样的火炮，但是最近日本走私船的火炮威力大为提高，朝鲜海军已经不是对手。朝鲜方面经过调查发现，中国福建沿海等地大量向日本走私中国铸造的优质铁，以及火药、硫黄等违禁物品。他们还逮捕了300多名中国走私商人，交给明朝处理。

日本海上军事力量兴起，实际上是葡萄牙人大力支持的结果。葡萄牙人不仅通过贸易向日本大量走私出口铁器，还直接向日本出口火炮，传授近代火器知识。这种行为背后的意图也很清楚，就是扶植日本来侵略中国。

所以，嘉靖中后期出现倭寇大爆发的情况，就是因为近代殖民者的到来，让日本这个长期落后于中国的岛国骤然强大，掌握了先进的海上航行技术、火炮技术和铸铁技术，具备了前往中国沿海劫掠的技术能力，这是最核心的原因。嘉靖时期倭寇大爆发的本质，是中国第一次遭遇较大规模的近代殖民入侵。在这个过程中，葡萄牙人是幕后黑手，日本人充当了马前卒。

接到朝鲜的报告以后，明朝中央政府十分重视。当时浙江、福建沿海的倭寇问题已经很严重了，不断有烧杀抢掠进攻城镇的报告。朝廷于是派遣右副都御使朱纨前往浙江，总督浙江、福建军务，全权处理海防事宜。

嘉靖二十七年（1548年），也就是曾铣建议收复河套的同一时期，朱纨经过调查和准备，向双屿港发动进攻，大获全胜，占领并焚毁了双屿岛，把葡萄牙殖民者、日本倭寇和中国海盗赶了出去。

现在有一些人认为，双屿港只是一个商贸中心，朱纨是出于落后保守的认识，错误地打击了双屿岛，并且应该为之后的倭寇问题负责。这种认识是偏颇的。双屿港当然是一个商贸中心，但它同时是一个海盗窝，是倭寇基地，是殖民者非法占据的中国领土。这几种性质同时存在，并不矛盾。因为葡萄牙占领双屿港有非法性质，朱纨才会对双屿港发动军事打击，这是完全合法的正当行动。之前已经多次出现海盗、倭寇甚至葡萄牙人从双屿港出发到沿海进行烧杀抢掠的事件，有一些是纯粹的抢劫杀人，有一些则是商业纠纷，前者性质更恶劣，但不管哪一种，都是对中国主权的严重侵犯。这些人杀人放火之后又跑回双屿港，浙江地方政府拿他们毫无办法。

世界上没有任何一个正常的政府会容许自己的领土上存在由外国人军事占领、管辖，还容纳海盗、劫匪四处制造刑事案件的地方。至于说它是商贸基地，浙江、福建、广东的港口可以做生意的地方多的是，为什么不去这些地方，而非要跑到这里来聚集？

明朝当时对外非常开放。葡萄牙人到达马六甲的时候，就遇到很多从中国出发前往东南亚做生意的商船；他们到达广州的时候，居然赶上广东地方政府在招商。广东右布政使吴廷举，在正德九年（1514年）发布了《番舶进贡交易之法》，公开鼓励外国商船到广州港口贸易，不管有没有堪合，都可以来，正常纳税就可以。

明朝允许对外贸易，但原则上只限于朝廷认可的进贡国。明朝会给这些国家发一个堪合，只有持有堪合的船队才能以进贡的名义来中国做生意。在实际操作过程中，这些进贡国的政府就把堪合卖给商人，只要给钱，就可以封他们为进贡使者，让他们带着船队到中国进行贸易往来。广东的这个政策就是把潜规则挑明了：反正堪合在我这里登记认证，不管你有没有，只要真的来做贸易，正常纳税，那么我就可以把你这艘船登记在某个堪合的名下，把你算成这个进贡船队的一员。这是地方政府为了开拓财源、发展经济搞的土政策。后来因为这个事情，吴廷举还受到朝廷的批评，但没有处罚，也没有否定这个政策，实际上就是默许了。

葡萄牙人采用武力征服了马六甲及印度洋和东南亚的其他沿海国家，由于这些国家都是中国的朝贡国，因此葡萄牙被列入黑名单，中国拒绝和他们做贸易。这种贸易制裁手段也合理合法，并不是保守落后的体现。葡萄牙人本来就到处烧杀抢掠，不是正经搞贸易，中国防备他们不仅合理，还是必需的。对葡萄牙人来说，规避的方法也很简单，用东南亚诸国的旗号就可以了，或者找中国海商代理。所以，要跟中国做生意，并没有必要跑到中国沿海自己占据一个岛屿，搞个基地。占据双屿岛就是在赤裸裸地侵犯中国主权，完全是图谋不轨的行为。

朱纨扫荡了双屿岛之后，还有大量的海盗船以及葡萄牙和日本的军舰在海外游荡，准备等明军撤退之后再回到双屿岛。于是朱纨下令，周边沿海地区居民不得出海，对这些船队进行封锁。这是战争时期必须采取的措施。但沿海那些有官员背景的大户，为了谋利，竟公然出海向敌方船队销售食物和淡水等补给物品。朱纨抓住了几个，连同抓获的海盗头子李光头等人，总共96人，临阵处决①。

这个事情立刻就激起福建、浙江沿海权贵家族的愤怒。他们本来就依靠跟双屿岛做贸易发财，朱纨这么一搞，他们的生意短期内是没法做了，其中一些为倭寇提供物资、通风报信的人还被杀掉了，这对于他们来说更是无法接受。于是他们撺掇自己在朝廷里面的代理人，弹劾朱纨滥杀无辜，祸害百姓。

一方面，从明朝的法律来看，官员不经过皇帝批准就杀人，确实是重罪。朱纨这么做确实不合法。但另一方面，可能他认为这是战争时期，需要杀一批通敌的不法分子才能起到震慑作用。这次集体处决到底算不算滥杀，在法律上比较模糊。总的来看，当时的情况似乎没有紧急到必须杀那么多人的地步。嘉靖皇帝览奏大怒，下令把朱纨和他的主要副手逮捕，进京受审。朱纨接到圣旨，说：我既老又病，不能再忍受长途押送和下狱受审的侮辱。于是愤而自杀。

朱纨死后，他的两个主要副手被逮捕下狱，判处死刑——但一直没有执行，后来倭寇问题严重又给放出来了。

这下，沿海地区的官员就更不敢谈海禁或打击倭寇的事情，一切又恢复原状。从双屿岛跑出去的海盗、倭寇趁机大举入侵，沿海地区的治安形势就越来越严重。

倭寇的成分非常复杂，不全是日本海盗。大体以中国沿海的海盗为主（假倭），真正的日本人（真倭）大概只占了十分之二三②。很多学者据此认为，倭寇问题主要原因是明朝的海禁政策逼得沿海渔民或商人造反。

这种观点是错误的。

明朝在嘉靖二十六年（1547年）之前，海禁政策已经名存实亡，民间几乎

---

① 《明世宗实录》卷347，原文：臣讯得所俘伪千总李光头等九十六人交通内应即以便宜，檄都指挥卢镗、海道副使柯乔斩之。

② 《明史·日本传》，原文：大抵真倭十之三，从倭者十之七。

就是自由贸易，连关税都不用交。再加上官方的堪合贸易，明朝海上对外交流十分自由和发达。

从嘉靖二十六年（1547年）开始，朱纨到东南沿海执行比较严厉的海禁政策，是海盗猖獗、倭寇问题日益严重的结果，而不是原因。

如果葡萄牙人不武装占领双屿岛，不是大量中国海盗和日本倭寇利用双屿岛不断地在中国沿海烧杀抢掠，那么朝廷就不会派朱纨来整顿沿海治安形势，也就不会有海禁收严的问题。将海禁视为倭寇的原因，则颠倒了二者之间的因果关系。这样的逻辑是非常荒谬的。它抹杀了嘉靖时期倭寇入侵是中国第一次遭遇大规模近代殖民入侵的本质，也抹杀了中国政府、中国人民抵抗这种侵略的正义性质。

在朱元璋、朱棣时期，海禁政策非常严厉，为什么没有逼得沿海人民因生活无着而造反，也没有出现严重的倭寇问题？为什么屯门海战和西草湾海战之后，倭寇问题加剧？为什么葡萄牙人占领双屿岛之后不久，倭寇问题再次恶化？海禁可以说是倭寇出现的原因之一，但具体到嘉靖期间倭寇大规模出现这个事情来说，主要原因还是西方殖民者的到来让日本有了入侵中国沿海的军事实力。

从战法和武器来看，不管真倭还是假倭，都是典型的日军战法，用的是日本制造的武器。嘉靖年间的倭寇得到日本军队的系统训练，有大量的日本中下级武士或者将领加入，成为倭寇的骨干力量。后来戚继光编写的抗倭手册《纪效新书》，在万历年间被明军用来对付入侵朝鲜的日军，很有效果。入侵朝鲜的是真正的日本军队，没什么中国人，这也可以反过来印证倭寇的日军属性。倭寇头目，如徐海、麻五等人，也与当时日本列岛的诸大名联系密切，他们就是在日本和葡萄牙人的支持下成长壮大起来的。真倭和假倭的比例，不能改变倭寇问题是日本军事入侵的基本性质。如果只是普通的中国沿海海盗，那他们不可能有如此强悍的战斗力，不会给中国造成这么严重的灾难。因此，倭寇是一群用近代冶金技术和武器制造技术武装起来的外国侵略者。其基本推动链条是：葡萄牙人提供技术和钢铁、火炮等战略物资，日本出钱出人并负责军事培训，中国海盗负责带路。

明朝政府经过十多年的持续作战，到嘉靖四十三年（1564年），终于彻底剿灭了倭寇。在战争期间，沿海贸易并没有中断。江南地区虽然多次遭到倭寇荼毒，但经济社会日益繁荣的趋势没有改变。战争结束以后，一切恢复正常，因为战争而增强的贸易管制完全放开，明朝的经济繁荣程度遂逐步走向顶峰。

战争的胜利给了葡萄牙和日本侵略者以严重的教训：要想做生意，中国是欢迎的；要想靠非法的抢劫和入侵发财，一定会得不偿失。所以，明朝时期的西方殖民者一直很老实。但这并不代表他们本来就很老实，他们在美洲、非洲、南亚和东南亚地区毁灭了一个又一个古老的国家，屠杀了数以千万计的人口。他们的暴行证明了，如果可以用抢劫、杀戮的方式来获得财富，他们绝不会老实做生意。只有大炮才能让他们真正老实起来。明朝军队用巨大的牺牲和比殖民者更猛烈的炮火，维护了国家主权和自由贸易，才使得中国在大航海时代来临的时候，成为全世界的经济中心。

我们一定要清楚：倭寇是海禁政策加强的原因，消灭了倭寇是海禁政策放松的原因。现在有很多人颠倒因果，认为海禁带来了倭寇，解除海禁后倭寇就消失了。这是错误的。好像西方殖民者本来是在做生意的，结果被我们打成强盗一样。实际情况是：西方殖民者本来是强盗，被我们打成做生意的。没有明军将士奋勇杀敌，倭寇不会自己跑掉。美洲、非洲那些国家没有海禁，结果不仅没有享受到大航海带来的繁荣，反而亡国灭种，就是明证。

七、"奸臣"严嵩：抗倭战争中的内阁首辅

有人比较严嵩和徐阶，说虽然两人很贪，但有区别，严嵩光贪污不干活，徐阶虽然贪但是干活。这个说法很不可思议。因为严嵩明明干了很大一件事。别的事抹杀了也就罢了，但这件事几乎家喻户晓，至少只要学过初中历史的人都应该知道。

这件大事就是剿灭倭寇。

严嵩当内阁首辅的时间是嘉靖二十七年到嘉靖四十一年（1548年至1562年）。朱纨进剿双屿岛的时间是嘉靖二十七年（1548年），倭寇被彻底消灭的时间

是嘉靖四十三年（1564年）。

可以说，严嵩当内阁首辅的这段时间，就是明朝抗击倭寇入侵的时间，二者几乎完全重合。

面对中华帝国从未遇到过的海上反侵略战争，嘉靖皇帝天天窝在西苑修道，严嵩作为内阁首辅，实际负责了抗倭战争的战略制定、人事安排和后勤组织。他做了这么几件事：

第一，把国家军事重心从北方转向南方，坚决反对曾铣试图收复河套的建议，甚至包括遭遇蒙古大规模入寇，他也暂时采取龟缩战术，把大量的资源投入南方，特别是把江南上缴朝廷的很多税赋留在南方作为军费。

第二，派遣亲信赵文华去巡视抗倭一线。根据赵文华的报告，严嵩选择胡宗宪作为抗倭战争的第一线总指挥。胡宗宪选拔了谭纶、俞大猷和戚继光等人来作为他的副手。赵文华同时还推荐了唐顺之。后来的实际格局是胡宗宪带着谭纶、俞大猷和戚继光在陆地上打击倭寇，唐顺之带领海军在海上打倭寇。消灭倭寇的人事格局就是严嵩敲定的。

第三，上书皇帝，请求扩大一线统帅的权限。他认为前期对倭寇作战不力，主要是倭寇到处作战，跨越多个省份，缺乏统一指挥。在严嵩和赵文华的建议下，嘉靖皇帝任命胡宗宪总督浙江、南直隶和福建等处的兵务，可以调遣江南、江北、浙江等省兵力，掌握的权力要比一般总督大得多。严嵩起草了给总督胡宗宪的敕谕，其中宣布："其在军门及行军之际不用命者，武职自参（将）、游（击）、都指挥以下，许以军法从事；副总兵先取死罪招由，令其戴罪杀贼；文官四品以上指实参究，五品以下径自拿问。"基本上，江南沿海的所有文武官员都要归胡宗宪统一指挥。

第四，派遣亲信鄢懋卿为巡盐总理，巡视两淮盐政，给抗倭战争找钱。鄢懋卿把两淮盐政的年收入从每年60万两增加到100万两，新增的部分全部被用于抗倭军费。

除了这四件事以外，严嵩确实就没再干更多的事了。但作为内阁首辅，干了这些事，其实也不错了。倭寇在南方，远离中央枢机，内阁也不能事事过问。选好一个前线总指挥，然后保证后勤供应，剩下的事情就交给总指挥和他手下的将领去干。严嵩该做的都做了，没什么太大的遗漏。怎么能说他光贪污不干事儿呢？

那些骂严嵩是奸臣的，往往会拿北方对蒙古作战不利举例，却忽略了同时在进行的抗倭战争。这对严嵩是不公平的。当时北方战线老是龟缩防守，就是因为南方在打仗。两边同时开打怎么行？南方打完之后，谭纶、戚继光、俞大猷被调到北方，南方的军队也调了过去，蒙古人马上就老实了。此后一直到明朝灭亡，蒙古方面都没再闹出过什么大事。

所以，评价严嵩，可以用八个字来总结："名节有亏，功大于过。"在整夏言和曾铣的问题上，在贪腐和约束子女方面，他确实有很多应该被指摘的地方。但在工作上，他一直兢兢业业。皇帝天天修道，他就天天守在西苑的小房子里，协助皇帝完成各种政务，保证随叫随到，问什么知道什么，维持中央政府正常运转，并从战略上、人事上和后勤上统筹安排抗倭战争的大局，让中国成功打胜了历史上第一次大规模殖民入侵战争，他的功劳是大于过错的。

至于他的干儿子赵文华，在《明史》中也是负面形象。其实他有识人之明，推荐的胡宗宪和唐顺之都很能干。而且赵文华在奏章里面除了推荐二人以外，还明确提出放宽海禁有利于消灭倭寇，这个政策被采纳执行了。在打击倭寇的过程中，明朝中央政府并没有走极端，过分强化海禁政策，压制对外贸易。他对抗倭战争也是有功的。

赵文华最大的罪名是弹劾抗倭将领张经和李天宠，导致二人被嘉靖皇帝处死。但这事儿赵文华并没有错。

这两个人当时掌握江南地区的兵权，带兵打击倭寇都是败多胜少。李天宠担任浙江巡抚以后，《明史》里面这样记载："贼犯嘉善，围嘉兴，劫秀水、归安，副使陈宗夔战不利，百户赖荣华中炮死，嘉善知县邓植弃城走。入城大掠。贼复陷崇德，攻德清，杀裨将梁鄂等。"浙江被倭寇祸害得很厉害，他却没有什么作为。

张经和李天宠还是希望打胜仗的，但是认为沿海地区的军队不太能打，需要等着从湖广等地调少数民族军队来再打，其中最值得期待的就是湖南土家族的"狼土兵"。赵文华来督战的时候，这些援军还没有到齐。尽管赵文华一再督促他们出战，但他们都拒绝执行命令。

这个解释可以接受。但这两人最大的问题是根本不屑于向赵文华解释，据说是为了防止军事机密泄露。可问题在于，赵文华是皇帝派下来督战的，名义上是张经和李天宠的临时上级，你们不能对皇帝的特使保密啊。这两位却对钦差大臣不理不睬，天天吃吃喝喝，至于抗倭问题则一问三不知。

根据《明史》的记载，张经和李天宠这么做是因为赵文华飞扬跋扈，浙江官员纷纷讨好赵文华，而这两位却不去讨好他。

如果这个记载是正确的话，那说明二人也是被理学思想影响的。那个时候严嵩的奸臣名头已经很响了，赵文华是严嵩的亲信，当然也被认为是奸佞。根据君子和小人不两立的原则，他们拒绝和赵文华配合。问题是，他们一个总督江南军务，一个巡抚浙江，是抗倭前线的一把手和二把手，别的官员可以不理睬赵文华，但他们两人不能不理。想要显示君子风范，可以不请赵文华吃饭，不跟他说闲话，但该汇报的事情得汇报啊，不能大敌当前甚至是国难当前还搞内部对立。

站在赵文华的角度看，这两个人的问题就很明显：沿海地区不断遭受倭寇荼毒，人民深受其害，而两位最高指挥官成天大吃大喝，对抗倭情形毫不关心，对他反复督促出战的命令也置之不理。面对这种情况，赵文华当然要弹劾告发。

赵文华的弹劾奏章递上去以后不久，援兵到了。张经和李天宠这才组织力量大举进剿，取得对倭寇战争以来最大的一次胜利，斩首1900多级。二人连忙上奏这次辉煌的胜利。严嵩也很及时地把赵文华的弹劾和张、李二人的捷报都给嘉靖皇帝递了上去。

这个过程中，赵文华和严嵩都没什么错，正面、反面的情况都跟皇帝汇报了，让皇帝裁决。嘉靖皇帝看了两份奏章之后，作出判断：张、李二人长期畏战，得知被赵文华弹劾以后，才被迫出战。结果取得这么大的胜利，说明倭寇其实并没有那么厉害，主要就是这两个人胆小畏战，才导致倭寇长期危害沿海一带。于是皇帝下令把两人斩首。

从现有的史料来看，这两人确实是被冤枉的，但这个责任也确实不在赵文华和严嵩。张经和李天宠错误地处理了自己和钦差大臣的关系，然后又因为一系列巧合，让嘉靖皇帝做出一个错误的判断，匆忙杀掉了二人①。

嘉靖皇帝在诛杀大臣方面，在明朝十多位皇帝中，是仅次于朱元璋和朱棣的，他的手里发生了好几起冤案。但他又缺乏朱元璋和朱棣的责任心，没有把治理国家太当回事，天天就知道修道。虽然修道期间也坚持每天批阅奏折，但主要是不想让大权旁落，心思没花在治国上。杀人还是不杀，往往只凭借一时的主观判断，缺乏详细周密的考虑。

不过嘉靖皇帝这样的做法也并非一无是处。由于他这种冷酷无情的风格，臣下干活丝毫不敢松懈，总比明孝宗那种宽厚仁慈的作风要好得多。像抗倭名将俞大猷，多次被问罪，又多次被破格提拔，就是因为嘉靖皇帝对事不对人，反正打胜仗了就奖励，打了败仗就严惩，管你是谁，管你以前立过什么功劳，一概不买账。俞大猷打仗次数多，胜负掺杂，打赢了就升官，打输了就降级或者变成士兵戴罪立功，起起落落了很多回。其实对于远在千里之外的战争，皇帝这样只问结果不问过程，也是一种不错的选择。

皇帝治理国家，可以分为上、中、下三个层次：最好的层次是嘉靖前14年那种表现，跟张璁一起励精图治，大力改革国家弊政；中等的层次就是嘉靖后30年的表现，不求改革创新，但是严刑峻法，保证官僚集团能够努力工作而不至于松懈；最差的层次就是明孝宗那种"仁政"，官僚集团无所顾忌，使得国家加速向下堕落。

八、海瑞上疏：在政治斗争夹缝中崛起的清官

徐阶扳倒严嵩，当上内阁首辅以后，确实干了很多事，最重要的就是引诱着

---

① 此外还有一种可能：这是嘉靖皇帝为了加强皇权而杀一儆百。赵文华是皇帝的钦差，他和严嵩都可以算是皇帝的亲信，因此被文官集团视为奸臣。张经和李天宠有文官集团撑腰，拒绝和赵文华合作，本质上是对抗皇权。军队不服从皇权而跟文官集团搞到一起，这是嘉靖皇帝绝对不能容忍的事情。嘉靖皇帝并不是判断错误，只是找了个借口把他们杀掉，这样才能在战争时期统一号令。

嘉靖皇帝专心修道，不断修建各种道家庙宇。

徐阶掌权的那几年，正是嘉靖皇帝修庙宇殿堂最起劲的几年：

四十三年（1564年）甲子，重建惠熙、承华等殿，宝月等亭。既成，改惠熙为元熙延年殿；

四十四年（1565年）正月，建金箓大典于元都殿，又谢天赐丸药于太极殿及紫皇殿，此三殿又先期创者；至四十四年（1565年）重建万法宝殿，名其中曰寿恩，左曰福舍，右曰禄舍……；

至四十五年（1566年）正月，又建真庆殿，四月紫极殿之寿清宫成……

九月，又建乾光殿，闰十月紫宸宫成，百官上表称贺。①

这方面徐阶是专家，他早已从礼仪专家转型成为青词专家，然后又进一步转型成为工程专家。嘉靖四十年（1561年），永寿宫失火，嘉靖皇帝想趁机修个好的宫殿。严嵩不赞成，认为南方还在打仗，花钱太多，皇帝最好还是将就一下。徐阶却说花不了多少钱就能修好。后来还真是，徐阶带着自己儿子日夜辛勤工作，亲自画图，亲自监工，只用100多天的时间就把新的宫殿修起来了②。嘉靖皇帝对此非常满意，徐阶在皇帝心目中的地位遂超过严嵩。

徐阶当首辅的策略其实很简单，就是让皇帝安心修道，别再搞什么严刑峻法了，让官员好好过日子。嘉靖皇帝老了，身体又不太好，不想再折腾了，就很舒服地进了徐阶布置的圈套，全心修道。除了关心各种庙堂工程的进展外，其他什么事儿都懒得管，一切交给徐阶去处理。

皇帝动不动就把臣下抓起来下狱、廷杖甚至杀头的日子终于过去了。

文官对徐阶交口称赞，视之为大贤臣。

后世对徐阶的评价中，还是海瑞晚年的说法比较靠谱。他把徐阶称为"甘草宰相"——治理国家只有一味药，就是甘草。甘草这个东西不治病，最多也就能

---

① 参考《万历野获篇》。

② 参考《明史·徐阶传》。

缓解咳嗽，但吃着甜甜的，能让病人身体舒服一些。徐阶也愿意为国家做点事，但前提是不能损害他的家族以及文官集团的利益，清退一些皇室勋贵的庄田可以干，有优秀的人才也愿意提拔。除此以外，确实没干过什么改革进取的事。

嘉靖在位45年后死去，由他的儿子隆庆皇帝继位。

隆庆皇帝在当藩王期间，身边辅佐他的人是高拱。徐阶为了巴结未来的皇帝，在嘉靖皇帝病危的时候，把高拱火速提拔进入内阁。几个月后嘉靖皇帝就驾崩了。

几乎同时被提拔入阁的还有翰林院掌事张居正。徐阶认为他是自己的亲信，可以用来制衡高拱。但张居正并不认为自己是徐阶的亲信，后来徐阶就在这上面吃了大亏。

徐阶不知道，其实高拱和张居正都是张璁的后继者。

高拱是嘉靖二十年（1541年）进士，张居正是嘉靖二十六年（1547年）进士。张璁改革科举制度以后选拔出来的那一批官员，此时开始进入历史舞台的中心。

高拱对徐阶的贪污和弄权早就非常不满，一上台就组织人马弹劾徐阶。御史齐康上书说：

"徐阶当内阁大学士十多年，对先帝修道、建宫殿庙宇，没说过一句劝诫的话，反而积极支持。先帝去世，他以先帝的名义撰写遗诏，却痛数先帝的过失，把责任都归结到先帝头上，自己一点责任都不愿意承担。他跟严嵩一起工作十多年，没有反对过严嵩的任何决定，还把孙女嫁给严嵩的孙子做妾。严嵩倒台，他就落井下石。这种人事君不忠，对朋友不义，大节有亏。"

这些话说得有些道理，但不是什么实际的罪名。徐阶早已是公认的大贤臣，要靠道德攻击来扳倒他太难。高拱这个事儿干得有点急，六部九卿还有南北两京科道官员几十人轮流上书痛骂高拱。高拱实在无法抵抗，只能辞职走人。

高拱走后，隆庆皇帝不管干什么，文官都要管着。皇帝想去自己当藩王时候的府邸看看，不行；想去京郊散心游玩，不行；想去泰山祭拜，当然更不行；想给后妃买点珠宝，想都别想。总之，一切要按照文官的安排，老老实实地窝在皇宫里，每天上朝听取大臣的汇报，定期举办经筵，听儒家学者讲授儒家经典，在内阁草拟的政策、建议上面批示同意。除此以外，其他什么事儿也别想干。一旦皇帝想表示不同意见，内阁就集体闹辞职，同时言官上书开骂无道昏君。

然后，皇帝实在受不了，跟内阁起了冲突。但徐阶并不想历史重演，他不具备杨廷和或者刘健、谢迁那样的道德力量。杨廷和等人虽然迂腐，但是很有理想的，要为儒家"道统"而奋斗。徐阶并没有这样的政治理想，他不想冒险。徐阶家里有良田数十万亩，豪宅无数，还有几十间黄金位置的商铺，以及雇用上千工人的纺织工厂。

在隆庆皇帝多次不听劝告自作主张之后，一些言官看出了动向，又开始弹劾徐阶的不法行径。虽然这些事情还远远不足以动摇徐阶的地位，但他已经看到危险。隆庆二年（1568年）七月，徐阶反复请求辞职，获得批准。

徐阶退休之后的第二年六月，朝廷下令，南京通政司右通政海瑞调任应天巡抚，管辖当时最富裕的地区：应天（南京）、苏州、松江（上海）、常州、镇江、徽州、太平、宁国、安庆、池州，还兼管浙江杭州、嘉兴、湖州三府税粮。

徐阶的老家松江府就在应天巡抚的管辖范围内。徐家是当地首富和最大的权势家族。海瑞清廉正直的名声，无人不知无人不晓。他对腐败分子的杀伤力很大。徐阶下台不到一年，挂正四品虚衔的海瑞就被授予相当于正二品①的实权肥缺，去巡抚应天十府。如此不合常理的安排背后，很有可能是有人想收拾徐阶。

这份人事调令是谁搞出来的，无法查证。应天巡抚的选任必须通过内阁，当时内阁首辅是李春芳，这么大胆的事儿他干不出来。接下来就是张居正，再接下来是陈以勤。

隆庆皇帝、李春芳、张居正、陈以勤，这四个人里面应该是有人想收拾徐阶，也许还不止一个。具体是谁，现在还不知道，隆庆皇帝和张居正的可能性最大。

海瑞当官，一向以敢于跟上级对着干出名。当了十几年官下来，顶头上司被他折腾了个遍。他在淳安当七品知县，胡宗宪是总督，对五品以下官员可以不用奏请，直接处置。胡宗宪的儿子出游，沿途索要贿赂，到了淳安的驿站吃拿卡

---

① 明朝知府的品级是正四品。应天府的最高行政长官府尹是正四品。但应天巡抚权力范围大大超过应天府的范围，相当于正二品高官。不过明朝巡抚没有品级，只是使职，后来清朝才确认为正二品。海瑞是以正四品的官位，被派遣去干巡抚应天的工作。

要,殴打驿站人员。海瑞直接就把胡公子吊起来打了一顿,打完之后还干了一票"抢劫",把胡公子随身携带的金银珠宝全部没收充公。消息传出,震惊整个浙江官场。不过胡宗宪这个人还不错,竟然没有找海瑞的麻烦。

后来海瑞又得罪了巡视盐政的鄢懋卿,主要原因就是拒绝高规格接待。鄢懋卿本人倒没说什么,但陪同他出行的御史袁淳看不过去,就上奏参了海瑞一本。这下海瑞就吃亏了。本来已经内定他升为嘉兴通判,被袁淳这么一参,只能平级调动到江西兴国县继续当知县。

严嵩倒台以后,胡宗宪和鄢懋卿都被视为严嵩的亲信,遭到清算。而海瑞因为得罪过这两位,当然被认定为忠臣。于是他被提拔为户部云南司主事,从地方七品官变成中央六品官。

到了中央以后,他发现官场之腐败、黑暗比地方更严重。他认为问题的根源在于嘉靖皇帝,于是他冒死写下《直言天下第一事疏》,上奏嘉靖皇帝。

这份奏疏的内容大概就是说:

皇帝陛下你天天修道有什么用?现在天下官吏腐败,军队羸弱,盗贼四起,民不聊生。大家都说:嘉靖,嘉靖,就是家家皆净的意思。陛下您刚刚登基的那几年,可不是这样啊,每天励精图治。但没过多久,您就开始沉溺于修道,荒废了国家大事。20余年不上朝,国家纲纪废弛。后来虽然罢黜了奸臣严嵩,无非是恢复到严嵩当宰相之前的局面罢了,也不是什么清明世界。陛下你的过错那是不胜枚举,但主要问题还是修道。您觉得只要严刑峻法,就不怕无人办事,天下就可以治好,修道便没有什么害处了吗?这是大错特错啊。这样只会培养出一批阿谀奉承,当面说一套、背后做一套的臣子出来。陛下天资英明,只要能够幡然悔悟,放弃玄修,重新振作,找回当年的干劲,那么治理好国家对您来说绝不是什么难事。这是目前天下第一重要的事,所以我冒死进谏,恳请陛下醒悟。

嘉靖皇帝读完这份奏疏之后勃然大怒,把奏疏扔在地上,下令把海瑞抓起来,不要让他跑了。

皇帝身边的宦官比较同情海瑞,就说:"这个人一直就有愚直的名声,我们听说他上奏前把棺材都买好了。陛下不用着急抓他,他不会跑的。"

嘉靖皇帝听完这个话,又把奏章捡起来重新读了一遍,然后说:"这个人就是传说中的比干吧，但我不是桀纣。"

后来海瑞虽然被下狱，但嘉靖皇帝一直没说要怎么办。嘉靖其实心里明白，海瑞说的是对的，只是自己不想改。但又不能把海瑞放出来，那就等于公开承认错误了。所以既不杀，也不放，更没有审讯，没有廷杖，没有罢官。就这么关着。

嘉靖皇帝有时候想起来生气了，又要把海瑞杀掉，这时总会有人想办法劝解。

在劝解的人当中，就有徐阶。徐阶这么做并不是他很欣赏海瑞，而是因为劝解是内阁首辅的责任。对这种骂皇帝的官员，内阁一定要拦着不让打、不让杀，这是文官集团基本的政治规矩。海瑞这份奏章影响太大了，如果在他的首辅任期内让海瑞被皇帝杀掉，那他这个贤臣的名声可就要毁了。

嘉靖皇帝死后，海瑞当然立刻被放了出来，而且不断升官。这也是文官集团政治规矩的一部分——如果骂完皇帝不给升官，那以后谁还骂？

但徐阶没有重用海瑞，而是把他派到南京去当一个通政司右通政，正四品官。品级还可以，但南京那个地方就是养老的，中央官员去南京任职就相当贬谪或者退休。对徐阶来说，海瑞就是一个政治上必须要提拔，但是又很不好打发的人。放到南京去当一个没实权的高官是最佳选择。

九、高拱专权：明朝的乱局与海瑞的失败

海瑞当了应天巡抚，终于有了大干一场的机会，自然是不负众望。他提倡节俭，打击贪腐；又兴修水利，只用几个月就治理好了两条河流。这些事情，对海瑞来说当然是不在话下，真正比较大的事情还是探索"一条鞭法"的改革和打击土地兼并。

当时江南地区的土地兼并问题已非常严重。

官僚地主兼并土地的主要方法之一，就是所谓"投献"。

投献主要有两种。一种是有势力的豪强地主收买原田主的家仆，伪造点证据，把田说成是家仆的，"献"给自己。这样一来，原田主就丧失土地，"献田"

的人就变成这块土地的管家或二地主。

另一种是中小地主、富农、少数自耕农为了逃避沉重的徭役和赋税，把自己的田寄献给官僚地主。因为《大明律》规定，官员根据品级的高低，有减免徭役赋税的特权。把田算在官僚地主的名下，就可以逃避徭役。官僚地主就乘机把这些土地强占为己有。

通过这种强取豪夺的方式，官僚地主就可以兼并大量的土地。在松江府，兼并土地最厉害的当然就是徐阶一家，达到24万亩之巨。

海瑞很快就发现这个问题。徐阶对他是有些恩情的，在皇帝面前保过他。在此之前，海瑞还一度认为徐阶是一个很不错的政治家。等海瑞了解了徐家在松江的各种不法行为之后，对徐阶的看法就改变了。

对海瑞这种人来说，这倒没什么好纠结的，肯定是严格执法，铁面无私。海瑞写信给徐阶，要求他带头退田。徐阶给了海瑞面子，象征性地退了几百亩给原来的田主，算是作了表率。

要是一般人，那也就算了，但海瑞却是不依不饶，要求徐家至少退掉一半，也就是12万亩。

这下徐阶就不干了，拒绝再退。双方遂陷入僵局。

此时，远在北京的张居正又干了一件事：走太监的门路，把徐阶的死对头高拱调回中央，继续担任内阁大学士。高拱回来了还不说，竟然以内阁大学士的身份兼任吏部尚书，直接掌握人事权力。

此时，弹劾海瑞的奏章已经如同潮水一般涌到皇帝面前，抱怨海瑞冤枉了很多富豪家族，纵容刁民告状，把江南富豪很多合法取得的土地也夺走，导致社会秩序一片混乱。隆庆皇帝刚开始还非常坚决地鼓励和支持海瑞，但高拱回来以后，情况就变了。

高拱这一次站到徐阶这一边。经过他反复劝说，隆庆皇帝改变了对海瑞的看法，认为这种改革方式过度激进，不利于社会稳定。于是皇帝免去了海瑞应天巡抚的职位，让他回南京去管理粮储。

然后，高拱又利用吏部尚书的权力，把粮储的职能转移到户部。这下海瑞就没有职位了，相当于被强迫退休。

高拱把事情做这么绝，是因为他非常痛恨海瑞。

三年前的隆庆元年（1567年）五月，御史齐康在高拱的指示下弹劾徐阶。当时海瑞坚定地站在徐阶一边，上疏指斥高、齐"小人非才不能乱国"，大骂"齐康甘为鹰犬，受高拱指使，搏噬善类"。

海瑞官位不高，但是名声太大。大家都知道海瑞公正无私，肯定不会结党。既然他说高拱是鼠辈，徐阶是正义的一方，舆论自然对高拱极为不利，高拱只能灰溜溜地走人。

这个事情，让高拱对海瑞的忌恨超过对徐阶的不满。

在高拱看来，被海瑞这么一闹，全天下都知道徐家干过很多为非作歹的事，再也翻不了身。而海瑞的名声和权位正在迅速上升，如果帮助海瑞打倒徐阶，在江南推行改革取得成功，那么海瑞的名声就太高了，内阁也驾驭不了。

更何况，海瑞本来就是一个无法被驾驭的人。这种人只认公理，不认人，甚至不认权力，这是任何喜欢专权独断的人都无法容忍的。不仅高拱不能容忍，后来张居正当权，也坚决不再用海瑞，谁推荐也不行。核心原因就是一个：无法驾驭。

海瑞在江南的改革，只持续了九个月就终止了。

赶走海瑞之后，高拱这才继续收拾徐阶。他指示自己的亲信、苏州兵备使蔡国熙出马，处理徐阶一案。蔡国熙经过审理，将徐家的土地收归国有，把徐阶的大儿子充军，两个小儿子罚去做苦工。但张居正出面保了徐阶一把，把他的儿子放回了家。

高拱这个人气量比较狭小，不过也很有才。在他当政的几年里，跟张居正密切配合，着实干了几件漂亮事。主要是促成明朝和蒙古俺答汗的和议，开放双边贸易，结束了明朝边境长期不断的战争局面；任用潘季驯治理黄河取得成效；任用殷正茂镇压西南农民起义；等等。

取得一些成绩以后，高拱很快就变得骄傲自负起来，仗着隆庆皇帝的信任，连续赶走三位内阁大臣：李春芳、陈以勤、殷士儋，只剩下一个张居正。高拱在首辅的位置上，刚开始还比较注意操守，但慢慢地也放松了对自己的要求。其门生弟子也跟着乱来，把朝廷搞得乌烟瘴气。

张居正和高拱，原本互相引以为志同道合之人，但高拱的独断专行和自甘堕落让张居正越来越无法容忍。高拱在整徐阶的时候，张居正表示过希望下手不要太重。高拱竟然听信谣言，跑去质问张居正是不是收了徐阶的贿赂。张居正勃然大怒，后来虽然高拱道歉了，但二人的决裂已不可避免。

隆庆六年（1572年），高拱最重要的支持者——隆庆皇帝去世了。高拱并没有意识到危机，反而想趁着太子年幼，加强一下内阁专权，把他不喜欢的御马监掌印太监冯保赶走。冯保遂和张居正联合，在太子和太子生母李妃面前诬告高拱，说高拱嫌太子年龄太小，不堪做一国之主，想要拥立外地藩王进京当皇帝。太子和李妃大惊失色，第二天就颁下谕旨，让高拱回家养老。

赶走高拱以后，张居正遂掌握内阁，开始按照他的意志来推动变法。

十、帝国首辅：张居正变法

张居正能够掌握大权，除了万历皇帝幼小以外，很重要的一点就是跟太监冯保配合得很好，这是他了不起的地方。之前的内阁首辅，往往囿于文官集团的陈见，跟太监集团划清界限。这其实是一种偏见，文官并不天生就是好人，太监也并不天生就是坏人，最多只能说文官受过系统文化教育，行政能力总体比太监更强，但道德水平有时真不好说。

张居正实事求是地对待这个问题，将冯保当作他跟小皇帝和太后沟通的渠道，而把行政决策权牢牢掌握在自己手中。冯保的弟弟犯了法，落到张居正手里，张居正毫不客气地依法治罪，打了一顿板子。冯保也没说什么。之前六科给事中的弹劾奏章不经过内阁，而是通过司礼监直接上奏皇帝。张居正说为了加强管理，言官的奏章以后一律通过内阁，不再通过司礼监，冯保也表示同意。

张居正能够打破陈见的第二个地方就是大胆信任武将勋贵。这一点，他和高拱是一致的。他把世袭爵位的戚继光放到北方对抗蒙古人，把行伍出身的武将李成梁放到辽东，都放手让他们去统管当地军政事务，不受同级别的文官钳制，让他们直接对自己负责。这一时期也是明朝中后期北方边防最稳固的时期。李成梁号称经历大小200余战，无一败绩，"边帅武功之盛，二百年来未有"。

戚继光打胜仗的次数没有李成梁多，主要是因为打了几次之后，蒙古就发现这仗没法打了。万历三年（1575年），蒙古5万骑兵入寇。结果被戚继光用火枪骑兵8000人加上几十辆战车就打垮了，主帅被活捉。蒙古于是一部分归附明朝，一部分前往辽东，当然也没在李成梁那里占到便宜。

经过抗倭战争考验的戚家军，此时已经进入热兵器时代，全面装备了火枪和大炮，具备了远征漠北的战斗力。唯一缺的是数量不够，火枪骑兵只有8000人，带小型火炮的战车有几百辆，还有一两万步兵。张居正的改革让国库充足，财政实力也具备。可惜明王朝已经进入生命周期的末期，内政腐朽，理学士大夫阶层腐败堕落，思想保守，不可能支持扩充热兵器部队的计划。张居正一死，戚继光马上就被解除兵权，调到广东养老去了。

内与太监合作，外有武将支持，皇帝年龄又小，张居正才能够大权独揽，开始铁腕推动自己的改革。

关于改革的内容，目前说得比较多的都是经济方面，主要就是丈量天下土地和实行"一条鞭法"。其实这并不是张居正改革的重点。

什么是重点呢？张居正一死，官僚集团就迫不及待地立刻废除的那些措施才是重点。

丈量土地的成果是公认的，丈量出来登记的黄册被继续用于征税；"一条鞭法"的改革在张居正死后继续推行，最终推广到全国。但是"考成法"和内阁管理言官的制度，等张居正一死马上就被废除了。

这两条才是改革的核心，是严重触犯官僚集团利益的改革。

我们先讲非重点。

"一条鞭法"在张璁改革的时候就有了初步的实践，海瑞在应天巡抚任上又有探索。主要就是把各种赋税、劳役都折合成银子缴纳，原来是叫"一条编"，就是各种形式的税负都编成一条的意思。赋税和土地数量挂钩，劳役和人口数量挂钩，以前赋税是缴纳粮食，劳役是本人去从事政府派遣的劳务，这些现在全部都可以折算成银子。

"一条鞭法"的改革意义不是很大。有人往往误以为"一条鞭法"是把劳役摊入土地，而不再和人口挂钩。这是错误的。明朝的"一条鞭法"不是这样的。在实际执行中是把人口折算成土地面积，合并之后再折算成银子。比如一个人承担的劳役可以折算的银子，相当于五亩田的税。他名下又有十亩田，那么他就按照15亩田来交税，就把劳役和田赋都一块交了。因此，劳役还是和人头数挂钩，没和土地挂钩。真正的"摊丁入亩"要到清朝雍正改革的时候才有。

所以"一条鞭法"的改革本质上只是赋税货币化，基本不涉及赋税公平的问题。实际执行过程中，粮食其实还是要交，只有部分货币化。因此这项改革主要就是劳役货币化。政府收了银子再去雇用人来完成劳务，不再直接无偿征用人力。

这个改革是一把双刃剑。像海瑞在江南搞"一条鞭法"，就没有问题，因为江南地区商品经济发达，对外贸易挣了很多白银回来，经济货币化程度高。劳役都变成银子来交，就很方便，政府也方便，纳税人也方便。

但是，推广到全国以后，就有问题。北方地区，特别是西北内陆地区，这些地方经济货币化程度比较低，老百姓手里没有银子，他们要把粮食卖了去换成银子来交税，中间就会吃亏，变相增加了他们的负担。有些人很穷，宁可承担劳役，因为劳役虽然不给钱，但是管吃管住。改完之后不让干活反而要交钱，他们就受不了。所以北方地区一度很反对"一条鞭法"改革，山东官员在奏章里面就说，所谓便民一条鞭，其实是杀民的一把刀。

"一条鞭法"的改革，主要是有利于政府，对于老百姓只能说有利也有弊，主要对富裕地区有利，对中等收入以上的阶层有利。张居正的这个改革，官僚集团当然不会废除，而是继续推广。后来推广到商品经济极不发达的西北地区，就导致了李自成和张献忠的起义。

丈量天下田土这个事儿，笔者在讲刘瑾变法的时候讲过。主要是避免权贵家族多占土地之后瞒报数量，这样税负就落到无权无势的普通军民身上。刘瑾丈量到一半就被杀了，丈量行动立刻终止。张居正成功地把土地丈量完了，清查出300多万顷的土地。

这个事情从表面上看是不利于官僚集团的，但很容易变相执行。你丈量你的，反正每年收税的总量是定的，你也只能监督这个。地方官员收税的时候，是不收权贵家族的税,还是继续把全部税负压到普通老百姓头上,那你这个丈量的结果自然就没有用处。张居正死后的实际情况也确实是这样。

所以,这两条政策看起来是张居正改革的重点,但其实并不是。

真正的重点是"考成法"和内阁管理言官制度。

所谓"考成法",就是"考核工作成效"的制度。张居正在给皇帝的奏章里面说:以前言官发现什么弊政,就上书揭发要求改革;各部有什么政策,也上书建议希望实行。但皇帝批示同意之后,其实没有人去落实监督,地方上该怎么干还怎么干。中央政府的配合无人落实,大家以空谈发表意见为荣,谁都不去真正干活。

为了纠正这种官僚主义弊病,张居正就把中央各部门和各个地区的任务详细地列出来,并且根据奏章和皇帝、内阁的批示,不断加任务进去。最后每个部门、每个地区都有一份任务清单,什么时候完成、谁是第一负责人等都详细说明,完成了就来销账。到了年底,督查部门核对计划,如发现官员有重要工作没完成,那官职就被降一级,严重者降二级至三级。如果第二年绩效还没有改观,那就一直降下去,直到回家当老百姓为止。

内阁管理言官,就是把六科给事中和都察院的考核权力放到内阁。把监察权抓起来之后,张居正就让这些人全都到基层去监督中央政策的执行情况。丈量的田地,有没有平均分摊税负;"一条鞭法"的改革,有没有简化征税手续,真的把之前种类繁多的劳役杂税都合并了;官员有没有奢侈浪费、贪污腐败的情况;等等。发现有弄虚作假的就严格处罚。通过强化监察,保证改革的措施能够落到实处。

在张居正改革期间,因为没有完成绩效考核或者被参劾执行改革措施不力而被降级或罢官的官员,超过2000多人,占了全国正式编制官员总数的百分之十[①]。

这两条才是真正对官僚集团动刀的改革。这下官员没法偷懒了,要想把税收转移到老百姓头上也没有那么容易了。在这种情况下,丈量天下田亩以平均税

---

① 《有感于张居正的"考成法"》,徐州市纪委、市建委网站。

负，实行"一条鞭法"以简化征税程序、降低征税成本的目的才能够实现。

之前各个地方拖欠钱粮的情况非常严重，每年的税收任务，能够完成百分之六七十就算高的，最低的只能完成百分之二三十[①]。而拖欠国家税粮的主要就是有权有势之家，官员也可以趁机中饱私囊，问起来就是宽限民力、藏富于民。张居正的"考成法"一出，最低必须完成百分之九十[②]，完不成就降级。又有很强的监察系统盯着，转移到老百姓身上不太容易。这下子官僚集团和豪强家族就愤怒了，开始向张居正发难。

他们从祖宗制度和个人品行等方面向张居正发难，说这种改革与太祖皇帝与民休息、藏富于民的立国精神不相符，内阁管理言官的政策则严重违反了朱元璋废除丞相的祖制，是搞专制独裁，等等。年少的万历皇帝非常支持张居正，对这些弹劾一概置之不理，有时还会对弹劾之人予以严厉处罚。

万历五年（1577年），张居正的父亲去世了。按照儒家礼法的要求，他需要回家守孝两年多。如果这样，张居正的改革就自然终止了。张居正当然不想走，小皇帝也不想张居正走。于是就要"夺情"，也就是皇帝不准大臣回家守孝，以免耽误国家大事。

这一下保守派文官大臣就激动起来。他们总算找到一个赶走张居正的正当理由了，焉能放过？于是轮番上阵，要求张居正必须回家守孝，不然就是严重违反国家制度和儒家伦理，大逆不道，不足以为宰辅。

在这个困难的时刻，万历皇帝态度坚决，下令把闹得最凶的艾穆、赵用贤、吴中行、沈思孝、邹元标处以廷杖，并颁下圣旨，以后还有谁敢非议夺情的，杀无赦。这才把这股风潮镇压了下去。

尽管有很大的阻力，由于皇帝坚决支持，张居正变法终究还是顺利地推进下去了。最大的成就，就是自从明孝宗以来国家财政长期紧张的局面得到改观。

据万历五年（1577年）户部统计全国的钱粮数目，岁入435万余两，比隆庆

---

① 【清】叶梦珠：《阅世编》，原文：官以八分为考成，民间完至八分者便称良户，完六七分者亦为不甚顽梗也。

② 【清】夏燮：《明通鉴》卷六七。

时期每岁所入（含折色、钱粮及盐课、赃赎事例等项银两在内）250余万两之数，增长了74%。财政收支相抵，尚结余85万余两，扭转了财政长期亏虚的状况[①]。正如万历九年（1581年）四月张居正所说的："近年以来，正赋不亏，府库充实，皆以考成法行，征解如期之故。"

万历十年（1582年），张居正去世的时候，太仆寺存银多达400万两，加上太仓存银，总数达上千万两[②]。太仓的存粮也可支十年之用[③]。

国家财政强大的同时，人民的负担并没有显著加重，社会安宁，经济繁荣。边防军队在戚继光和李成梁的统领下，基本上是战无不胜。国家呈现出全面中兴的景象。可以说，张居正的变法，在他生前取得全方位的成功。

---

① 【清】夏燮：《明通鉴》卷六七。
② 《神宗实录》卷144："太仓抵补岁入视岁出共少银二百三十万一千有奇。况岁入未必能如数完解，岁出则毫末不容减少。今太仓存积除老库外仅三百余（万）两，不足当二年抵补之资矣。"原文是"三百余（万）两"，结合上下文来看，太仓上一年支出大于收入200多万两，"不足当二年抵补"，应该是300余万两。此数据为万历十一年（1583年）张居正去世一年半后的数据，去世之时留下的太仓存银当为300余万加上230万，有530万以上。这里提了一句"除老库外"，老库为历朝历代君主积累下来的存银，万历三年（1575年）尚有200万两（《神宗实录》卷64），但可能与张居正改革导致的增收无关。
③ 《明史·张居正传》："行之久，太仓粟充盈，可支十年。互市饶马，乃减太仆种马，而令民以价纳，太仆金亦积四百余万。"

第五章　党争误国

一、末世变法：张居正与王安石变法的异同

张居正变法跟北宋的王安石变法有很多相似之处，又有很大的区别。

他们在财政税收方面的改革基本一样。张居正丈量土地平摊税负，在王安石那里叫作"方田均税法"，完全一样；张居正搞"一条鞭法"简化税收程序，在王安石那里叫"免役法"，就是将劳役变成交纳"免役钱"，内容也是一样的。

但是，王安石的变法失败了，而张居正的变法总体来说取得了成功。这里面最大的差别，就是张居正变法的真正重点在于"考成法"和监察机制的改革，这是王安石变法没有的内容。王安石变法只改革了财政税收制度，而没有对官僚体系进行整顿。

中华帝国是郡县制、官僚制国家，官僚系统在国家运行中居于核心地位。各种社会财富分配制度改革都要通过官僚体系去执行。改革措施是一样的，执行的人不一样，最后的结果就可能正好相反。

王安石只是在中央层面获得胜利，可以推行自己的变法。但他对地方官僚完全没有掌控能力，甚至对那些中央的反对派，王安石的处理方式就是把他们贬到

地方上去做官，这样的变法不可能取得成功，很容易搞成一场灾难。

王安石曾经向皇帝保证，只需要"理天下之财"，就可做到"民不加赋而国用足"，这是不可能的。古代社会财富总量增长缓慢，短期内大幅度增加国家财政收入，一定会相应减少民间的财富数量。所以问题的关键绝不是"理财"，而在于财富的重新分配，在于新增的国家财政收入是从哪一部分"民"那里来。

如果是从权贵阶层那里来，那么"民不加赋而国用足"就可以实现。这些人的财富，有很大一部分是依靠对下掠夺民脂民膏，对上侵吞国家资产来获得的。这些财富理应转为国家财政收入。国家财政充裕以后，可以用来救济灾民，降低底层人民的税收负担，修建有利于经济增长和民生幸福的公共工程，等等。这就是改革的最佳效果。

反之，如果不能够对权贵阶层增税，而把税收负担压到老百姓身上，那"国用足"就是一场灾难。

王安石变法最终的效果就是后者。因为北宋官僚集团已经完全腐朽，他们就是最大的权贵阶层，一切变法措施经过他们执行，最终都成为掠夺老百姓的新工具。比如"免役法"到了他们那里，很简单，不就是收钱吗？马上给老百姓加税就是了，以后大家要新交"免役钱"了啊。至于以前的劳役杂税，照收不误。

"方田均税"，新查出来的土地要增税，继续加派到老百姓头上就是了。

王安石还搞了"均输法"，设立政府机构，在粮食等物资价格下降的时候收购，在粮食价格昂贵的时候销售，以平抑市场物价波动。到了腐败的官僚集团手里，这个新的机构就专门抢购紧缺物资，哄抬市场价格，囤积居奇牟取暴利。

最后，官僚们看起来努力执行了王安石的变法措施，新丈量出土地的田赋交上来了，免役钱也收上来了，国库充足了，但同时人民也快要暴动了。

出了这么多问题，他们当然归结到王安石头上。说这个变法其实就是与民争利，就是抢劫民间的财富，让人民流离失所。人民的各种惨状汇报给皇帝，还有人向皇太后打小报告。在太后的压力下，皇帝不得不罢免了王安石。于是变法宣告失败。

然后，文官集团就大书特书，把王安石变法给国家人民带来的灾难记录下来，以告诫后人：千万不要学王安石。

从北宋一直到明朝，大家都公认王安石变法是很糟糕的事情。朱元璋更是听到"理财"两个字就要抓狂。有人跟他建议，说其实还有很多该收的税没有收上来，好好理一下财，国家财政还有很大的增加空间。朱元璋听了就大骂，然后定下规矩，锁定国家财政收入总量，不准增加。

张璁变法的时候也认为，"王安石主行新法，遂致天下大坏"，所以"过高之论，不可行之事，纷更法度，吾虽死不敢苟同也"①。张璁变法虽然也在整顿官僚集团，但总体比较保守，主要就是受王安石变法失败的影响。张居正刚开始变法的时候，反对派就质问他："你是不是想学王安石？"张居正也不敢正面回答。

与王安石变法相似的，还有唐朝后期的"两税法"改革，在宰相杨炎的主持下，把所有的税收、劳役都改为夏季和秋季分两次征收的单一税。具体做法，其实就是重新调查天下的人口和土地数量，然后重新把国家税负分配到这些土地和人口上去，让税负更加公平一些，让那些隐匿土地和人口的权贵之家多交点税，以保证国家财力充足。

但"两税法"最后的效果也跟王安石变法一样，刚开始极大增加了国家财政收入，效果明显。随着时间的推移，贪得无厌的封建官吏又在两税定额之外巧立名目敲诈勒索，如"间架税""除陌钱"，等等。许多官吏为了得到升官提位，在正税之外横征暴敛。沉重的苛捐杂税使劳苦人民陷入生不如死的悲惨境地，"两税法"很快就形同虚设了②。

一个王朝的后期，一定会出现较大力度的财税制度改革。这是因为原有的财税制度经过上百年的发展，权贵阶层已经形成一整套逃避税收、把税赋压给老百姓的成熟方法。到了一定程度，一定会出现人民税负沉重、国家财政却入不敷出的情况。这就是明孝宗问的那个问题："我百般节省，人民苦不堪言，财政却还是不够用。天下的财富都到哪里去了？"

这个问题并不难回答。稍微有点头脑的人都看得出来，钱都到权贵腰包里去了。所以就要改革，一方面增加国家财政收入，一方面降低人民负担。两头得

---

① 《张文忠公集》奏疏卷2《公职守》。
② 张有义、张娜：《唐朝"两税法"：中国赋税改革的分水岭》，《法制早报》。

好处，对上贪污、对下掠夺的官僚权贵阶层就必须承受损失。所以不管是唐朝的"两税法"、王安石的"方田均税法"和"免役法"，还是张居正的"一条鞭法"改革和丈量天下田亩，都不是什么很有创意的改革措施，就是换个方式收税而已。

这个措施并没有触及帝国衰落的核心问题，只不过是在做表面文章。

不去对官僚集团进行换血，不打击腐败、澄清吏治，不提高政府效率，财税制度改革就不可能取得像样的成功，最多维持几年，然后就会产生新的逃税和转移税赋的方法，一切又恢复到改革之前的状态。改革者的初衷是在增加国家财政收入的同时，降低人民负担。但注定只能完成其中一项：增加国家收入。人民的负担反而会加重，这就有可能加速王朝的灭亡。王安石变法就是最典型的例子。

张居正改革比王安石变法高明的地方，就在于他在财税制度改革的同时，对官僚体系进行了整顿，推行"考成法"和改革监察机制，监督着官员按照改革者的本意去执行变法措施。这样才能真正做到"民不加赋而国用足"。

此外，还有一个背景，就是张居正之前的张璁变法，通过改革科举制度，选拔了一批富有实干精神的人才进入政府。张居正变法的时候，这些人正值壮年，可以在中央和地方各个部门为张居正提供支持。从张居正和海瑞等人的书信文集里面就可以看得出来，各个地方都有一批志同道合的官员跟他们通信交流。而王安石变法之前，没有这样的用人体制改革为他打好基础。

不过，王安石变法虽然失败了，王安石本人却全身而退，没有遭到任何清算；张居正变法虽然成功了，但张居正身后却遭到清算。因为王安石在个人操守上没有一点瑕疵，而张居正却未能做到这一点。

二、人亡政息：保守派对张居正的清算

万历十年（1582年），张居正因为痔疮手术的术后并发症不幸去世。
王世贞在《嘉靖以来首辅传》中，说张居正是好色过度、胡乱吃春药而死

的，甚至说是戚继光送的春药。这个说法流传甚广，但不是事实。张居正在私人通信中多次提到他的病是痔疮，已经很多年了，非常痛苦，最后下决心拔掉。当时医术很不发达，手术后如何避免感染内出血等问题都没法解决，结果出现严重的术后并发症，最终不治而亡。此外，这个王世贞的父亲因为在边关和蒙古部落作战吃了败仗，被嘉靖皇帝判处死刑。他就跑去苦苦哀求严嵩帮忙。因为严嵩没有能够救得了他的父亲，他在《嘉靖以来首辅传》里面也大力抹黑严嵩。今天有关严嵩的负面材料，很大部分都也是从王世贞这本书里面来的。

张居正死后，一场反攻倒算的大戏立刻上演。

文官先是从太监冯保下手，因为冯保确实有贪污问题，而且在万历成长过程中扮演了向李太后打小报告的角色，万历皇帝本来就有点讨厌他。很快冯保就被下狱抄家。结果抄出来100多万两银子，这让万历皇帝感觉，这是一种不错的发财方式。文官就趁热打铁，不断攻击张居正有经济问题。

张居正也确实存在问题，特别是他一边严格教育小皇帝要勤俭节约，一边却非常乐意接受一些官员提供的奢华享受。这种两面派作风让小皇帝尤其生气。比如张居正回家省亲，竟然坐的是32个人才能抬得动的轿子，里面有卧室，有客厅，简直就是一栋移动的豪宅。

张居正在这些方面确实有些不注意，包括衣服穿得鲜美耀目，一天都要换好几身等。但其实他还是挺清廉的，基本不会收受贿赂，经常有地方官给他送东西被退回去。

张居正的收入应该主要来自官场的常例钱，也就是按照"官场潜规则"，逢年过节，还有官员和官员夫人的生日，下级部门会向上级送礼物。这已经成为明朝官员准合法收入的一部分。

明朝后期官员的工资确实太低。其实当初朱元璋定的标准足够养家，但是后来物价上涨，工资标准却没有变过。如果大家都按工资生活，那就都跟海瑞一样，只能天天吃青菜、馒头了。所以就形成这么一种"陋规"。明朝征税的时候加收"损耗"。比如所谓"火耗"，就是收银子的时候声称银子要重新铸造，用火烧化，过程中会有损失，这个损失要由纳税人来交。征收粮食，也会声称在装卸过程中有损失，需要多收一些。其实就是找个名头来征收一笔附加税，官员就用这笔附加税来给自己发补贴。

皇帝也知道有这笔钱，不会有人因为收了这个钱而被告贪污，它已经基本合法化了。这也是明朝一直不给官员涨工资的原因，上至皇帝下至吏员都知道有这么一笔收入来源，没必要再涨工资。一直到清朝雍正皇帝改革，"火耗归公"，把这笔钱纳入国家财政，然后给官员大幅度增加"养廉银"，才把这种做法改过来。不过等雍正皇帝一死，一切又恢复原状。

这笔"常例"是正式工资的十倍以上。算上这笔收入以后，明朝的官员完全可以不再贪污受贿，就能过上非常殷实的生活。所以有人把明朝官员贪污归结为工资太低，这是不对的，归结到朱元璋头上更是大错特错了。有了常例之后，明朝官员的收入是够花的。在常例之外还要再伸手拿钱的官员才是真正的贪官污吏。

明朝的所谓清官，一般就是指除了这种常例以外，不再因为个别请托事项另外再收贿赂的官员。按照这个标准，张居正可以算是清官。至于生活奢侈，张居正确实是有一点过度讲究。但是墙倒众人推，张居正生活上的小问题，都被文官挖出来添油加醋地向皇帝报告，终于完全改变了万历皇帝对张居正的印象。皇帝认为张居正在严厉管束自己的同时，不知道背后贪了多少钱。于是他下令对张居正降罪抄家。

地方官员一听到要抄家，为了争功，马上下令包围张家，不准任何人进出，以免他们转移财产。等到抄家官员来的时候，家里已经饿死了好几口人。但最后包括张居正六个儿子在内的整个一大家子，只抄出来10万两银子。抄家官员绝不相信只有这么点钱，对其全家反复拷打审问，还逼死了他的大儿子张敬修，最后也没有找到更多的财富。

抄家的结果表明张居正在经济问题上是比较注意的，只是还不够。

张居正真正的错误在于，在子女问题上对自己要求不够严格。他的三个儿子参加科举，竟然全都中了进士。明朝科举乡试的录取比例大概4%，会试的录取比例大概10%，加起来，一个人中进士的概率应该是千分之四。三个儿子都考取进士这几乎是不可能的。

不过，因为张居正23岁就中了进士，而且他教子有方，也延请了最好的老师，三个儿子都中进士的可能仍然是存在的。其实，关于张居正科举作弊的说法基本都是野史传闻，没有切实的依据。而且他的大儿子张敬修在万历二年（1574年）第一次参加会试时并没有考上，是过了几年再去考才考上的。

但是，他的二儿子参加殿试中了榜眼（第二名），三儿子参加殿试中了状元，这看起来就是赤裸裸走关系作弊了。

其实，殿试的排名由皇帝最终决定。万历皇帝在出成绩的时候就跟张居正说："先生大功，朕说不尽，只看顾先生的子孙。"也就是明着告诉张居正：你儿子当了榜眼，不是因为考试表现好，而是为了表彰你为国家做的贡献。张居正欣然接受，并没有反对。

也许我们可以说，这是皇帝主动定的，大臣无权或者不应该反对。张居正自己问心无愧。

但这个理由并不能成立。因为当时皇帝还没有成年，即使是他自己的决定，如果不妥当，张居正有劝诫的权力，也有劝诫的责任。万历皇帝有时候想要花钱修缮宫殿，想要给李太后家的亲戚封官，张居正都会拦着，要求皇帝花钱不能花太多，封官也必须符合制度。这些方面他对皇帝要求严格，要求皇帝为全天下臣民做出表率。但是皇帝公然破坏科举制度的严肃性，给张居正的两个儿子走"后门"，把他们点为榜眼、状元，张居正却没有拦着。这就是不对的，而且影响极坏。

《明史》里面说："自居正三子连登制科，流弊迄今未已。"万历年间的礼部郎中高桂也说："自从张居正的儿子全都中了进士之后，大臣的儿子再中进士，天下再也没有人相信他们是自己考的了（自故相子一时并进，而大臣之子遂无见信于天下者）。"

这种影响，作为内阁首辅的张居正应该考虑到了。就算他的三个儿子中进士没有作弊，他也必须认真考虑公众的怀疑及其负面影响。如果他认真考虑了，而且存有天下国家的公心，那么当皇帝给他的三儿子点状元的时候，他无论如何都应该拦着。

但是他不仅没有拦着，还很得意、很高兴。众官员去向他祝贺的时候，他竟然说："我虽然已经有两个儿子中了三甲，但真正能为我光耀门楣的，还要数我的四儿子。"言下之意，等他四儿子长大了，也还要考状元才行。

这开了一个很坏的头，给科举制度带来的损害不可估量。在张居正的儿子们连续高中以后，阁臣吕调阳、张四维、申时行以及吏部尚书王国光、吏部侍郎王篆等人的子弟也跟着沾光，纷纷考中进士。科举制度遂急剧败坏。

蒋星煜在《中华文化史论》中指责道："万历年间科举营私舞弊有着显著不同的特点，那就是内阁的首辅、次辅以及一般的尚书、侍郎们，不再有任何顾虑，公然不要廉耻，直接出面为自己的子侄出谋、钻营，以求在各级考试，主要是会试中能够名列前茅。从而增加自己的政治羽翼，壮大自己所组织的政治集团，以达到把持朝政的目的。"并认为张居正就是这种"为私利而一意孤行的典型人物"[1]。

蒋星煜的评价似乎有点过于苛刻。明朝后期科举制度的败坏显然也不是张居正一个人造成的，而是大的趋势决定的。不是说张居正的儿子不中进士，科举就不会败坏；中了进士，科举就败坏了。但张居正确实应该以身作则。

严嵩、徐阶这种直接贪污钱财是一种腐败；张居正不怎么收受贿赂，以清廉自许，但利用特权、地位为子女谋前程，破坏科举制度的严肃性，其实也是一种腐败，而且是更糟糕的腐败。

张居正死后的封号是文忠公，跟张璁一样。人们常津津乐道，明末有两个张文忠，都是政治家、改革家。张居正改革也有很多地方效法张璁，包括在科举录取标准方面一样努力提倡文风朴实，同样采取了完善监察制度来保障改革落实，裁撤政府冗员，等等。"一条鞭法"的名称也是张璁变法时期提出来的。但是，他和张璁相比最大的问题，就是对自己的要求、对子女亲戚的要求不够严格。张璁回家就带一只大箱子，张居正回家就要坐32人的大轿子。张璁有三个儿子，全都没有考中进士；张居正的三个儿子全部高中进士，所以改革措施虽然相近，张居正掌握的权力还要更大，但若论实际效果，张璁的效果明显更好。张居正的改革做成了事，却坏了人心；张璁改革做成的事不如张居正大，但没有把人心坏掉。

---

[1] 田澍：《嘉靖革新研究》，中国社会科学出版社2015年版，第254页。

三、讪君卖直：痛骂皇帝的言官们

万历皇帝给张居正降罪，抄了张居正的家，之后很快就发现问题有点不对劲了。

"考成法"被废除了，政府办事效率立刻直线下降。以前什么事情让张居正去办，很快就办好了。现在很多命令，发出去就跟石沉大海一样，问起来总是这个部门推到那个部门，那个部门推到这个部门，理由倒是很充分，反正事情就是没办好。政府税收也恢复到之前那种不断被拖欠、每年只能征收到百分之四五十的水平，财政开支很快就捉襟见肘了。

言官解放了，内阁管不着了，据说这是"言路大开"的好现象。但放开之后，对官员政务的监督就不见了，改成天天上奏打嘴仗，说的都是一些跟治理国家没什么关系的事。

明朝是一个言论自由、政务公开做得很彻底的时代。言官可以在没有任何证据的情况下，公开抨击包括皇帝在内的任何人。而且各种奏章，经皇帝批阅后，不管皇帝的意见是赞成还是反对，当天就要抄在邸报上公开发布，并印刷或抄录很多份，送到在京官员和地方重要官员的府邸——所以被称为邸报。

邸报没有保密规定，随便传抄，到大街上去发都行。实际上当时就有商人干这个赚钱，因为有很多人愿意花钱订阅。官员说了什么，皇帝批复了什么，全国人民很快都会知道。内政事务基本没有秘密可言。

这背后，是各种政治势力在博弈。幕后的大佬们把官职俸禄都很低、说话又可以不负什么责任的言官当成武器，进行争权夺利。

比如，万历十二年（1584年），张居正死后两年，御史丁此吕上疏揭发礼部侍郎高启愚主持科举考试的时候，出题《舜亦以命禹》，认为他是在建议张居正当皇帝。因为根据儒家学者编写的历史，上古帝王舜是通过禅让的方式把位置传给禹的。

这是一个政治阴谋。高启愚去当主考官是首辅申时行推荐的。如果用这么重的罪名扳倒高启愚，那么接下来就可以让申时行引咎辞职了。

这事儿要是在清朝，高启愚马上就会被拉出去砍头，但明朝不会发生这种事。首辅申时行坚决反对这个弹劾，认为根据朦胧的字面意义就给人安上谋逆大罪，是非常危险的先例，无论如何不能开。

申时行立刻遭到反击，又出来几个言官连续上疏，说申时行在堵塞言路，包庇亲信。万历皇帝并不知道其中的原委，他正在气头上，于是下令罢免高启愚。申时行只能申请辞职，次辅许国也表示要和申时行一起辞职。

但这个时候有人提醒万历皇帝，那几个言官都是内阁大学士王锡爵的学生。实际上，他们发起攻击，就是为了打击申时行，还有次辅许国——他也是申时行的亲信。如果把申时行和许国赶走，那么王锡爵就是首辅的第一人选。王锡爵当上首辅以后，他的门生弟子当然就可以指日高升了。

这些言路官员品级很低，也没有实权，所以往往会铤而走险，采用这种方法来谋取政治前途。幸好王锡爵这个人比较正直，也看出其中的问题，于是上书为申时行辩护，并说自己绝不袒护自己的学生。万历皇帝这才恍然大悟，下令把那几人贬出京城。

言官除了进行这种文官内部的政治斗争以外，还有一件很重要的事，就是骂皇帝。

从万历十五年（1587年）开始，皇帝长期生病，不能上朝。他对自己疾病的描述是："至今头尚眩晕，眼黑，心满，胁涨，食饮少思，寝不成寐，身体尚软。"

对于皇帝竟然不准时上朝和文官讨论国家大事，文官当然非常不满。给事中雒于仁可能学过点医术，就借题发挥，写了一篇《酒色财气疏》，毫无根据地侮辱万历皇帝，说皇帝陛下你生病不能上朝，病根我都给你分析出来了，主要就是四点：第一，酗酒；第二，好色；第三，贪财；第四，脾气暴。如果能把这四个毛病改掉的话，您的病自然就会好了。

事实上，雒于仁扣给万历皇帝的所谓"酒色财气"四字，没有一条是站得住脚的。

以酒而论，没有任何实例能够证明万历皇帝经常过度饮酒。明史专家樊树志在《晚明史》中论证雒于仁言论的时候，唯一能够举出万历醉酒的例子，是在张居正当政时期，万历八年（1580年），小皇帝喝醉酒然后写自我检讨。

至于色字，也没有任何证据支持。相反，万历皇帝倒是一直专宠郑贵妃，终生感情都很好。事实上在雒于仁之前就有人攻击过万历皇帝好色了。万历十四年（1586年），有个叫卢洪春的礼部主事也是在没有见过万历皇帝长啥样的情况下，听说皇帝有头晕目眩的毛病，就上疏分析说："肝虚则头晕目眩，肾虚则腰痛精泄……则以目前衽席之娱，而忘保身之术，其为患也深。"樊树志在《晚明史》里面就根据这个，说万历皇帝的病根在于"衽席之娱"，"即耽于女色，房事过密"，并且赞誉卢洪春说这些话是"一片赤胆忠心"。

至于贪财，万历皇帝自己反驳得也很清楚了："他说朕贪财，因受张鲸贿赂，所以用他。昨年李沂也这等说。朕为天子，富有四海，天下之财，皆朕之财，朕若贪张鲸之财，何不抄没了他？"

这里说的张鲸是东厂太监，之前遭到文官集团的轮番攻击，要置之于死地。万历皇帝一直没有处罚张鲸，就有官员上疏说："流传鲸广献金宝，多方请乞，陛下犹豫。"也就是"流传"一种说法，没有证据。雒于仁把传闻当事实，说皇帝收太监的贿赂，实在很不靠谱。

万历皇帝反驳得很对：要是贪财，直接把张鲸抄家不就完了，收什么贿赂？太监是家奴，皇帝抄太监的家是不需要任何法律程序的，比抄文官方便多了。

至于说爱生气，那倒是有道理。天天被这些没根据的言论人身攻击，还要抄到邸报上全国传阅，为人民群众提供八卦素材，这种事儿摊到谁头上都会生气。这奏章一传出去，过几天就会成为全国人民茶余饭后讨论的热门话题："哎呀，听说皇帝房事过度，搞得头晕眼花、腰酸背痛，啧啧啧。"

对皇帝进行这种无根据的人身攻击，有一些人是真的被理学思想洗脑了，但大部分不是。他们的目的很明确，就是博出位，得大名，为自己谋取政治资本。

蔡明伦的《论明万历中后期言官对神宗的批判》一文中说：言官对皇帝的批判到万历皇帝时"渐趋激烈、鲠直"。比如田大益把万历同夏桀、商纣王、周幽王、周厉王、汉桓帝、汉灵帝、宋徽宗等昏君并列在一起，蔡明伦评论说"这完全是毫无忌惮、汪洋恣肆，把神宗骂得体无完肤"，他总结说"这具有异曲同工之妙的抨击，前后相继，几乎到了破口大骂的地步，将神宗置于铺天盖地的非议中"。

蔡明伦分析道："但随着明中后期士风之日下，士大夫变得趋炎附势，追逐名利，好名之风颇盛……既然进言能带来这些好处，一旦冒险成功，升官会比正常情况快，所以一些言官在进言时惟恐不能激怒皇帝，甚至耸人听闻，故作激切，以遂其私。"

这是文官集团对抗皇权的一种基本方法，目的就是鼓励大家去反对皇帝的各种决策。你不是有廷杖吗？那好，我就把挨廷杖吹嘘成一种荣誉，谁挨了廷杖谁就是英雄，把他抬到天上去。这样你廷杖的威慑力就降低了。

这种风气发展到明末，出现一些贪名好利的政治投机分子主动申请廷杖。而办法就是尽可能地去激怒皇帝，让皇帝生气了打自己一顿板子。挨完打之后，自己立刻成为文官集团的英雄，要名有名，要利有利，要位置有位置。

比如，张居正遭遇夺情事件的时候，那五个认为张居正必须回家守孝、把张居正骂得禽兽不如的官员，就如愿以偿地申请到廷杖。特别是刑部观政进士邹元标，听说皇帝下令廷杖那四个反对夺情的人，就赶紧写了一封奏疏交上去，大骂张居正，为的就是能够补上一个廷杖名额。万历皇帝果然满足了他的要求。

被打完以后，这五个人都被革职了，但他们"正直无畏"的名声传满天下。

五年后，张居正死了。这个五个人全部起复和升官[①]。

风险是有的，没风险的事情怎么可能给你那么多好处？这就是文官集团开出的价码，有可能骂完之后被廷杖打死了，那你就只能名垂青史了；也可能像海瑞那样吃几年牢饭没受什么罪就出来了，火箭式地升官。就看你愿不愿意赌一把。

[①] 刑部员外郎艾穆，"居正死，复起户部员外郎，迁右佥都御史"，最后的职务是四川巡抚。刑部主事沈思孝，"居正死，召复官，进光禄少卿"，后来又迁太常少卿，迁顺天府尹。翰林院检讨赵用贤，"居正死之明年，用贤复故官，进右赞善"，最后官至吏部左侍郎。翰林院编修吴中行，"居正死，廷臣交荐，召复故官，进右中允"，最后的官职是掌南京翰林院。刑部观政进士邹元标，"居正殁，召拜吏科给事中"，最后官至吏部左侍郎。

大部分人估计是不愿意拿自己辛苦考来的功名去冒险。但肯定会有人，而且有很多人是愿意的。对大部分低级官员来说，在官僚体系中升职希望十分渺茫，熬一辈子退休，这绝不是他们希望的生活，不是他们的人生理想。想尽办法激怒皇帝，换来廷杖或者免职，一夜之间即可名满天下，还有很大的可能往上升官，这种事情当然可以考虑的。

这五个人算是运气好，五年以后张居正就死了。也有文官没等到，比如万历皇帝是明朝在位时间最长的皇帝，竟然干了48年，雒于仁就没有等到起复升官的那一天。大臣不断推荐起复，但万历皇帝坚决不批。对此，万历皇帝看得比较准，这些官员的行为就是"讪君卖直"。

那个观政进士邹元标在回到朝廷任职以后，继续以攻击皇帝为能事。黄仁宇在《万历十五年》中这样写道：

"到任不久，他又上书直接批评万历不能清心寡欲。皇帝用朱笔在奏章上批'知道了'三个字，给他面子，免予追究文句的唐突。然而邹元标不识抬举，过不多久，他二次上书，奏章上的用语更无忌讳，竟说万历扯谎，有过不改，而且引用'欲人勿闻，莫若勿为'的谚语，揭穿皇帝的装腔作势，说他没有人君风度。这就不能不使万历勃然震怒，准备把这个不知感恩的谏官再次廷杖。

"一个从七品的下级文官，过去对朝廷的惟一贡献只是检举了张居正，今天居然具有这种道德上的权威，敢于直接指斥皇帝，其凭借者安在？万历的看法是，邹元标和其他冷谏者并非对他尽忠，而是出于自私自利，即所谓'讪君卖直'。这些人把正直当作商品，甚至不惜用诽谤讪议人君的方法作本钱，然后招摇贩卖他正直的声望。"

对此，万历皇帝看得比较准，核心就是"讪君卖直"。这个卖不是卖弄，而是真的销售，把它销售给文官利益集团，从他们那里换来官位或者其他利益。不仅是名垂青史这种虚无缥缈的名誉，而是非常现实的政治回报。

其实不仅是廷杖，不仅是骂皇帝，只要是对抗皇权受到皇帝处罚了，都会赢得好名声，是升官的捷径。就算被罢免了，在老家依然可以得到照顾。作为"反对暴君的义士"，你名气很大，会有人来请你去撰写墓志铭、给自己的府邸题词，等等，并支付价格不菲的"润笔费"；还可以出自传挣稿费赚钱；你要办个书院招生讲学，因为你是义士，也会有人赞助支持；中央的老关系也还在，地方官员会很尊敬你，找他们办个事儿一说自己是当年骂皇帝挨过廷杖的，就会受到英雄般的接待。这些都是实实在在的好处，不仅仅得个"虚名"而已。

万历二十二年（1594年），吏部文选司郎中顾宪成，因为不断推荐皇帝讨厌的人当官，激怒了万历，被革职回家。回到家里，他就开办书院，宣传士大夫才应该是天下的主人，以及政府应该给工商业富豪减税。地方官员就给找地方，富商就给提供资金赞助。书院很快就开起来了，被命名为东林书院。这就是东林党人名义上的起源了。

相反，跟顾宪成同一时期的民间思想家李贽，皇帝根本不知道有这么一号人。因为大力宣传反对理学思想的观点，揭露理学士大夫虚伪无耻的真相，就不断遭到迫害、驱逐。最后被文官诬告，被捕后自杀于监狱，其著作被列为禁书。

这就是权贵利益集团的厉害之处——皇帝不管是处罚还是奖励，只能盯着身边的几个人，而权贵集团则无所不在，不管你在朝还是在野，都会给你无微不至的"关照"。

四、国本之争：皇位继承权的合法性问题

当"讪君卖直"的情况越来越多，皇帝再想通过文官集团干成什么事儿就很难了，甚至可以说基本不可能。

不管皇帝下什么命令，文官集团都会上疏批驳，找各种借口拒不执行。万历皇帝刚开始还比较配合，正常批复文官的各种奏章。但是他很快就发现，不仅外廷的事务他做不了主，内部事务也要被文官干预。这个问题就是立他的哪个儿子当太子的问题，也就是"争国本"事件。

"争国本"和嘉靖"大礼议"是明朝文官集团和皇帝对抗的两件大事。"大礼议"以皇帝的胜利而告终，而"争国本"则最终以万历皇帝的妥协而结束。

万历皇帝一直宠爱郑贵妃，想立他和郑贵妃生的儿子朱常洵为太子。但他

之前已经有一个儿子了，叫朱常洛。许多官员认为，根据嫡法，当然应该立长。万历十四年（1586年），朱常洛四岁的时候，有官员就提出应该立刻把朱常洛立为太子。

万历皇帝一直拖着不办，建议立朱常洛的官员就一直催，经常有言辞激烈的上疏说他被郑贵妃迷住了，万历皇帝也时常动用革职、充军甚至廷杖的手段来收拾那些说得太过分的官员。但官员依然继续谏言。

万历皇帝一直在等，等着官场中再次出现像张璁、霍韬这些人，出来表态说立谁当太子是皇帝自己可以决定的。他等了15年，可官场上始终铁板一块。因为这一次官员的要求不像"大礼议"那么荒谬，"立子以嫡，无嫡立长"确实符合礼法。

但是，立谁为太子，皇帝也确实有自主选择权。考虑政治稳定的需要，皇帝一般应该尊重嫡法。但皇帝的选择权依然优先。

南宋后期的权臣史弥远假传宋宁宗的圣旨废掉了太子，找了一个跟宋宁宗血缘关系很远的宗室子弟来当皇帝。史弥远就是标准的儒学士大夫，当朝的其他文官也毫无意见。史弥远完成废立以后就大力启用理学人士。史弥远扶持的这个皇帝死后的谥号还被大臣定为"宋理宗"，也就是符合理学思想的好皇帝。

连宗室子弟越过太子继承皇位这种事情，理学家都完全认账。万历皇帝本人在没有立太子之前，在两个儿子之间选择一下就绝对不行。这充分展现了理学士大夫"宽于律己，严以待人"的优良传统。

在"争国本"事件中，表现得最积极、最坚决的当然就是以理学正统自居的东林党人。他们正气凛然，认为这是全天下最正义的事情，如果皇帝不尊重嫡法，大明王朝就国将不国。所以他们宁死也要跟皇帝对抗到底。

但他们想不到，所谓"善恶终有报，天道好轮回"，很快他们就不得不自己打自己的脸了。

经过长达15年的对抗，万历皇帝屈服了，立朱常洛为太子，立朱常洵为福王。

朱常洛后来当了皇帝，是为明光宗。明朝最后两个皇帝：天启皇帝和崇祯皇帝都是朱常洛的儿子。天启皇帝没有儿子，崇祯皇帝上吊死了以后，他的儿子在战乱中失踪。这个时候，明朝在南京留守的中央政府就需要找人来继承皇位。而血缘最亲的显然就是朱常洛的兄弟福王朱常洵。朱常洵也死了，但是他有一个儿子朱由崧。这种情况跟朱厚照死了以后，朱厚熜（嘉靖）跟朱厚照的关系一模一样（见下表）。

万历皇帝			明宪宗（朱见深）	
明光宗（朱常洛）		福王（朱常洵）	明孝宗（朱祐樘）	兴献王（朱祐杬）
天启皇帝（朱由校）	崇祯皇帝（朱由检）	朱由崧	正德皇帝（朱厚照）	嘉靖皇帝（朱厚熜）

根据嫡法，再根据嘉靖皇帝继位的先例，当然应该立朱由崧为皇帝。这个时候东林党人发现，当年"争国本"的时候他们坚决反对立朱常洵为太子，因此跟朱常洵有仇。这时如果再立他的儿子为皇帝，那岂不是会很吃亏？所以他们就表示，什么嫡法之类的都不重要，还是应当立贤。于是他们推荐朱常洛的堂弟、万历皇帝弟弟的儿子朱常淓继位。结果在清兵南侵的危急关头，南明政权因为皇位继承人争议发生内部分裂，为南明的快速灭亡又出了一把力。

东林党人在国本问题上的立场，前后显然并不一致。天下太平的时候，他们认为皇帝自己指定太子人选会让国家陷入危险境地；在半壁江山沦陷的时刻，则认为在皇位继承人问题上可以不遵循嫡法。

因此我们不难看出，"争国本"事件的核心主要还是为了夺权，向皇帝夺权。它就是文官集团进一步限制皇权的一场政治行动。

之前嘉靖皇帝没有立太子，而是将他的两个儿子封王。文官也抗议过几回，但鉴于嘉靖皇帝比较强硬，把他逼急了容易出人命，文官几次抗议无效之后就算了。万历皇帝则没有那么强硬，虽然他也多次使用廷杖来对付反对他的文官，但有一个奇怪的现象：就是嘉靖时期的廷杖老是打死人，而万历时期的廷杖从来没打死过人，连打残的都没有。说明万历皇帝还是心软，没让锦衣卫认真打。

因此，嘉靖皇帝搞两王并封十分顺利，万历皇帝也想把朱常洛和朱常洵同时封王，但就是通不过。言官文章抗议，内阁直接驳封，把皇帝的敕书原封不动地退了回去，拒不执行。内阁首辅王锡爵想和一下稀泥，说同时封王也可以，但是你得把朱常洛交给皇后抚养。这样朱常洛就有嫡子的身份，相当于为将来立为太子打了包票。

这个事儿一传出去，王锡爵就被东林党人轮番攻击，逼得他不得不退休回家养老去了。

五、东林党人：激进的理学官僚集团

东林党是文官集团中的激进派，他们的主张总体跟文官集团一致，但是要极端得多。

他们以顾宪成、高攀龙在东林书院讲学的思想为指导，强调理学思想是唯一真理，主张建立理学思想的绝对统治地位，强烈要求由士大夫而不是皇帝来统治国家，把明末包括心学在内的各种社会新思潮视为异端加以严厉打击。

在经济上，他们由官僚集团控制的大土地和大工商业资本提供支持，要求政府大规模减税，削减包括军费在内的一切政府开支，尤其仇恨张居正逼着全国官员完成税收任务的改革措施。东林党就是被张居正改革逼出来的。顾宪成和邹元标在张居正执政期间，都跟张居正发生过冲突。

在政治上，他们还不能完全掌控朝政。万历时期，东林党的成员主要集中在中央政府的中下级位置上。相当于激进的在野党，一方面雄心勃勃想要夺取执政权，另一方面因为他们没有实际掌握政权，不太了解"当家"的难处，所以一味强调理学的极端主张，而不考虑这些极端主张可能给国家带来的灾难性后果，比如军费不够了怎么打仗、钱粮不够了怎么救灾这种问题。

在对抗皇权方面，东林党又主动充当文官集团的急先锋。一旦大臣中间有谁想向皇帝妥协让步，他们就一拥而上对其进行攻击，以达到清理门户、保证内部纯洁的目的。

在组织上，东林书院讲学的顾宪成、高攀龙是东林党精神领袖，在政府担任高级职位的李三才、叶向高这种实权派是幕后操纵者。低级官员如邹元标、杨涟则是冲在第一线的政治打手，负责出头对政敌进行攻击，在关键时刻充当炮灰。此外，还有东林书院的书生作为在野势力，提供社会舆论支持。

在个人操守上，顾宪成这种理论家的形象不错，没什么劣迹，在历史上留下了清廉的美名。毕竟他已经不当官了，依靠官僚和富商的资助管理书院，出行都会带着一大群书院学生当随从。

但是真正掌握实权的东林党人，比如李三才，则是理学家"严以律人，宽以待己"的伪善典型。万历年间三大殿遭了火灾需要重修，作为漕运总督的李三才不断上书要求停止，认为修建三大殿需要运输大量木材，会给人民带来巨大的负担；对于皇帝派太监征收矿山税和榷税，他也极力对抗，反复上书劝诫皇帝不要收税，而且说得非常恳切："皇帝爱珠玉，而百姓爱温饱；皇帝爱子孙，老百姓也爱家人，为什么要因为皇帝的喜好而让老百姓妻离子散呢？"可见他对皇帝要求十分严格。

但是他自己的家产高达400多万两银子，而且把皇帝用来修三大殿的木料挪用来给自己修豪宅。李三才出行的时候，鲜衣怒马，随从如云，往往堵塞道路。连大力粉饰东林党人的《明史》也不得不承认李三才"性不能持廉"。他跟顾宪成第一次见面的时候，还不清楚对方的底细，就只请顾宪成吃普通的饭菜；聊完之后发现是同路人，第二天马上就换上豪华大餐，搞得顾宪成莫名其妙。

李三才的贪污行径后来被河南道御史刘光复弹劾。万历皇帝让工部和兵部派人去联合调查，情况属实。皇帝三次下令从江南购买木料，第一次少了33622根，后两次总共少了51854根，其中很大部分就是被李三才拿去给自己修豪宅了，而且李三才家盖房子还占用不少公家的土地，私自役使国家军士充当修房子的工人。于是，万历皇帝下令把李三才革职为民[①]。

有顾宪成这种高名大儒装点门面，有李三才这种权谋人物操纵局面，然后还需要一些极端分子出面冲锋陷阵。他们中有些人出于政治投机，有些人则真的信服理学思想，情况各不相同。

此外，还有以叶向高为代表的当朝大臣，政治倾向与东林党相似，因此与东林党人建立政治同盟，以巩固自己的政治地位。他们可以算是东林党的同盟军，也可以算是东林党成员。因为古代社会的政治派别组织系统不够严密，党与非党

---

① 参考《明实录·神宗实录》。

的界限没那么清楚。

尽管如此，东林党的雏形算是建立起来了。有共同纲领、经济基础、策划组织者，还有一些极端分子冲锋陷阵。其团结程度远远高于相对松散的文官利益集团，对抗皇权的战斗力就很高了。

所谓末世变法，必出党争。张居正变法，激起官僚集团的剧烈抵抗，最大的结果就是出现东林党。

张居正死后，真正的改革派已经被全面淘汰，不再有改革派与反改革派的斗争。只不过在反改革派内部，一部分人还希望维持大局，在保证权贵利益的前提下，协调各方矛盾，让国家机器能够正常运转，这部分人就是在朝保守派；而另一部分人则一点也不肯妥协，以文官集团的利益为唯一出发点，要求建立一个纯之又纯的理学士大夫专制的理想国。这一部分人，就是东林党。

保守派的代表，是张居正死后的内阁首辅申时行。

申时行废除了张居正的"考成法"，在官员考核中大和稀泥，让绝大部分官员都能够顺利过关。但是他也反对把张居正开棺戮尸，反对对改革派大开杀戒。在文官和皇帝中间，申时行努力调和，避免朝廷出现激烈的冲突。他跟徐阶一样，是"调停国手""甘草宰相"。

申时行干的最得意的一件事，就是和平解决了皇帝和文官关于在紫禁城内操练禁卫军问题的冲突。

这个事情也是文官搞出来的十分无厘头的要求——皇帝在紫禁城里面操练禁卫军难道还会有问题？在文官看来，当然有问题。因为这可能导致太监掌握兵权，或者出现江彬那样深受皇帝宠爱的武将，总之就是可能把万历皇帝变成第二个朱厚照，必须防微杜渐，把这种可能性扼杀在萌芽阶段。但他们也找不到什么拿得出手的理由。接二连三地上奏，皇帝都驳回了。

文官就找到申时行，说你作为首辅不能阻止皇帝这么做，就是失职。你得负责解决这个问题。

申时行当然理解文官集团的诉求，但是他也不想直接跟皇帝发生冲突，那就可能重演正德和嘉靖初年的悲剧。

申时行的手段十分高明。他找到陪同皇帝操练的那几个太监，告诉他们文官集团不希望看到皇帝花太多时间在军事训练上。

他质问那几个太监,几千个官兵带着武器在皇帝身旁,谁能保证安全呢?万一有变,其他警卫人员救护不及,谁负得起这样重大的责任?诸位身为将领,又岂能置身事外?

这些质问当然全都是借口。申时行接下来委婉地警告他们:不管是刘瑾还是江彬,虽然一时能得到皇帝的宠信,但是最终都死得很惨,就是因为他们得罪了文官。过去100年来,跟文官作对的太监、武将都没有好下场。如果他们不能规劝皇帝放弃操练禁卫军,那么也可能重走刘瑾和江彬的老路。

这种方法非常有效。太监虽然很想讨皇帝欢心,但知道历史上发生过的那些事情,文官有100种办法把他们置于死地。这些太监很快就对阅兵操练失去了热情,找各种理由劝皇帝去干点别的。操练的事情就这么慢慢荒废了。

像申时行这种和稀泥高手,在张居正变法之前,一定会被朝廷上下交口称赞为千古贤相。但在张居正变法以后,反改革的理学极端势力抬头,这种和稀泥的方法就无效了。

在"争国本"问题上,申时行一方面表态支持文官集团的诉求,催促皇帝早点立朱常洛为太子;另一方面却私下跟万历皇帝说,如果真的想拖一拖,也是可以的。这个表态曝光之后,言官立即大力上疏弹劾申时行首鼠两端,不堪为国家重臣。

万历皇帝当然支持申时行,连续罢免了几个弹劾申时行的言官。但这完全无济于事,一波又一波的弹劾接踵而来,言辞越来越激烈,大有当年反对张居正夺情之势。

申时行知道自己已无法见容于文官集团,于是被迫辞职。

六、贪腐横行:明末官场乱象

连申时行这种"调停国手"都不能容忍,从这件事可以看出东林党在政见上有多么极端。

东林党的出现,有两个大的背景,一个是文官集团极度腐败无耻,一个是理学思想严重僵化。

首先谈腐败。当时的文官集团已经极度腐败无耻。

嘉靖年间，一个吏部普通办事人员的职位，就需要花上千两银子才能得到。崇祯元年（1628年），户科给事中韩一良说了一个比较详细的价码："巡抚级别的官员，需要花五六千两银子；知府级别的，大概要两三千两银子。"这个价格也是在级别和资历够的情况下需要花的钱，不是进士，花钱也买不到[①]。

至于入阁，天启年间黄尊素说："大拜（指当内阁首辅）之事，相传必用间金数万。"也就是要想被文官推举为首辅，四处打点至少需要花费数万两银子。从内阁大学士，到县官、小吏，竟然全都需要用钱来打点才能换来官位。

有很多人采取集资或者负债买官的方式来谋求官位。集资，也就是几个人一起筹钱买到一个官位，然后其中一个去当官，在官位上拼命贪污，贪污出来的钱大家按照股份分红；至于借钱买官，则是上任以后连本带利要还回去，那当然要抓紧贪污才能回本。崇祯皇帝刚登基的时候就讲过这个问题，不过他也就是讲讲而已，没办法改革。

由于贿赂、请托走"后门"的问题太严重，到了万历二十二年（1594年），吏部尚书孙丕扬竟然想出来一个神奇的方法来解决问题——抽签。有官员职位空缺了，就把所有资格符合的候选人名字写到竹签上，放到竹筒里面摇，摇出来是谁这个位置就给谁。他认为这样最公平——其实主要是因为走"后门"的权贵太多，谁都得罪不起。

孙丕扬的抽签政策招来一片骂声，大家说吏部这样选官员也太不严肃了。后来这个制度又废除了。废除之后，大家发现选出来的官员还不如抽签抽出来的。因为抽签还有个概率问题，偶尔会有能干的人被抽中，不抽签就得全靠行贿、请托走"后门"胜出了，反而更糟。于是忧国忧民的人又呼吁，还是恢复抽签吧，抽签好[②]。

此时，科举制度已经严重腐化，权贵之家的儿孙纷纷考中进士。"考成法"

[①] 顾诚：《明末农民战争史》第一章。
[②] 吴思：《论资排辈也是好东西》，载《潜规则》。

已经废除了，言官御史忙着监督皇帝，没工夫监督官员。

　　文官集团一边正气凛然地跟皇帝争论立谁为太子，一边明码标价出售官位，形成惯例。对皇帝严格要求，对自己网开一面，成为官场的常态。孙丕扬被《明史》称赞为清官，顶住各方压力，自断财路，拼了命才搞出一个抽签制度出来。但是翻开《明史》，万历到崇祯年间的官员，竟然绝大部分人——尤其是东林党人都被称为廉洁正直、果敢有为、深受老百姓爱戴的好官。这样的"正史"显然无法令人相信。

　　晚明官员集体贪污腐败，最大的一部分不在于直接收受贿赂，主要还是利用特权兼并土地和垄断商业店铺。五品以上的官员，几乎每家都是大地主、大商铺老板兼放高利贷的，很少有例外。某人一考中进士并被授予官位，家里马上就会来一大群人主动要求捐献土地，因为此时他已经可以享受免除土地钱粮和徭役的特权了。

　　徐光启是万历三十二年（1604年）的进士，据他自己记载："江南役重甲天下，……祖父以役累中落。……启中举，尽免其役，家业复振。……与市为贾，骤富焉。"也就是说，徐光启的家族之前因为徭役太重而家道衰落，他一中进士，很快就能够享受到当官的特权，家业也就复兴了，然后又去搞些商业活动，立刻就暴富起来。

　　此外，官员之家还可以隐藏一大批人口作为家仆，在他们家里干活领工资，但是不在地方户口登记簿上登记，就可以躲避人头税、徭役，等等。

　　万历三年（1575年）到达中国的西班牙人马丁·德·拉达修士在《记大明的中国事情》中说："士绅的人数接近税户。这是我们旅经各地发现的。有的纳税户是按六、八或更少的人数纳税，尽管他们户内人口更多；他们好些人都这样告诉我们的。例如有个叫夏苏的人对我们说，他户内有七十人，但他只纳七人的税。另一个人对我们说，他户内约六十人，他只交四人的税。"

　　拉达说这段话是为了说明明朝沿海人口众多，但无意间也揭露了士大夫为了逃税隐瞒人口的事实。其中第一句尤其惊人："士绅的人数接近税户。"也就是说，当地的人口几乎都被官僚士绅纳入自己家族名下了，没有登记到官僚家族的纳税户口已基本不存在。这句话也许有点夸张，但官僚士绅阶层隐藏了超过他们家族人数大约十倍的人口以逃税的事实，当是基本准确的。

可以合法隐藏土地和人口来逃税，正是士大夫发财致富的一大关键。

黄仁宇在《万历十五年》中也说："新兴的富户，绝大多数属于官僚、士绅或在学生员而得以享受优免，不再承担役的责任。政府中的吏员，也越来越多地获得了上下其手的机会。因为全国的现金和实物不是总收集发，财政制度无从以严密的会计制度加以考察，从间隙中漏出来的钱物就落到这些人的手里。很多的人对民生疾苦早已视而不见，而是更多地关心于保持职位以取得合法与非法的收入。"

除了土地和商业外，利用驿站发财也是明朝官员的一大陋习。明朝驿站的维护和运行，都由民户按田粮的多寡来负担。许多官员甚至家属纷纷利用驿站搞免费运输，除了运送自己的行李外，还给其他商家承运物资。故每有官员过驿，则出现"轿或一二十乘，扛或八九十抬，多者用夫二三百名，少者用马四五十匹，民财既竭，民用亦疲"的局面。

更奇葩的是，那些不喜欢骑马或不会骑马的官员，大多数出行靠坐轿子。因没骑马，便要向驿站收取"马干银"（意思是我没骑你的马，你得把那笔省出来的钱给我）。偶尔有官员骑马，则要向驿站收取"惜马钱"（相当于马的保护费）。如果驿站不交纳这笔费用，官员就会折磨周遭农民提供的马匹，要么割马耳，要么断马尾，甚至把马折磨死。

崇祯十年（1637年）秋，徐霞客在广西游历。他纯粹是个人行为，不是公事，无权免费使用公家的驿传系统。但是，凭着地方官赠送的马牌（使用驿传的证明信），徐霞客却指使村民为他和仆人抬轿赶路。主仆加上行李，动辄要用七八个夫役。村里人手不够时，还用"二妇人代舆"——让妇女为他抬轿。此外还要供他吃喝，有鱼有肉，"煮蛋献浆"。

在《粤西游日记三》中，徐霞客记载了崇祯十年（1637年）十一月下旬的经历。这位有马牌的先生驱赶着夫役整天赶路，傍晚时分看到下一站的村子，众夫役开始逃散，徐霞客赶紧抓住一个捆上，牵着进了村。村中男子已逃遁入山，徐霞客便领着仆人挨家挨户搜，搜出两位妇女，命令她们去找人搬行李、做饭。被捆的人质和他的同伴也大呼大叫，让村里人接班。过一会儿，负责驿传事务的老人来了，徐霞客说，老人怕我拿鞭子抽他的子孙，不得不来。这老人的儿子是个瘸子。

吃过饭,上了老人和妇人为他铺好的床,"予叱令速觅夫,遂卧(我喝令快去给我找抬轿子扛行李的夫役,然后躺下)"。徐霞客能够周游中国,写下《徐霞客游记》,就是利用驿站这么走下来的[1]。

根据海瑞的记录,他在当县令的时候,就看到那些往来的官员及其亲友在驿站横吃横喝,用夫用马,造成巨额负担,竟逼得百姓投河或上吊。

除了驿站费用外,上级到下级地方视察或者路过,地方上还必须高规格接待。海瑞记录,淳安县一个县,每年用于接待过客的费用就超过1万两银子。经过他大力削减,削减到每年900多两,降低了百分之九十以上。海瑞还说,如果按照朱元璋定的规矩,只要90多两就能解决问题。我这900多两,也是严重超标的。

海瑞之所以超标,是考虑到物价和高级官员的体面,州府以上大员过境还是要准备鱼肉,不能全是素菜。也就是说,以海瑞制定的能吃饱、吃可口的标准来衡量,这种腐败造成的奢侈浪费,一个县一年最少在1万两银子。淳安还不在主要的交通干线上,在浙江属于偏远地区。交通要道所在地区,问题更严重。上级曾经要求淳安分担旁边几个县的接待成本,因为那些县在主干道上,压力大得多,被海瑞硬顶了回去。海瑞跟上级说,要我分担也可以,先把他们的接待成本也降下来百分之九十再说。

明朝大概有1400个县,按照淳安的标准算,每年超标接待吃喝费用就高达1400万两。而后来日本入侵朝鲜,明朝去支援,累计打了四年仗,总军费才800万两银子。

而且,这种接待过客的成本一直在快速增长。

嘉靖三十七年(1558年),海瑞出任淳安知县后,在当地老人中进行过调查。据老人说,近20年民间比前20年苦,负担重。近四五十年又比前四五十年负担重,这就是因为官员的招待费用越来越高了。

明朝的陈全之《蓬窗日录》卷四中的一则记载,更加精确地支持了这种说

---

[1] 吴思:《县官的隐身份》,载《血酬定律》一书。

法。他说淮扬驿递，嘉靖初年每年接的证明信大约3000封。不过20年，如今上万了。所用的船也比过去大，需要三倍于前的纤夫才能拉动。也就是说，驿站的负担20年间增加了三倍①。

若按照这个速度，到了万历中后期，每年全国的超标接待、公款吃喝费用加起来怕不得两三千万两白银？难怪后来打辽东没钱，因为军队发不起军饷哗变。

所以说，明朝在大航海时代没有走向海外扩张，不是因为朱元璋搞过什么海禁，不是皇帝思想保守、专制独裁，核心原因就是官僚集团太腐败，把国家吃穷了，把军队搞垮了，没办法对外扩张。

然而明朝官僚贪污腐败的行径还远远不止超标接待和大吃大喝，更严重的就是大规模私下加派钱粮。因为官员的花销全部都要从老百姓头上出，花得越多，加派的钱粮也就越多。崇祯时期的兵部尚书梁廷栋就说：

"如今人民的穷困，其实并不在于辽东的军费。一年之中，官员们私自加派的钱粮不计其数。每次官员到了考察期进京汇报工作、等待升官的关头，来一趟每人最少要花五六千两银子。全国范围内，每一次大规模地考核选任知府县令，各种跑官的花销，就要加派数百万两银子。皇帝派官员下去巡视地方，各地馈赠的礼物，多的可以达到两三万两银子。同样，全国范围内派中央官员去巡视一遍，老百姓又要加派一百多万两银子。"②

除了私派钱粮外，当然还有私派劳役。崇祯七年（1634年），大名府要往辽东运米豆，按照规定，运输找脚夫拉车应该支付工资。因为已经"一条鞭"了，劳役折钱上交，再找人干活就应该付工资。发工资这种事当然不在官府考虑范围之类，还是得免费运输。如果这样也就罢了，但开州的具体承办人员"私派里甲

---

① 吴思：《县官的隐身份》，载《血酬定律》一书。
② 《明史·列传·卷一百四十五》：廷栋以兵食不足，将加赋，因言：今日间左虽穷，然不穷于辽饷也。一岁中，阴为加派者，不知其数。如朝觐、考满、行取、推升，少者费五六千金，合海内计之，国家选一番守令，天下加派数百万。巡按查盘、访缉、馈遗、谢荐，多者至二三万金，合天下计之，国家遣一番巡方，天下加派百余万，而曰民穷于辽饷，何也？臣考九边额设兵饷，兵不过五十万，饷不过千五百三十余万，何忧不足。故今日民穷之故，惟在官贪。使贪风不除，即不加派，民愁苦自若；使贪风一息，即再加派，民欢忻亦自若。

小车两千余辆"用来给自己运送货物，如果车夫不想运，每辆车还要交二两银子的运输费①。

官员贪污的第三个大头就是枉法敲诈。谁家吃了官司，就得给官府送钱，不然肯定判得很严，也有可能在监狱里面关着就莫名其妙死掉。做个生意，则要各方孝敬，不然各个部门就会不断来查税找麻烦，让人生意没法做。严嵩当权的时候，他家的仆人只要拿着严嵩的名帖到某个钱庄去，就能拿到3000两银子，因为这张名帖可以保护这些商家免受普通官吏的敲诈勒索。

上面讲的这些，是贪污腐败的大头。还有很多小政策，也是无孔不入的腐败。

比如"马政"，明朝时中央政府负责马匹管理的太仆寺，并不直接养马，而是把国家的马匹分散到老百姓家中寄养。按明初的规定，凡是为政府代养马匹的马户，国家要半免或全免其赋税，并划给相应的草场。

到了明朝后期，养马户也只剩下义务而没有丝毫的权利。草场什么的就别想了，早被权贵兼并走了，饲料来源得自己想办法。而且，你养好马之后交上来，如果不贿赂太仆寺官员，他们就会以马匹质量不合格为由拒绝验收。验收不过，你的马就白养了，就会面临高额罚款。以致出现"养马之费什一为马，而费者恒什九"。

总之，腐败的花样实在太多，无法列举完全，底层人民是苦不堪言。

随着腐败而来的，就是官员变得越来越无耻。

无耻是腐败的原因，也是腐败的结果，二者互为因果关系。无耻的人才会贪污——这里指的是扣除准合法的"常例"之后的贪污；反之，贪污成风之后，正直能干的人必然会被淘汰，提拔起来的人只会是越来越无耻。

此时的明朝，腐败分子已经大获全胜，国家再没有恢复向上发展势头的希望。在腐败分子内部，还要展开激烈斗争，进一步把有点良心、愿意为国家做点事儿的人物彻底清除。

---

① 顾诚：《明末农民战争史》第一章。

第六章　心学革命

一、吃人的理学：东林党的思想根源

　　东林党人当中，确实有一些不怕死的理想主义者，他们不贪污不腐败，认为自己做的是全天下最正义的事业。但这并不能改变他们是为贪腐权贵集团服务的本质，只是说明这些官员真的信服理学思想。

　　分析东林党意识形态的根源，还是得从儒家理学思想的发展历史谈起。

　　关于儒家思想，很久以来就有一个争议，就是它应该叫儒学还是叫儒教。如果它是一门学问，那就可以供大家研究讨论，谁都可以根据自己的意见对它进行改进；如果它是一门宗教，那就必须强制把思想灌输到大家脑袋里面，不容许信徒对其提出质疑。

　　很显然，儒家思想同时具有儒学和儒教的双重特征。随着儒家文官集团势力越来越大，它作为儒教的性质也越来越突出。儒教性质开始起主导作用的标志，应该就是从韩愈提出"道统"这个概念开始，也就是道学的产生。道学把儒家的一些理论原则视为不可违背的"天道"，而这个天道在圣人之间传承，一切要以圣人的说法为准，其他人只能遵守、学习，不能质疑。

若认为天道是客观存在的,个人不能质疑,那么它就跟宗教信仰差别不大了。反之,若认为天道只是一种理论说法,大家都可以根据自己的理解去阐释和改进,那就不是宗教。

所以,儒学本身不是宗教,把儒学理论神化的道学则可以视为一种宗教。道学家也把自己的信仰称为"名教"或者"礼教",俨然已经以宗教学者自居了。

朱熹和程颐等理学家,后来又把道学思想加以理论化、系统化。道学、理学思想被文官集团奉为儒家正统,因为他们需要用这种天道信仰来强化自己的统治。他们所宣传的"天道"的核心,就是"君君臣臣父父子子"的宗法系统,也就是严格的社会等级制度。儿子必须服从父亲,妻子必须服从丈夫,并由此推广,佃农必须服从地主,村民必须服从乡绅,家奴必须服从主人,族人必须服从族长,百姓必须服从官僚。总之,就是建立一个完全僵化的、权贵利益绝对不受侵害的社会体系,理学士大夫掌握最高权力。这就是理学家梦寐以求的儒家专制理想国。

中世纪的罗马教廷在修道者中间讲阿奎那的神学,搞所谓的"经院哲学",以供那些精力过剩、智力过剩的信徒在各种细枝末叶的问题上浪费时间,比如研究"针尖上可站多少天使"这种问题,而避免知识分子跳出神学的框框去研究别的东西。跳出这个框框的人一律被视为异端加以残酷迫害;对普通信徒,教廷则不讲神学,只宣传《圣经》教条,强化罗马教廷的权威,要求人民无条件地服从教皇以及他遍布在欧洲各地的使者——红衣主教,并设立宗教裁判所,镇压一切质疑教廷统治权威的人。

儒教也是一样。知识分子在内部讲理学,"格物致知",不断从身边的每一件事情中去推理出天道的正确性;对普通人,则宣传道学,因为理学太复杂,人民群众理解不了。道学家用通俗易懂的郭巨埋儿[①]等《二十四孝》(成书于元代)

[①] 这个故事是这样的:郭巨家境贫困,妻子生一男孩,郭巨的母亲非常疼爱孙子,自己总舍不得吃饭,却把仅有的食物留给孙子吃。郭巨因此深感不安,担心养这个孩子必然影响供养母亲,遂和妻子商议:"儿子可以再有,母亲死了不能复活,不如埋掉儿子,节省些粮食供养母亲。"当他们挖坑时,在地下二尺处忽见一坛黄金,上面写:"天赐孝子郭巨,官不得取,民不得夺。"从此,郭巨不但过上了好日子,而且孝顺的美名传遍天下。

小故事、《弟子规》（成书于清朝），朗朗上口的谚语比如"父欲子亡，子不得不亡""在家从父，出嫁从夫，夫死从子"等，大量建设表彰节烈的石牌坊，对老百姓施加直接影响。

道学家的理论有个缺陷，就是皇权虽然在"君臣父子"系统的理论中处于最高地位，但皇权的合法性并不来自"道统"，因为皇权早在"道统"思想产生之前就统治了中国上千年。皇权掌握着军队，儒家学者也没那个胆子去硬抗。

面对这样的困境，道学家一方面用各种盛大而烦琐的礼仪来尊崇皇权，这些礼仪的核心主要是体现"孝道"，把皇室打造成一个"模范家庭"，尊卑有序，一切行动都按照宗法的规矩来，供全国所有的家庭学习；另一方面，又用各种方法来架空皇权，所有命令都只能通过文官集团去执行，所有信息都只能通过文官集团的渠道反馈，以达到左右大权的目的。所以他们要杀掉岳飞、杀掉刘瑾、杀掉江彬。

宋朝在这一点做得最彻底，文官把兵权、财权、人事权力一把抓，禁止皇帝用死刑来处罚文官，同时用各种各样的酷刑和名目繁多的苛捐杂税来折磨老百姓，为《说岳全传》和《水浒传》这两部中国文化的瑰宝提供了鲜活的历史素材。这就是很多文人反复宣传的"皇帝与士大夫共治天下"的美好时代，这也是明朝士大夫的奋斗方向。

儒教跟基督教同为一神教，有一个共同的特点，就是能够泯灭人性。

大部分宗教思想在产生的时候，其实也是为了劝人向善。但随着其教条化、极端化，就很容易走向它的反面。它会搞出来一个很可怕的逻辑：我受到别人的恩惠，那是神的恩赐；我杀人放火，那是服从神的指示。那么以神的名义犯下任何暴行都可以在良心上说得过去了。

一个很典型的例子就是美国的感恩节。

1620年，在欧洲受到迫害的清教徒乘"五月花"号船来到美洲避难。在马萨诸塞州的普利茅斯，他们生活无着、衣不蔽体，随时都可能死去。当地的印第安人送给他们食物，帮助他们学会了种植玉米、狩猎、捕鱼等本领。在第二年，也就是1621年11月下旬的星期四，基督徒为了欢庆丰收，邀请印第安人一起感谢上帝施恩，因此有了第一个感恩节。传说中，首次庆祝盛宴延续了三天，清教徒和印第安人一同分享了丰收后的美食。

但是等到后来，这些基督徒站稳了脚跟、来到这里的数量也逐渐多起来之后，他们就展开了对印第安人的血腥屠杀。普利茅斯前总督、1621年盛宴记录人之一的威廉·布拉德福参加了1637年的大屠杀。他在《普利茅斯种植史》中写道："那些从烈火中逃生的人被刀剑砍杀，有些被剁成碎片，有些被长剑刺穿，他们很快被杀死，很少有人逃掉。他们在火中燃烧的场景很可怕……发出难闻的臭味，但那又是甜美胜利的牺牲品。"

最后基督徒彻底征服了美洲，数百万的印第安人惨遭屠杀，几乎绝种。

直到今天，美国人还在过感恩节。

这个事情就非常讽刺，我们这些不信教的中国人是很难理解的。杀人放火这个事儿其实可以理解，恩将仇报也还可以理解。关键是你们怎么还能厚着脸皮每年庆祝感恩节？这不是自己爆自己的黑历史，自己打自己的脸吗？

但在拥有"宗教信仰"的人们看来，这一点也不矛盾。因为他们不感谢印第安人的恩，而是感谢上帝的恩赐。在他们看来，美洲是上帝的恩赐，到达美洲以后出现印第安人给他们食物、教他们种植也都是上帝的恩赐。至于把印第安人杀光，也是上帝的旨意。所以感恩节是感上帝的恩，跟印第安人就没有关系。

老有人说我们中国人没有宗教信仰，所以道德沦丧。这正好说反了。有宗教信仰才容易道德沦丧，没有宗教信仰才会道德高尚。

因为不信神，所以生活中遇到困难，有人帮助我们，我们就感谢这个人，然后再以善意去回报别人。我们知道，善来自人心，来自社会。父母养育我们，社会为我们提供生存发展的空间，所以将来要孝敬父母、回报社会，所谓"滴水之恩，当涌泉相报"。这就是中国人的道德来源，真实而可靠。

反之，有了宗教信仰之后，道德变成教条，神性多了，人性就少了。别人帮助他，他觉得是神在帮助他，不是人在帮助他，所以就感谢神，而不是回报别人的帮助。印第安人请那帮清教徒吃饭，救了他们的命。他们吃完就开始"感谢上帝赐予我们食物"，然后拿起刀来把印第安人杀得干干净净，杀完之后继续兴高采烈地过感恩节。这种人在外表看起来很虔诚，甚至清心寡欲、无欲无求，但本质上是没有人性的。一旦在某些问题上想歪了，就容易走火入魔，把杀人放火等恶行视为来自神的指示，干起坏事来没有一点心理负担，可以突破一切人类文明的底线而毫无愧意。

把儒学教条化、宗教化之后，理学士大夫只要是打着维护礼教的旗号，不管他们做了多么邪恶残忍的事都毫无思想负担。要研究和理解这群人，千万不能只看他们的文章说了什么，一定要看他们干了什么。

有一种说法是，女性权利的保护程度可以反映一个社会的文明程度，这个说法基本靠谱。因为女性在历史上的各种社会形态中都是比较弱势的群体。从这个角度来看，理学、道学家打着仁义道德的旗号，是怎样对待女性的呢？

他们搞出来三件事：缠足、守寡、殉葬。

女子缠足这个事儿起源于宋朝。北宋的时候就有缠足的史料记载，但还很罕见。到南宋时，妇女缠足已比较多见。民间没有这个风俗习惯，主要就是上层士大夫的审美。当时缠足主要是把脚背缠平，把前脚掌缠小一点、尖一点，没有到很变态的地步。这个过程对女性来说也很痛苦，但后世相比起来要更为痛苦。

南宋被蒙古人所灭。蒙古人不缠足，但是他们也不反对汉人缠足。元朝还是尊重理学的，在朝做官的汉人基本都是理学士大夫。元代，缠足之风继续发展，元代末年甚至出现以不缠足为耻的观念。元代妇女缠足继续向纤小的方向发展，缠得越小，女性就越痛苦。

到了明朝，理学思想占据了统治地位。朱元璋没有喜欢小脚的癖好，他的皇后马皇后被称为"马大脚"。但民间缠足之风盛行，进入全民缠足时代。对裹足的形状也有了一定的要求，出现"三寸金莲"之说，要求脚不但要小至三寸，而且要弓弯，要裹成角黍形状等。这对女性来说就是一种足以致残的虐待了。

到了清朝，满族人不缠足，但清朝也把理学思想作为统治思想。清朝统治者坚决反对汉人缠足，皇帝多次下令禁止缠足。但是反对无效，最后不得不放开禁令。

清朝下过"剃头令"，要求汉人男子把前额和头顶的头发全部剃光，只在后脑勺保留一根长长的小辫。汉族人民纷起反抗，惨遭统治者血腥镇压，最后剃发被强力推行了。但女子缠足这种变态的、违反人性的习俗，本来应该禁止，清朝统治者多次严令禁止，竟然没有成功。这是为什么呢？

这是因为，蓄发是民间的风俗，缠足是礼教的要求。以东林党人为代表的理学士大夫投降了清朝，也成为统治阶层的一员。向清朝皇帝上书请求颁布剃头令的就是投降的理学士大夫，而反抗剃头的是老百姓，遂遭到理学士大夫和满族统治者的联合镇压；而缠足则是理学士大夫的爱好，清朝统治者要依靠他们统治中国，所以不得不给他们面子。

清代社会各阶层的女子，不论贫富贵贱都纷纷缠足，甚至远在西北、西南的一些少数民族也有了缠足习俗。作为一个女人，是否缠足、缠得如何，将会直接影响到她个人的终身大事。更有甚者裹至不到三寸，因脚太小以至行动不便，成了进进出出均要他人抱的"抱小姐"，这样的女子在当时还很受欢迎。

缠足的过程极其痛苦。从很小的时候就缠上，里面还要用破旧的杯、瓶、碗、盘等瓷器，敲碎成尖锐颗粒，缠脚的时候垫在脚掌上，通常是垫在反折的趾背底下和脚掌心底下，用裹脚布缠上去，再逼着女孩走路，让尖锐的瓷片刺进脚趾和脚掌里把脚割破，脚割破了以后血渗出来和裹布紧紧粘着，重裹时，裹脚布往往解不下来，需浸着洗脚水用力撕，常常血块连着皮撕开。这样可以快速地把脚变小。最后，整个前脚掌基本上对左右对折，除了拇指以外的四个脚指头都掰过来贴到脚掌上，样子非常可怕。整个过程就是一种酷刑。

缠足的习俗跟改朝换代没有关系，跟哪个民族统治也没有关系，也不是从上古传下来的野蛮习俗。它也不是民间自发形成的风俗，而是先从士大夫阶层中兴起，然后再自上而下逐渐传播到民间的。

它跟理学思想的关系就是：由于道学、理学将夫权神化，女性必须满足丈夫的一切需求，不管这种需求有多么变态可怖。而对这种风俗加到女性身上的痛苦，士大夫就可以完全视而不见，不会产生一点儿发自内心的怜悯之情。所谓仁义道德，跟人的内心直观感受已经脱离了关系，只有被理学家认可的符合"天理"的东西才叫道德，其他都不算。

第二件就是守节、守寡这种事。从汉朝开始，儒家思想逐渐受到统治者重视，之后就有表彰守节妇女的规定。这算是儒家思想从胎里带来的病根，不是从理学思想这里发源的。但是在理学兴起之前，女子改嫁的政策总体来说很宽松，汉朝、唐朝都是如此。一直到北宋，程颐完善了理学思想，才对这个问题加以强调：

问：人或居孀贫穷无托者，可再嫁否？

曰：只是后世怕寒饿死，故有是说。然饿死事极小，失节事极大。

这就是后来对中国无数女性命运影响极大的"饿死事小，失节事大"的源头。后来有些人干脆说这八个字讲的是做人的气节，不是特指守寡。但看看程颐的这句原话，就是专门针对守寡（居孀）再嫁问题的。

后来，朱熹听说朋友陈师中的妹妹要改嫁，给陈师中写信劝阻。信中又引用并赞同过这句话："昔伊川先生（程颐）尝论此事，以为饿死事小，失节事大。自世俗观之，诚为迂阔。然自知经识理之君子观之，当有以知其不可易也。"[①]朱熹也知道底层人民认为不准妇女改嫁很荒谬，但仍然认为，"知经识理"的儒家君子必须坚持这个原则[②]。

守寡和守节成为一种强加在妇女身上的义务，这种情况是从元朝开始的。理学成为统治思想，也正是从元朝开始的。宋朝主要是道学统治，理学在南宋后期才开始建立统治地位。

元朝在大德八年（1304年）对贞节妇女的表彰程序和认定条件做了初步的规定，30岁以前丧夫，守寡到50岁的，政府给予公开表彰[③]。算是恢复了汉、唐、

[①]《朱文公文集》卷二十六《与陈师中书》。

[②]《元亨论》作者杜车别指出，程颐和朱熹都在其他文献中有过赞同女性在一定情况下改嫁的言论。杜车别的考证是正确的。但同时，本书列举的程颐和朱熹关于支持守寡的言论也客观存在。只能说，理学思想在其初创之时，固然有一些偏颇错误的倾向，但并不极端，它其中的错误倾向是随着时代的发展逐步加强，到清朝才发展到极致的。本书对理学的批评主要立足其对政治和社会结构的影响，但并不否定理学在哲学方面的贡献。同时，杜车别也指出，许多文化发展到一定程度，都会出现一些变态的审美需求，比如欧洲中世纪对女性"细腰"的追求，导致女性束腰成为习俗，许多女性因为被过度束腰而挤压得内脏变形，跟中国明清时期女性裹小脚一样，是一种变态审美对女性的摧残。因此，并不能说中国文化或理学思想存在特别喜欢压迫歧视女性的"基因"。这一说法也是正确的。但理学思想在中后期为这类变态审美提供了支持，也同样客观存在。这种事不论发生在东方、西方，都是应该予以谴责的，只是不能因为中国存在裹小脚的传统就认为西方文明天生更宽容、平等，以变态审美迫害女性的现象在东西方古代文明中都曾长期存在，都应该受到谴责。

[③]《元典章三十三·礼部六》。

宋的传统，不久之后，又有了进一步的规定。

至大四年（1311年），元政府颁布规定，因为丈夫做官而受封的女性不准再嫁："妇人……受朝命之后，若夫、子不幸亡殁，不许本妇再醮。"①

"醮"原意是婚礼上的一种仪式，这里也就是结婚的意思。

延祐五年（1318年）又进一步规定，士大夫的妻子必须终生守寡："职官正妻……本夫身死，不许适人。"②

蒙古人那时没有守寡、守节的观念，相反，还有哥哥死后嫂子嫁给弟弟的传统，也就是"收继婚"。还有侄儿收舅母、小叔收表嫂的。所以在元朝，有关守节的这些规定是谁搞出来的就很清楚，只可能来自投降元朝的理学士大夫。

不过，元朝的时候强制守寡仅限士大夫阶层，民间还没有这种风俗。跟缠足一样，这种风俗也是从士大夫阶层自上而下传播到中下层的。到明清时期，守寡、守节的风气愈演愈烈。它同样跟改朝换代没有关系，只跟理学思想统治不断加强有关系。

跟元朝皇帝一样，明朝、清朝的皇帝在这方面还比较开明。朱元璋在洪武六年（1373年）五月就颁发过命令："凡军妇，夫亡无依者，皆送还乡，其欲改嫁依亲者听。"这个命令在洪武七年（1374年）又发布了一次③。朱元璋在这方面很开明，军人死后遗孀可以回家，只要家长同意就可以改嫁。连军人的妻子都这样，普通人当然更不会有强制约束。但士大夫和民间风俗如此，也没有办法。刘瑾还曾经令天下寡妇再嫁，也没有产生任何效果。

比守寡更残酷的是殉葬。在理学家的词汇中，守寡的叫"节妇"，丈夫死后跟随他去死的叫"烈妇"，那是比守寡更值得表彰的事。这就几乎是赤裸裸地杀人了。

殉葬从东汉开始就基本绝迹了。到了南宋，宋高宗死后，他的两个妃子就被宋孝宗逼着自杀殉葬，开了比较恶劣的先例。南宋士大夫于是鼓励殉葬，遂成为

---

① 《元典章十八·户部四》。
② 《元典章十一·吏部五》。
③ 《太祖实录》卷82、卷96。

风气。元朝时，蒙古人没有殉葬风俗，但不反对民间殉葬。对于所谓"自愿"殉死的女子，照例给予表彰。

明朝皇室有殉葬的记录。见于明朝官方典籍记载的殉葬，主要有三次：朱棣、明仁宗和明宣宗死后的殉葬。

殉葬发生于皇帝死后。要说责任，朱元璋死后的殉葬应由朱允炆负责[1]，朱棣死后的殉葬应由明仁宗负责，明仁宗死后的殉葬应由明宣宗负责，明宣宗死后的殉葬应由明英宗朱祁镇负责。而殉葬名单则是由新皇帝和内阁一起确定的。有趣的是，后三次重要的殉葬，内阁都是同一批人，也就是明朝大名鼎鼎的"三杨内阁"：杨士奇、杨荣、杨溥。尤其是明英宗继位的时候才八岁，为明宣宗殉葬杀了十个宫人，整个过程完全由杨士奇等人主导。

我们知道，新皇帝刚登基时，皇权最弱。作为前任皇帝留给新皇帝的辅政大臣，内阁此时权力最大。至少在前任皇帝葬礼完成之前的那么几个月，新皇帝的一切事情都要由内阁做主。而且，明仁宗和明宣宗都是儒家"圣君"，跟明孝宗一起被文官评为明朝三大圣君，属于什么事情都听文官的好模范。朱棣、明仁宗、明宣宗的遗诏都没有殉葬的内容，就算有，如果内阁觉得这样太残忍，建议不予执行，不管是明仁宗还是明宣宗，肯定都会听从。至于八岁的明英宗，当然更不会发表什么意见。

在这种情况下，"三杨内阁"掌握重权，竟然连续搞了三次殉葬。这三位饱读诗书、满口仁义道德的贤臣，在画圈决定杀死哪些无辜宫女嫔妃的时候，竟然毫无心理负担，没听说他们对殉葬说过一个不字。

---

[1] 朱元璋死后有殉葬，《明史·后妃传》记载："太祖崩，宫人多从死者。"但并无记录表明朱元璋死前下令诸妃殉葬。朱元璋死前的遗命见于《明实录》和《明史》，内容略有差异，但绝无殉葬的内容。朱元璋钦定的"祖制"文本《皇明祖训》《太祖宝训》涉及内容众多且规定十分细致，也提到后宫管理的内容，但没有提到殉葬。有野史传闻说朱元璋死前单独有一个遗命"责殉诸妃"，实无任何根据可言。朱元璋死后的殉葬，并不一定是朱元璋的遗命，下令杀人的有可能是朱元璋，也可能是他的孙子建文帝朱允炆，以及辅佐建文帝的方孝孺、黄子澄等人。明初有一种复兴中原文化正统的思潮，认为元朝的统治极大地破坏了中华正统文明，需要恢复一些仪式来重建文化正统。明廷多次下令废除元朝的婚姻、丧葬等"胡俗"，殉葬有可能是在这种思潮的影响下被统治者重新启用的。

真正废除皇室殉葬的是明英宗朱祁镇。朱祁镇有个特点，就是讨厌文官，信任太监王振。他把杨士奇的儿子抓起来杀掉，以贪污的罪名把杨荣免职。这跟他决定废除皇室殉葬制度之间是不是有因果关系呢？笔者觉得应该是有关系的。就是因为朱祁镇没有被理学思想洗脑，发现殉葬太没有人性，所以在他死前留下遗诏，永远终止皇室殉葬。

皇家禁止了殉葬，但民间没有停止。民间的殉葬不会公开说，因为杀人是犯法的。但是读历史书，上面记载了各种"烈女"，有太多"自愿"跟随丈夫去死的女性了。如果从人性的角度来推测的话，恐怕其中有很大一部分并不是自愿的，而是在家族的压力之下被迫自杀的。然后，再由家族出面编造一个忠贞的女人如何自愿殉夫的感人故事，向朝廷申请表彰。

在殉葬问题上，道学家、理学家杀人之烈，毫无人性，可见一斑。这同样跟改朝换代无关，只跟理学的统治地位有关。到了清朝也是一样。清朝皇室原来有殉葬的风俗，到了康熙皇帝之时废除了。但需要注意，康熙皇帝下令废除的不仅是皇室殉葬，还包括民间的殉葬。《清实录》里面记载康熙的原话是这样说的：

"今见京师及诸省殉死者尚众……轻生从死，反常之事也……王以下至于细民，妇人从死之事，当永永严禁之。"[①]

这段话说得很明白，殉葬的风俗并不是皇室特有的，而是从上到下都有。康熙皇帝也看到，这事不正常，违反人性，所以下令严禁。他还规定这种情况以后不予表彰，真的要自愿殉死的，必须先报官府批准。但从后来的情况看，还是禁不住。因为人已经死了，说是偷偷自杀的，家族的人事前又不知道，没报官府批准，又能怎样？真正能禁止的也就只有皇室了。

缠足、守寡、殉葬，这就是在理学家的"天理"统治下，中国女性所遭受的迫害。

有人以为，明朝的文官对抗皇权，希望建立的是"君主立宪政体"，代表了历史进步的方向。这是错误的。并不是只要对抗君权，就叫君主立宪。限制君权是不是进步，关键要看立的这个"宪"是什么。如果这个"宪"是为了保护人民

[①]《清圣祖实录》卷135。

的合法权益,那就是进步;如果只是为了保护腐败的官僚集团的特权,那就是极大的退步。

以东林党人为代表的宋明理学士大夫,把强化"君臣父子,尊卑有序"的宗法体制作为救国救民的灵丹妙药,这完全是反历史潮流而动。他们所争取的事业,不是"君主立宪",而是让宗法名教凌驾于世俗政权之上。世俗政权的责任是提供国防、救灾、兴修水利、维护治安等公共服务,而东林党人则认为这些都是细枝末节,最重要的是排斥一切异端思想,存天理,灭人欲,所有人都严格按照宗法原则生活,这样一切问题就自然迎刃而解。

二、心学变革:从陆九渊到王守仁

明朝后期中国社会的实际情况,显然比东林党人期待的那种"理想社会"要好得多。特别是在东南沿海地区,妇女改嫁的情况仍然十分普遍,不缠足的风气也在兴起,殉葬遭到强烈的抵制。这是因为,一个新的商业阶层、市民阶层正在兴起,他们具有改革创新的气质,从本能上反抗那种等级森严的宗法体系和它背后的思想支撑。

官僚体系的爪牙固然伸得很长,但控制最严格、破坏最厉害的地区还是农村。对于城市化和近代工商业繁荣带来的新的社会经济结构,这个古老的官僚体系控制起来还缺乏经验。

官僚贵胄集团纷纷利用特权经商,大发横财,但是一些草根的工商业从业者仍然能够获得生存的空间。特别是大航海时代带来广阔的贸易机会,城市近代手工业兴起,庞大的增量财富被创造出来,整个财富的分配格局就不再是农业时代的"零和博弈"了。既然官员经商能发大财,那么他们也就不必去盘剥普通商人。

农村地区土地兼并严重,大量农民不堪承受沉重的赋税,被迫抛弃土地进入城市,从事手工业。富商也因为土地上的税收和劳役太重,积累下财富不用于购买土地,而是大量投资于纺织、炼铁、造船、瓷器制作等实体手工业。近代资本主义开始在东南沿海萌芽，这种状态，非常类似英国历史上的圈地运动，而且正好发生在同一时期。明朝的工商业经济发达程度和城市人口规模远远超过当时的英国，纺织技术和冶金技术也都领先欧洲。

因为这种经济结构的变动、新的社会阶层的产生，一种新的革命性思潮也就应运而生了。它也是儒家学派的一个分支——心学。

心学诞生于南宋末年，跟理学是同一时期。创始人叫陆九渊，他提出心学的一些基本概念。陆九渊对心学的贡献类似韩愈之于道学。在蒙古灭亡南宋以后，心学的发展一度中断。

心学再次振兴是在明朝正德年间。镇压宁王叛乱的赣南巡抚王守仁，对心学思想进行了系统化、哲学化的构建。王守仁对心学的贡献就类似于程颐、朱熹对道学的贡献。程颐、朱熹改造后的道学被称为理学，王守仁改造后的心学被称为王学。一般现在谈理学就是"程朱理学"，谈心学就是"陆王心学"。

心学的基本思想，就是反教条、反宗法，认为天理不是脱离人心客观存在的东西，天理就在人心之中。衡量天理正确与否的唯一标准是人心，而不是儒家经典或圣人语录。陆九渊认为，"宇宙便是吾心，吾心即是宇宙"，"学苟知本，六经皆我注脚"。儒家"六经"这些东西在陆九渊看来，只是学习的工具，不是神圣不可动摇的真理。

心学也是儒家思想的一派，不是对孔孟思想的背叛。孔子、孟子在提出思想理论体系的时候，包括两个方面，一方面就是把"君臣父子"的礼法体系视为理想的国家治理模式，另一方面就是民本思想，也就是以人民的生活幸福为一切政治体系构建的基本出发点。

在孔子和孟子那里，这两方面思想是一致的，并不冲突。因为孔孟生活在乱世，国家分裂，诸侯并起，民不聊生。以人民生活幸福为出发点，就需要建立一个有稳定秩序的国家，那么最好的办法就是"君君臣臣父父子子"，大家都按照身份各安其位，各自履行自己的义务，享受自己的权利。国君统治国家，军队守卫边疆，大臣负责行政，人民安心劳作，合理缴纳赋税。这样一个社会，当然是符合民本思想的。后来中国2000多年的历史就真的是这样发展过来的。所以孔子、孟子是伟大的思想家，这个没有问题。

但是，大一统王朝建立之后，宗法体系逐步发展，就开始跟"民本"的要求产生矛盾了。这个时候，社会的主要问题不再是战乱，而是宗法体系中的上层统治阶级，他们变得贪得无厌、腐败无耻，严酷剥削劳动人民，导致民不聊生。这个腐败特权阶级试图索取的利益已经完全突破了孔子、孟子所描述的宗法体系规定的范围。于是，宗法体系就走到民生幸福的对立面，人民开始不断反抗这些特权阶级的宗法统治。

在这种情况下，孔孟传下来的思想就分裂了，坚持宗法体系的思想和以民为本的思想出现了冲突。那么，就有一派人认为，解决问题的关键是进一步强化宗法体系，对人民应该加强镇压力度，进行奴化教育，让他们完全认可宗法体系，继续各安其位。方法就是把宗法体系神化、宗教化、仪式化，这一派就形成道学、理学思想。

而另一派则认为，解决问题的关键是坚持以民为本。不利于民生幸福的制度，就应该废除，或者至少大幅度修正。修正的标准就是符合基本的人性。人民喜欢什么、讨厌什么，这些东西儒家学者也是可以体验到的。体验的方法就是求诸自己的本心。因为大家都是人，人心是相通的：你喜欢喝酒吃肉，人民肯定也不愿意吃糠咽菜；你喜欢娇妻美眷，女人肯定也不愿意年纪轻轻就守寡；你喜欢健康长寿，寡妇也不愿意自己去寻死。这些东西只要自己内心真诚反思，再结合外部的体验、实践和学习，都不难想清楚。所以为人做事，真诚是第一位的。这一派就是心学思想。

很显然，孔孟只是把宗法体系当成实现民生幸福的工具，而不是绝对真理。所以，在继承孔孟的思想上，理学得了孔孟之道，心学得了孔孟之魂。理学必然走向故步自封、僵化保守，而心学则能够开放进取、除旧布新。理学代表了宗法体系下的既得利益群体，心学则代表了反抗宗法统治的那部分人群。

心学的诞生晚于道学，理论体系的完善也晚于理学，所以它同时也是对理学思想的反抗。儒家学派中一些心存正义的人，对道学家表现出来的伪善感到无法容忍，结果就产生了心学。王守仁的理论强调"知行合一"，就是针对那些嘴上说一套背后干一套的人。知行不一的人就是伪君子。心学学派的基本要求就是，要别人干的事，自己首先得做到。

公元16世纪——也就是王守仁生活的年代,欧洲掀起了轰轰烈烈的宗教改革运动。这场改革的核心诉求,就是不再承认罗马教廷对《圣经》的垄断解释权。改革发起人马丁·路德声称,每个信徒都可以用自己的方式理解《圣经》,无须跟罗马教廷保持一致。而同时期中国的心学学派,则喊出"良知良能,愚夫愚妇与圣人同"的口号,要求打破理学家对天道的解释权,认为人人都可以通过诚心正意来理解天道。宗教改革派和心学学派的改革理念,在本质上是相通的。

东西方同时出现的这两场思想改革运动,都代表了新兴的工商业资产阶级和市民阶层寻求人格平等、思想解放的政治诉求。一场伟大变革的曙光,同时出现在欧洲人和中国人面前。

心学大师王守仁生于1472年,马丁·路德生于1483年,东西方两位伟大的思想家年龄只相差了11岁。王守仁"龙场悟道"的时间是1507年,马丁·路德发布宗教改革的"九十五条论纲"是在1517年,也是只相差十年。

东西方社会此时在政治思想上的发展阶段几乎并驾齐驱,正在极力争夺未来工业时代的领导权。

三、海瑞变法:一场被误读的改革

心学革命在儒家学者中间引起轰动。一大批尊崇心学的士人进入政府当官,对于维护明朝中后期政府中的正气起了非常重要的作用。

张璁变法就是在心学思想驱动下进行的。欧阳琛在考察了"大礼议"中支持皇帝的文官与心学的关系以后,说:"赞礼诸臣思想渊源,多为姚江(王守仁)王门高第。则此一新旧士大夫集团之政争,实与当时王学与正统朱学之对立有关。"[1]

"大礼议"中文官集团的分裂,其实就是心学学者反抗理学权威的成果。张璁、霍韬这些地位低下的官员敢于坚持真理,与整个文官集团对抗,靠的不仅是

---

[1] 田澍:《嘉靖革新研究》,中国社会科学出版社2015年版。

勇气，还有独立思考的人格。不管你是多大的权威，不管你对礼法的研究论证看起来多么神圣、深奥，你要求一个人管自己没见过面的伯父叫爹就是不对，经不起良知的考验。而且赞礼派都对自己要求严格，后来身居高位而始终保持清正廉洁的作风，从不以权谋私，就是有王守仁"知行合一"的教导在背后支撑。

后来的徐阶和张居正都跟心学思想有渊源，徐阶还公开讲授过心学，但他们都不算心学学派的士大夫。他们把心学当成一种"权谋之术"，所谓"运用之妙，存乎一心"，不用坚持道德原则，而可以随心所欲，为了达到政治目的不择手段。这是对心学的曲解。所以徐阶用那么卑劣的手段打倒严嵩，张居正也是靠诬告高拱来获得权力。他们在本质上还是传统理学士大夫，所谓"心学"不过是一个好用的工具。

真正的心学学派政治家，在张璁、霍韬等人之后，最有代表性的是海瑞。

海瑞给很多人留下的印象是一个刻板而保守的道学家。以致当时就有人传言，海瑞七岁的女儿吃了男孩给的食物，海瑞认为这违反了男女授受不亲的道学原则，竟然命令女儿自尽。这种传言把海瑞描写得跟那些丧尽天良的道学家一个模样。

海瑞名满天下，文人墨客听到有关海瑞的事迹就会记录到自己的笔记中去。但海瑞身边的人并没有记录过这件事，因此笔者认为不可信。

这个传闻之所以不可信，还有一个很重要的原因，那就是海瑞完全不是道学家、理学家。海瑞是一个反理学的人，是心学革命的先锋。他被任命为应天巡抚以后，刚到任就颁布了《督抚条约》，里面就有一条：不愿守节的寡妇应立即改嫁，溺杀婴孩一律停止[①]。

"溺杀婴儿"也是当时重男轻女搞出来的恶习，一般被溺死的都是女婴。海瑞对礼教这种东西相当不认同，他多次写文章大力批判朱熹。要说海瑞是道学家，那可真是冤枉他了。仅举几例就可看出海瑞对朱熹的批判：

"朱熹把读书放到正心诚意的前面，搞一些像蚕丝牛毛那么细小琐碎的学问，还有人说他是集大成的学者。我看，要说他能够学习诸子百家的观点，做些编撰

[①] 黄仁宇：《万历十五年》第五章。

整理工作，还是有贡献的，但要说他搞的那个东西是儒家的大道，那就不然了。朱熹从小到老，每天都在阅读各种经史子集。要是大家都像他这样，光做学问不反诸内心，圣人的真谛和儒家的大道就会变得支离破碎，这不能不说是他的一大过失。

"功过相比，朱熹的功劳在于使人博学，过错在于让人忘掉了本心，总的来说过错大于功劳。像朱熹这样读书读成书呆子的，实在是太多了。朱熹认为自己是一代宗师，现在全天下也都把他认为是宗师。所以我别人不骂，就骂他，就是他开的坏头。"[1]

"朱熹说陆九渊的学问好像禅宗，只讲究内心的顿悟而对天下国家无用。朱熹学习知识却不经过自己内心的反思，拿过来就指导天下国家。摇头晃脑的读半天，说书上某句话是这样说的，书上某句话是那样说的，就这样就能搞出有用的学问来了吗？陆九渊的心学虽然有时候会陷于流俗，但大的道理是明白的。朱熹则天天捧着他的《楚辞》、《阴符》、《参同契》、韩文，搞他的训诂之学，要训诂到什么时候才算完呢？

"孔子的学生颜回大家都知道是圣贤，但他一本书都没有写过。如果像朱熹这样，舍去本心，日日从事于古典文献研究，搞得什么章句注释，其实不过是出于好胜之心、好名之心。靠这样的动机来做事，不可以入尧舜之道。"[2]

---

[1] "朱子则先意于此，读书为先，求心反为后，茧丝牛毛，识者以集大成归之。谓择诸家之训什而纂其长，则亦可矣。谓道在是，则朱不然矣。夫朱子自少至老，无一日不在经书子史之间……圣真以此破碎，道一由此支离，又不能不为后人之误。功过并之，而使人繁于枝叶，昧厥本源，其过为大。……学之陷溺如朱子者，比比是也。朱子欲以其学位天下宗，天下亦因此信宗于朱子，故予不及其他，独指朱子为过。"（《海瑞集》，中华书局1981年版，第324、325页）。

[2] "朱子指陆为禅，然则将不讲其心，就外为天下国家之用。呻吟其佔华，而曰某章句如此，某章句如彼，然后能为学欤？……陆子不免少溺于俗，然心知其然。……朱子则《楚辞》、《阴符》、《参同契》、韩文，皆其年年训诂之册。不知此一训诂何日能已也？……夫颜子曾有一著述乎？……舍去本心，日从事于古本册子，章句句之。好胜之私心，好名之为累，据此发念之初，已不可以入尧舜之道矣。"（《海瑞集》，中华书局1981年版，第323、324页）。

《海瑞文集》里面还有很多夸奖陆九渊和王守仁的内容，说圣贤之道是"子思、孟子传自尧舜，陆子识之"，等等。总的来说，他的理论水平一般，但立场鲜明，把理学大圣人朱熹一脚踢出"尧舜之道"的正统，说陆九渊才得了孟子的真传。

有些学者把海瑞描述为"古怪的模范官僚"，不顾社会现实，就知道恢复朱元璋的祖制；还有些作者则说海瑞比较笨，读成书呆子，只能墨守成规，按照书上的教条来做事。这些都是对海瑞的误解。

海瑞脑子灵活得很，简直就是离经叛道，根本不承认从孔孟传到韩愈，再传到程颐、朱熹的"道统"，把朱熹的"格物致知"说成是专门研究鸡毛蒜皮的小事儿，忘记了真正的大道。

朱熹的《四书章句》注释儒家经文，是明朝科举考试的命题和评分标准，海瑞却说这些"章章句句"不入尧舜之道。他考了很多年才考中举人，之后一直考不中进士，估计跟他这个思想有很大关系。张璁也是考到40多岁才中的进士，应该也跟他喜欢心学而对朱熹不太认可有关。

至于说海瑞主张恢复朱元璋的祖制，也并不是保守落后。其实东林党人要恢复祖制，"大礼议"派要恢复祖制，张居正要恢复祖制，张璁也要恢复祖制。祖制这个东西就是一个政治工具箱，各个政治派别都跑去找自己想要的东西，东林党人看出来要减税，海瑞看出来要严惩贪污，大家各说各的，跟思想保不保守并无关系。

海瑞是王守仁"知行合一"理论的忠实践行者。他跟道学家的区别在于：道学家那一套是用来要求别人的，而海瑞的道德规范是用来要求自己的。道学家是"严以律人，宽以待己"；海瑞才是真正的"严于律己，宽以待人"。

海瑞做事情并不僵化。比如前面讲的驿站招待标准，真按照朱元璋的规定，淳安县一年只能花90两银子，而他实际开销是900多两银子，多了十倍。这种变通就考虑到物价问题，而且考虑到朝廷大员需稍存体面，需要供应鱼和鸡。这个标准比他自己的日常饮食水准高了许多，可以保证过客吃饱、吃可口。所以海瑞虽然把接待经费压缩了90%，也没有因此闹出什么大事。

海瑞在应天巡抚任上要徐阶退田，若完全按照法律来，徐阶的田应该全部都退，甚至像后来蔡国熙那样直接把徐阶家的土地没收。但海瑞采取的办法是写信给徐阶，要求他退超过一半的田就可以了。因为只有这样才能起到带头作用，才能让海瑞的退田政策在松江府推行下去，像徐阶那样象征性地退几百亩确实是不行。

海瑞的大原则是要在江南地区抑制土地兼并，这个原则不能贯彻的话他就绝不让步。但是只要能够贯彻这个大原则，他也希望降低改革阻力，不要把徐阶逼得太急、太过。这个策略是正确的。但徐阶太强硬，死活不肯让步，结果海瑞罢官，换上蔡国熙，直接就把徐家土地充公，让徐阶的儿子充军了。从后来的结果看，不管从海瑞的改革还是徐阶个人的利益来说，退田一半都是最佳选择。徐阶要是真退了一半，不跟海瑞闹，海瑞不用罢官，徐家还是巨富，也就没有充公、充军这些事儿了。

海瑞到任应天巡抚的这一年，江浙地区恰好发生了特大水灾，万顷良田泡在水里，庄稼面临绝收，老百姓生活在水深火热之中。面对严峻的形势，海瑞一面治水，一面救灾。他坐上小舟赴灾区，实地进行测量勘查，然后组织饥民疏浚吴淞江和白茆河。

这种做法是相当高明的：一方面用本来的救济粮食作为报酬召集民力治理了河道；另一方面，饥民既有饭吃又有事做，稳定了情绪，没有发生社会动荡。更重要的是，由于吴淞江、白茆河得到治理，"三吴"地区很长时间都没有发生水患。

就连当时反对海瑞的大地主、淞江人何良俊后来也说：前几年海瑞任应天巡抚，大力开浚吴淞江。后来隆庆四年（1570年）、隆庆五年（1571年）这个地区皆有大水，百姓却没有遭受水灾，就是疏通吴淞江的功劳。

海瑞到任应天巡抚后，为坐堂审案提出一个原则："凡讼之可疑者"，兄弟打官司，尽量照顾哥哥；叔侄打官司，尽量照顾叔伯；贫民和富豪打官司，尽量照顾贫民；老实人和奸猾之徒打官司，尽量照顾老实人。遇到官僚士绅跟小民打官司，如果争财产，尽量照顾小民，以维护社会公平；如果争言貌，尽量照顾官宦，以保存其体面。

从这个原则可以看出，海瑞对于社会改革有一套比较完整的看法，而且认真思考过：怎么样在促进社会公平的同时，维护社会稳定和社会秩序？上面的原则就是他思考的结果。

有人批评海瑞："不是想方设法去弄清案件的是非曲直，而是按照一套古老的道德标准，根据当事双方的身份和地位来做出判决……仅凭此一点，我们就不能说海瑞是个明察秋毫的明官。恰恰相反，称他是个糊涂官倒是有点名副其实！"

这种批评直接就把海瑞原则中的"讼之可疑者"这五个字的前提忽略了。海瑞判案当然是先要搞清楚事实，根据事实和法律作出判决。但海瑞有着丰富的一线断案经验，他很清楚：有很多案件，单凭双方的证言和提供的证据是没有办法搞清楚事实的；或者说，虽然知道事实，但按照法律条文很不好判决。

如果遇到这种情况，根据儒家扶弱除强的理念，海瑞会尽量作出有利于贫苦弱势群体一方的判决。同时，涉及名分、地位的争议，海瑞也愿意承认官僚士绅的特权地位，照顾他们的面子。此外，他认为应该尊重民间长幼有序的习俗，尽量作出有利于长辈、兄长的判决。

海瑞就想用这套原则，在维护社会秩序稳定的同时，努力推进社会公平。他并不想一下子颠覆社会秩序，来个大变革；也绝不想保持现状，不做任何改进。这是在特定的历史条件下，海瑞能够采用的相对可行的变通方式。

海瑞从来不迂腐。就像他批判朱熹一样，他对理论教条没什么兴趣，只想着如何解决实际问题。他从最底层的教谕到知县，一步一个脚印地走过来，只要是有实权的岗位，他全都做出实实在在的成绩。做事，则为官一任，造福一方；处世，则严于律己，宽以待人。海瑞跟那些伪善的、清谈误国的东林党人完全是对立的两个极端，不可混为一谈。

海瑞在应天巡抚的任上只干了七个月，却整顿了驿站——他把借用驿站证明信的人抓起来严刑拷问，查出是谁违规出借驿站凭证。他又澄清了吏治，完成了救灾，治理好了河道，推动了退田，打击了豪强，审结无数积压多年的旧案，探索了"一条鞭法"的改革。这种办事能力，令人叹为观止。

所以，海瑞不仅是一个清官，还是个实践经验丰富、精明干练的行政能手。

应天巡抚任内，是海瑞政绩最辉煌的时期，正因如此，他才获得老百姓的爱戴。江南百姓听到海瑞被解职的消息，都"哭泣于道"，大家不忍心让他离去，家家绘制海瑞之像，年年祭之。海瑞死后，江南百姓都十分悲痛。出殡那天，商民停业，平民百姓都来给他送葬，"丧出江上，白衣冠送者夹岸，酹而哭者百里不绝"。

如果把这种成功仅因为海瑞是一个保守的、古怪的清官，那么其实就是在说中国的老百姓都是愚昧无知的，只要立一个道德偶像起来，他们就会发了疯一样地崇拜。

笔者认为这种说法不能成立。中国的老百姓是很实在的，也是很不好糊弄的。海瑞之所以能够得到江南老百姓的爱戴，清廉只是一个方面，另一方面是他真抓实干做出了成绩，老百姓真的得到了好处，而且是很大的、受益面很广的好处。所以人民才会这样爱戴他、纪念他。

四、海瑞罢官：明末主要政治派系之争

海瑞的政绩，实则是心学思想在政治实践中的成功。这当然也为落后保守的理学士大夫所不容。所以，徐阶、高拱、张居正这些高官，虽然在政策主张上有所区别，但在打击海瑞这个问题上，态度完全一致。特别是徐阶和高拱这两人，本来水火不容，但为了阻击海瑞在政治上的进一步成功，竟然摒弃前嫌，联合起来赶走海瑞。

海瑞罢官，也就意味着心学学派谋求政治改革的努力基本宣告失败。

下面这张表可以看一下明朝中后期，心学变革以后，各个政治派别的基本情况：

心学学派			理学学派		
改革派			反改革派		
激进派	温和改革派		保守派		极端保守派
海瑞	张璁	张居正、高拱	严嵩（配合嘉靖）	徐阶、申时行	东林党
严肃整顿官僚集团，大力打击土地兼并，改革违反人性的宗法制度，重建社会公平	澄清吏治，改革官员选拔制度，改革教育体制，打破理学思想在科举中的垄断地位，鼓励考生独立思考	提高行政效率，进行财税改革，促进社会公平	以严刑峻法维持现状	努力协调各方冲突，维持现状	打击异端思想，独尊理学，强化宗法专制

明朝中后期的发展路径，就是从张璁改革发展到海瑞变法。海瑞变法失败以后，心学学派退出政治舞台，根本性改革的希望就消失了。

所谓根本性的改革，是指这样一种改革，通过它，可以让新兴的工商业资产阶级掌握政权，为中国的近代化打开道路。海瑞的改革当然不可能直接实现这个效果，但如果能大力肃清贪官污吏，实现官僚体系的大换血，让一大批清廉正直的心学学派官员进入政府，那么接下来肯定还会有一系列改革，为近代工商业发展扫清道路。海瑞的改革措施能够带来这种希望，而赶走海瑞，就连希望也没有了。

海瑞失败以后，理学士大夫内部也开始了自己的改革，也就是张居正变法。改革内容只停留在富国强兵的框架内，通过提高行政效率来增加国家收入。这个改革在短期内取得成功，但因为没有对腐败的官僚集团进行换血，只不过依靠皇帝的特别授权逼着一群不愿意配合的人好好干活，也就注定了人亡政息的结局。

张居正遭到清算以后，温和改革派也被逐出政治舞台。此后官僚集团就不再谋求任何形式的改革，只剩下反改革的保守派与东林党人争权夺利。

万历皇帝倒还记得海瑞，张居正死后他就想再次重用海瑞，但遭到文官集团一致反对，最后只给海瑞在南京留守政府安排了一个虚职。

海瑞此时已经72岁。他知道自己在南京既干不了什么事，也没有时间等待更多的政治机会了。既然有官职在身，他就可以直接给皇帝上疏了。他写了一封奏章，最后阐述自己的治国理念。他说：

"陛下励精图治，但效果并不显著，关键就在于对贪官污吏的刑罚太轻了。陛下身边的大臣不仅不提醒陛下，反而说皇帝应该善待士人，以此为理由一再要求宽容贪腐行为。这样对官员倒是很仁义，但对人民却很残忍。

"太祖皇帝当年对贪官污吏采用剥皮实草的刑罚，又在《大明律》中规定贪赃八十贯以上就处以绞刑。当时政府多廉洁之士，人民无侵夺之苦。可见，严刑峻法和礼法善政并不是矛盾的。在官员和人民的利益之间，太祖皇帝作了很好的权衡。

"但是这个好政策在弘治正德年间被改变了（指弘治年间颁布《问刑条例》一事，见前文——笔者注）。嘉靖的时候，霍韬曾经上书说，《问刑条例》竟然把贪污的罪行跟杂犯死罪放到一起加以宽免，实在是很荒谬。我赞成霍韬的说法，贪腐行为给人民带来的灾难，远远超过了普通的死罪。

当前贪污最厉害的，是巡抚、按察使这一级的封建大吏。但是吏部根本不把清廉与否作为选拔抚按官员的标准。这些官员到了地方，又继续容忍下面的官员腐败。这样贪腐之风怎么可能不越来越烈呢？"①

后面海瑞又列举了各级官员不少腐败方式。总的意思就是必须用严刑峻法来对待贪官，这是治理好国家最重要的一条。有人据此说海瑞要求恢复剥皮实草的酷刑，其实海瑞只是强调了朱元璋时期用严刑来打击贪腐的正确性，没说一定要搞剥皮实草。

但这已经足够让官员震惊了，他们纷纷弹劾海瑞。山东道御史梅鹍祚说"清平之世，创闻此不祥之语"，不利于让皇帝成为圣贤的君主；监察御史房寰则说这是"妄引剥皮实草之刑，启皇上好杀之心"。海瑞看到这些弹劾，一再要求辞职。

吏部针对各方对海瑞的弹劾以及海瑞的辞呈，写了一个意见，说：海瑞当年上书嘉靖皇帝，正直的名声震动天下，忠君爱国之心是没有问题的。但是这份奏章确实有违公论。海瑞这个人"当局任事，恐非所长，而用以镇雅俗，励颓风，未为无补"。所以建议还是让海瑞照旧供职。

这份意见表面上肯定了海瑞的长处，实际上是一种批评和否定，认为海瑞其实就是一个书呆子，干不成事，只能靠着清廉的名声来给大家当个活着的偶像而已。

这句话应该很伤海瑞的心。有很多文章说这句评语是万历皇帝写的，证之于《神宗实录》，其实这是吏部在上奏皇帝的奏章中所说的。后面跟着三个字"上从之"，万历皇帝只是同意了吏部不接受海瑞辞职的处理意见。吏部在奏章的前半部分大力夸奖海瑞的长处，但在关键之处把海瑞否定了，前面的夸奖只是为了显示客观公正，让万历皇帝接受他们给海瑞下的这个"当局任事，恐非所长"的结论。

---

① 《神宗实录》卷171。

这个招数取得成功，不仅骗过万历皇帝，还把后世的中国人骗了400多年。真实情况跟他们说的完全相反，"当局任事"正是海瑞最擅长的方面。海瑞是实干家，他的文笔一般、口才一般、理论水平一般、长相也一般，除了做官以外其他什么都不会，只有让他当局任事，才能扫荡官场的颓风。

不管怎么说，万历皇帝最终并没有采纳海瑞的建议，这对他来说实在是太过激烈了。作为一个在深宫中长大的皇帝，一个从小接受标准儒家教育的皇帝，一个只能通过文官集团的奏章来了解他所统治的帝国的皇帝，海瑞说的那些人民困苦对他来说太遥远了，只有一个模糊的概念，不可能像父母双亡、沿街乞讨的朱元璋那样有切身的感受。仅仅因为海瑞几百个字的奏章，就要他对手底下的大臣大开杀戒，这是不可能做到的。

五、杀死异端：东林党对李贽的迫害

万历十五年（1587年），73岁的海瑞在南京去世。

在此之前六年，另外一位心学学派的先锋人物，53岁的云南姚安知府李贽，辞去官职，开始专心著书立说。离职的原因，是他无法继续忍受官场的生活。

李贽的经历跟海瑞早年一模一样，都是只考中举人，没有中进士，第一份工作也是县城的教谕。他为官清廉，但政绩无可挑剔，25年下来竟然一步一步升到知府的职位上。离任的时候，"士民遮道相送，车马不能前进"。他走了以后，当地人民还给他建了生祠来怀念他[1]。

李贽于隆庆初年在北京礼部当一个不入流的小官，开始接触到王守仁的心学思想。当时官场内研究和赞同心学的人很是不少，但官位品级都比较低。后来李贽又到南京担任虚职。王守仁的几个著名弟子多次来南京讲学，李贽也深受影响。这期间李贽都比较闲，所以他花了很多时间来读书学习，理论修养比海瑞要高很多。

---

[1] 许苏民：《李贽评传》，南京大学出版社2006年版，第100页。

李贽思想的核心就是"童心说"。他认为人应该有童心，智慧可以深邃老成，知识可以渊博高深，但心中应有良知，则应该始终像儿童一样干净透明。

李贽坚持这个原则，就把他所看到的、所想到的都写了出来。李贽辞官之后做的主要工作，就是天天写文章揭露道学家、理学士大夫的真面目。

他说道学家是"口谈道德而心存高官，志在巨富"，"开口谈学，便说尔为自己，我为他人；尔为自私，我欲利他"，实际上都是"读书而求高第，居官而求尊显"，全是为自己打算，"无一厘为人谋者"。

对官场，他的评价就是："今之从政者，只是一个无耻！"贪官污吏横行的局面，就是在"驱天下大力大贤而尽归水浒"。他指斥当权的官吏是"冠裳而吃人"的虎狼，"昔日虎伏草，今日虎坐衙。大则吞人畜，小不遗鱼虾"。

李贽写的这些书，在当时就非常畅销。江南地区市民争相传阅，可以说道出了人民群众的心声。

如果只是简单地批判，那么李贽还算不得是一位伟大的思想家。他当了20多年官，政治思想主要有三条。

第一条，就是官员应该向海瑞学习，建立清廉高效的官僚体系。

李贽、海瑞都是心学学派的改革先锋，李贽当然是力推海瑞的。他在《寄答耿大中丞》一文中批评道学家虚伪无耻，"终日言扶世，而未尝扶得一时"，然后笔锋一转，说："欲得扶世，须如海刚峰（海瑞号刚峰）之悯世，方可称真扶世人矣。"

李贽很明白地指出海瑞和道学家的区别，就是海瑞有一颗悲天悯人之心。道学家的"扶世"，不过是拿着一些教条在嘴上说说，心里面没有真想明白，不能理解人民的苦难，所以他们扶不了世。那些道学家当中，即使有一些所谓的"清节之士"，也不过是"万年青草"，"可以傲霜雪而不可任栋梁"，可以说百无一用。只有海瑞这种人物才是"青松翠柏"，可以成为国之栋梁。

第二条，要大力鼓励工商业自由发展。

李贽说："商贾亦何可鄙之有？挟数万之货，经风涛之险，受辱于关吏，忍诟于市易，辛勤万状。"商人的财富是经过辛苦努力挣来的，社会应该予以尊重。而且，他还提出建立自由竞争市场的主张，认为自由竞争能够"各遂其千万人之欲",满足人民的多样化需求。

针对当时官商勾结、官商一体的普遍现象,李贽认为责任主要在官不在商。商人也是被逼向官员进贡,才能获得经商的便利。相反,道学家以圣人自诩,心里却打着赚钱发家的主意,从商人辛苦经营获得的收入中"抽丰",还嫌别人送得太少了,这才是无耻的获利行为。

第三条,政府要理财,要富国强兵。

李贽认为理学士大夫所谓的"君子不言利"的说法非常虚伪,其实就是只有他们自己能算计利益,而不准别人去获利。所以李贽虽然为商人说话,却并不反对国家正常的收税。他很推崇张居正,认为"今日真令人益思张江陵也","不言理财者,决不能平治天下"。他反对的是官僚对工商业过分盘剥。

李贽同时也反对让一群完全不懂打仗的儒家文官去搞什么"以文制武",说"孔子似未可以谋军旅之事"。他还专门学习《孙子兵法》并做了注释,出版《孙子参同》一书,赞同"知兵之将,民之司命,国家安危之主"的说法,认为文武应该并重。通过改革实现富国强兵也是李贽的理想。

从各个方面来看,李贽的思想都已经非常成熟。在人格上,他主张思想解放、人格平等;要求改革宗法制度,支持妇女解放;在经济上主张大力发展工商业;在政治上要求整肃吏治,重用心学学派官员;在军事上主张文武并重,富国强兵。这是一套完整的思想体系,代表了中国新兴工商业资产阶级和市民阶层的利益。它以"童心论"作为理论起点,推出关于个人人格、伦理道德、社会结构的基本准则,再用这套东西来分析政治、经济、军事的改革思路。就其完整、成熟的程度来说,李贽已经走到同时代西方宗教改革家的前面。

这些建设性的思想,跟他痛骂道学家无耻虚伪,是一体两面、相辅相成的关系。因为道学家及其代表的贪腐特权利益集团就是这套改革方案最大的障碍。只有当政者大力清洗这些伪善的道学官员,李贽的变革主张才能得以实现。

对于李贽这种主张,道学家完全不能容忍,不停地有地方官员想要逮捕他,不过也有一些赞赏李贽思想的官员愿意为李贽提供庇护。李贽就到处东躲西藏。

最严重的事件发生在万历二十八年(1600年)。李贽在湖北龙潭寺芝佛堂讲学,因为他宣传女性解放,所以有不少女性来听课。于是,地方上的道学先生就开始造谣，说李贽把女人叫到佛堂里面去淫乱。湖北按察司佥事冯应京——他是东林党人、张居正夺情事件中主动申请廷杖的邹元标的学生——做出了"毁龙湖寺，置从游者法"的决定。

在冯应京的幕后策动下，一批地痞流氓假装成愤怒的群众，打着抗议李贽聚众淫乱的旗号冲击龙潭寺，把龙潭寺砸了个稀巴烂，还放火把芝佛堂烧了。官府趁机带人以制止暴乱为名，逮捕了一大批李贽的信徒。李贽因为受到别的官员的保护，得以逃脱。

李贽跑来跑去，最后竟然往北京跑。理学士大夫听说他要到北京来，如临大敌。正在拼得你死我活的保守派和东林党人立刻搁置争议，一致对外。保守派首领、内阁首辅沈一贯幕后操纵，东林党言官张问达出面，向万历皇帝诬告李贽，获得成功，锦衣卫立即前往通州把李贽逮捕下狱。没过多久，李贽就在狱中自杀身亡。然后礼部就趁热打铁，上书请求皇帝焚毁所有异端邪说，驱逐西方传教士。不过万历皇帝没有批准。

远在江南的东林党精神领袖顾宪成听说李贽死了，在个人笔记中幸灾乐祸地写道：李贽一直讲心学，告诉大家要关注"当下""自然"的内心。如今"被人论了，才去拿他，便手忙脚乱，没奈何却一刀自刎"，这是哪门子"当下"？哪门子"自然"呢？

对此，《李贽评传》的作者许苏民提出这样的疑问：

"以往的说法是，李贽是被'封建统治者'迫害而死的。不错，他是死在皇城的牢狱中，是万历皇帝亲自下令将他逮捕究治的，幕后的主谋是东林党人的政敌沈一贯。从这一视角看，他无疑是被封建统治者迫害致死的。但细一考究，就觉得这种说法不完全对了。向万历皇帝告发李贽的，是被我们称之为'早期市民阶层的经济政治利益代言人'的东林党人张问达。在李贽被迫害死后，民间兴起愤怒的抗议浪潮之际，东林党领袖顾宪成却表现出一种幸灾乐祸的态度……究竟东林党人与李贽有什么不共戴天的深仇大恨，有什么非诉诸政治权力来解决问题不可、非将李贽置于死地而后快的利害冲突呢？"[①]

---

① 许苏民：《李贽评传》，南京大学出版社2006年版，第166页。

这段话指出的矛盾，其实在前面已经解释过了。其实，东林党人并不是什么"早期市民阶层的经济政治利益代言人"。李贽才是。

李贽写的书，一直非常畅销，深受江南地区市民喜爱，被焚毁禁止以后，私底下仍然广泛印刷流通。而东林党人，则只有官僚和大富豪出钱资助他们办书院讲授，但他们的书并不受民间待见。就像海瑞和东林党都以气节著称，但民间只崇拜海瑞而不理会东林党人一样。

东林党人是大官僚大资本大地主的代言人，他们所代表的那部分商业利益，是腐败的官僚集团控制下的垄断性商业利益，比如徐阶家族就控制着北京黄金地段的门面来经商。

这种利益与真正的草根工商业者和市民阶层的利益有接近的地方，但存在着根本冲突。他们不过是打着维护工商业和市民阶层利益的旗号，对上拒绝缴纳正常的国家税赋，对下搜刮欺压普通商人和市民，试图用古老的宗法尊卑等级制度和官僚特权来控制新时代的工商业资本主义生产，从而攫取暴利。

以李贽为代表的革命性心学思潮，要求打破官僚特权、宗法体制，营造平等公正的商业环境，这就与包括东林党人在内的整个贪腐官僚集团发生了不可调和的利害冲突。所以他们当然要迫害李贽，烧毁他的住所，毁禁他的著作，驱逐他，迫害他，诬告他，对他的死亡拍手称快，幸灾乐祸。

令人奇怪的是，现在主流的思想史中，始终把迫害李贽的东林党人视为近代工商业阶层的代言人，而把真正为民间工商业阶层利益代言的思想先驱李贽边缘化。这个问题真是值得思考。

六、唤醒皇权：明朝近代转型的机遇与败局

在张问达诬告李贽的奏章中，归纳总结了很多李贽妖言惑众的罪名。其中有一条是"以卓文君择得佳偶"。这是汉朝名门望族的女子卓文君，喜欢上一个穷书生司马相如，就跟他私奔的故事。这个故事在汉朝是传为美谈的，故事的结尾是卓文君的父亲接纳了司马相如。但道学兴起以后，评判标准就变了，认为

这是严重违反纲常伦理的行为，卓文君和司马相如简直就是奸夫淫妇。而李贽却认为自由恋爱是个好东西，竟然说卓文君择得佳偶，在道学家看来就是大逆不道。

除此以外，还有一条，就是"以秦始皇为千古一帝"。因为秦始皇搞焚书坑儒，早就被儒家学者视为大暴君，与桀、纣并列的。但李贽偏说秦始皇统一六国，推行郡县制，统一货币、文字、度量衡，等等，对中国作出了伟大的贡献，堪称千古一帝。

李贽的这第二个观点尤其值得注意。就是他一方面主张人性解放、人格平等，另一方面却对秦始皇这种强力推进国家变革的专制帝王极力推崇。实际上这一点几乎是心学学派的共识。海瑞因为骂嘉靖皇帝骂得够狠而名满天下，但仔细读他的奏疏，他是真心想用这种激烈的言辞激起嘉靖皇帝的干劲，劝说嘉靖皇帝重新振作精神，努力治理国家。为了达到这个目的，他不惜冒生命危险。所以就有很多人说海瑞这是"愚忠"，这也成了海瑞是保守、刻板的封建卫道士的一大证据。

因为东林党人喜欢跟皇帝死磕，用一些礼法制度来限制皇权，这儿不许去那儿也不许去，这不让花钱那也不让花钱。所以大家都觉得东林党人不错，至少在反专制独裁方面是很有民主精神的。

为什么主张人格平等、思想解放的改革派，极力赞成君主专制，而极端保守派却反对君主专制呢？为了理解这个问题，我们必须回顾一下其他国家从中世纪走向近代资产阶级民主国家的一般历程。

欧洲的资产阶级在建立自己的统治过程中，刚开始也是积极支持加强君主专制的。马丁·路德的宗教改革的一大成果，就是英国的国王亨利八世，在新贵族和资产阶级的支持下，宣布建立英国国教，脱离罗马教皇的控制。亨利以国王的身份担任英国国教的领袖，成为英国的独裁者，英国国王的权力达到顶峰。可见，这时的英国资产阶级，也很喜欢对国王搞"愚忠"，政权和教权都交给他一个人管着。

德国的俾斯麦——大家都知道他是铁血宰相，这也是德国走向现代化的关键人物。他比李贽、海瑞要晚200年才出现，也很喜欢专制而反对民主。他的名言就是："当代的重大问题并非通过演说和多数派决议就能解决的，而是要用铁和血来解决。"普鲁士国王威廉一世跟他说："你这么干，反对派会把我们两个都抓起来杀头的。"俾斯麦说："这是关系国家命运的大事，杀头也得干。"威廉一世表示同意，给予俾斯麦特别授权——类似于张居正从皇帝那里取得的授权。俾斯麦遂绕过议会发动了一系列战争，彻底打破了德国四分五裂的现状，建立了统一的国内市场和行政体系，为德国资本主义的大发展打下了坚实的基础。改革成功以后，普鲁士国王变成德国皇帝。新的德国皇帝对俾斯麦不满，解除了他的职务，俾斯麦也没有反抗，就解甲归田了。我们能不能说，俾斯麦也是"愚忠"，是保守落后势力的代表、死不改悔的封建卫道士呢？

日本的明治维新，最核心的一环就是倒幕运动。当时的资产阶级改革派，提出的口号就是打击保守的幕府将军的统治，把国家的权力归还给天皇。维新运动的胜利成果就是明治政府强制实行"版籍奉还""废藩置县"政策，建立中央集权式的政治体制，且天皇一切权力集于一身。后面的一系列改革，都是在皇权的支持下进行的。维新派领袖的出现比李贽、海瑞要晚接近300年，竟然还在拼命对天皇搞"愚忠"。

我们发现，在近代历史大转折的关键时刻，那些代表进步力量的改革先锋，都是通过加强个人专制来推动变革的。这种变革方式多次取得成功。

这里面的原因也很清楚：改革意味着打破既得利益集团的统治，必然遭到利益集团的强烈抵制。要成功地战胜这种抵制，散兵游勇是不行的，靠说服教育更是不行的。改革派必须掌握最终的生杀大权才可能把激烈的改革措施推动下去。所以有些国家，比如日本，没有君主专制，还要新搞出来一个君主专制，才能推动资产阶级改革。法国大革命把皇帝路易十六抓起来杀了，后来拿破仑还要重新加冕当皇帝。拿破仑当皇帝的时候，颁布了《法国民法典》，实施了一系列大力促进法国资本主义经济发展的措施。英国革命把国王抓起来杀了，又搞了很长时间的克伦威尔个人军事独裁，彻底消灭封建残余势力，再逐步转变为资产阶级民主国家。

人类的近代历史表明，一个国家要从古代社会实现向近代社会转型，建立一个强有力的君主独裁制度是基本前提。资产阶级必须先与专制体制结合，支持掌握生杀大权的独裁君主扫荡本国原有的贵族统治阶层，在国家政治、经济、军事系统中建立起资产阶级的统治地位，然后才能逐步向君主立宪制或者资本主义民主政体过渡。

中国的政治体制本来就领先欧洲国家1000年以上，早就建立起了比较完善的中央集权的君主专制制度。这个制度原本是应该非常有利于推动大规模的政治经济改革的。如果说拥护君主专制就是保守落后，无法孕育出近代社会，那英国、法国、德国、日本的改革先驱就全都是保守落后的代表，都别孕育什么近代性、现代性了。他们在搞改革的时候，如果有人穿越过去跟他们说："哎呀，不行，你们这是反民主、反自由的，是逆历史潮流而动，不能孕育出现代性。"那是极为荒谬的。

张璁、海瑞、李贽这些心学改革派虽然不知道欧洲国家之后的发展道路，但是他们对这一点是看得很清楚的。特别李贽和海瑞都出身于社会的中下层，又从帝国统治系统的最基层开始干起，一步一个脚印走上来的，对帝国政治生态和社会状况有非常深刻的理解。他们没有家庭背景，完全靠自己的努力成为国家中高级官员，是真正的实干家。他们的思想中几乎没有浮华、迂腐的部分，而是完全立足于如何解决国家面临的实际问题，如何能够真正地把改革推进下去。

他们设计的改革路径非常清楚：必须先加强皇权，靠铁腕进行改革，走富国强兵之路。

只有等改革完成以后，工商业经济高度发达，资产阶级的力量非常强大，这个时候才能来谈什么君主立宪或者民主政治。而这绝不是李贽、海瑞这一代人需要去考虑的问题。如果因为他们的改革理念中有赞成皇权专制的内容，就认为他们的思想本质上是落后保守的，无法从里面孕育出近现代社会，那就是滑天下之大稽。

在那个时代，奢谈政治民主化，才真正是保守落后的象征，是抵制改革的权贵集团十分希望发生的事情。保守派和东林党人就特别积极干这个：重大问题都要经过文官集团的"廷议"，形成意见由内阁草拟交给皇帝批示，皇帝如果同意，就成为法律颁布执行；皇帝如果不同意，按照惯例内阁就要辞职。一切不经过廷议和内阁草拟的皇帝命令都是非法的，文官集团拒不执行。这个过程在形式上的民主程度相当可以，而且全程公开，各种政务文件天天抄到邸报上全国发行，言官觉得哪个环节不对头就可以上书批评。在这套程序下，文官集团可以保证任何不利于他们的改革措施都会消失得无影无踪，权贵官僚的腐败问题绝不会被追究。

我们也可以把200年后俾斯麦的话套用到明朝末年："当代中国的重大问题并非通过言官们打嘴仗和多数派的廷议就能解决的，而是要用铁和血来解决！"海瑞上书万历皇帝要求恢复朱元璋的严刑峻法来对付贪官就是这个意思。不同的只是普鲁士国王坚决支持俾斯麦，而万历皇帝没有接受海瑞的建议①。

当时中国的情况是，已经有了一个强有力的君主专制体制，但是理学士大夫官僚集团成功地把皇权包围了起来：从皇帝还年幼的时候开始，就用标准的理学历史教材和理论教材向他灌输官僚集团希望他知道的知识，把他的世界观、价值观定型；等他当了皇帝，朝廷中有资格跟皇帝沟通的官员也全部是理学士大夫，皇帝对他统治的帝国所知道的一切，都只能来自经过文官集团严格筛选的、用深

---

① 脱离社会经济的发展现状，抽象地来谈"集权"和"民主"，很难得出谁先进谁落后的结论。

当代表新的生产力、先进生产关系的新阶层兴起的时候，他们往往会追求采用集权专制的方式去扫荡落后保守的利益集团，这个时候集权专制就是先进的政治体制；等新阶层已经在政治经济格局中占据了统治地位，而且他们还没有丧失创新活力，还在继续推动经济社会往前发展的时候，民主化就有利于统治阶层内部进行创新，过分集权则可能会遏制创新，此时民主就是先进的体制；等这个新的统治阶层自己也开始腐败堕落，不思进取，喜欢用特权来掠夺财富，而不是搞生产创新来创造财富的时候，他们就成为阻碍社会进步的既得利益集团、权贵阶层，民主制度就会成为拒绝一切改革措施的挡箭牌。所有触动现有利益格局的改革，都会被既得利益群体利用复杂民主程序拒之门外。民主又会变为落后的政治体制。

此时，新的改革力量将会再次呼吁集权专制，把自己的力量集中起来，打倒这个落后保守的利益集团。集权制度又将再次成为先进的政治体制。等改革或革命成功以后，政治体制又会再度民主化。

总的来说，集权制度有利于推动社会做出较大力度的转型，但会抑制社会创新；民主制度有利于社会在现有轨道上继续往前发展，但是社会中的深层次问题难以被革除，就使社会矛盾的积累越来越严重。两种体制经过较长时间的发展之后，都会出现僵化。所以，集权和民主，谁先进谁落后，取决于是否符合社会发展的实际需要。

奥难懂的古文写成的奏章。太监也有跟皇帝沟通的渠道，但是他们文化层次太低，难以向皇帝灌输什么新思想，提供切实可行的改革方案；武将勋贵则主要关注军事问题，而且他们也早就已经腐败不堪，跟官僚集团同流合污了，只要文官集团保证他们的特权，他们也没有兴趣提出什么与文官集团不同的观点。

这样，皇帝虽然看起来君临天下、威风凛凛，但实际上，不过是紫禁城中的一个"囚徒"。官僚集团从心理到身体都把他锁在那深厚的宫墙之中。他看起来在行使最高权力，事实上从思想到决策，都很难跳出理学士大夫给他画好的范围。

心学学派改革成败的关键，就在于能否冲破理学士大夫设下的重重障碍，与皇权结合。结合成功了，改革就可能成功，中国走上近代化道路；结合不成功，改革失败了，那么就只能走改朝换代的老路，通过暴力革命把官僚体系彻底血洗一遍，另外再立一个皇权来试试看。

张璁变法，就是这种结合的成果。理学士大夫把嘉靖皇帝逼得太过分，逼得皇帝绝地反击，这就给了地位低下的张璁、霍韬等人冲破这种封锁的机会。张璁抓住机会推行科举制度、教育制度和官员选拔制度改革，实际上取消了朱熹理学思想作为科举命题评分标准的地位，选拔出一大批赞成心学思想的人才。但是很可惜张璁只干了十年就去世了，而他的科举改革选拔出来的人才，还要在官场熬上二三十年才有资历进入权力核心。张璁死后，夏言、严嵩、徐阶都是科举改革之前选拔出来的人物，理学学派遂再次垄断权力核心层，此后就再没有类似于"大礼议"这样的机会出现了。

海瑞的《直言天下第一事疏》，则是在没有机会的情况下，发动的一次大胆的进击。拼着自己掉脑袋，也要唤醒皇帝，励精图治地搞改革。在海瑞看来，只要皇帝能够振作起来，自己死了就死了，心学学派还有很多优秀的人物可以辅佐皇帝。反之，他一个户部六品主事，本事再大、想法再多，也无法推进任何改革，还不如豁出命去搏一把。

这份奏章是伟大的牺牲精神与高度的政治智慧相结合的产物，直指明朝一切改革问题的核心。它跟《酒色财气疏》这种无聊地辱骂皇帝的奏章不同，完全立足于解决真正的国家大事，指出皇帝错误的关键，目的不是让皇帝按照儒家圣贤的标准行事，而是大胆地呼吁实施改变帝国命运的改革，提拔一批真正以天下国家为己任的人才。所以嘉靖皇帝看了之后虽然很生气，但是没有杀海瑞，还说了一句："这个人也许就是比干吧。"

嘉靖皇帝之前对那些上书劝阻他修道的官员下手是很重的，动不动抓起来廷杖打死，但对言辞激烈十倍的海瑞，关起来以后就再没有任何处罚。后来他还把海瑞的奏章反复看了好多遍，每次看完之后都很生气，要把海瑞杀掉，但最后也没有下那个决心。可见他心里还是有很大触动的，也许真的差一点就被海瑞说服了。

没有皇权支持的改革，做什么都是枉然。海瑞在江南拼命工作七个月，做了那么多事情，只需要御史一纸弹劾，皇帝在上面打个钩，他就得马上走人，一切成果立即烟消云散。

列宁在《两个政权》一文中说："一切革命的根本问题是国家政权问题。不弄清这个问题，便谈不上自觉地参加革命，更不用说领导革命。"其实，一切改革的根本问题，也是国家政权问题。不弄清这个问题，便谈不上自觉地参加改革，更不用说领导改革。区别只不过在于改革派主张以和平的方式夺取国家政权，革命派主张以暴力的方式夺取国家政权。对于这一点，笔者认为不管是俾斯麦还是明治维新派，或者英国的宗教改革先驱，都会表示同意。

像李贽和海瑞这样的改革派精英人物，从理论到行动都已经做得很到位了，几乎没有什么毛病。有很多之前被大家批评指责的毛病，其实都不是毛病，不过是要求他们在一代人的时间里，完成西方国家好几代人才能完成的事业，在扫荡腐败官僚集团的同时，建立一套符合近现代民主观念的政治体制，这是不可能的。就好像我们要求马丁·路德或加尔文这些宗教改革先驱，同时提出三权分立和主权在民的启蒙运动思想一样；就好像我们要求俾斯麦在统一德国以后，还要结束君主专制，把德国变成共和国一样。在李贽和海瑞所处的那个时代，他们的所作所为、所思所想，完全正确。

但他们终究还是失败了，而且倒在离成功还非常遥远的地方。所以我们今天只能说，他们的努力可以让我们看到中国提前实现近代化的希望。但仅仅是希望。

这种决定国运的改革，并不是依靠个人的努力就能推动的，它是利益集团博弈的后果。改革家做得即使尽善尽美，若反改革的势力过于强大，仍然无力回天。

理学思想经过300年的发展，已经深入中国社会的几乎每一个角落，要想冲破它的重重围困，实在是太难了，超过个人能力的极限。比如，一套能够给皇帝看的，按照心学思想系统解释中国历史发展脉络的书籍就没有。皇帝只能看《唐书》《宋史》《元史》《资治通鉴》这些道学家按照他们的利益来解释的中国历史，从中实在看不出来有像海瑞说的那样，用朱元璋的严刑峻法收拾官僚集团的必要性。

这是中国中央集权的君主专制政体超前1000年发展带来的弊端。官僚集团的发育已经非常成熟，贪污腐败的潜规则错综复杂，一荣俱荣一损俱损的利益格局牢不可破，在对上控制皇权、对内处置改革派、对下控制人民思想、镇压人民反抗等方面的经验已经十分丰富。经过长期不懈的努力，从启蒙《三字经》到经史子集，再到高深莫测的"格物致知"哲学；从《二十四孝》等通俗读物到《资治通鉴》等长篇巨著，不管你在什么年龄、什么地位、什么知识水平，都有适合你的道学洗脑读物。民间戏曲处处赞扬节烈忠孝，童谣民谚口耳相传长幼尊卑；宗族祠堂门前一片神鸦社鼓，贞节牌坊背后无数孝子贤孙。这一切的一切，都成为这个国家进行大规模改革的沉重负担。

古老的中华帝国背着这个沉重的负担缓缓前行，终于被欧洲国家从后面一步一步地赶超了上来。他们即将仿照1000多年前的中国建立自己的中央集权君主专制政体，然后用它来扫荡阻碍新的生产力和生产关系发展的一切旧势力，开创一个属于西方的工业文明时代。

第七章　万历盛世

一、万历三大征：大明帝国最后的辉煌

万历皇帝对发生在皇宫外的这些关乎国家命运的斗争几乎一无所知，或者说虽然知道一点儿，也完全不理解其中的意义。他所知道的就是文官越来越令人讨厌了。

朱常洛在万历二十九年（1601年）被立为太子。但东林党人还不算完，为了解除后患，他们又逼着皇帝抓紧把福王送到封地洛阳。后来又折腾出所谓的"妖书案"和"梃击案"。

"妖书案"，就是有人写了一份传单，说郑贵妃一直在试图废掉太子，另立福王，而且得到内阁首辅沈一贯和大学士朱赓的支持。

"妖书"在京城广为传播，震动朝野。锦衣卫多方搜捕，最后抓了一个落魄书生当替死鬼，杀了结案。但传单里面不少内容涉及朝廷和皇室的内部事务，不太可能由一个没背景的书生写成。最有可能的还是朝中政敌想要把郑贵妃和沈一贯、朱赓一起打倒。而这正是东林党人最痛恨的三个人。

这份"妖书"最后还有公开署名："吏科都给事中项应祥撰，四川道御史乔

应甲书。"这两人有个共同特点，都不是东林党。

这样分析下来，此事很有可能就是东林党在幕后搞出来的。

"梃击案"则是有个叫张差的人，拿着一根木棍闯入太子东宫，见人就打，但很快就被人制服了。经过审讯，张差是蓟州人，言语颠三倒四，精神有些不大正常。但东林党人、刑部主事王之寀再次提审，单独对张差进行审问，最后审问结果是张差因为赌钱输光了家产，被郑贵妃的两个亲信太监给了饭吃，派来刺杀太子，并许诺刺杀成功以后有重赏。

那个因诬告害死李贽的张问达再次出马，严词弹劾郑贵妃的弟弟郑国泰擅权枉法，认为是他在背后搞鬼。郑贵妃则惶惶不可终日，向万历皇帝哭诉。皇帝和太子不愿深究此事，以疯癫奸徒罪将张差处死。但东林党人仍然不依不饶，要求审讯郑贵妃的两个太监，结果啥也没审问出来，这两个人就死在监狱里。

这个事情不太可能是谋杀太子的阴谋。干这种杀身灭族的大事，哪里有随便在路边找一个吃不饱饭的家伙，给他一根木棍就去杀人的？那可是太子东宫，里面房间也很多，没人带路想找到太子都很困难。大白天的拿着一根木棍从正门闯进去，也不注意行踪，见人就打。就这样想把太子打死，幕后操作者的智商似乎不太可能低到这种程度。

王之寀的审讯过程也让人难以置信。之前御史和刑部反复审问，张差都是胡言乱语。王之寀私自审讯，据他说也没用什么酷刑，就是跟张差说："你饿不饿，说实话我就给你饭吃，不说就让你饿肚子。"张差就招供了刺杀太子的惊天大阴谋。这种情节过于离奇，实在是不能相信。

后来魏忠贤主持编撰《三朝要典》，指出东林党制造一系列政治案件的荒谬之处。东林党人遂把《三朝要典》视为大毒草，坚决查禁封杀。不过明朝禁书的力度一般，民间总会有人流传。明朝灭亡，东林党人投降清朝以后，再次要求皇帝查禁。最后他们利用清朝文字狱的威力，成功地消灭了这本揭露他们真面目的历史文献。现在只能看到《三朝要典》的部分残篇。

总的来说，这应该就是一个偶发事件，一个精神有点问题的人误打误撞进了宫门，没多一会儿就被抓住了，就这么简单，却被东林党人利用，再次对郑贵妃发动政治攻击。

这是"争国本"事件之后最大的两个案件。其实平时朝中一直有各种小事，东林党和保守派争来斗去，有时候又联合起来攻击郑贵妃。总之就是不干正事。

什么才应该是正事呢？就是如何治理好国家。比如：改革财税制度，解决政府财政危机；打击贪污腐败，加强官员政绩审核，让干出成效的官员得到提拔；打击土地兼并，促进社会公平；完善军事体制，打击吃空饷、侵占军屯等军内腐败问题；加强对外联系，甚至恢复下西洋开展海外贸易；等等。这些才叫正事，这才是中央政府官员应该努力去关心的事情。

可这帮人天天就揪着一些鸡毛蒜皮的小事上纲上线，或者无中生有地制造政治案件，互相攻击，争权夺利，连选拔地方官员都要靠抽签才能摆平，更不要说干别的事儿了。但凡皇帝主动想要干点什么，言官就会不分青红皂白地立刻上书辱骂，想尽千方百计博得大名，好为自己谋个好前程。礼部给事中张问达，因为诬告李贽、弹劾郑国泰立下大功，被不断提拔，任太常少卿、右佥都御史、湖广巡抚，最后竟然官至吏部尚书。

此时文官集团无能无耻已经基本达到可以亡国的标准。

万历皇帝困坐皇城，对此一筹莫展。他不满意的官员可以赶走，却不能选择让谁来接替——实际上他也没得选，改革派已经完全从皇帝的视野中消失了。他只能接受文官集团"廷议"推举的候选人。总的来说，当朝的官员还是保守派，更为激进的东林党人正在背后虎视眈眈。皇帝真把保守派赶走了，换上来东林党那帮激进分子，问题可能更严重，所以也不敢换得太猛。保守派的大臣也怕犯了错误被东林党抓住，只能天天和稀泥。

到万历二十四年（1596年），万历皇帝决定不管这个乌七八糟的文官系统，自己派出太监去征收矿税，稍后又开征榷税。矿税就是对开矿抽税。矿产资源本来就是埋在地底下的存量财富，应该归国家所有，对开矿征税天经地义。

榷税就是商业税，对商业经营活动征税。这个问题笔者在第二章讲过，明朝商业税税率极低，只有三十分之一，更要命的是连这三十分之一都别想征多少上来。官员往往拒绝征收商业税，核心原因就是官员的家属全都在经商发财，或者收受商人贿赂为其提供庇护。这样，收商税多的人就被视为奸臣，而不收税的则被视为贤臣。这种情况下，普通商贩也能跟着沾点光。但经商确实应该交税，不然国防安全、修路修桥、维护治安等开支靠什么，给官员发工资的钱从哪里出？工商业利润本来就比农业高，还不交税；税赋全都压到农民头上，农民会活不下去，会造反的。

所以万历皇帝征收这两项税是非常合理的想法，甚至可以说十分英明。让商人、开矿的多交点税，农民就可以少交点。至于派太监出来征税，原因很简单：张居正死后文官控制的征税系统基本处于半瘫痪状态，老是厚着脸皮报告说收不上来税，每年只能完成不到一半的任务。但实际上农民负担非常沉重，苦不堪言，国家财政却十分困窘，中间的差额就被官僚集团贪污了。如果让他们去征新税，要么就征不上来，要么就跟王安石变法一样，横征暴敛，朝廷收一块钱，下面收十块钱，而且这十块钱全都得底层老百姓出，权贵之家一分钱不出，非逼得人民造反不可。

万历皇帝只能绕开官僚集团，直接让太监下去征税，这样还能减少中间环节，降低征税成本，多收点税上来。

为什么开征矿税、榷税会从万历二十四年（1596年）开始呢？因为之前打了两场大仗，花钱太多。

第一仗是宁夏蒙古人哱拜造反。哱拜原属蒙古鞑靼部落，投降明朝以后在边防军中任职，屡立战功，被提拔为副总兵。但是，他逐渐把一大批投降明朝的蒙古人纳入麾下，形成一股分裂势力。万历二十年（1592年），因为兵饷老是拖欠，哱拜就联合居住在河套地区的蒙古部落首领著力兔发动叛乱，内外夹攻，宁夏陷落，陕西震动。

万历皇帝派三边总制魏学曾带兵平叛，结果打得惨不忍睹。魏学曾说这是因为诸将不听调令造成的。万历皇帝又赐给他尚方宝剑，将帅有不听命的，可以于军前斩首示众。但是这个魏学曾还是不行，根本就不敢再进兵，反而向皇帝提出招安。万历皇帝大怒，下旨训斥：

"这招安事情不得轻信……堂堂天朝，因此么么小丑，连兵累月，未克荡平，岂不辱国？"

万历很快就下令把魏学曾下狱论罪，另遣都御史叶梦熊为总指挥。同时调遣李成梁的儿子、辽东总兵李如松前往征剿。叶梦熊是文官，不太会打仗，但他很有自知之明，干脆就把前线指挥权全权交给李如松，自己待在后方。这个策略是正确的，李如松很快平定了叛乱。明朝内部的蒙古分裂势力彻底失败。宁夏地区因此一直到明朝灭亡都始终保持稳定[①]。

第二场大仗就是著名的朝鲜之役。日本第一次入侵朝鲜是万历二十年（1592年），跟宁夏之役的时间重合了。万历皇帝一收到日本入侵朝鲜的战报，马上就下令兵部支援朝鲜。但兵部根本没有搞清楚情况，竟然只派了3000人入朝参战，把日本人当成是流寇武装了。于是第一战就全军覆没。

万历皇帝下令让兵部侍郎宋应昌亲自带兵前去征缴。宋应昌一边走一边不停地向朝廷要钱粮、武器，走到山海关就不走了。被御史弹劾后，他就顺水推舟想要辞职，但皇帝不准，他没办法，只好继续往前走，走到辽东死活不肯去朝鲜了。有个叫张君就的道士来献策，说自己有神奇的法术可以退兵。宋应昌大喜过望，认为这是老天帮助他灭倭。他按照张道士的要求，到民间征用了200张桌子，堆成好几丈的高台，让张道士登台作法。张道士在上面焚香画符，披头舞剑，然后宣称三天以后将会有10万天兵去消灭倭寇。结果当天晚上，这个张道士拿着从宋应昌那里骗来的钱出去嫖娼，跟一个武将发生争执，眼睛都被打瞎

[①] 这一次大规模叛乱是明朝内部的蒙古人和河套地区的蒙古人联合发动的。隆庆年间高拱、张居正促成的"封贡贸易"一直在正常进行。所以，有些人幻想的、只要有贸易就会带来和平的说法，再次被证明是不一定对的。明孝宗当年也这么想的。但不管他对小王子多么优待，要封赏有封赏，想贸易就贸易，但小王子还是不断地来侵犯边关。高拱搞的封贡贸易只是在抗倭战争已经结束、北方有戚继光这种猛将镇着的情况下，才能带来和平。只有实力才能保障和平，贸易只能在此基础上促进和平，让大家更好地享受和平带来的好处。贸易本身不能带来和平。打不过蒙古，蒙古就不会跟明朝搞贸易，而是明抢；打不过葡萄牙人及其支持的倭寇，他们也不会跟明朝搞贸易，而会用对待东南亚、美洲、非洲国家的手段来对付明朝。好战必亡、忘战必危的教训必须时刻铭记。

对这一点，万历皇帝看得比文官大臣深远，由《神宗实录》里面的这样一段对话可见——申时行等人言："自俺答献逆求封，赖皇考神谟独断，许通款贡，已二十年，各边保全生灵何止百万。"上曰："款贡亦不可久恃。宋事可鉴。"时行等对："我朝与宋事不同。宋时中国弱，夷狄强，原是敌国。今北虏称臣纳款，中国之体自尊，但不可因而忘备耳。"上曰："虽是不同，然亦不可媚房。房心骄意大，岂有厌足？须自家修整武备，保守封疆。"

了。这个丑闻传出来，张道士觉得脸上挂不住跑了。这让宋应昌大为沮丧[①]。

宋应昌根本没打算去跟日本人打仗，他不断和兵部尚书石星商议与日本和谈。石星就找了一个会说日语的市井无赖沈惟敬，去负责跟日本人沟通谈判。这个沈惟敬是怎么被石星发现的呢？因为石星有个小妾的父亲袁某喜欢修道炼丹，正好沈惟敬在北京靠这个骗吃骗喝，两人就熟识了。袁某听说石星想要找人去日本谈判，就推荐了沈惟敬。沈惟敬是浙江人，以前听家里人讲过倭寇的事情，就靠着江湖术士的口才跟石星一通乱吹。石星以为发现了人才，就派他去日本了。

结果闹出很大的外交笑话。日本人提出的议和条件是均分朝鲜，明朝根本不可能同意。沈惟敬则直接把所有条件抹掉，声称日本人只求能够朝贡称臣就愿意退兵。明朝就据此准备了诏书，前往日本给丰臣秀吉封王，当然被丰臣秀吉拒绝。

这个事情也充分说明当时明朝中央政府的官员愚蠢、无能到什么程度。好歹之前明朝跟倭寇打了十多年大仗，打了几十年小仗，两国隔得又不远，民间交流很多，一旦日本有什么动静，朝鲜总是第一时间向明朝报告，万历皇帝也多次下旨要求提防日本人。兵部起码应该对日本加强监控，对日本的政局变化要有所了解。结果日本人都打到鸭绿江了，连日本有天皇这回事都不知道，还把丰臣秀吉当成国王。堂堂大明朝竟然连个会说日语的、靠谱一点的外交人员都找不出来，找了个卖仙丹的市井无赖出去搞外交，简直把军国大事等同于儿戏。

还好宁夏战役及时结束，万历皇帝赶紧把李如松又派往朝鲜。李如松还是很能打的，经过一年多的征战，终于把日本人赶跑了。第一次万历援朝战争结束。

打仗就是花钱如流水的事情。平定孛拜叛乱花了200万两白银，第一次万历援朝战争又花了400多万两银子。

万历二十四年（1596年），明朝派遣使者前往日本册封丰臣秀吉。当时明朝还没有发现沈惟敬是个骗子。但是日本能否接受册封始终是个未知数，万历皇帝必须做两手准备。这年六月，明朝派遣的使团达到朝鲜的釜山港口，结果石星推荐的代表李宗城因为害怕去日本，竟然私自离队，潜逃回国。没办法只能让副使节代为出使。与此同时，万历皇帝就下令开征矿税。四个月后，又派遣太监外出

[①]《定陵注略》卷2《建言诸臣》，万历二十年七月条。转引自樊树志《晚明史》。

征收商税。

十二月初四，蓟辽总督向朝廷紧急报告，丰臣秀吉正在积极准备第二次攻打朝鲜。万历皇帝得到消息，立刻下令把石星和沈惟敬抓起来下狱论罪，判处死刑，同时命令兵部开始准备打仗。

最后，明朝又花了300万两银子，打赢第二次援朝战争，彻底把日本人赶下了大海。

万历二十七年（1599年），四川播州又发生了土司杨应龙叛乱。明朝又花了300万两银子镇压。这次镇压的成果是把杨应龙控制的地盘完全纳入国家行政体系。播州那个地方从唐朝开始就由杨姓土司自治，只是接受中央政府的官职并上交税赋，算是半个独立王国。这次就一劳永逸地把这个问题解决了。

这三场大仗在历史上被称为"万历三大征"，总共花了1300万两银子[①]，把张居正留下的老本彻底打干净了，万历皇帝还收了几百万两的矿税和商税上来，勉强把账做平了。

二、皇帝罢工："万历怠政"的谜团与真相

文官一向把征税视为自己的势力范围，现在皇帝竟然派太监出来和他们抢征税权，是可忍，孰不可忍？他们一方面向皇帝控告太监在各地征税的暴行，一方面在各地掀起抗拒太监征税的浪潮。

按照文官的记录，皇帝派出去征税的太监全都是十恶不赦之徒，征税已经到了和拦路抢劫差不多的程度，导致无数商民破产、无数市民失业，民不聊生，国

[①]《明史·卷三百五·陈增传》，原文："宁夏用兵，费帑金二百余万。其冬，朝鲜用兵，首尾八年，费帑金七百余万。二十七年，播州用兵，又费帑金二三百万。三大征踵接，国用大匮。"三大征合计消耗了约1300万两银子。其中，朝鲜用兵两次，耗时差不多，但第一次准备比较仓促，战局进展不如第二次顺利，且第一次撤军之后因为和谈没有完成，还留下了一部分驻军，则第一次花费当会更高一些，估计第一次大约花了400万两，第二次花了300万两。

将不国。在江浙、湖广、江西、山东、河北等多个省的十多个城市，爆发了大小数十次针对太监的抗税暴动。他们罢市、夺矿、焚烧税监的房屋、杀死征税人员，等等。光看这些记录，好像全中国都已经陷入可怕的动乱之中。

而万历皇帝却完全对此视而不见。对于文官控告太监的奏章，要么不予回复，要么就是偏袒太监，处罚与太监作对的地方官员，活脱脱一副昏君加暴君的嘴脸。

除此以外，万历皇帝还几十年不上朝，也很少和大臣见面，大臣的奏章大部分不予批示、回复，直接就留中不发。尤其是对官员的选任，他表现得非常冷漠，大批重要职位的官员退休或者去世了，大臣推举上来的候选人，他既不同意也不反对，就让那个职位空着。这就是明朝历史上著名的"万历怠政"。

对此，柏杨在《中国人史纲》中更是给它起了一个骇人听闻的名字："断头政治。"柏杨在书中说：

明王朝开始出现一种自从人类有政治以来，从来没有听说过的断头政治。中国历代王朝的皇帝，无论如何昏聩凶暴，总是经常地（甚至每天）都要出席金銮殿上举行的清晨会报，跟群臣见面，讨论国政。必要时还出席小型的在别殿举行的高阶层会报，听取并裁决大臣的意见，术语称为"早朝"或"视朝"。

然而，自一四六〇年起，第九任皇帝朱见深（明宪宗）继承他冥顽不灵老爹朱祁镇的宝座后，他比老爹更冥顽不灵，索性不再露面。朱见深在位二十四年，始终藏在深宫，大臣不认识他，他也不认识大臣……

明政府象一个断了头的巨人，在悬崖绝壁上，蠕蠕而行。

……第十四任皇帝朱翊钧（万历）更加愚暴。……最初，隔几天还出现一次，后来隔几十天出现一次，久之隔几个月出现一次。而到了一五八九年（万历十七年）的元旦，那是天经地义地必须跟群臣见面的重要大典，朱翊钧却下令取消。而且从那一天之后，朱翊钧就像被皇宫吞没了似的，不再出现。

断头政治已够骇人听闻，而朱翊钧的断头政治，尤其彻底。他的祖先们虽然关闭深宫，国家事务，还利用"票拟""朱批"，仍在松懈地推动。朱翊钧三十年的断头政治，连"票拟""朱批"都几乎全部停止。官员们的奏章呈上去后，往往如肉包子打狗，永无消息。

明王朝的宰相不能单独行使职权，他的权力来自他自己的"票拟"和皇帝的"朱批"，二者缺一，宰相便等于没有能源的机器，毫无作用。朱翊钧时代的断头政治使二者全缺，全国行政遂陷于长期的停顿。到了一六一〇年（万历三十八年），中央政府的6个部，只有司法部（刑部）有部长，其他五个部，全没有部长。六部之外的监察部（都察院）部长都御史，已缺十年以上。

……

世界上再找不出这种政治形态，宫门紧闭，人们无法进去，奏章投进去如同投进死人的坟墓，得不到任何轻微的回音。人民的哭号，官员的焦急，如火如荼的民变兵变，遍地的诟詈声和反抗暴政的革命，朱翊钧都无动于衷。

明政府现在已成了一个断头的僵尸。

清人赵翼就说："论者谓明之亡，不亡于崇祯而亡于万历。"也是出于这个原因：皇帝不干活，也不让政府干活，既不作出指示，也不任命官员，天天派太监出去横征暴敛，搞得遍地民变，国家如何不亡呢？这个逻辑看上去还蛮有道理的。

但细细分析起来，里面的问题很多。

明宪宗朱见深是明朝的中兴雄主，不上朝但牢牢地控制着朝政，把国家治理得很好。明宪宗之所以停止早朝，很重要的一个原因是他有口吃的毛病，说话不太清楚，觉得这样在大臣面前有失体统，干脆就别说了，改为批阅奏章。

上朝就是一个形式。皇帝坐在高高的宝座上，下面大臣每人奏报一两件事，都是事前写在朝笏上照着念一遍，然后请旨。在明朝早期，朝会还比较认真地讨论国家大事。到了后期，形式主义越来越严重，变成走过场：各部门按照规定的顺序、时间、规范报告一下日常事务，进京朝觐的官员来朝拜，得到封赏的人来谢恩，新科进士被授官、京官到外地任职的也要来请皇帝指示，还有王府和边镇武将差遣使者来给皇帝请安，这些官员皇帝全都得接见一遍。大家见了皇帝都要先三拜九叩，官员什么身份说什么话，皇帝该如何回答，这些都是千篇一律的。一套流程下来，几个小时就没了，没办什么正事，回头还是得靠批阅奏章来处理政务。这种形式主义的早朝，实在是没必要上。

有学者说万历皇帝怠政的表现主要是"不郊、不庙、不朝、不讲、不见、不批"。其中郊祭（祭天地）、庙祭（祭祖）、朝会、讲习经筵都是形式主义，非常浪费时间，特别郊祭、庙祭这种礼仪典礼，皇帝不去还能省不少钱。

所谓"不批"则不符合历史事实，据《神宗实录》上记载，皇帝一直在批阅奏章，不然"万历三大征"是怎么打赢的？

最后真正靠谱的指责就是一个"不见"。万历皇帝跟大臣确实见得少，但遇到重要事情会临时把内阁首辅召进宫单独奏对，不能说是完全不见，只是不常见、不在正规场合见。

万历皇帝不愿意多见大臣，他自己解释说是身体不好，尤其是有腿疾，"腰痛脚软，行立不便"，又说"足心肿痛、步履艰难"。

文官对此完全不相信，轮流上阵对皇帝进行批判。如果只看文官的奏章，言之凿凿，一定认为万历皇帝在说谎。但20世纪50年代考古学家对万历皇帝的陵墓进行发掘，发现万历皇帝两条腿骨不一样长，经过鉴定应该是因为长期的足疾而导致腿部筋骨萎缩，甚至身材都有些萎缩。这是一种十分痛苦的疾病，走起路来就痛，甚至可能不走路也痛。一条腿长期行动不便，不敢受力，几十年下来腿骨才会出现明显萎缩。

可见万历皇帝并没有撒谎，他终生都在与足疾带来的痛苦对抗。从画像来看，万历皇帝在明朝皇帝中身材是较胖的，这应该也跟他行动不便、缺乏运动有关。肥胖可能诱发很多心脑血管方面的疾病，那么他说自己"头晕眼黑，心满肋涨"等症状也就不值得奇怪了。

如此看来，万历皇帝不怎么见大臣，而用批阅奏章的方式来处理朝政，跟明宪宗朱见深的原因是一样的，主要是由于疾病。

万历皇帝一直在不断批阅奏章，但他对四种奏章不予理睬：

第一种是辱骂皇帝的。万历皇帝知道这些人是在搞政治投机，这种人当然不用理他。

第二种是控告征税太监罪行的。这个问题皇帝有自己的看法和信息渠道，一般也不予理睬。

第三种是提一些大而空的意见，说国家现在问题很多，诸如广开言路、重用人才，等等，却不针对具体的事情提出解决方案。说到底也是为了博取虚名，显示自己很有治国才能罢了。

第四种是文官集团之间互相攻击、争权夺利,特别是为保守派和东林党党争服务的。

文官集团提交的奏章,绝大部分都是上面这四种内容。所以万历皇帝"怠政",也是被动怠政。他狠不下心来整治文官集团,所以只能消极怠工。但正经事务,他仍然会批复指示。"万历三大征"就是他直接指挥安排的,一个也没耽误,这就是明证。

三大征的最后一仗在万历二十八年(1600年)结束。战争结束之后,万历仍然没有闲着。从《神宗实录》里可以找到一些万历二十八年之后的政务活动记录。

万历三十年(1602年)三月,万历以"今帑藏空虚,边饷告急,户部堂官互相嫌疑推委……借词告病,不肯代君分忧……误军国大事",勒令户部尚书陈蕖及户部侍郎张养蒙致仕——这是在处罚懒惰的官员;

万历三十年(1602年)三月,根据官员上奏,把大运河河道衙门和漕运总督衙门分开——这是在改革官制;

万历三十一年(1603年)一月,下旨要求户部会同兵部,前往九大边镇核实军队人数,以制止将官吃空饷,安定民心——这是在整顿军队[1];

万历三十一年(1603年)四月,户部上疏请改革并推广"一条鞭法",提出了11条改革建议。万历皇帝批示同意执行——这是在改革财税制度[2];

万历三十二年(1604年),总理河道李化龙请开泇河以解决黄河水患。万历

---

[1]《明神宗实录》卷383:"兵科都给事中田大益因西宁囚丁之变,上言:九边额军八十六万有奇,实在不下五十九万有奇,军不能死敌而能胁主,马不能驰坂而能耗,积数不必实有而上不敢稽,一旦忿怒皆能口建血拥城迫众奔突。是以欲固边圉,莫若尽破边臣欺冒谩隐之习而正其罪。欲破边臣积习,莫若使士皆实有而无影射敢战而无骄亢。欲使士皆实有敢战,莫若先令充饱而后行简练。欲令充饱,莫若急救主计典兵之臣熟筹兵食区画处分,不致掣肘务求至足。奏入,上是之,曰:朝廷不惜数百万之赀岁给九边充饱士马,若边臣能洁己奉公、清革弊源,何致处处缺饷?人人思乱,祸机可虑,不独西宁。着户兵二部详究欺冒谩隐之习,亟图振刷务,使兵食各足,士马实在厘除影射以消衅孽。"

[2]《明神宗实录》卷383:"户部议条鞭法,请饬有司奉行一条鞭……奏入颁行之。"

皇帝批准同意执行。同年李化龙开河成功，黄河多了一个分洪渠道。第二年，又任命曹时聘为总理河道，在泇河分流地的上游朱旺口大修堤坝，建成170公里大堤，从此后黄河水患大幅度减少。清人靳辅以此为"明代治河最大成就"——这是在兴修水利；

万历三十五年（1607年）十月初一，户部说：运司盐课，过去两年，两淮拖欠了100余万两，长芦拖欠了18万两，山东拖欠了7万余两。请求派人调查并处理相关责任人，确保国家盐业收入，以解决边防军饷匮乏的问题。万历皇帝批示同意执行——这是在整理盐政；

万历三十八年（1610年）十一月初一发生日食，礼部钦天监所推算的日食起止时间都不准确。礼部官员上疏说：来华传教士所带来的西洋历法，比中国的精确，请求找他们来帮忙。万历皇帝下旨召李之藻到北京，参与历法编订，因为李之藻从外国传教士那里学习过天文、数学、地理等知识——这是中国官方正式学习西方科学知识的开始。

万历三十九年（1611年）四月，巡按辽东御史熊廷弼请设边镇常平仓，用来调节边镇地区的米价，以及储粮备荒。万历皇帝批示同意，并说：设常平仓有益于边镇，以后把常平仓的管理作为官吏考核的内容之一——这是加强边镇管理。

万历四十一年（1613年）五月，鉴于廷臣结党交攻日益严重。万历皇帝下旨警告吏部、都察院：近年来廷臣纷争，议论混淆。朝廷已经一再优容。近日却有愈演愈烈的趋势，致大臣不安其位，杜门不出，甚伤国体。自今以后，务必秉公奉职，不准各立门户，结党乱政，互相纷争，颠倒是非。否则一定严加惩处——这是抗议文官党争（不过没有发生任何作用）。

万历四十三年、四十四年（1615年至1616年），河南、河北、山东、江淮等地区遭遇严重旱灾，发生大面积饥荒，不少人以抢劫为生，社会秩序日益混乱。万历皇帝连续下旨，发户部太仆寺银16万两赈灾；令山东省布政司库贮解户部的税银6.6万多两及本年临清应解的税解4万两，用于本省救灾；又发通州仓米7万石，发临清、德州二仓米10万石，并发北直隶各地备荒米以及收买邻近丰收地区的杂粮，资助饥民；又发淮安府库存白银1.6万余两，买米煮粥，以治饥民；在河南则留税银4.2万余两，籴谷赈济饥民；此外还大规模地减免受灾地区钱粮赋税……这一段时间万历皇帝对于各种救灾的奏章批复都很多，几乎是有奏必回。这次持续两年的大救灾，是明朝历史上规模最大的赈灾行动之一——这是在组织救灾。

从上面这些记录来看，万历皇帝在文官所说的"怠政"期间，镇压内部叛乱，打击外敌入侵，兴修水利，组织救灾，改革官制税制，好像该干的事儿都干了，甚至让礼部编订历法的时候学习西方天文、数学知识，开了中国官方正式学习西方科学知识的先河。他真的在"怠政"吗？

即使如此，万历四十年（1612年）四月初二，南京、河南等道御史等官奏言中还指称："皇上深居二十余年，不见大臣一面，不议国家一事。"可见君臣矛盾之深。

三、简政放权：万历皇帝"断头政治"的真实效果

文官对万历皇帝的另一大指责是不任命官员，导致国家行政体系陷入瘫痪。

五品以下官员任命不需要经过皇帝，不存在缺乏的问题。对知府以上的四品文官，万历皇帝确实故意空缺有些职位。从中央到地方，一大批官位都出现长期空缺的情况。

万历三十年（1602年），南北两京缺尚书三人，侍郎十人，科道官94人；全国缺巡抚三人，布政使、按察使、监司缺66人，知府缺25人。内阁大学士沈一贯奏："天下御史巡行差务计十三处，今缺九处。"[①]申请调补。

万历三十七年（1609年）六月，南京礼科给事中晏文辉说：南京留守政府的尚书、侍郎缺额严重，当时南京九衙门仅有五人在职，即吏部侍郎赵士登、户部侍郎赵钦汤、兵部侍郎张鸣冈、都察院佥都御史丁宾、通政使王国，其余职位全部空缺。

[①]《明神宗实录》卷379，原文："己酉，大学士沈一贯题御史宪纲内外中差凡有十三处，今缺至九处。"

万历四十年（1612年）正月，吏部尚书孙丕扬奏：查各部院14个一把手，南北两京总共只有四人。副职编制是21人，现在实际只有九人，一再催请也不补缺；从来未有无官任事而可以虚位致太平的。

万历皇帝对以上奏请，全部置之不理，让这些官位就这样空着。

上面这些数据，乍一看比较吓人，好像政府马上就要没人一样。但仔细分析下来，其实并不怎么可怕。

首先，缺员最严重的是南京那个留守政府。这个留守政府本来就是个养闲人、吃闲饭的地方，几乎没有什么实际职责，是朱棣当年迁都的时候考虑政治影响才保留下来的。它早就没有存在的必要了。嘉靖初年的时候，霍韬就上奏建议革除南京留守政府，但是嘉靖皇帝考虑政治影响太大，最终没有施行。万历皇帝基本把它废了：不开除人，而是一旦位置出现空缺就不再补上，搞到最后就基本全空了。可以说将改革阻力最小化了，实现了精兵简政、裁撤冗员，这不是很好吗？

除了南京留守政府外，缺员最多的就是御史和六科。其实，这些监察部门已经丧失了监察功能，变成党争的工具，只能为幕后的政治要员充当打手。他们不仅辱骂皇帝，还经常抓大臣的"小辫子"，搞得大臣不安其位，都不敢认真做事了。这样的岗位缺一些官员，有利于提高政府行政效率。

地方上空缺比例最高的是巡抚和按察使这个级别的官员。海瑞最后给万历皇帝的上疏里面说："当前贪污最厉害的，是巡抚、按察使这一级的封疆大吏……这些官员到了地方，又继续容忍下面的官员腐败。这样贪腐之风怎么可能不越来越烈呢？"万历皇帝虽然没有听从海瑞的话，但用实际行动直接把这一级官员废了，让政府部门少了一个贪污最严重的行政层级。

对中央官员的缺额，黄仁宇在《万历十五年》里面对此说得比较中肯：

"皇帝的放弃职责并没有使政府陷于瘫痪。文官集团有它多年来形成的自动控制程序。每到属牛、龙、羊、狗之年，北京的会试、殿试照旧举行；地方官和京官按时的考核也没有废止。派遣和升迁中下级文官，用抽签的方法来决定。吏部把候补人员的名单全部开列……对于这些例行公事，皇帝照例批准。"

最后到了基层，真正干事的知府、知县这一级基本是满员的。万历年间全国官员正式编制就有2万多人，裁掉百十来个高官职位，还是有2万多官员。既然干活的人全都在，政府怎么会陷入瘫痪呢？

不仅没瘫痪，反而还提高了政府效率。

知府、知县这个层次的官员当然也贪污。但基层的贪污有很大一部分就是用来给上级行贿的，形成层层抽血的腐败机制。如果中高级官员职位大量取消，下级搞贪污腐败的动力马上就会减少许多。所以还有学者考证，万历年间基层政府的工作效率和清廉程度其实是不错的[①]。

明朝的科举考试制度到了后期虽然有所败坏，但并没有完全崩塌，选拔出来的人员素质也还可以。这些初出茅庐的书生，多少还有一些治国平天下的理想，也不是一当官就又贪又奸的。为了保住自己的职位和谋求升迁，有些地方官大力搜刮民脂民膏上贡，万历皇帝既然大幅度地减少了高级官员的数量，那么基层干部就可以减少对老百姓的搜刮，保持较高的清廉程度。

从这样的角度来看，万历皇帝拒绝给很多高级职位补缺，不仅不是祸国殃民，甚至可以说是利国利民。至于说有些地方连知府也没有，其实也就是知府衙门少了个一把手而已，还有同知、通判呢，没有一把手当然有二把手顶上，不过是拿着五品官的工资，干着四品官的事情罢了。有什么可怕的呢？

万历皇帝的这个做法，其实可以叫"精兵简政"。大力裁撤高官，让基层办事人员有更多的职权，这种改革的效果非常好。

当然，万历皇帝本人未必有这么高的觉悟，他应该就是觉得反正这帮大臣不干正事，干脆就别搞那么多人了，人越多，争权夺利越厉害，还得多发工资。人手少一点，一个人干几个人的活，忙不过来，就没那么多闲心去搞党争了。

万历后期，内阁大部分时间就只有一个首辅。沈一贯天天叫苦要求增派人手，皇帝一概不理。有一年科举考试，皇帝让沈一贯去当主考官。沈一贯趁机

[①] 杜车别（孙海宁）在《明代舆论独立的超前和君权约束的制度分析》中对万历年间的县令这个级别的清廉程度作了一个考证。他说：以冯梦龙编写的《寿宁待志》中记载的寿宁县而论，戴镗，万历十八年任，"奸尻屏息，库藏充实，卓哉能者，不但循良而已"；方可正，天启四年任，"留心民瘼，清节如水"；周良翰，天启六年任，"崇祯四年正月，以儒生鼓噪解任，转江西王府。强力任事，令出必遂，吏畏民怀，为不肖子衿所累，悲夫"。至于崇祯七年任寿宁县令的冯梦龙自己，那就更是一个好官了。

说，当主考官期间要封闭阅卷，没法看奏章，请增补一个次辅，在他当主考官期间代行首辅的职权。万历皇帝一想，为了个临时任务就增加一个编制，太不划算，就下了一道旨意，特批沈一贯可以在考试院里面批阅奏章，到时候派专人给他送进去。这样就又把一个次辅编制省出来了。

后来方从哲当首辅，老是被东林党攻击，压力太大受不了，一再要求辞职。万历皇帝总是下旨挽留，说国事艰难，你要负起责任，不能一走了之。方从哲趁机说实在扛不住了，找个次辅来帮帮忙吧。万历皇帝就不再回复，装着没听见。

从这些事来看，万历皇帝显然无意让政府瘫痪，而是努力维持。只是尽可能压缩人员编制，以降低成本、减少党争而已。

明末政府高层中贪腐横行，选官靠抽签，打仗靠作法，结党营私无耻无能。到了这种地步，很多高级职位其运行成本就远远大于它为国家创造的价值了，失去存在的必要性，就应该革除。

万历皇帝所选择的策略并非最优，最优策略是学习朱元璋。但这样就不可避免会与文官集团爆发激烈冲突，最后能否取胜并不好说。朱元璋以开国皇帝之尊铁腕反腐，尚且还有"胡惟庸谋反案""蓝玉谋反案"。到万历皇帝这里，皇权已经非常弱势。

万历皇帝只能选择一条比较中庸的道路，通过被动式的官位空缺来压缩冗员。从实际效果来看也是不错的，但只能暂时控制问题。等万历皇帝一死，一切就会恢复原状。因此这只能算是中策，远非上策，但远比简单地无所作为或者迎合官僚集团的意志去当贤君圣主要好得多，那才是下策。

四、抗税运动：隐藏在愤怒的群众背后的利益集团

文官无力抗拒皇帝裁撤高级官职的行动，但有办法对付皇帝主动派出的征税太监。

各大城市掀起抗税运动，若根据文官的记录，都是太监横征暴敛甚至打死人引发的人民反抗。文官完全站在主持正义的一方，坚决检举揭发宦官的暴行。其

实宦官也向皇帝提出辩护意见，可惜的是这些辩护意见没有被记录下来。

这里边并非没有可疑之处。如果相信文官在奏章上所说的内容，那么万历中后期的中国就到处都是暴乱，被征税太监搞得民不聊生、经济萧条。

但是，在文官的记录之外，另外一些非官方的民间记录则显示，当时的中国社会远没有那么恐怖。明末清初的文人丁耀亢写过一首长诗《古井臼歌》，其中有这么一句：

"神宗在位多丰岁，斗粟文钱物不贵。门少催科人昼眠，四十八载人如醉。"

丁耀亢是山东诸城人，万历二十八年（1600年）出生，这首诗写于清康熙八年（1669年）。他显然用不着拍前朝的马屁，不仅如此，夸奖前朝还有文字狱的风险。可见，这几句忆旧的诗应该是发自肺腑，当无疑义。

这首诗里面说，神宗年间，人民生活的一个特点是"门少催科"，也就是很少有税吏上门催收钱粮赋税，大家都可以放心地睡懒觉，万历皇帝在位的48年的时间里，人民生活都很舒服。

还有一首同样写于清朝康熙年间的《长安秋月夜》，里面也有这么一句：

"忆昔神宗静穆年，四十八载唯高眠。风雨耕町歌帝力，边廷远近绝烽烟。"

这首诗里把万历皇帝在位的年景称为"静穆年"，也是说社会生活一片安静祥和。人民耕作如常，安居乐业，享受和平的生活，歌颂皇帝的伟大。这里的"绝烽烟"显然是指万历二十九年（1601年）三大征结束以后的和平时期。作者能够活到清朝康熙年间，此时距离万历皇帝去世已过去了40多年，经历的应该也是万历后半段的"怠政"时期。这和万历派出税监的时期重合。但他看到的景象，却与文官描写的税监四处骚扰、搜刮民脂民膏的景象完全对不上。

另外一位在万历年间生活过的文人顾梦游有一首《秦淮感旧》，里面写道：

"余生曾作太平民，及见神宗全盛治。城内连云百万家，临流争傲笙歌次。"

顾梦游把万历治下的中国称为"太平""全盛"的时代，也跟民不聊生、经济萧条毫无关联。

清朝初年的一本通俗历史小说《樵史通俗演义》，第一回里面也说：

"传至万历，不要说别的好处，只说柴米油盐、鸡鹅鱼肉，诸般食用之类，哪一件不贱？假如数口之家，每日大鱼大肉，所费不过二三钱，这是极算丰富的了。还有那小户人家，肩挑步担的，每日赚得二三十文，就可过得一日了。到晚还要吃些酒，醉醺醺说笑话，唱吴歌，听说书，冬天烘火夏乘凉，百般玩耍。那时节大家小户好不快活，南北两京十三省皆然。皇帝不常常坐朝，大小官员都上本激聒，也不震怒。人都说神宗皇帝，真是个尧舜了……至今父老说到那时节，好不感叹思慕。"

这段可以明显看出，文官描写的万历时代，跟普通人的感受差别简直判若云泥——文官奏章里面写得如同地狱，而老百姓却是"大家小户好不快活"，而且"南北两京十三省皆然"。

这段文字还把文官骂皇帝的奏章叫作"激聒"。聒，就是聒噪，制造噪声的意思；激，就是刺激，以言辞相激的意思。文官的那点小心思，大家看邸报都看出来了，就是故意说些废话想刺激皇帝发怒，跟国家大事毫无关系。人民群众并不像文官那样，觉得皇帝不批复就是"堵塞言路"或者"怠政"，反而觉得万历皇帝看了这些东西竟然不生气，简直就是尧舜之君了。

谈迁在《国榷》中谈到万历皇帝的时候说："今吏民嗷嗷，追念宽政，讴吟思慕，虽改代讵一日忘之哉！"意思是现在的官员百姓众口嗷嗷，追念万历皇帝时的宽政，讴吟思慕，虽然已经改朝换代，却没有一日忘记啊！

《国榷》成书于清初，作者谈迁生于万历二十二年（1594年），万历皇帝去世的时候他已经26岁，对万历中后期的生活也有直观感受。他在书中也把万历时期的政策称为"宽政"，而不是"暴政"。

上面这些资料只不过沧海一粟，这些材料反映的情况跟文官在奏章中所说的情况完全相反。该相信哪一个呢？

有趣的是，很多人两个都相信。比如樊树志在《晚明史》（上卷）里面，"导论"第二部分就叫"商品经济的高度成长与市镇的蓬勃发展"，里面引用的资料大部分都说的是万历年间，极言当时的繁华景象。可是到了书的第五章谈到万历时期税监问题的时候，又说万历皇帝"把整个国家搞得民穷财尽、经济萧条"[①]。

同一个作者写的同一本书，对同一段历史时期的中国城镇经济社会所描写的

---

① 樊树志：《晚明史》（上），复旦大学出版社2015年版，第496页。

状况，竟然前后截然相反，前面说"高度成长""蓬勃发展"，后面说"民穷财尽""经济萧条"。这是为什么呢？

分析樊树志所引用的材料，在说万历时期经济高度繁荣的时候，资料主要来自地方志或者民间文人的笔记，还有一大来源于外国人的记录和葡萄牙、日本等国当时和中国做贸易的档案文献；而在说万历时期矿监、税监带来的危害的时候，则全都引用文官的奏章、笔记或者墓志铭上的内容，还有就是后来东林党主持编修的《明史》，除此以外就没有其他来源了。

两相对比，笔者认为前者更可靠一些，因为来源比较多，可以互相印证。尤其是和外国贸易的相关材料，作不了假。如果商家都破产歇业了，如何同外国进行贸易活动呢？而文官的记录则是一面之词，能够与他们说法相互印证的资料不多。

接下来就有一个问题：如果文官的记录不可靠，该如何解释遍布全国大小数十起民变呢？

暴乱本身是真实存在的。但是，也有太监向皇帝控诉，这些暴乱是地方官在幕后操纵的。

太监的话有可能是真的。这些暴乱有很大一部分并不是普通老百姓忍无可忍自发起来造反，而是文官集团和本地权贵势力煽动甚至组织了一批人，暴力攻击征税太监及其随从，然后根据这个上奏皇帝，诬告太监在征税过程中残害百姓，引起社会动荡，威胁政权安全，以此欺骗皇帝让他召回税监。

如果太监的申诉是事实，那么也就可以解释，为什么在文官的奏章中，全国上下到处都是暴乱，而同一时期的普通文人记录的却是"门少催科人昼眠"的太平盛世。

这个推测有没有根据呢？直接的证据不多，侧面的、间接的证据还是有一些的。

比如抗税运动中规模最大的湖广民变。据内阁首辅沈一贯上奏称，此次民变遍及武昌、汉口、黄州、襄阳等县，声势浩大，就是为了反抗征税太监陈奉的暴行。紧跟着，湖广佥事冯应京就弹劾陈奉九大罪状，陈奉则反告冯应京阻拦收税、欺凌税使。

万历皇帝下令把冯应京逮捕到北京审问。结果圣旨到的当天，武昌就发生民变。"愤怒的群众"包围了陈奉的税监府，把陈奉手下六人丢入长江淹死，殴打锦衣卫，还把税监府一把火烧了。为了平息文官声称的社会动乱，万历皇帝被迫把陈奉召回。

这个事情从文官的记录上看不出什么破绽。但这个冯应京是谁呢？万历二十八年（1600年），就是他组织了一批地痞流氓伪装成"愤怒的群众"去打砸龙潭寺，火烧芝佛堂，然后借机驱逐李贽。也就是说，幕后组织人打着群众的旗号闹事，冯应京是干得出来的。

而且此时在朝廷中呼应冯应京的官员是内阁首辅沈一贯，就是指使张问达向皇帝诬告李贽在佛堂聚众淫乱、教年轻人拦路抢劫的沈一贯。

那些"愤怒的群众"有没有可能是沈一贯和冯应京组织起来的呢？陈奉的罪行和暴动的规模有没有可能被严重夸大了呢？

鉴于沈、冯两位在其他方面的表现，笔者认为是很有可能的。他们用类似的方法迫害李贽，之所以能被记录下来，那是因为李贽是著名思想家，有很多文人朋友，他们在李贽被迫害之后把这些事情揭露出来，替李贽洗刷冤屈。而太监文化程度低，也没有文人朋友替他们辩解，所以今天就只能看到沈一贯和冯应京的一面之词了。

也可以设想一下：如果李贽没有著作传世，也没有文人朋友替他洗冤，今天只能看到冯应京的墓志铭、张问达的奏章这种材料，是不是也会得出"李贽这个人是个狂生，借口讲学散布淫乱思想，诱奸妇女，激起民愤之后被驱赶，其随从拦路抢劫、骚扰民众，最后被抓捕下狱而死也是罪有应得的"这样的结论呢？这是很有可能的。

除了煽动群众对抗以外，文官收拾太监的方法还有很多。比如太监潘相，他被派往上饶县查勘矿洞，事先通知知县李鸿，希望有所照应。李鸿却提前下令，禁止百姓供给他食物，违令者论死。潘相在山上奔走终日，饥渴难忍，疲惫而归，结果当然是一无所获[①]。

---

① 《明史》卷三〇五《宦官二》。

漕运总督李三才——就是那个用皇帝修宫殿的木头给自己盖豪宅的家伙——因为太监陈增沿河征税，影响了他管理的漕运收入，就想了一个天才的主意出来：买通监狱里的死囚，让他们诬告陈增的随从是其罪行的幕后主使，李三才就立刻把这些人抓捕下狱，拷打至死。

除了这些有确凿记载的事情以外，还有两次民变也十分可疑。

第一个是万历四十二年（1614年）五月的福州民变。"愤怒的群众"围攻税监高寀的驻地。高寀情急之下，策马挟剑突入福建巡抚衙门，劫持地方官吏作为人质。"愤怒的群众"看到官员被高寀挟持了，就不再继续追杀高寀，在地方官的劝说下散去。

这个事的可疑之处在于：如果群众真的是自发起来反抗暴政，无组织无纪律，愤怒至极，怎么会给地方官那么大的面子呢？人民造反，追杀官员，该官员竟然可以用别的官员当人质来威胁造反群众，还真是闻所未闻。太监高寀是怎么想到这一招的呢？是不是他早就知道这些人其实是地方官在幕后组织起来收拾他的呢？

在所有民变中，最著名、最值得深入分析的，则当属万历二十九年（1601年）苏州的"织佣之变"。

万历二十七年（1599年），皇帝派太监孙隆到苏州督促工商业税收。中央并没有增税，只不过要求严格按照三十税一的标准把该收的税收上来，但在苏州仍然引起震动，机户停机，商户罢市。孙隆不得不宣布，城内的交易暂不征税，而在城外交通要道开设关卡，只对跨城贩运的商品收税。这才算平息了风波。

两年后，也就是万历二十九年（1601年），为了完成税收任务，孙隆宣布每台织机加派三钱银子，每匹丝绸加派三分银子。这下又引起苏州工商业的集体抵制。商户宣布罢市，机户宣布停机。所谓机户，就是纺织店的老板，他们拥有纺织机，雇用机工、染工等从事劳作并发给工资。这已经是资本主义的生产方式了。

机户停工，纺织工人和印染工人——也就是"织佣"就失业了。他们没有工资收入之后，时间长了就可能饿死。于是大约2000名失业工人聚集起来，商量造反。在一名叫葛成①的机匠的带领下，这2000人分成好几拨，分头去焚烧孙隆手下税使的房子，并把税使抓出来打死。从六月初六到初八这三天，苏州城"诸税官皆次第歼尽"，也就是税官全都被杀光了。孙隆的府邸遭到围攻，但是他翻墙逃走了。

这个事情在历史上被称为"织佣之变"。看上去像是一次普通的抗税事件，但里面也有很多疑点。

第一，这些人组织性很强，在一开始就明确了"分别敌友，不取财物"的斗争原则。他们分成很多组，每组前往既定的目标，除了税使的住宅以外，其他居民的财物分毫不加损坏。打死税使以后就立刻撤退解散。

第二，工人的反抗目标存在越级错位。

孙隆等人收税并没有向工人收税，而是对准了机户和商户，向每张织机征收三钱银子，商人贩运的丝织品每匹征收三分银子。实事求是地讲，孙隆增收的税并不多。一匹丝织品在当时最少值二两银子，增收三分银子相当于1.5%的税率，六十税一，加上原来三十税一的标准，也不过5%的税率。至于一台织机三钱银子，就更低，可以忽略不计。总之，肯定达不到收了税之后，机户和商户就要亏本无法继续经营的地步。但机户和商户却立刻展开了大规模的停工和罢市。反应如此迅速，步调如此一致，幕后难道没有人组织？

停工罢市以后，工人失业，生活无着，不去找解雇他们的老板理论，却直接就去杀人，而且杀的是并不向他们征税的国家税使，这个斗争目标又是如何转移的？如果因为征税太重让工厂破产了、老板跑路了，失业工人去找征税太监算账，那还算正常。而现实是仅仅停机、罢市而已，老板没破产，人也在，钱也在，工人为什么不去找老板要饭吃，却要冒着杀头的危险去打死皇帝派来的征税官员呢？是不是有人告诉他们，打死了税使就有工资了呢？

还有，工人在分组行动的时候，手里已经拿到一份列着几位税官详细住址的名单。这份名单又是谁提供的？

---

① 《神宗实录》记载为葛贤，但根据墓志铭应为葛成，可能是当时民间尊称其为贤士，被混为真名了。

第三，文官集团在这个过程中坚决站到机户和织工这边。孙隆在府邸被围攻的时候，向苏州知府朱燮元请求派驻军镇压。但朱燮元拒绝了他的要求。朱燮元说：军队是用于抵御外寇的，不可用来镇压民变。我作为本地父母官，不能消灭胡乱征税的奸邪小人，让人民受苦，已经是罪过了，怎么还能去镇压人民呢？

太监虽然被文官描写得罪恶万分，但他们并没有掌握兵权，地方兵权在文官手中。文官不配合，太监就什么事儿也干不成。孙隆只能逃走，跑回北京去向皇帝告状。

在皇帝追究责任的时候，朱燮元等文官上书为暴乱的工人求情，说他们都是因为活不下去被逼反抗的，其行动只针对那些腐败的收税太监，没有造成其他损失，也绝不反政府。孙隆逃走以后这些人就已经散了，现在市场恢复了经营，社会秩序稳定。万历皇帝收到报告以后，下令暂停征税，只追究葛成等少数首领的罪责，其他参与者一概赦免。

最有意思的还是首领葛成的命运。作为暴动的首领，带人打死十多名征税官员，还焚烧多处税务衙门，这种罪名在明朝无论如何都是死刑，不被灭族或者凌迟处死就算运气了。但文官集团坚持认为葛成是勇于反抗暴政的义士，拒绝判处他死刑，最后只判处监禁。

葛成的墓志铭里面说得更神，说葛成主动到知府衙门投案。知府拒绝抓捕，说你是义士，为民除害，何罪之有？葛成说：为民除害，义也；杀人抵罪，法也。为义而犯法也是犯法，不管怎么说我杀了人，你不抓我，我就一头撞死。知府无奈之下才把葛成关进监狱。

葛成在监狱里待了十年后被释放。出狱以后，因为他有反抗暴政的好名声，"四方商贾之慕义者，醵百金遗之"，也就是说商人纷纷上门给他送钱。有一个苏州的富豪还送了一名姓艾的美女给他做妾。根据葛成的墓志铭上记载，他拒绝了全部礼物，但是接纳了美女，不过并没有跟她同房，过了几天就把她归还给母家另行婚配。这说明葛成是一个真正的贤士。

在这场"织佣之变"中，暴动者组织性很好，打击目标明确，得到的税官信息也很准确，事后又被文官集团庇护，参与者安然无恙，领头的葛成只坐了十年牢，出来之后要钱有钱，要美女有美女。要说整个事情就是织工自发的抗争，恐怕是不可能的。最大的可能还是文官和大资本家合谋，在背后策划组织的一次暴力抗税行动。地方官员的吃喝都指望从商业上来，大的商业店铺都是官僚的亲戚朋友在经营，各种利益盘根错节，太监跑来征税，白白分一杯羹，谁不急眼啊？

如果说前面的民变还最多只是幕后组织煽动的话，那么在万历三十四年（1606年）的云南民变中，文官集团就直接登上前台了。地方官员贺世勋、韩光大等直接带人冲进税监的驻地，把税监杨荣及其多名随从200多人杀死，然后把尸首投入火中焚烧。最后文官调查上报的结果，当然是杨荣横征暴敛激起民众愤怒，地方官员出于义愤才这么做。万历皇帝听了之后绝食三天以示抗议，他说："死一个杨荣不算什么，我痛心的是国家的纲纪如何废弛到这种地步！"

云南暴动，是地方官员抵抗太监征税行动的最高潮。受此事的影响，万历皇帝不得不停止征收矿税，而商税也大幅度降低了。从万历二十四年到万历三十四年（1596年至1606年），太监差不多每年收了五六十万两银子的税，十年累计六七百万两银子。后来十多年还有一些，数量就少得多了。总共加起来，征了20多年的税应该也就1000多万两，数量并不大。

有人认为，太监私下贪污的数量远远超过向皇帝进献的数字。贪污的情况应该是有的，但不太可能像文官说的那么夸张。因为太监从皇宫被派出来，到人生地不熟的地方收税，而地方官僚始终对他们虎视眈眈，不仅不提供任何支持协助，反而不断找碴儿，一有问题就马上弹劾、举报。这种监督力度是很足的。太监对上必须要完成皇帝布置的征税任务，对下必须要处理好跟地方上的关系，不然随时会有人民暴动，他们的生命都有危险；贪污被抓到证据的，皇帝就会下令抄家。他们夹在皇帝和官僚权贵中间，能够自由回旋的余地其实很小。万历皇帝真的有几次听信文官的举报，把好几个征税太监抄家了，但最后抄出来也没多少银子，与文官控诉的数量相比存在很大差距。

综合以上的材料可以认为：万历时期税监和矿监给社会经济带来的负面影响远没有文官说的那么夸张。之所以在很多城市激起民变，很大程度上有地方官员在幕后组织煽动。这并不一定说明太监在坑害老百姓，官逼民反。相反，很有可能说明太监在认真负责地工作，真的把税征到地方富豪权贵之家，让他们恨之入骨，必欲除之而后快。

万历皇帝之所以不相信文官的话，是因为文官的弹劾往往缺乏证据，耸人听闻，夸大其词。真正有证据的，万历皇帝都很快把太监召回甚至抄家了，并没有偏袒所有太监。对于大部分所谓的"暴动"，皇帝也没有像对待农民造反一样，组织军队镇压或者大规模秋后算账，只处罚少数几个带头的、闹得最凶的农民，而且最后召回大部分税监，做出妥协退让。

矿监和税监征税，极大地缓解了国家财政危机。虽然这些税收都进入皇帝的内帑，并不直接归户部管理，但这些钱很大一部分都用于救灾和军费。比如万历四十三年（1615年）的大救灾，就有多处发内帑的记录。保定巡抚在上奏中提到"皇上又大发帑金、出通、德二仓粮平粜"①，内阁大学士叶向高在万历四十五年（1617年）的奏章中回顾救灾，也说皇帝"曾以大旱发帑金、仓粟赈济"②；首辅方从哲在万历四十六年（1618年）又上奏说："近发帑金十万，人心无不感激（后面的内容是发得还不够，请继续发）"③。这些记录里的帑金，都是指皇帝的内帑银两。

万历四十四年（1616年）十月，兵部报告边关经费紧缺，万历皇帝就下令用内帑银30万两及户、工二部银80万两支边。皇帝的内帑银子和政府的财政基本按照1∶2的比例用于军费。

万历皇帝去世以后，在内帑中留下了大约700万两的银子。这些银子大部分也被发为辽东军费了。万历去世后一年之内，就发了200万两出去④。内阁首辅叶向高还上书说："皇祖（指万历，他是天启皇帝的祖父）当年大力征收矿税榷税的时候，我们曾经大力反对，觉得天下的财富都是皇帝的，收那么多银子做什么？这几年辽东用兵，我才感觉到原来皇祖思虑深远，是留下来为将来的战乱做

---

① 《神宗实录》卷411。
② 《神宗实录》卷484。
③ 《神宗实录》卷570。
④ 《明史·叶向高传》："向高归六年，光宗立，特诏召还。未几，熹宗立，复赐敕趣之。屡辞，不得命。天启元年十月还朝，复为首辅……帝优旨报闻。旋纳向高请，发帑金二百万，为东西用兵之需。"

准备的。"①

叶向高作为东林党人，说这段话并不是良心发现，开始赞同收商税了，核心意思是通过夸奖万历皇帝，打着祖训的旗号劝天启皇帝把积蓄的内帑银子全都拿出来充当军费。最后他也基本达到目的。

除了这些开支以外，内帑中还有一部分则积攒起来准备修缮三大殿。三大殿是国家举行重大典礼的场所，在万历二十五年（1597年）遭到雷击被烧毁了。如果重修的经费找户部、太仆寺、工部要，那么这些财政库中用来兴修水利、救灾和打仗的钱肯定就会被大幅度挤占。

对老百姓来说，国家财政系统是一个整体，总的花销最后都要由他们来承担，征上去的钱归户部管还是归皇帝管对他们来说没有区别。三大殿被雷击烧毁，这是谁也不想碰到的事，要修就得花钱。明朝皇帝从来不在皇宫以外修建离宫别院，但三大殿是举行国家重大典礼的场所，200年前修的大殿没了，还是应该重修的。既然这笔额外的开支有了别的来源，就可以不用挤占军费、救灾等开支了，间接来说也对国家有利。

这些开支如果不让矿监和税监去征收，而是交给地方官员去征收，那么问题只会更严重。当时国家的税收基本上以农业税为主，农村地区土地兼并又很严重，权贵之家大量占据良田却不交税，加派钱粮只会大规模加到普通农民头上，那才会真的民不聊生、官逼民反。相反，税监和矿监只驻扎在大城市征税，征收对象大部分是富家商户，20多年才收了1000多万两银子，每年50多万两，相对于庞大的商业利润来讲可谓是九牛一毛。对商业活动影响不大，反而可以减轻普通老百姓特别是农民的税收负担。

这就可以很好地解释为什么文官上书控告了太监那么多罪行，声称全国到处都是可怕的暴动，但非文官集团的各种文献记录却普遍认为万历中后期是一段"门少催科"的太平盛世。

万历皇帝空置了一大批高级官员职位，精简了政府机构，放弃了通过行政系统向老百姓加税的做法，直接派遣太监对矿业收税，在中心城市和交通要道征收

---

①《熹宗实录》卷12。

商业税，让帝国的财政来源得以优化，降低了农业税在国家财政收入中的比重。这样，老百姓负担减轻了，工商业繁荣也没受到影响，对外战争却不断取得重大胜利，这才是真正的"民不加赋而国用足"。

张居正死后的30多年，万历皇帝在朝廷党争不断、官僚集团腐败问题严重的情况下，常年忍受着足疾带来的痛苦，忍受着言官的疯狂辱骂，尽心竭力地治理国家，独自撑起国家大局，在西北清剿了内外勾结的蒙古反叛势力，在辽东击败了日本人的进攻，在西南把杨姓土司的地盘收归国家直管，开创了官方学习西方科学知识的先河，别出心裁地遏制了腐败，解决了政府财政困难，减轻了底层人民的负担，营造了一段难得的天下太平的好时光，将嘉靖至万历年间的大繁荣景象推向顶峰。在一个王朝的末世还能出现这样一番景象，这是非常难能可贵的。

万历皇帝不能算是有雄才大略的君主。他治下的盛世，主要是嘉靖皇帝时期的张璁变法以及大力剿灭倭寇打下的基础，又赶上大航海时代的曙光，大部分的功劳不能归结到他头上。但他显然也努力做出很大的贡献。他没有选择用强有力的手段来整肃吏治、改革国家制度，没能进一步抓住大航海时代的历史机遇改变中国的命运，这是他的不足之处。但在改革派已经全面从政府高层中消失、理学思想早已系统性地控制了整个社会的情况下，这样的要求对一个在深宫中长大的皇帝来说可能有点不切实际。

总的来说，万历皇帝是一位勤勉的、负责的、优秀的君主。对于过去400年来，理学文官特别是东林党人加在他身上的不白之冤，应该予以澄清，还他一个公道。

五、萨尔浒之战："文官统兵"制度的灾难性后果

万历皇帝这种勤勉而保守的做法只能暂时性地缓解社会矛盾，维持外在的繁荣。深层次的问题没有得到解决，大的问题早晚会爆发。

万历四十四年（1616年），已基本完成建州女真内部统一的努尔哈赤宣布脱离明朝独立，定国号为金，建都赫图阿拉。

那个500年前毁灭北宋的势力再度崛起。

随后，努尔哈赤以李成梁曾经害死他的父亲和爷爷等"七大恨"为理由，发兵攻击明王朝。他先后攻陷了靠近长白山脉的开原和抚顺，然后放火毁掉这两座城，劫掠了10多万人口退回到长白山山脉中。

万历皇帝感到事态严重，经过廷议，大臣推荐兵部左侍郎杨镐为辽东经略，主持辽东防务。朝廷从宣府、大同等边镇抽调了大约3万兵力，又从河北、山东、四川、甘肃、浙江、福建等省抽调了大约3万兵力，还让云南、四川等地的土司也派了数千人增援，又通知朝鲜、叶赫出兵策应。经过半年多的准备，明朝在辽阳地区集中了大约8.7万人的兵力[①]。

明万历四十七年（1619年）二月二十五，杨镐坐镇沈阳，兵分四路围剿后金：开原总兵马林带领从河北等地抽调的约1.5万兵马，协同叶赫部的1万援军，从开原出发；山海关总兵杜松带领宣府、大同等抽调的精锐3万人，从沈阳出发，出抚顺关；李成梁的二儿子李如柏带领2.5万辽东本地的军队从本溪出发；四川总兵刘綎带领从四川、浙江等地抽调的1.7万人，会同朝鲜方面的援军1.3万人，从宽甸方向出发。

这四路大军原计划翻越长白山后，于三月初会师，然后共同攻打赫图阿拉。

努尔哈赤并没有在赫图阿拉坐以待毙。他当时手下可动员的总兵力大约6万，少于明军的8.7万人。但是他决定集中优势兵力逐个消灭来犯之敌。三月初一，努尔哈赤亲自带领约5万人在萨尔浒伏击杜松带领的3万人。

杜松并不知道后金大军已经做好了埋伏。他看见前方浑河对岸的界凡寨有几百名后金兵在筑城，挡住前进的道路，于是自己带领1万人渡河攻击，另外2万军队留在萨尔浒山麓上扎营休息。就在他们刚刚渡过河之后，努尔哈赤的大军突然出现，围攻后方的2万人，而前方守城的人数也增加到上千人。杜松既无法渡河回来，也不能攻下城堡，眼睁睁看着2万大军全军覆没。第二天，杜松所带的1万人也遭围歼。杜松本人身中数箭而死。

[①] 李金涛：《萨尔浒之战研究》，中央民族大学2012年博士论文，正文第66页。本书关于萨尔浒之战的兵力、战损数字和战役时间均来自《萨尔浒之战研究》。

消灭了杜松部以后，努尔哈赤立即率军北上。三月初三，歼灭马林部。马林带领数千残军逃回开原。叶赫部落的援军得到消息，马上就撤退了。

与此同时，南路刘綎率领1万多人连续攻克后金军队沿途设下的多座堡垒，开始逼近赫图阿拉。努尔哈赤也带兵回到赫图阿拉。他这一次没有亲自出征，只派了大贝勒代善和四贝勒皇太极带领4万人前去消灭刘綎部，自己则带领1万多人马留守，防备李如柏的辽东兵来攻打赫图阿拉。刘綎经过两天的血战，最后终于寡不敌众，部队被全歼，刘綎本人战死。朝鲜援军全程在旁边观战，见到明军失利立即撤退。

李如柏得知杜松全军覆没的消息，又得知刘綎正在被后金军队围攻。此时他距离刘綎不过半天的行程，如果急行军过去支援，战局仍然可能发生变化。但他已经收到杨镐立即退兵的命令，更何况他本人也绝无勇气去跟后金大军决一死战，最终决定撤退。

最后的结果是，杜松、刘綎两部被全歼，马林部大部分被歼灭，李如柏部全身而退。明军最终损失人数4.5万人，把总以上将官阵亡300多人，刘綎、杜松、赵孟琳、王宣等几个明军当时最出色的总兵战死，丢失战马、骡子2.8万多匹，大、小火器枪炮2万余件。

后金方面战死四五千人，只有明军阵亡人数的十分之一，而且缴获了大量军事物资。这一仗打下来，后金和明朝在辽东的强弱形势就发生了巨大逆转。

萨尔浒之战的惨败，被公认是明朝灭亡的一大关键点。而这次惨败的直接原因，就是分兵冒进。这也是比较公认的。如果8万多明军共同行动，努尔哈赤想要带着五六万女真兵一口吃掉，几乎不可能。

那是什么原因导致明军采用这种分兵冒进的错误策略呢？

传统的观点认为，这是缺饷导致的。由于加派的辽饷是派到土地上的，给农民增加了很重的负担，官员也压力很大。为了缓解兵饷不足的问题，大臣反复催促杨镐赶紧进兵。比如孙文良、李治亭《明清战争史略》里面就说："朝议只恐师久饷匮，大学士方从哲、兵部尚书黄嘉善、兵科给事中赵兴邦等皆不顾边防实际，每天发红旗催战。方从哲写信促杨镐急发兵，杨镐惶惧计无所出。"

当然，还有人说万历皇帝本人也多次催促杨镐进兵。

不管是万历皇帝催促，还是文官催促，反正最后给杨镐制造了巨大的压力，不得不在军队尚未齐聚的情况下，选择了分兵冒进的策略，以希望速战速决。最后酿成悲剧。

如果这个"缺饷—催战—冒进"的因果关系是正确的，那么万历皇帝就应该对战争的失利负主要责任。

但仔细考量之下，这个因果链条有很大的问题。首先，这次征辽的军费比较充足，并不匮乏。户部的花钱预算一般都会超标计划，以此作为向皇帝内帑要钱的理由，不是说没有300万两银子就没法打仗了。抗日援朝的前两年，4万多明军入朝，中间歇了一年，最后一年增加到8万人，四年下来总共才花了800多万两银子。在朝鲜打仗后勤补给的距离比辽东更远。按照这个花钱速度，首批实发的230万两银子，至少足够支撑8万大军打半年仗。更何况还有后续的200万两辽饷加派。430万两银子，打一年没问题。朝廷希望能够尽可能地节约经费，不管军饷够不够用，肯定都想要少花钱。所以，用催战反推出当时军饷非常匮乏的逻辑不成立。

更重要的是第二条：分兵冒进并不能减少用兵时间，相反还会增加进兵时间。所以，分兵冒进和朝廷催战没有一点关系。

这一条很多人不理解。实际上，从远离山海关的陕西、山西、四川、云南等地调兵，都只有一条路线，就是由山海关出关之后，前往辽阳，再从辽阳分派到各地。

当时8.7万人马已经齐聚辽阳了，也就是说已经合兵一路了。在分兵四路之前，还在辽阳搞了一个誓师大会。而且总指挥杨镐，以及马林、杜松、刘綎、李如柏四大总兵都在辽阳开会，讨论战略。如果要快速进军，最快的办法就是走最大的一条路。8.7万人从辽阳前往沈阳，出抚顺关，往赫图阿拉一路杀过去就行了。这是最快的，一点也不耽误时间。

抚顺关那条路就是杜松带3万兵马走的路线，沿着浑河河谷往东一直走，走40公里，到达浑河与苏子河汇合处（萨尔浒附近），然后往东南方向走70公里，就可以到达赫图阿拉了，都是平坦的河谷道路，所以杨镐安排杜松带着攻城的大炮从这里走。大炮都能拉过去，通行8万人马没有问题。最多走得慢一点，在山里多走一两天就到头了。

而分兵四路的办法，马林就要带1万多人先北上开原，跟叶赫部援军会合，再掉头南下；刘铤则必须提前两天出发，先带1万多人南下宽甸，跟朝鲜援军会合，再掉头北上。杜松和李如柏都要等刘铤出发两天之后，再出兵。所以分兵是一个更加浪费时间的方案，"因为朝廷缺饷催战而分兵四路"的逻辑也不成立。

皇帝和大臣的催促，既没有明确限定时间，措辞也不严厉，远没有到可以让主帅杨镐担心晚发兵三五天就要被临阵撤换、追究责任的程度。我们不能因为萨尔浒打败了，而战争之前又有朝廷的催促，想要尽快打完好省钱，就想当然地认为战争的失败是缺钱和催促造成的。

分兵冒进的主要原因只有一个，就是主帅杨镐水平太低。而这背后的深层次原因，则是宋朝和明朝的文官搞出来的"文官统兵"制度。

首先说这个主帅杨镐。廷议为什么要推举他来当主帅，万历皇帝也同意了呢？因为他之前在辽东地区打过不少仗，比较有亮点的是带兵突袭蒙古炒花部取得胜利[①]。但那都是小胜利，次数也不多。

但是，杨镐这些小胜利加起来，都不如他打过的一次大败仗的影响大。就是万历援朝的第二阶段，因为李如松在北方与蒙古作战意外身亡，杨镐成为朝鲜战场的实际负责人。他带兵进攻日军占领的蔚山。日军在蔚山只有5000人，而杨镐带领了4万明军去打。当时杨镐就祭出"分兵合围"的法宝，分三路去进攻。其前锋部队已经攻破日本的前面两道防线，还有最后一道也马上要攻破了，杨镐却突然下令停止攻击。因为他觉得前锋部队功劳太大了，而李如梅带领的那一支队伍还没有到，他想把功劳留给李如梅。

等李如梅赶到的时候，日本的援军也到了，数量超过明军。杨镐见势不妙就率先逃跑，引发混乱的大撤退。日军趁势追击，明军阵亡1万多人。李如梅也在逃跑中落马，摔成残废。

万历皇帝极其恼火，想要把杨镐抓起来杀掉。但杨镐很会走关系，得到沈一贯、赵志皋等内阁大臣的庇护，最后只被撤职。

---

① 《明史·杨镐传》。

这种败军之将，竟然被再次推举为征剿后金的主帅，实在不可思议。但廷议的结果选择他，又是必然的。原因很简单：杨镐是文官，进士出身。

在文官里面，杨镐还算比较能打仗的，起码有过一些小的胜利。虽然在蔚山打了败仗，但在文官将领当中已经算是辽东作战经验最丰富的人了。要想从文官里面挑出打仗资历更深、对辽东情况更熟悉的文官，几乎不可能了。所以只能选他。

但是，当时显然有比杨镐更适合当主帅的人选。刘綎和杜松都比杨镐适合。其中刘綎的级别最高，除了是总兵外，还有一个左都督的头衔，是正一品的武官，在武将中仅次于李成梁。而且刘綎的战功也极为显赫，当时就有明朝"第一猛将"之称，智勇双全，多次运用伏击、突袭等方式大败敌军，打过大小100多次仗，从无败绩。

刘綎年轻的时候就带3万四川兵打败了入侵云南的10万缅甸兵，因此被晋升为副总兵。两次朝鲜之役刘綎都参加了，第二次就是杨镐蔚山之败后，他带兵攻击日军主帅小西行长的部队，取得胜利。战争结束后，刘綎被评为战功第二，仅次于李如松的副手麻贵。

后来平定播州杨应龙叛乱，刘綎带领的3万四川兵，一路过关斩将，把杨应龙逼到海龙囤（贵州遵义附近）。然后他又与各路兵马一起攻城，刘綎率先攻破外城。杨应龙自知内城已不可守，自杀身亡。刘綎因此被评为战功第一。

刘綎战争经验丰富，南方打过缅甸，东北打过日本，西北在青海打过蒙古部落，西南打过杨应龙等土司，每一次都战绩辉煌，是真正南征北战的猛将，在军队中威望很高。从各方面看，都比杨镐更适合担任主帅。

但是刘綎不能当主帅，因为他不是文官。

如果要论对辽东的熟悉程度，那么曾经接替李成梁当过辽东总兵的杜松也比杨镐更合适，而杜松之前打仗的战绩也比杨镐好得多。

但是杜松不能当主帅，因为他也不是文官。

在"文官统兵"制度下，打了大败仗的杨镐可以当主帅，而刘綎、杜松则绝不可能当上主帅。他们不仅当不成主帅，连军事决策层都进不去，只能被动服从文官的命令。

在大军齐聚辽阳之后，明军方面就组成一个决策小组，小组成员是辽东经略杨镐、蓟辽总督汪可受、辽东巡抚周永春、辽东巡按陈王庭，清一色的文官。几位真正要带兵出征的武将全部被排除在外。

对于这个小组做出的"分兵四路"的决定，三大总兵全部表示反对。马林明确地说："王师当出万全，宜并兵一路，鼓行而前，执取罪人，倾其巢穴。"但他们提出的反对意见被拒绝采纳，于是只能按照命令进军。

分兵进攻是不太懂战争规律的文官非常喜欢的作战套路。他们没胆量也没能力亲自带兵上阵，也不愿意由一名武将全权指挥整个军队——那样他们的兵权就会被架空。所以最好的办法就是在地图上画上几条路线，让几个武将各自带一路军队，分兵前进，自己在后方"坐镇指挥"。打赢了就是自己统筹全局、指挥若定，功劳最大；打输了死的都是武将，自己大不了被撤职，没有生命危险，还可以找机会东山再起。

分兵合围的办法，杨镐打蔚山的时候用过。之前的播州之役，文官总指挥陈化龙也用过。他让刘綎、麻贵等将领，分兵四路，从东、南、西、北四个方向进攻播州。当时明军总共有20万，每一路军队大概5万。杨应龙的军队总共有15万，但杨应龙采取的是分兵据守的策略，被明军一路攻城略地，最后合围成功了。

如果杨应龙跟努尔哈赤一样会打仗，他就会用两三万军队拖住其中三路大军，然后集中十二三万军队围歼战斗力最强的一路，再乘胜歼灭离得最近的另外一路，那么剩下的两路就只能退兵。杨镐在萨尔浒之战的惨败就要提前上演了。

在"文官统兵"这个制度下，因为主帅往往不熟悉战争的规律，也没胆量亲临第一线指挥，难以应对复杂多变的战场形势，又对武将猜忌、防范，不肯下放一线指挥权，军队的战斗力就必然被限定在某一个水平线以下。这个水平线，大体就是镇压农民起义和依靠城墙搞好防守的程度。如果跟蒙古部落、女真部落这种正规军硬碰硬地打野战，就只能碰运气。如果对方统帅水平一般，也能打一打；遇到水平高的，就难免要一败涂地。

播州之役打杨应龙，属于运气好，对手水平太差；宁夏之役和第一次朝鲜之役，是因为有李如松。他仗着皇帝的信任，不把"文官统兵"这个规矩放在眼里，把文官统帅丢在后方管后勤，自己亲领大军在前线作战，所以明军4万人就能打败日军七八万人。李如松死后，文官出身的杨镐马上就开始搞分兵合围，跟日军一打就惨败。明廷最后增兵派了4万明军入朝，兵力翻了一倍才取得胜利。

等到萨尔浒之战，李如松和李成梁都死了，明朝的好运气就结束了。

兵分四路的战法，并不是主帅杨镐迫于朝廷压力仓促做出的决定，而是很动了一番脑筋的。他的基本思路是：杜松这一路为主攻方向，马林带着叶赫部协同；而刘綎这一路是用来吸引努尔哈赤注意力的，因此让刘綎轻装快速前进，最先给努尔哈赤制造威胁。这样努尔哈赤就会调兵南下，被刘綎拖住，然后李如柏跟进，那么就可以为杜松和马林攻击赫图阿拉赢得时间。

为了实现这个战略部署，杨镐把大炮等攻城的重装备交给杜松部携带，杜松带的兵也以火枪兵为主，基本没有冷兵器部队；马林所统率的则是火枪骑兵部队，走得快一点，所以让他北上开原再南下，这样速度就跟杜松差不多。而为了让刘綎能够快速逼近赫图阿拉，杨镐交给他的武器都以冷兵器为主，而且比马林和杜松要提前两天出发。李如柏的辽东兵也是一样，以冷兵器为主，但安排的时间进度比刘綎要晚一天。

这个部署背后有一个很恶毒的意图，就是牺牲刘綎，让刘綎带着1万多兵去送死，为另外三路人马立功创造条件。

杨镐跟刘綎有过节。杨镐带兵打蔚山的时候，刘綎就是他手下的总兵，坚决反对分兵三路的策略。结果蔚山大败，杨镐不仅不承认自己不如刘綎，反而心存忌恨。

这次围剿后金，刘綎再一次反对杨镐分兵冒进。杨镐直接亮出万历皇帝给他的尚方宝剑，声称违抗军令者斩，把刘綎压了下去。刘綎出发的时候，杨镐又特别派了两名亲信带令旗随军督战，并给他们下令：如果刘綎进军缓慢，就夺了他的兵权，自行带兵前进。

刘綎对杨镐的想法洞若观火，他带兵跟朝鲜援军会合之后，就跟朝鲜主帅姜弘力说："杨爷目前与俺不相好，必要致死。俺亦受国恩，以死自许。"[1]

---

[1]《朝鲜李朝实录中的中国史料》，中华书局1980年版，第3021页。

在四大总兵中，杨镐跟李如柏关系最好。他给李如柏安排了一个最安全的位置：带着2万多军队跟在刘綎的后面，等刘綎跟后金拼杀得差不多了，杜松等人开始逼近赫图阿拉，努尔哈赤被迫回兵救援，李如柏就可以从后面追击。所以三大总兵都反对分兵进攻的方案，只有李如柏没意见，最后也果然只有他这一支安全撤退。

杨镐这种充满私心的安排，导致了一个比简单的分兵四路更糟糕的局面，就是冷兵器军队与热兵器军队分开作战，彼此不能协同。

冷兵器与热兵器军队分开的后果极其严重。明军当时已经大量配备了鸟铳，也就是火绳枪，杀伤力是比较大的。但是还没有线膛，精度很差，而且不能连发，发一枪之后必须花时间重新装填火药。热兵器部队因为不需要与敌人搏杀，也就没有配置盔甲，基本没有防护能力。在这种装备水平下，热兵器部队很难独立作战，必须有冷兵器部队的配合才能打好野战。也就是先由火枪兵放枪杀伤对方骑兵，然后本方的骑兵、步兵上阵杀敌，火枪兵利用这个时间重新装填火药。

努尔哈赤当时已经很了解明朝的火器装备，知道鸟铳的射程在30米到50米之间。后金骑兵在面对明军火枪队的时候，就进入50米的范围，但是不到30米，这样明军就会开火射击。后金骑兵穿着牛皮做的盔甲，火枪如果打到人头上就能打死，打到身上就只能打疼。由于火绳枪的精度很差，正中头部的概率很低。等一排枪响之后，骑兵就快速冲击。

30米的距离对骑兵来说就是三四秒的时间。一旦骑兵冲到面前，没有防护装备的火枪兵就成为可以随意屠杀的对象。这个时候最需要有本方的骑兵或步兵冲上来保护，为火枪兵退后装填弹药进行下一轮攻击赢得时间。但骑兵和步兵都被杨镐分配给刘綎和李如柏了，杜松和马林没有。

杜松部队被打得最惨，毫无还手之力。3万人被歼灭，对手只损失了几百人。马林的前部也是同样的下场，很快就被全歼。还好有潘宗颜带领数百人占据了一处险要的山头据守。努尔哈赤消灭马林主力以后，急于返回赫图阿拉攻击刘綎，被迫强攻。潘宗颜的火枪兵据险固守，在山上往下开火，打死女真兵上千人之后才被后金突破防线，全军覆没。这也是萨尔浒之战中唯一一场明军伤亡小于后金的战斗。

最后真正给后金造成麻烦的还是刘綎带领的冷兵器部队。后金以4万人攻击刘綎1万多人，打了两天，损失了数千人才取得胜利。如果李如柏的2.5万辽东兵能以最快速度赶来支援，明军仍有获胜的可能。

归纳起来说，萨尔浒之战的惨败，主要原因有三条：

第一，分兵冒进，导致本来数量占据优势的明军在每一场战斗中人数都处于劣势；

第二，冷兵器部队和热兵器部队分开，导致热兵器部队的战斗力完全无法发挥；

第三，战斗力最强、跟后金有过交战经验、对地形和天气最适应的李如柏带领的辽东兵被放到最后，不能发挥作用。

这三条，都跟万历皇帝有没有多发内帑、军饷是否缺乏、朝廷有没有催战没有关系。第一条是因为主帅杨镐不懂军事规律，这是他无能。第二条和第三条，则完全是他的个人私心造成的，这是他无耻。

这场战争中，明军装备是比较好的，4万多军队配备了2万多件火器，还包括多门大炮。这也说明在万历皇帝治下，明军军费是有保障的，所以才能购置那么多好装备。潘宗颜部的火力杀伤效果也说明，枪支弹药的质量都还可以，不是假冒伪劣产品。如果8万多人的明军合成一队出征，以冷兵器的骑兵和步兵为火枪兵提供保护，协同作战，则军队战斗力将远强于后金骑兵。努尔哈赤不管有多大的军事才能，都无法吃掉这支队伍。等大军兵临城下，又有火炮攻城，赫图阿拉必不可守。

在这场失败的战争中，明军一线将士表现得非常英勇，杜松和刘綎都力战身死。马林虽然带领几千人败走了，但随后后金进攻开原，仍然拼力死守，最终战死。尤其值得一提的是刘綎部中的4000人的浙江兵。这是戚继光留下来的队伍，组织纪律性极高，他们的先辈在剿灭倭寇的战争中立下赫赫战功。在主将刘綎战死、大部队已全军覆没的情况下，他们仍然严格按照戚继光留下来的阵法作战，外排的官兵倒下就马上有后排士兵顶上，阵形始终不乱，在八旗骑兵重重围攻之中坚持到最后，杀敌千人以上。

连监军也表现得英勇无畏。杜松部的监军张铨被俘，誓死不降，被处死。刘綎部的监军乔一琦则投崖而亡。

但是，所有这些人的英勇牺牲，都无法改变主帅愚蠢所带来的灾难性后果。

所谓"一将无能，累死三军"，就是对萨尔浒之战最好的描述。而这个无能、无耻的统帅杨镐之所以会被选拔出来，根本原因就是文官集团整体无能、无耻：一方面夺取兵权，搞文官统兵，防范和打压武将；一方面徇私腐败，在蔚山惨败后为杨镐提供庇护，让他逃脱了军法处置，为其在萨尔浒之战前的东山再起创造了机会。

通过对萨尔浒之战的分析，也就可以理解，为什么宋朝对外战争会如此一塌糊涂。

最重要的原因，就是"文官统兵"制度会使主帅中大量出现杨镐这样的人物。

明朝军法极严，文官统兵打了败仗也会被严厉惩罚，甚至处决。嘉靖年间，北京被蒙古军队围攻，兵部尚书丁汝夔就被杀掉；张经和李天宠没有及时击败倭寇，双双被嘉靖皇帝下令斩首；兵部尚书石星，因为用沈惟敬瞎搞外交，引来日军第二次侵略朝鲜，被处决；杨镐虽然逃过蔚山之败的追责，但萨尔浒之战以后也被抓起来杀掉了。就这样，明军才能在"文官统兵"制度下，维持比宋军强得多的战斗力。

而宋朝不杀士大夫，文官将领不管怎么丧师失地、临阵脱逃，都没有性命之忧，大不了丢掉官职，过几年再托关系东山再起。这就跟杨镐的经历是一模一样的。他们也都跟杨镐指挥萨尔浒一样，喜欢在地图上画线，让武将按照他们画好的线路分兵前进，自己在后方坐镇指挥。所以宋朝对外战争，不打则已，一打动不动就全军覆没，损失几万甚至十几万军队。最后只能一边死守城池，一边压榨人民来向敌国进贡，以勉强维持局面。

第八章 救亡图存

一、辽东沦陷：东林党的第一次主政

萨尔浒之战损失惨重，不过对明朝来说并没有到伤筋动骨的地步。4.5万人的损失在明朝历史上只能排第三位。第一位是土木堡之变，损失了10多万人，而且由于是皇帝亲征，无数高级武将勋贵和大臣都随同前往，国家顶级精英几乎被一网打尽。但明朝很快就恢复了国力，后来也没受什么大的影响。第二位是在永乐七年（1409年），朱棣派邱福率领10万大军北征蒙古，结果全军覆没，邱福、王聪、霍亲、王忠、李远五员大将全部战死。

这两场惨败的损失都是萨尔浒之战的两倍以上，而万历时期的国家经济实力和人口数量都是永乐年间的好多倍。所以只要能够吸取教训、重振旗鼓，就不难找到正确的战略战术，重新恢复在辽东对后金的战略优势。

萨尔浒之战后，万历皇帝很快下令将杨镐下狱论死，同时任命熊廷弼为辽东经略，整顿辽东局势。

熊廷弼之前当过辽东巡抚，对辽东的情况也很熟悉。其实打努尔哈赤就该派他去，但是文官集团只提名了杨镐。表面上是因为杨镐实战经验比熊廷弼丰富，但这个理由并不成立，因为杨镐的实战经验主要是打败仗的经验。

主要原因还是熊廷弼这个人是文官中的异类，喜欢习武和研究战略，左右手都能拉开几十斤的大弓，而且极其反感朝廷中的党争，不与任何政治势力结盟，也因此深受万历皇帝赏识。

万历皇帝"怠政"期间，内阁大臣的上疏都很少得到理睬，唯独熊廷弼的折子总是能很快得到批复。因为他的奏章都在谈实事，比如该如何在辽东屯田、如何建立常平仓、如何练兵，等等。万历皇帝一眼就看得出来这个人做事情务实，不结党。也正因为如此，熊廷弼在朝廷大臣中人缘很差，大臣当然不希望让他再去辽东立功。

万历皇帝没有坚持用熊廷弼，同意了廷议推举的杨镐，这不能不说也是万历皇帝的一个重大失误。但杨镐惨败之后，朝廷大臣都害怕承担责任，不敢说话，只能同意让熊廷弼出山解决问题。

自从万历放弃杨镐、起用熊廷弼，辽东局势就迅速开始好转。

熊廷弼的一切方针政策都得到万历皇帝毫无保留地支持，不但赐给他尚方宝剑，而且凡是熊廷弼的上疏基本都很快批复同意。

熊廷弼刚到辽东的时候，辽东地区一片风声鹤唳，到处都在传言后金兵马上就要打过来了，开原、抚顺、沈阳甚至辽阳的人民和士兵都纷纷逃亡。他命令佥事韩原善前往安抚沈阳兵民，韩原善害怕，不肯去。接着派佥事阎鸣泰去，阎鸣泰走到一半，大哭而返。熊廷弼于是亲往巡视，抵达沈阳，又冒雪夜往抚顺。

抚顺当时已经是最前线，无兵守卫，后金随时可能打过来。总兵贺世贤劝他不要去，熊廷弼说："冰雪满地，敌人想不到我会来的。"还命令随从兵士打着鼓，挥舞着巡抚大旗进入抚顺城，以安定人心。他在抚顺祭祀了那些为国事死亡的将士，哭了一场，察看了当地的地理形势。一路上，所到之处都招集流民，分派兵马驻扎，当地军民的心重新稳定下来了。

然后，他马上就大刀阔斧地进行整顿，斩逃将以祭死节将士，杀贪将陈伦，罢免总兵李如桢，以李怀信代替。同时监督军士建造战车、火器，疏浚城壕加固城墙，做好长期守御的打算。接着他向万历皇帝上疏，认为就当前形势而言，漫谈恢复、进剿显然过于草率，不如以固守为稳着，挡住后金的进攻势头，应该步步为营，渐进渐逼，以守为攻。

这一战略方针，得到万历皇帝的高度赞赏。他马上批复熊廷弼说："审度贼势，分布战守方略，颇合机宜。防守既固，徐图恢复进剿，尤是万全之策。"

熊廷弼在万历皇帝的全力支持下，仅仅一年就使辽东形势改观，辽阳颓城整修一新，逃亡人民纷纷回归，原先奉集、沈阳两座空城，俨然成为重镇。

萨尔浒之战后，努尔哈赤又用了半年的时间，彻底消灭了援助明朝的叶赫部落，解除了北方的威胁，之后才派兵来打沈阳。双方在花豹冲、蒲河等地小规模交战，结果明军损失大概七八百人，而斩获后金兵首级300多。由于明军的斩首数一般会远远小于实际杀敌数，所以后金吃亏应该比较多。这说明经过熊廷弼的整顿，明军战斗力已大为恢复。后金见占不到便宜就退兵了，辽东局势遂趋于平稳。

熊廷弼脾气刚硬耿直，喜欢谩骂，在文官中人缘相当不好，言官几乎把他当成"眼中钉""肉中刺"，不停地对他攻击、诋毁、诽谤，几次逼得熊廷弼辞职。万历皇帝和言官斗争了几十年，很容易就看穿他们的把戏。对熊廷弼的辞职申请，他回复说：

"辽事败坏，皆地方官玩愒所致。熊廷弼一意振刷，恢复封疆，朕深切依赖。今夷情甚急，岂经略释肩之时，自弃前功！著益殚忠任事，与诸臣协心共济，毋为人言所阻。"

最后一句"毋为人言所阻"，可谓是万历皇帝和文官集团打了几十年交道的经验之谈。他很知道那些动辄摆出正气凛然模样的言官是怎么一回事。他们可以肆无忌惮地污蔑皇帝生病是酒色财气所致，那么现在他们污蔑熊廷弼的话究竟有多少可信度呢？正因为自己有了几十年的切身经验，所以他才语重心长地告诉熊廷弼"毋为人言所阻"[①]。

然而，万历皇帝已经没有时间给熊廷弼更多的支持了。他当了48年的皇帝，超过他的祖父——在位45年的嘉靖皇帝，刷新了明朝皇帝在位的记录。早在萨

[①] 杜车别：《明朝的灭亡原因和中国古代政治制度的超前发展》。

尔浒之战前，他就已经因为病重而卧床不起了。后来因为萨尔浒惨败，他才又勉强打起精神，试图挽救危局。

但他终究还是撑不下去了。

万历四十八年（1620年）七月二十一，万历皇帝去世，告别了他苦斗了一生的文官集团，也告别了他鼎力支持、保护的熊廷弼。

万历皇帝死后，太子朱常洛继位。东林党人因为在"争国本"事件中大力支持朱常洛，打击郑贵妃和朱常洵，得到朱常洛的信任。东林党于是按照自己的纲领，开始大力扫荡"万历弊政"。

空缺的高级官员职位全部补满，各地的税监被全部召回。而万历皇帝大力支持保护的熊廷弼当然也在"弊政"之列，是非扫除不可的。

就跟张居正一死，戚继光和李成梁就被反改革派文官赶下台一样，万历皇帝一死，攻击熊廷弼的言论就蜂拥而出。他们给熊廷弼安了很多"帽子"，比如独断专行、军马不训练、将领不部署、滥用刑罚、不能收拾人心，等等。最荒谬的是御史张修德，他说熊廷弼破坏辽阳城防，而实际情况刚好相反。

无论熊廷弼如何上疏辩解，都会遭到一大群言官的围攻。他只能请求交还尚方宝剑，辞职离任。廷议的结果是允许熊廷弼离任，让袁应泰接替，此时距离万历皇帝去世仅三个月。

弹劾熊廷弼的主力，包括冯三元、张修德、魏应嘉等人，要么是东林党成员，要么是东林党的盟友。

袁应泰没有任何军事经验，之前在内地做行政官员，刚调到辽东一个月。东林党推举这么一个人接替熊廷弼，说明他们只关心政治斗争，对真正的军国大事并不了解，意识不到这种不负责任的任命可能会带来危险。

袁应泰完全按照内地行政管理的方式来主持辽东事务。最严重的错误就是大力接济了很多来历不明的难民，让他们进城居住，甚至将他们编入军队。这种做法在内地是可以的，但是在战争最前线，就是在引狼入室。而且他还大规模地收纳来自女真部落、蒙古部落的叛将和叛兵。手下的将领纷纷提出警告，他也听不进去。努尔哈赤得知袁应泰的做法以后，就大规模派人伪装成难民进入沈阳和辽阳。

所谓"慈不掌兵",长期从事地方工作的袁应泰显然不能理解这句话的含义。熊廷弼在的时候,治军严格,部伍整肃。而袁应泰对手下非常宽厚仁慈,结果就是军队纪律日渐废弛。更要命的是,他对当时明朝在辽东与后金的实力对比没有概念,放弃了熊廷弼制定的以坚守城池为主的战略,力主大力进攻、收复失地。上任之后没多久,袁应泰就向皇帝上疏要求征兵18万,准备收复失地,而没有把主要精力放到城防上来。

最后的结果就是一场灾难。第二年,后金大举进攻沈阳。总兵官贺世贤、尤世功放弃坚守的策略,出城与后金士兵野战,中了埋伏,大败而归。那些被袁应泰救济和招入军队的难民和士兵,他们对明朝是没有忠诚度的,一看见明军打输了,立即叛变,与后金派过来的奸细勾结,打开城门放金兵入城。贺世贤、尤世功两总兵死于乱军之中,沈阳陷落。

努尔哈赤随即进攻辽阳。袁应泰带兵出城五里与后金野战,仍然是大败而归,被迫退入城中据守。沈阳的悲剧再次发生,袁应泰招纳的叛将、叛兵在半夜打开小西门,迎接金兵入城。袁应泰自杀身亡,辽阳陷落。

就这样,在东林党人掌权不到六个月的时间内,他们就成功地赶走熊廷弼,任用袁应泰,连续丢掉了辽东最重要的两座城池沈阳和辽阳。长白山脉以西、辽河以东10万平方公里的明朝领土落入后金之手,兵力和资源的损失超过了萨尔浒之战,局势一片混乱。

二、辽西溃败:经略与巡抚的内斗

面对对外战争连续惨败,东林党人仍然热衷于党争,好像辽东失陷跟他们无关一样。

朱常洛当了一个月的皇帝就去世了。东林党人把这归结为郑贵妃,认为她送给朱常洛几个美女,导致他纵欲身亡。这些事情都没有根据。朱常洛以皇太子之尊,而且已经38岁了,嫔妃一大堆,孩子都生了好几个,为啥非要等到当了皇帝才开始纵欲?

此外，还有人将朱常洛的死因归结为一些大臣进献的各种药方。其中鸿胪寺丞李可灼进献了一种红色的药丸，朱常洛吃了之后两天就去世了。东林党领袖邹元标就说，李可灼是跟郑贵妃的太监崔文升合谋，故意下毒想要害死皇帝。以当时的医学水平，这件事也无法证实。没人知道朱常洛得的是什么病，也没人知道红药丸里面到底含有什么物质。

其实朱常洛在吃红药丸之前，病情就已经非常严重了，连续拉肚子，吃不下东西，处于病危状态。朱常洛活了38岁，在明朝皇帝中属于正常寿命，不算早死。明宣宗、明英宗、明孝宗，还有武宗朱厚照、隆庆皇帝都没有活过38岁，所以光宗死于普通疾病的概率很大，不一定是因为纵欲或者吃了红药丸。其实东林党运气还算好，如果朱常洛提前一个月死掉，或者万历皇帝晚死一个月，那么继位的就应该是东林党的死敌、郑贵妃的儿子、朱常洛的弟弟福王朱常洵了。

因为这些事情，东林党又掀起一番攻击郑贵妃的政治风波。红药丸是首辅方从哲推荐的，所以东林党也顺便把方从哲拉下水，搞出来一堆政治斗争的烂账。

郑贵妃已经被整得不敢说话了，东林党又盯上皇长子朱由校的养母李选侍。因为朱由校的生母王氏很早就死了，作为祖父的万历皇帝亲自指定朱常洛的妃子李选侍来负责抚养朱由校。李选侍很得朱常洛的喜爱，朱常洛刚一继位，就下令把她封为皇贵妃。但这个事情还没有办完，朱常洛就死了。

由于李选侍是朱由校的养母，明光宗死前留下遗命，由皇长子朱由校继位，并追封李选侍为皇贵妃。但东林党不想认账，因为李选侍跟郑贵妃关系不错。

李选侍一直住在乾清宫。乾清宫是内廷正殿，是皇帝的寝宫。明光宗在的时候，她以妃子的身份侍寝，住在那里当然没有问题。但明光宗已经死了，她以皇长子养母的身份住在那里，东林党就有文章可以做了。他们宣称李选侍住在乾清宫是想搞垂帘听政，想挟持皇长子；更有想象力的是，他们还引用武则天和太子李治私通的故事，认为李选侍不是朱由校的生母，而朱由校已经16岁了，两人都住在乾清宫，有可能发生有伤风化的事件，所以李选侍必须马上搬走。

这些说法纯粹瞎胡闹。因为在明朝的政治制度下，文官权力很大，太后是没办法搞什么垂帘听政的。更何况李选侍既不是皇后也不是太子的生母，朱由校都16岁了，一个低级嫔妃出身的养母要想搞垂帘听政绝无可能。至于声称李选侍和朱由校可能搞出什么丑闻来，则是对皇室的无理羞辱。李选侍是万历皇帝指定给朱由校当养母的，抚育朱由校已经很长时间了，明光宗也认可，二人是有母子名分的。李选侍还给明光宗生了一个女儿，算是朱由校的妹妹。东林党人毫无根据地指责，完全是道学家伪君子的一贯做派。表面上自诩清高，搞什么男女授受不亲，心里面却一团污，什么事情只要可能跟男女之事扯上关系，就往最荒淫的方向联想。

在朱由校正式登基称帝以前，作为养母的李选侍居住在乾清宫继续照顾朱由校，是她的合法权利。至于说她想要争一下皇贵妃的名分，这本来就是明光宗的遗命。东林党人拿着这个小事情大做文章，把它搞成一个政治事件，要求李选侍立即移出乾清宫，本质上还是搞政治投机。他们从支持朱常洛当太子、打击郑贵妃上面尝到甜头，现在他们又想把好把戏再玩一遍。通过凭空捏造并不存在的危险，然后挺身而出保护太子、驱逐坏人，他们就可以为自己树立一心为太子着想的形象，这样太子登基以后就会对他们倍加信任。

明光宗驾崩的当天，刘一燝、周嘉谟、杨涟、左光斗等朝臣即直奔乾清宫，要求请见朱由校，商谈即位之事，但受到李选侍阻拦。在大臣的力争下，李选侍方准朱由校与大臣见面。刘一燝、杨涟等人见到朱由校即叩首山呼万岁，并立刻将朱由校带离乾清宫，到文华殿接受群臣的礼拜。然后，他们决定不让太子返回乾清宫，断绝他和李选侍的交流，安排太子在慈宁宫居住，由太监王安负责监视。接着他们派人前往乾清宫要求李选侍立即移宫。

到九月初五这一天，李选侍仍然拒绝移宫。东林党诸大臣站在乾清宫门外，迫促李选侍移出。朱由校的东宫伴读太监王安与东林党勾结，在乾清宫内带人强行驱赶，殴打李选侍的几个贴身太监魏忠贤、刘朝等人。李选侍万般无奈，怀抱所生八公主，带着魏忠贤等人仓促离开乾清宫，移居仁寿宫内的哕鸾宫。

第二天，万历四十八年（同时是明光宗泰昌元年，1620年）的九月初六，朱由检登基，定年号为天启。这就是天启皇帝。

东林党为了取得新皇帝的信任，又进一步跟太监王安达成密谋，由王安在天启面前造谣，说天启的生母王氏就是因为李选侍争风吃醋而派人害死的，现在又想挟持天启皇帝垂帘听政。天启皇帝没经历过政治阴谋，听信了这些鬼话，误以为东林党真的是在全心帮助自己，登基以后不久就下旨谴责李选侍，宣布不再按照光宗遗命给李选侍任何封号。

内阁首辅方从哲在这个过程中是反对移宫的，他希望遵从明光宗的遗命，保一下李选侍。东林党就把"梃击案""红丸案""移宫案"合起来跟方从哲算总账——这"三大案"都发生在方从哲当内阁大学士期间。他们攻击方从哲是勾结郑贵妃、害死光宗、袒护李选侍的大奸臣。

方从哲终于顶不住压力被迫辞职。"移宫案"主谋、东林党领袖刘一燝成为首辅，朝廷主要职位大多被东林党把持。东林党全面夺权成功。《明史》里面就把这段时间称为"众正盈朝"的好时光，朝廷里面全都正直的大臣，国家振兴有望。

三个月后，就发生了沈阳和辽阳连续失守的惊天剧变，山河破碎，国土沦丧。

这下东林党急得团团转，以为金兵马上就会越过辽河攻击广宁。这帮人搞权力斗争是高手，对打仗则完全一筹莫展。国难当头，谁也不愿意出头去承担责任。无奈之下，只能再次启用熊廷弼为辽东经略，派他去收拾烂摊子，阻挡后金的进攻。

不过努尔哈赤并没马上向辽河以西进攻。毕竟后金吃下了辽河以东那么大一片土地，必须花时间来消化。更重要的是，作为一个杰出的军事家、战略家，努尔哈赤对情报、间谍等工作非常重视。他对辽河以西的情况还不熟悉，需要时间安插内应、搜集情报。

东林党一看局势稳定下来了，后金并没有打过辽河，以为没事了，又开始后悔让熊廷弼出山——这不是等于承认他们很无能吗？如果熊廷弼守住了辽西，那他们的脸往哪里搁？

等熊廷弼走到广宁，迎接他的就是刚刚上任的辽东巡抚、东林党人王化贞。王化贞是首辅叶向高的学生，刚被任命为辽东巡抚，掌管广宁卫全部兵马。熊廷弼这个辽东经略名义上是辽东巡抚的上司，但王化贞手下的一兵一马他都指挥不动，最后只能回到山海关，那里还有5000人马可以归他管，实际上就成了个山海关总兵。辽东事务的大权仍然牢牢掌握在王化贞手中。

王化贞具备和袁应泰一样的特点，就是没打过仗，完全不懂军事，非常容易相信人，对手下比较宽厚仁慈。他跟蒙古的林丹汗关系很好，坚信广宁西部的蒙古虎墩兔、炒花等部落可以帮助自己收复辽东，计划合兵40万出击。40万这个数字也是林丹汗向他吹嘘的，实际那些部落根本没那么多人。每次王化贞计划向后金发起进攻，蒙古部落的援军都不见踪影，只得改为防守。

熊廷弼主张重点防御广宁，他提出五条意见：不要分兵驻守，辽地人不可信用，蒙古人不可凭仗，投降后金的将领不可相信，广宁地方有很多间谍需要提防。

王化贞则一切相反，绝口不提防御，而说我们一渡河，辽民必为内应，纷纷起义迎接王师。他还把兵力分散到镇武、西平、辽河沿岸等多个地方布防，还跟投降后金的明朝将领李永芳书信往来密切，请求李永芳作为内应。并且王化贞飞书报告朝廷，说再过几个月可以收到光复辽东的捷报了。

王化贞这么说是因为他相信自己在辽东的间谍发来的情报，以为里面有内应。因此他又联合蒙古发兵突袭海州，结果明军走到半路内应也没有，蒙古援军也没见着，只得退了回来。

天启二年（1622年）正月，努尔哈赤觉得时机已经成熟，发兵越过辽河。王化贞在辽河沿岸布置的防线不堪一击，金兵随即围攻西平。王化贞相信了手下将领孙得功的建议，认为这是消灭金兵的大好时机，于是派出广宁的全部兵马前往西平支援。

正月二十二，明军在平阳桥遭遇后金军队，刚刚交锋，孙得功就带头逃跑。明军惨败，多名大将战死。

孙得功是王化贞最信任的将领，王化贞对他言听计从。但他不知道的是，孙得功其实早就背叛了他。就是因为王化贞妄想策反李永芳，由孙得功负责跟李永芳联络，结果反而让李永芳把孙得功策反了。全军出动救援西平，就是孙得功想消灭明军故意提出来的主意。

孙得功带着残兵败将回到广宁，声称后金已经打过来了，明军已全军覆没。于是广宁城内一片恐慌，大家纷纷收拾家当南逃。王化贞也真是个脓包，一见所有人都在跑，外面乱哄哄一片，也没搞清楚情况，还以为金兵已经破城了，就带着几个亲信将领抢先跑路。他们跑了两天之后，金兵才到达，在孙得功的迎接下进入广宁城。

熊廷弼得到消息，赶紧领兵去救援，但已经于事无补了，只能一路掩护着溃逃的百姓进入山海关。

东林党掌权之后一年零几个月，辽东、辽西的领土就全部沦丧，明帝国被迅速推到亡国的边缘。

三、"癸亥京察"：保守派与宦官的结盟

面对接踵而来的惨败，天启皇帝愤怒了。天启二年（1622年）二月，广宁失陷之后一个月，他下了这样一道诏书：

朕览科道官，屡疏纷嚣，全无正论。辽左继陷，皆因经抚不和，以致官民涂炭。朕深切惊忧。……又结党渎奏，各逞己见。不恤国家之急，臣谊何在？尔部院便传与大小各官，以后务要虚心，协力共图宗社大计。将当行事，务着实整理，毋事空言。再有仍前乱言，混淆是非的，决不姑息。①

这个奏章跟万历皇帝在万历四十一年（1613年）下旨切责官员党争是一样的意思。天启皇帝的大意就是说：国家现在处在危急关头，你们这些官员上书，竟然还在互相挑小毛病、搞党争，不说一件正事。广宁陷落，主要就是经略和巡抚不和，你们怎么就不吸取教训，搞好团结，还想重蹈覆辙吗？

但天启皇帝的警告，并没有产生任何效果。两个月以后，天启皇帝继续下诏书悲愤地说：我刚说了你们不许乱传谣言乱攻击，你们却还在闹。自从努尔哈赤崛起后，国家财政紧张，军队伤亡惨重，你们除了互相吵外，半点好主意都拿不出来。我自从当皇帝以来，一直兢兢业业操劳国事，你们这帮官员却天天胡闹。

---

① 《熹宗实录》卷十九。

再有结党排诬的，我就要用国家大法来收拾你们了①。

这次天启皇帝发了狠，以后再有大臣胡闹，就开始罚俸。但这种轻微的处罚根本没用，大臣该吵还是吵，该务虚还是务虚。

天启皇帝所说的传谣言、乱攻击，除了文官彼此之间的争权夺利以外，还有很重要的一条，就是针对天启皇帝的乳母客氏和东厂太监魏忠贤的谣言和攻击。

东林党把李选侍赶走之后，没想到又冒出来一个客氏。客氏是皇帝的乳母，天启皇帝就是吃她的奶长大的，感情比只哺育了他一年多的李选侍要深厚得多。天启皇帝成年以后，客氏也一直留在宫内，还找了一个"对食"魏忠贤。客氏照顾天启皇帝的生活，魏忠贤就给皇帝办事、当秘书。这两个人都是看着天启皇帝长大的，彼此之间感情都很好。

"移宫案"的时候，魏忠贤是站在李选侍这一边的。在大臣让还是皇长子的天启皇帝离开乾清宫的时候，魏忠贤奉李选侍的命令出面阻拦，因此跟东林党结下了梁子。太监王安带人驱赶李选侍，顺便也把魏忠贤打了一顿，一块儿撵出乾清宫。

但魏忠贤因为和客氏有特殊关系，没过多久就又调回到皇帝身边工作。刚开始是派去修建万历皇帝和明光宗的陵墓，表现出色，工程进展很快，还因此受到皇帝的嘉奖。对于王安在"移宫案"中发挥的作用，特别是污蔑李选侍害死皇帝生母王氏的事情，天启皇帝应该是没过多久就基本调查清楚了。在天启元年（1621年）七月，天启皇帝下令驱逐王安；天启二年（1622年）正月，王化贞丢失广宁的同一个月，天启皇帝又把"移宫案"主谋刘一燝免职了。

此时东林党仍然把持着朝政，首辅还是东林党领袖叶向高。但经过辽东惨

---

① "上谕吏部都察院：朕自御极以来日夕冰兢，守我祖宗之法，惟恐失坠。每见科道各官屡次纷嚣，前有旨，不许擅出私揭。昨览报，又见揭帖，显是不遵。全无为国为民，肆行狂噪，嚣讼弗已，是何景象？其中是非公论难泯，自奴酋发难以来，征兵转饷，军民涂炭已极，皆因偏见党论，致使经抚不和，故将辽左疆土尽行失陷。未见恢复奇谋，朕深痛恨。新进后辈，滥司耳目，全无秉公，专行报复。逞意妄言，淆乱国政，本当杖褫。姑从轻薄惩，已后科道各官俱要虚心尽职，共襄国事。再有结党排诬的，朕遵祖制宪章，决不姑息。"《熹宗实录》卷二十一。

败，天启皇帝对于文官集团已经失去信任，他任命魏忠贤以司礼监秉笔太监的身份兼任东厂太监，派出太监前往山海关搜集情报，恢复了被东林党废除的太监监军制度，绕过文官系统又建立了一套通过太监来直接了解和指挥军队的系统。这些事情的主要执行者就是魏忠贤。

对这种事情，文官集团当然要反对。他们开始不断编造谣言，说天启皇帝每天就沉溺于木匠活儿，不理朝政，把所有事情都交给魏忠贤去处理；魏忠贤和客氏勾结，害后宫的妃子堕胎，不让皇帝生孩子，还想把宫外已经有身孕的女人送进宫来生太子夺取大明江山；还怀疑天启皇帝本人跟客氏有一腿；又说魏忠贤其实没有阉割，所以才把朝政搞得乌烟瘴气；等等。

这些传言都是没有根据的。天启皇帝任用魏忠贤的核心原因就是东林党执政之后在辽东的连续惨败。他必须要找到可以信赖的、能干实事的人来处理辽东危机。他刚上台的时候，后金还在长白山里头晃悠，不过一年多的时间，都快打到山海关了。按照这进度，攻破北京也要不了多久。没有一个智力正常的皇帝会不对这种事情做出激烈的反应，他要再由着东林党这帮人胡来，没准儿就要当亡国之君了。

东林党却利用这些传言对客氏和魏忠贤进行攻击。他们中一些头脑简单的，如杨涟、左光斗、周嘉谟等人，对这些谣言深信不疑。他们宁可相信自己在政治上失势是因为桃色新闻造成的，也绝不愿意相信是军事惨败造成的。

辽东、辽西两次军事大溃败的主帅都是东林党选派的，东林党当然不会认为这跟皇帝讨厌他们有任何关系，以致皇帝连续两次下旨严厉指责都被完全忽视。相反，皇帝好色乱政、玩物丧志、宠信奸佞是文官最喜欢听的故事，但凡有一点蛛丝马迹，都要详细记录下来，写到正史当中去，以证明国家的任何问题都是皇帝昏庸所致，文官没有责任。

实际上对于魏忠贤和天启皇帝的关系，作为内阁首辅的叶向高看得很清楚。叶向高虽然也是东林党，但属于有长期执政经验的官员，不过利用东林党势力来作为自己的政治靠山，比手下那些言官看问题要实际。他经常跟皇帝见面讨论问题，跟魏忠贤直接打交道，对天启皇帝、魏忠贤非常了解，但他也压不住手下的极端分子。

有一次，叶向高的学生缪昌期来拜访，目的就是劝自己的老师帮助弹劾魏忠贤。叶向高对缪昌期说：

"据我所知，有一次，一只鸟飞进宫里，皇上拿着梯子准备上梁抓鸟，魏忠贤看见后紧紧抓住皇上的衣袖，没有让皇帝上去；又有一次，皇帝开心赏赐了一个小内侍绯衣（四品和五品官员穿的官服），那个小内侍很开心，就穿在了身上。魏忠贤立刻呵斥那个内侍脱下衣服，说：'这不合你的身份，虽是皇上所赐，也不能穿。'可见这个魏忠贤做事非常认真，遵守礼仪。如果弹劾了魏忠贤，以后皇帝很难找到像他这样小心谨慎的人了。"

叶向高的意思其实就是说，外间传闻魏忠贤引导着皇帝玩乐、耽误朝政而自己专权的情况不属实。

被极端理学思想洗脑的缪昌期怎能听得进去这种话，他立刻站起来，一脸严肃地反驳道："是谁用这些话蒙蔽老师？应该把他杀头！"

看着缪昌期严峻而冷酷的面容，叶向高也就无话可说了。

缪昌期把叶向高私底下跟他说的话告诉了杨涟。杨涟官位不高，但他是东林党中的激进派领袖，听完之后暴跳如雷，将叶向高的"恶劣言语"公之于众。东林党人顿时感觉叶向高就是个潜伏在党内的内奸，于是通过各种渠道向叶向高表示严厉谴责。叶向高不得不写信给东林党的李应升，表明自己并未言语攻击过杨涟，希望他为自己打打圆场。

没想到这个李应升又把信拿给杨涟看。杨涟一怒之下，要把叶向高的书信刊印散发。幸好缪昌期劝说杨涟原谅自己的老师，这事才暂告罢休。

杨涟的做法让叶向高尴尬不已。为了表明自己的清白，他召集内阁向皇帝上了一道奏疏，说大臣对魏忠贤意见很大，建议让魏忠贤回家养老。他自己第一个署名。

天启皇帝看到奏疏后，下发了一道意味深长的批复："举朝哄然，殊非国体。卿等与廷臣不同，宜急调剂，释诸臣之疑。"①

皇帝的意思很明确：现在宫廷绯闻被东林党闹得沸沸扬扬，这还像个国家

---

① 《熹宗实录》卷四十三。

吗？你作为内阁重臣，外廷那些人不懂事，你也跟着不懂事吗？赶快想办法把这事说清楚，让那帮人别再闹了。

一般人看到这样的奏疏，估计也没有什么感觉。叶向高看到这样的奏疏后，吓得一身冷汗。这个被其称为"聪明天纵"的少年天子，在处理政务上总能抓住事情的核心，他一眼就看出来叶向高是在和稀泥。这次事件的核心就是"卿等与廷臣不同"——低级官员不知道高层内幕，你叶向高还不知道怎么回事吗？你也跟着他们一起上奏，摆明了就是不想承担责任，把压力推给皇帝。

以叶向高多年的行政经验来看，皇帝已经有点不耐烦了，自己必须做出抉择：究竟是选择跟皇帝站一边，成为群臣口中的阉党走狗；还是跟廷臣站一起，保住自己正义的形象。

这两个选择都很难受，前者就不说了，后者就意味着跟皇帝决裂，那么内阁政务就会陷入停顿。低级官员可以不管内阁运转不运转，内阁首辅却不能不管。所以叶向高里外不是人，没得选，他只能向皇帝递交辞呈，要求辞职。

天启皇帝没有接受叶向高的辞职，因为当时还没有合适的替代人选。于是他下旨说这个奏章是缪昌期带头写的，内阁只负责传递，不追究内阁责任，把这件事情摆平了。

虽然天启皇帝已经对东林党极端不满，但真要大规模地整肃东林党，还必须等待时机。因为文官集团势力太大，如果内部非常团结，其实皇帝也无能为力。当年嘉靖皇帝在"大礼议"中能够反击成功，主要就是因为文官内部出现比较大的分裂；而在"争国本"事件中，文官集团意见一直比较一致，所以万历皇帝争了十多年，最终也没有争过。

以方从哲为代表的非东林党保守派大臣在萨尔浒之战的惨败中也负有重大责任。所以东林党主政以后，虽然辽东连续惨败，但这尚不能引起文官集团的内部分裂，大家还是要一起背黑锅。在团结对付太监的问题上，文官集团内部、东林党和非东林党之间并无异议。

但是东林党很快就把事情做绝了。

天启三年（1623年），这是"京察"之年，也就是对北京官员进行统一考核的年头。这一年是农历癸亥年，因此也被称为"癸亥京察"。

主持这次"京察"的人是东林党人、吏部尚书赵南星，背后则是首辅叶向高支持，还有一大群东林党官员声称要清除异类。这个赵南星早在30年前就公开说，"京察"是"君子疾邪，小人报怨"的时机，是一场君子和小人之间的较量。那是万历二十一年（1593年），他刚当上吏部考功司郎中的时候，第一次参加"京察"，就按照党派画线，狠狠地排挤了一批非东林党人。那次"京察"也被视为是东林党崛起的标志，从此以后朝廷党争再无宁日。

赵南星把"京察"解释为"君子"和"小人"之争，也代表了东林党的一贯风格，就是搞政治斗争一律对人不对事，评价官员好坏，政务能力怎么样不管，关键是要按照东林党的纲领来画线。只要认可东林党纲领的，就是君子；反之，就是小人。把行政考核的重点，从考核政绩，变成考核道德标准。而道德标准，也不是不贪污、不腐败等公认的官员操守，而是东林党所解释的理学思想。简单来说就是东林党是道德高尚的君子，凡是不同意东林党主张的就是小人。实际上就是把"京察"变成党争的工具。

现在，30年过去了，赵南星已升任吏部尚书，当然要变本加厉地区分君子和小人。天启四年（1624年）二月，"京察"结果公布，南北两京官员被弹劾处理的竟然多达338人，人数创有明近300年来之冠，其中大部分都是历来同东林党作对的"邪党"人物。

最典型的是所谓"四凶"，即万历末年反对东林党的领袖人物，亓诗教、赵兴邦、官应震、吴亮嗣四人。

这四个人除了与东林党为敌外，并没有什么大的劣迹。实际上，他们都是反改革的保守派，跟张居正、海瑞等改革派并无瓜葛，也反太监，对于万历皇帝派出矿监征税、不理睬官员上疏、不及时补充官员职位等都多次强烈提出抗议。仅仅是因为他们不赞同东林党极端抵制皇权、减少税收等主张，希望中央集权和政府财政不要被削弱得太厉害，不然对外没法打仗、对内没法救灾，就被东林党视为十恶不赦之徒。

吏科都给事中魏应嘉因此提出异议，不同意对这四人处理得太过分。赵南星却坚持己见，并且专门写了一篇文章，叫《四凶论》，把亓诗教、赵兴邦等人比作虞舜时期的混沌、穷奇、梼杌、饕餮"四凶"，主张除恶务尽，按照舜帝流放

"四凶"的办法,一定要把亓诗教等人驱逐出朝廷。由于东林党上下齐心协力,"四凶"终于被列为"素行不谨"之类,均遭到罢黜。

另外,"邪党"中其他一些著名人物,如王绍徽、徐兆魁、徐大化等人,也都在这次"京察"中被罢免。除了同东林党对抗的党人之外,还有一批本不结党,但在"三大案"等政治中与东林党人意见相左的人,这时候也一概被打入"邪党",赶出京城。

天启三年(1623年)前后,东林党人通过"癸亥京察"等一系列手段,把"邪党"差不多一网打尽了,大有要独霸朝政之势。

这种情况下,文官集团的分裂就不可避免了。保守派官员被迫与东林党决裂,去跟太监集团结盟。比如,天启四年(1624年)夏,在"癸亥京察"中遭到排挤的徐大化就首先投入魏忠贤的门下,而后又引荐一大批与东林党有仇的党人。

在后来被称为"阉党"的文官官僚中,遭到东林党人排挤的原"邪党"分子有近50人之多,是"阉党"核心成员的主要组成部分。这些人大多原本与魏忠贤并无瓜葛,但对于东林党的共同敌对立场,却使他们最终站在一条战线上。

四、整肃东林:汪文言受贿案

"癸亥京察"结果公布之后两个月,东林党骨干汪文言被魏忠贤下令,逮捕入狱。

汪文言被捕是天启大规模整肃东林党的起点。此人官职很小,只有从七品,比县官还要小,但位置很关键,是内阁中书,负责内阁文书的整理抄写工作,掌管中央枢机的文件往来,深受内阁首辅叶向高信任。

汪文言是东林党的信息中枢,各方面的消息都要在他这里汇总、散布。赵南星、高攀龙、周嘉谟等东林党领袖都经常偷偷地到他家里去长时间密谈,而东林党激进派杨涟、左光斗、顾大章等人跟他关系最好。

同时,汪文言又是东林党的"白手套",做些诸如收受贿赂、打通关节等比较"脏"的事情，那些喜欢装清高的东林党领袖不愿意亲自去干，就交给汪文言去处理。

汪文言很乐意完成这种事情。他原本是安徽徽州府所在地歙县管库房的小吏，因为偷库房里的钱被人发现，被判处充军。他半路潜逃，到了北京变成无业游民。明朝后期徽商势力很大，也成为东林党背后的大金主之一。歙县是徽商大本营，汪文言利用老乡关系，结交了内阁中书、东林党人黄正宾。黄正宾在"争国本"事件中，因为参与对首辅申时行的大规模弹劾而出名，最后把申时行赶下了台。

黄正宾看中了汪文言搞阴谋诡计的才能，把他推荐到太监王安手底下做事。

这件事情也说明东林党与太监勾结是由来已久、刻意谋划的，汪文言的存在就是明证。东林党在反太监这个问题上，也并不是那么坚持原则，也可以和王安这种愿意投靠文官集团的太监相处得其乐融融。他们的反太监狂热专门针对魏忠贤这种忠于皇帝的太监，本质上还是为了架空皇权。

在"移宫案"中，汪文言负责在王安和东林党之间传递消息，也负责在幕后出谋划策，因此跟杨涟、左光斗等人结下了深厚的友谊。

魏忠贤一出手就把汪文言抓起来，就是要从汪文言下手，一步一步地把整个东林党集团干掉。

逮捕汪文言的罪名是受贿。他受的不是一般人的贿赂，而是已经被逮捕下狱并判处死刑的辽东经略熊廷弼的贿赂。熊廷弼属于封疆大吏，丢掉了广宁等封疆之地，此案也就被称为"封疆案"。

熊廷弼被判处死刑这个事儿，背景相当复杂。后来关于对后金军事战略的一系列争论，包括抗金将领毛文龙、袁崇焕、孙承宗等人的生死荣辱，乃至明朝的灭亡，都与此有莫大的关系。

广宁失守以后，熊廷弼前去接应，在大凌河遇到王化贞。王化贞建议熊廷弼退守宁远，却被一口回绝。熊廷弼认为广宁失守以后，锦州、宁远都已经不再有守卫的价值。因此，为了不给金兵留下人口和资源，他把这些地方所有的人口全部迁入山海关，带不走的东西全部烧掉，相当于彻底放弃了辽西走廊。

熊廷弼的这个做法，在军事、战略上可以说是正确的，但在政治上、法律上就大错特错了。

为了把熊廷弼的思路说清楚,必须对辽东到山海关一带的地形有比较清楚的认识。

古代行军打仗,特别是后勤运输受地形制约很大。明朝实际控制的地方,除了辽东半岛是多山丘陵地区外,其他基本都是平原,方便从山海关运送兵马和粮草。

山海关到宁远、锦州,再到广宁这一线以北的地区,主要就是燕山山脉及其余脉,再往北是蒙古高原,被蒙古人控制。所以明军出山海关前往辽东,就只能沿着渤海海湾边上这么一条窄窄的通道北上。这条通道就叫辽西走廊。

在广宁和沈阳中间夹的那一片边界线以内的区域,有辽河(三岔河)从中流过,虽然地势平坦,但是河流纵横,沼泽比较多,军队行动也不方便;从沈阳、辽阳往东,就是长白山山脉了,也是后金的根据地。

这个地区有两个重要的水系:一个是辽河水系。这个水系以西就是辽西,归广宁卫管理;以东就是辽东[①],归辽东都司管理。辽河在入海处与另外两条河——浑河和太子河汇合,因此这段汇合后的河流被称为三岔河。另一个是大凌河水系,位于锦州和广宁中间,靠近锦州,以西就是辽西走廊,以东就是辽河平原。

萨尔浒之战后,后金不断入侵明朝,也是先打沈阳,再打辽阳,然后越过三岔河,围攻西平堡,再攻陷广宁城。

明朝的广宁卫,管辖包括辽西走廊在内的整个辽西地区。广宁城背靠燕山余脉,俯瞰整个辽河平原,易守难攻,经过明朝200多年的营建,形成一座非常雄伟的巨城。所以熊廷弼一再要求集中兵力布防广宁,只要广宁城不丢,金兵就拿辽西没办法。

王化贞竟然在金兵还在打西平堡的时候,就慌乱地放弃广宁城逃跑,实在是让人无语。从此辽河平原的土地、粮食、人民就尽属后金所有了。

广宁丢失以后,锦州和宁远要不要守就成了一个问题。

[①] 辽东都司也管着广宁卫,本书有时候说"辽东"是指的整个辽东、辽西地区,有时候则单指辽河以东,联系上下文不难区分。

这两个地方在当时并非军事重镇，城墙也没有修多高、多厚，兵力也不多。毕竟明朝在辽西的防守核心是广宁。后金从辽阳，过海州、三岔河，来打广宁，沿途江河沼泽比较多，是不太好走的，它的后勤补给很困难。而广宁到锦州、宁远，是大路，很好走。广宁一旦沦陷，锦州、宁远这两个小城就很不好守。

在熊廷弼看来，这两个地方不太可能守得住，即使守住了，也没有价值，反而是个拖累。因为它们都位于辽西走廊上。辽西走廊通过大军没问题，后勤运输也没问题，但没地方种地不能生产粮食。守着这两个地方，就必须从山海关内源源不断地运输粮食。

若跟后金长期对峙，后金后勤补给线就比明军要短。后金来攻打锦州，长期围攻，明朝就要从宁远派出援军去支援，援军很有可能就被切断退路；打下锦州以后，如果再来围攻宁远，明军从山海关出来支援，也可能面临后勤补给线被切断的危险。

所以，在广宁失守的情况下，熊廷弼认为没有必要再守卫锦州和宁远，而是干脆退回山海关防守，节约粮食和军费开支用来训练军队。同时在辽东半岛对面的山东半岛设立登莱巡抚，负责支援已经占据皮岛的毛文龙部，从朝鲜这个方向攻击后金的大后方，钳制后金，使之不敢大举进攻。等山海关这边兵马齐备，训练完成，直接出兵山海关收复广宁，寻求与后金军队决战，然后再图谋收复辽阳和沈阳。

熊廷弼这个布置，从战略上看是有道理的。但熊廷弼忘了，不管他这个战略有多么完美，如果没有经过朝廷批准就放弃锦州和宁远，那就是死罪。

明朝军法极严，打了大败仗的将领往往会被判处死刑。还有就是，有守土之责的将领如果丢弃了自己负责守卫的领土，那就一定会被判处死刑。"失土者死"，这是每一个明军将领都非常清楚的规定。

熊廷弼是辽东经略，对辽东就有守土之责。沈阳、辽阳之前就已经丢了，袁应泰也自杀了，就不用说了。广宁是王化贞丢掉的，熊廷弼也可以说他管不了王化贞，把责任推出去。但是当王化贞提出要守宁远，却被熊廷弼拒绝的时候，熊廷弼就得承担责任了。

从当时的情形来看，驻守宁远向朝廷汇报，有足够的时间。金兵占领广宁以后，曾经派人追赶过王化贞，但是没有跨过大凌河就退回去了。他们要进攻宁远也得准备一段时间。其实努尔哈赤跟熊廷弼英雄所见略同，也认为锦州和宁远没有战略价值。熊廷弼主动撤退以后，努尔哈赤也一直没有派兵来占领这两个地方。

当时正确的做法，应该是先驻守宁远，然后紧急向朝廷汇报，要求放弃宁远入关。得到朝廷的同意批复以后，再撤退。如果朝廷不同意，那就没办法，熊廷弼死也得死在宁远。军法就是这么严厉。

很快，王化贞和熊廷弼就被双双逮捕下狱，判处死刑。其中对熊廷弼的审判是东林党人邹元标主持的，其他主审官员也都是东林党。他们意见非常一致：熊廷弼的战略我们理解，对错也不用争论，但你的行为是死罪，只能判你死刑。

在这一点上，东林党人倒是正确的。国法如此，罪无可逭。

熊廷弼被判处死刑以后，马上就尽力开始自救。他联系上汪文言，经过沟通，熊廷弼愿意出4万两银子，给汪文言打通关节，减免其死罪。

熊廷弼此时还在生死关头，肯定是把家底都拿出来了。汪文言也是够黑的，收了4万两银子，自己直接就先扣下2万两，再用剩下的去打点关系。2万两银子在当时可谓一笔巨款。

汪文言首先想到的就是走魏忠贤的门路。虽然东林党跟魏忠贤势不两立，但这对汪文言来说无所谓，他不直接出面就行了，委托别人跟魏忠贤联系，希望出价2万两银子保住熊廷弼的命。

魏忠贤没有收这个钱。

东林党人的说法是，魏忠贤本来同意了，但汪文言后来反悔，没有给钱。魏忠贤因此恼羞成怒，就要杀熊廷弼，并且将汪文言追查出来了。

这个说法不太可能是真的。

虽然魏忠贤不知道此事是汪文言在幕后操纵，但文官集团内部肯定是知道的。等"癸酉京察"以后，就有人向魏忠贤告发了。魏忠贤一查，问题就很清楚：

首先，熊廷弼给了汪文言4万两银子。

其次，汪文言扣下来2万两，用剩下2万两去找魏忠贤帮忙，被拒绝了。

最后，熊廷弼被判了死刑一年多快两年了，一直没有被执行。

那么，问题就来了：剩下2万两银子到哪里去了？魏忠贤这边没有人保熊廷弼，那么谁在保熊廷弼？

最大的可能，就是有东林党领袖收了这2万两银子，保了熊廷弼。

根据这条线索，魏忠贤把汪文言逮捕下狱，并根据汪文言的供述，进一步逮捕了左光斗、顾大章等人。

这下，东林党人就紧张起来了，谁都看得出来魏忠贤想要干什么了。首辅叶向高首先上疏，说汪文言是内阁中书，是我任命的，他犯了错误我有责任，请罢免自己，但不要牵连太广。叶向高试图拿内阁首辅的职位来做交易，换取东林党平安。

这样的请求当然被魏忠贤拒绝了，继续追查已在所难免。

东林党被迫进行反击。

天启四年（1624年）六月，汪文言下狱之后两个月，左副都御史杨涟上疏弹劾魏忠贤"二十四大罪"，要求立即处死魏忠贤，震动天下。

五、二十四大罪：杨涟弹劾魏忠贤罪名辨析

东林党试图以此来逼退魏忠贤的进攻。要么直接干掉魏忠贤，要么逼着魏忠贤放弃追查"封疆案"。

后来东林党书写的历史，把杨涟在这次弹劾中的表现吹上了天。有人则说魏忠贤看了之后非常害怕，欺负天启皇帝不认字，让亲信挑了其中不那么重要的部分读给天启皇帝听，这才逃过一劫。这显然不可信。

天启皇帝不但识字，而且阅读奏章水平很高，总是能很快找出要点，各种批示都很能抓住问题的核心。在万历四十七年（1619年），他就被万历皇帝封为皇太孙[①]，进入储君序列，一切教育都按照太子的标准来执行，熟读经史子集，每

[①]《神宗实录》卷五百八十四。

天按计划写200个大字。他的老师就是东林党大儒孙承宗。

首辅叶向高专门上疏称赞过天启皇帝："朝讲时临，真可谓勤政好学之主……于燕闲游豫之时，览观经史。""朝讲时临"是说天启当了皇帝后还经常出席早朝和经筵讲学活动。照叶向高的意思，经常早朝就是勤政，经常参加经筵就是好学，所以天启是勤政好学之主。

杨涟的弹劾奏章，天启皇帝认真读了。不但读了，而且读完之后很生气，认为杨涟是在诬告。

为了辨清其中的是非，我们把杨涟总结的这"二十四大罪"一条一条地列出来看，魏忠贤到底有多大罪过。

第一条：魏忠贤是市井无赖出身，中年净身入宫当太监，竟然以大奸大恶之事乱政。根据祖制，草拟圣旨的事情只能由内阁来干，魏忠贤以太监的身份批阅奏折，侵犯了内阁的权力。这是他的第一条大罪。

杨涟这一条的意思无非就是太监干政就是罪恶，抢了文官的权力就该死。其实草拟圣旨的权力也是皇帝授权的。朱元璋时期就没有内阁这个机构。朱棣把内阁当秘书班子，只是让他们帮忙草拟圣旨。所谓"只能由内阁来干"，是文官权力壮大以后自己宣称的。皇帝让魏忠贤帮忙批阅奏折，提出处理意见，完全在皇帝的权力范围内。这一条不是罪。

第二条：刘一燝、周嘉谟这些人是先帝留下来的顾命大臣。魏忠贤出于排除异己的目的，把他们驱赶走了，让陛下没有保住先帝留下来的大臣。这是大罪二。

刘一燝、周嘉谟是"移宫案"里面带头的大臣。明光宗死后，他们率领东林党人连吓带骗把天启皇帝从乾清宫带走，不让他再回来跟李选侍见面，说重了可以说是劫持储君。后来，那些谎话被天启皇帝想明白了，二人才被迫辞职。不管魏忠贤在里面起了什么作用，都不算罪。再说真正的顾命大臣是内阁首辅方从哲。东林党人等光宗一死就轮番上阵弹劾方从哲，把方从哲赶下台了。按照杨涟的逻辑，东林党人也犯了驱赶顾命大臣的大罪。杨涟当然不可能这样认为，他一定觉得东林党人驱赶方从哲是正义的举动，而魏忠贤驱赶东林党大臣就该死。

第三条："先帝宾天，实有隐恨。孙慎行、邹元标以公义发愤"，魏忠贤却把他们赶走了，重用支持李选侍的那些人。这是"亲乱贼而仇忠义"，大罪三。

上面加引号的是杨涟的原文。他说明光宗去世有"隐恨"，也就是指明光宗是被人害死的，说的就是"红丸案"。孙慎行、邹元标都是东林党人，抓住"红丸案"要求皇帝大开杀戒，以"弑君"的罪名把进献红药丸的那一帮人都杀掉。这就是杨涟所说的"以公义发愤"。

天启皇帝在光宗病危期间一直在宫内左右伺候，对光宗的病情比谁都清楚。他知道红药丸进献之前明光宗就已经病危了，登基后多次说过这个话，让大家不要在红药丸上纠缠。但东林党人根本听不进去。在辽东局势一片糜烂的时候，他们还抓住"红丸案"不放，想将此当作"弑君"的重罪来搞大狱，整治反对派。天启皇帝拒绝接受。孙慎行和邹元标就上书闹辞职，被批准了。魏忠贤不管在中间发挥了什么作用，都没有罪。

第四条：王纪、钟羽正等人在"争国本"事件中立下过功劳，而且执法严明，为官清廉。魏忠贤把他们赶走了，这是不容有正色立朝之直臣，大罪四。

这一条不用解释。杨涟的逻辑就是，只要有东林党人被免职了，那就是魏忠贤的大罪，是冤枉好人，让朝廷不能容纳正直的大臣，所以魏忠贤该死。

第五条：国家最重要的事情是选择内阁首辅。但魏忠贤从中干预，阻止大臣推举的贤臣做内阁首辅。难道他想让自己的亲信当宰相吗？大罪五。

但实际上，用谁当首辅，皇帝拥有最终决定权。大臣推举的候选人，皇帝可以否定。不管魏忠贤在皇帝面前发表过什么意见，都没有罪。

第六条：天启三年（1623年）廷推南京吏部尚书、北京吏部侍郎的候选人，皇帝都没有按照惯例接受，导致名贤不安其位。这是因为魏忠贤乱政。大罪六。

这条跟第五条一样，在任用官员方面，魏忠贤如何影响皇帝做决定，都没有罪。核心还是抢了文官的权力，所以在杨涟看来就是大罪。什么"名贤不安其位"之类的都是扣"帽子"的空话，没有实际意义。

第七条：满朝荐、文震孟、熊德阳、江秉谦等人，因为弹劾魏忠贤，就被贬黜。天下人都说："天子之怒易解，忠贤之怒难调。"大罪七。

这条也不是罪。这些人弹劾魏忠贤，天启皇帝如果同意，魏忠贤就得下台或者下狱。但天启皇帝不认可这些弹劾，反而下令贬黜这些人，不管处理方式对不对，都是皇帝的权力，不能说是魏忠贤的重罪。"天子之怒易解，忠贤之怒难调"就是讽刺皇帝的权力被魏忠贤架空了，属于扣"帽子"的话，无意义。

第八条："传闻宫中有一贵人"，德性贞静，深受皇帝宠爱。魏忠贤害怕她在皇帝面前告状，就假称她生病，将其害死。大罪八。

这条若是真的，那么魏忠贤确实有大罪。可惜前面有两个字——"传闻"。这就是杨涟道听途说来的市井流言，没有任何证据，连这个贵人的名字都不知道，啥时候死的也不知道，就列为魏忠贤的大罪，十分可笑。

第九条：裕妃因为有了身孕，传闻即将被加封为皇贵妃，但是魏忠贤因为她不听话，竟然伪造圣旨令其自尽。这是大罪九。

这条也是道听途说来的宫中绯闻。如果说暗杀还有可能，那么公然伪造圣旨令一个妃子自尽，传旨的时候她身边肯定有宫女、太监在，连杨涟都知道了，而皇帝竟然不知道，这就不可能了。天启皇帝认为杨涟在诬告，也说明他不认可有这么一个事情存在。

第十条：皇后怀孕，不幸流产。"传闻忠贤与奉圣夫人实有谋焉。"大罪十。

这又是一个"传闻"，说魏忠贤和客氏（奉圣夫人）联合起来迫使皇后流产。这种事，皇帝都不知道，作为低级官员的杨涟是如何知道的？这事儿应该是假的。后来崇祯皇帝给魏忠贤找罪名的时候，天启皇帝的皇后还在，也没有提到这一条。

第十一条：魏忠贤因为对王安怀恨在心，伪造圣旨杀掉了王安。这是大罪十一。

王安之死，不排除与魏忠贤有关。魏忠贤把他交给太监刘朝监管，没过多久王安就死了。刘朝是李选侍的贴身太监，移宫的时候被王安带人殴打，有可能怀恨报复。但杨涟并没有提供任何证据，证明魏忠贤给刘朝下了命令杀掉王安；也没有提供证据，证明王安是被刘朝杀死的。两个关键点都没有证据，这个罪名就无法成立。而且，就算是魏忠贤整死了王安，此事是否"矫旨"，只有天启皇帝和魏忠贤清楚。皇帝要杀太监，不需要审判，也不需要经过文官系统。伪造圣旨这种罪名，皇帝不认可，那就是没有伪造。

第十二条：不停地向皇帝索要各种奖赏。说魏忠贤前一段时间在河间损害当地居民的房屋，给自己建牌坊，"镂凤雕龙，干云插汉"。又用官地给自己修建坟墓，而且规格远远超过了太监的标准。大罪十二。

但是，奖赏是皇帝给的，牌坊有明确的史料记载，是天启皇帝下令奖励魏忠贤的，都不是罪。违规建造坟墓这个事儿史料上没有记载，不知道杨涟从哪里得知的。如果真是如此，派人一查就清楚了。杨涟也没说魏忠贤在哪里侵占官地给自己建坟，所以今天也没法考证。天启皇帝不可能因为杨涟连个地名都不说就认可这条罪状。

第十三条：滥封赏自己的家人、亲戚，"今日封中书、明日封锦衣"，魏良弼、魏良材、魏良卿等人，五侯七贵。大罪十三也。

这条的内容基本属实。但封赏也是皇帝封赏的，皇帝愿意就合法，不能算魏忠贤的罪。而且这种封赏很常见，"中书""锦衣"都是虚职。皇后、贵妃的家人都会得到锦衣卫百户之类的头衔，然后皇帝从内帑里面每年发几十两银子作为俸禄。这也是皇帝奖励有功之臣的常见手段，内阁大学士的儿子、侄儿也时常会得到这类虚衔作为奖赏。魏忠贤的亲戚虽然被皇帝封赏了很尊贵的头衔，但都没有实权。魏忠贤也从未把亲戚安排到任何一个可以掌握军权、财权或人事权的实职上。

第十四条：立枷之法以示威，动用刑具来审讯皇族的家人，是为了陷害皇亲；陷害皇亲，是为了动摇三宫。当时如果不是阁臣大力反对，就要兴大狱了。大罪十四。

这里"陷害皇亲""动摇三宫"都是杨涟自己联想的。"如果……就要兴大狱"这个句式，就是拿根本没有发生的事情来往魏忠贤头上扣"帽子"，杨涟用这个来弹劾魏忠贤犯了大罪，显然是不靠谱的。

第十五条：良乡生员章士魁，因为开煤窑破坏了魏忠贤家祖坟的风水，魏忠贤就栽赃说他们私自开矿，而将其下狱致死。大罪十五。

这条如果是真的，那么魏忠贤就犯有滥用职权、草菅人命之罪。但这条没有别的文献对照。按理说魏忠贤这种太监这么招东林党恨，如果曾经利用特权把人整死，文官的各种笔记、弹劾奏章里面应该可以找到一大堆记录。但只有杨涟在弹劾里说了这么一句，除此之外那么多人弹劾魏忠贤都没有提到此事。连私人笔记、野史记载里都找不到，只能说这是一个没有证据的罪名。

笔者推测，可能是有章士魁这么一个人，违法开矿被抓起来，然后死在监狱里了。传闻传来传去，就变成因为破坏魏忠贤的祖坟风水才被整死的。杨涟道听途说，没有搞清楚就把它列为魏忠贤的大罪。

第十六条：伍思敬、胡遵道等人侵占牧地这种小事，落到魏忠贤手里就被判处重刑，置人于死地，这是草菅人命。大罪十六也。

这个案子也无史料可查。不过从杨涟的奏章来看，是有人侵占了公家放牧草场，被魏忠贤下令抓起来治罪，结果人死在监狱里了。若是真的，可以算魏忠贤监狱管理有过失。魏忠贤如果不是故意害死这几个人，那就不能算是大罪。再说这件事儿也同样没有证据，只有杨涟自己说，别的史料查不到这个案子。

第十七条：科臣周士朴弹劾织造太监，遭到魏忠贤忌恨，竟然不准他升迁。大罪十七。

周士朴因为弹劾太监而受到东林党赏识，文官集团想把他提拔重用，遭到魏忠贤反对而作罢。这只是人事安排的政治较量，没有犯罪。

第十八条：镇抚司锦衣卫刘侨不肯按照魏忠贤指示胡乱杀人，坚持按照法律来办案，魏忠贤就认为他办事不力，将其撤职。大罪十八。

锦衣卫刘侨受叶向高指使，在"封疆案"中试图"大事化小"，只追究汪文言的责任，避免牵连到其他人，因此被处分。"封疆案"是否会牵连到其他东林党人，需要根据审讯的结果来决定。锦衣卫是独立于文官集团的监察机构，不跟文官结交是基本的政治纪律。刘侨作为锦衣卫，受内阁指示袒护东林党，严重违纪，被撤职理所当然。

第十九条：魏大中刚刚奉圣旨升官，就突然被下旨诘责，还被抓起来了。魏忠贤导致皇帝朝令夕改。大罪十九。

魏大中因为牵涉"封疆案"被捕，这跟他是不是刚升官无关。不能因为他刚被提拔，就不能下旨诘责，有罪行被揭露出来也不能处分。这显然不能算魏忠贤的罪。

第二十条："东厂原以察奸究贪为常，不以扰平民也。自忠贤受事，鸡犬不宁。"近日逮捕汪文言，"不从阁票，不令阁知"。而傅应星等人造谋告密，日夜未已，大有不兴大狱就不停止的势头。跟当年西厂汪直比起来，可谓有过之而无不及。大罪二十。

所谓"鸡犬不宁"只是虚言，无实际意义。东厂的行动本来就由东厂太监直接向皇帝汇报，不归内阁管。杨涟竟然将逮捕汪文言"不从阁票，不令阁知"作为魏忠贤的大罪，真是糊涂到一定程度了。要是东厂按照内阁的意思去抓人，或者抓什么人之前要通知内阁，那才是大罪。傅应星举报汪文言受贿是公开弹劾。至于"不兴大狱就不停止"本身不存在对错，如果罪案牵连很广、犯罪集团人数很多，那么就应该兴大狱。这也不是什么罪。

第二十一条：前日后金的间谍韩宗功潜入北京，进入魏忠贤的私宅不知道干些什么。事情败露以后逃走了。大罪二十一。

这条如果是真的，那当然是私通敌国的大罪。不过韩宗功这个人是否存在都无法证实，更没有证据证明他是间谍，曾经进入过魏忠贤家里。此事只是传闻，没有目击证人。杨涟也说人都已经逃走了。活不见人，死不见尸，无从核实，罪名显然不能成立。实际上，没有任何迹象表明魏忠贤私自与后金有过勾结。

第二十二条：根据祖制，宫内是没有军队的。魏忠贤创立内操，让他的亲信党羽盘踞其中，怎么能保证中间没有盗贼、刺客之类的人物威胁皇帝安全呢？大罪二十二。

在皇宫里面操练禁卫军是大事，天启皇帝再昏庸也不会不知道这件事。此事显然是皇帝支持的。何况，万历皇帝时就建立内操制度，被首辅申时行用跟杨涟一样的借口威胁太监，巧妙地制止了。武宗朱厚照也干过。这些都有先例。魏忠贤奉旨操练宫廷卫队，完全无罪。

第二十三条：魏忠贤到涿州进香，声势浩大，随从如云，骑的马和坐的轿子都严重超标，就好像皇帝出巡一样。大罪二十三。

魏忠贤去涿州进香到底声势浩大到什么程度，无法查证。但最多也就是威风一下而已，或者地方官拍马屁比较厉害，接待得过分隆重，跟张居正回家坐32个人抬的大轿子一样。如果属实，这是作风问题，也不能说是大罪。

第二十四条：听说天启四年（1624年）春天魏忠贤在皇帝面前骑马，皇上亲手射杀了他的马以示警告。但是魏忠贤心里很不服气，回家后向别人抱怨。以前的乱臣贼子，有很多就是因为受了这种打压，一念之差，就干出弑君造反的事情。皇帝怎么能如此养虎为患呢？就算是把他剐了也不算是冤枉。大罪二十四。

这条又是"听说"来的，没根没据。如果天启皇帝都发怒到亲手射杀魏忠贤骑的马了，怎么可能还继续重用他管理东厂、组织内操呢？此事显然是无稽之谈。

以上就是杨涟弹劾魏忠贤的全部24条大罪。绝大部分都是关于人事安排的争议，跟犯罪毫无关联。杨涟坚持的第一个逻辑是："我们东林党人以及我们推荐的人都是贤臣，魏忠贤打压我们，不准我们升官，就是大罪。"这是杨涟弹劾魏忠贤的中心思想。

杨涟的第二个逻辑是"魏忠贤处罚锦衣卫、让东厂抓人，竟然不经过内阁，这也是大罪"。

第三个逻辑是："我听说魏忠贤干了很多坏事，具体情况不清楚，也没有证据和证人，但这些都是大罪。"

第四个逻辑是："根据目前的情况推断，如果任由魏忠贤这样发展下去，他一定会祸国殃民，弑君造反，应该趁早把他杀了。"

所有24条大罪，都在这四条逻辑范围之内。其中第二条逻辑最荒谬，说明杨涟已经进入一种幻想状态，指责魏忠贤竟然不服从内阁管理，完全忘了司礼监、锦衣卫、东厂这些机构本来就不归文官管辖。

六、魏忠贤变法：专权乱政还是打击贪腐？

天启皇帝当然不可能根据杨涟列举的这种无根据的罪名就处理魏忠贤，反而下旨谴责杨涟，把他革职回家。没过多久，杨涟本人也被牵连进"封疆案"，下狱审讯。

叶向高知道已无力再挽救危局，强烈要求辞职，获得批准。随后，根据汪文言的供述，一大批东林党人被捕，还有很多被革职或被免职。东林党在朝廷中的势力很快就被洗刷一空。

东林党人声称，除了汪文言贪污了2万两银子外，其他人的贪污腐败罪名全都不成立。汪文言等人的供词是伪造的。

"封疆案"的主审是锦衣卫都指挥佥事许显纯。后来东林党翻案的时候，许显纯被抓起来审问。他始终拒绝承认有伪造供词的行为。东林党就把黄宗羲找来"旁听"刑部审讯，他是死在锦衣卫监狱里的"东林七君子"之一的黄尊素之子。

审到一半的时候，黄宗羲突然从袖子里拿出一个铁锥，往许显纯身上乱扎，扎得鲜血直流。审判官竟然不加阻拦，就这样坐着围观，直到许显纯无法忍受铁锥的折磨，被迫招供。

刑部根据这样取得的供词，判处许显纯死刑。后来审问魏忠贤另一个手下李实的时候，刑部又默许黄宗羲这样干了一次，再次成功取得他们想要的证词。

东林党人据此大力夸赞黄宗羲，称他是孝子，是英雄。

黄宗羲为父报仇心切可以理解，但法司竟然纵容这种行为，显然是不对的。所以，许显纯证词的可信度恐怕需要打个折扣。从双方提供的证据来看，那些被控贪污下狱的东林党人罪名是否成立，只能存疑。

尽管个别人物的具体罪证无法确定，但可以肯定的是：在被魏忠贤以贪腐罪名整治的东林党人中，有个别人可能是冤枉的，但大部分人应该都是罪有应得。

东林党出于党派私利，让熊廷弼英雄无用武之地，犯下死罪，然后判处他死刑，一转身又收受熊廷弼的贿赂，为他保命。他们嘴上喊着要促进国家政治清明，真正掌权以后，既不反腐败，也不抑制土地兼并，更不打击商业垄断，而是排除异己，清洗非东林党官员，拼命给大商业资本减税，纵容江南地区拖欠税粮，除此以外没干多少正事儿。他们集体把持中央权力三年多，还不如海瑞一个人在应天巡抚任上七个月干的正事多。这种政治集团，要说大多数人都是清正廉明之士，立不住脚。

有一件事可以说明高喊道德文章的东林党人能够无耻到什么程度。

"东林七君子"之一的缪昌期，在翰林院当官期间，竟然鸡奸年轻貌美的翰林学士冯铨。东林党人文震孟的儿子文秉在其个人笔记《先拨志始》中这样记载：

> 翰林冯铨者，涿州人，年少而美，同馆颇狎之，左谕德缪昌期狎之尤甚。铨之父冯盛明为辽阳兵备，因边患望风南奔。铨求援于诸君子甚哀，而曲事昌期更至。

这里这个"狎"当然是委婉的表述，就跟"狎妓"是一个意思。

这段话翻译成白话文就是：翰林冯铨是河北涿州人，年轻俊美，其他翰林纷纷对他进行性骚扰；左谕德缪昌期干得最过分。冯铨的父亲冯盛明为辽阳兵备，因为辽阳失守而被追究责任。冯铨于是四处哀求东林诸君子救他父亲一命，因此不得不对缪昌期的无礼要求一再顺从。

此时冯铨才20岁，而缪昌期已经50多岁了。冯铨本来在政治上倾向东林党的，但是被东林党"诸君子"如此侮辱，不堪忍受才投靠魏忠贤。后来还因为才能出众当上内阁首辅，不过没多久就因为贪污腐败而被魏忠贤赶走了，用崔呈秀取代了他。

天启五年（1625年）十月，杨涟、左光斗、袁化中、魏大中、周朝瑞、顾大章"东林六君子"下狱死后三个月，皇帝下诏提出了几条改革措施：

第一条，是降低田赋负担："天下田赋因比年东西未宁，军兴费重……小民困累极矣。其免天下宿逋一年。以补纾目前新旧并征之苦……小民拖欠者，尽行蠲免。"

第二条，是降低人民养马的负担。马户代养朝廷的军马，一旦马匹生病、死亡或者被认为变得瘦弱了，就会被要求赔偿，很多人因此倾家荡产。诏书下令，以后出现类似情况，如果经过勘察，养马户"无作践情弊"的，"准免陪补"。

第三条，就是恢复万历年间的税监制度，派出太监征收商税来充当军费："各路关津隘口，商货经繇处所，曾经万历二十七年等年设立征榷者，近因新旧兵饷诎乏至极，暂议开复。"

第四条，禁止地方官僚集团私自从商业活动中抽分。"有擅立牙行、私抽税钱、网利病民者，抚按官严行查革参奏重治。"[①]

---

① 《熹宗实录》卷64。

前面三条都比较好理解，第四条里面隐藏着明朝地方官员从商业活动中谋利的一大关键，需要详细解释一下。

"牙行"就是贸易中间商，主要活动包括撮合交易、代商人买卖货物、设仓库保管货物、代政府征收商税，等等。明代经营牙行者必须经官府批准，并发给执业凭证和账簿。地方官员通过掌握批准牙行经营资质的权力，就可以控制牙行，再通过牙行垄断商业贸易，规定任何大宗商品交易必须经过牙行中介。这样就可以从商业活动中赚取暴利。

明朝初年的时候，朱元璋下令禁止设立牙行，规定一切商品只要照章纳税，就可以在市场上自由交易[①]。

但商品交易确实也需要中介。商人在全国各地流动，买家买到假货也无法维权；卖家则对不同地方的物价不够了解，不太容易准确定价。所以需要牙行在中间担保，以专业经纪人的知识和经验对卖家的货物进行查验、评价货物价格，等等。朱元璋在禁止牙行的同时，允许地方政府或商人在城镇设立"塌房"，为商品交易和存储提供空间。这个塌房慢慢也就发挥了牙行交易中介的作用。

后来朱元璋也认识到牙行存在的必要性，于是做了妥协，允许设立牙行。《大明律》规定：设立牙行必须官府批准，发给"牙贴"方准许经营。

牙贴有年审制度，每年审查一次，查验合格的才能继续经营。根据要求，牙行主人一般是长期居住在本地的户籍在册人员，家族财力雄厚，而且必须有比较大的房屋作为经营场地。这样，买家在这里买东西出了质量问题才能找到人赔偿，卖家的货物寄存在这里才不用担心被卷跑。

牙行要把每一笔交易的商品信息和交易双方的信息都登记下来，每个月供官府查验一次，并代征商税。这样才形成比较完善的明代牙行制度，为明朝商业繁荣打下了重要基础。东林党人缪昌期的父亲缪炷就是牙行老板。

朱元璋并没有规定牙行有商品交易的垄断权利，买卖双方直接交易仍然合法。但是，这个制度在地方执行的时候就慢慢搞歪了，直接交易被禁止，一切贸易活动必须通过牙行。地方政府私发牙贴，私设牙行抽分，不向中央交商税，成

---

①《明会要·食货五》。

为普遍现象。

至于私设税关，就是地方官吏未经中央批准就在交通要道设卡收税，收上来的商税就直接进入地方小金库而不上交中央。万历皇帝派税监下去征税那么招人恨，很重要的原因就是抢了牙行的利润和地方官僚的税源。因此，地方豪强激烈抵制，暴乱四起，不仅把征税的人杀了，还把税收衙门都一把火烧了。

从这个角度来看，魏忠贤与东林党的政策分歧有两个层面。第一个层面是在农民和商人之间的利益选择，魏忠贤的政策偏向维护农民利益，东林党偏向维护商人利益。

但还有第二个层面，而且是更重要的层面。就是在商民中间，东林党人注意保护的其实是大官僚的商业利益。官僚把商业活动的利润通过垄断牙行和私设税关等方式中饱私囊，截留中央财政收入。所以东林党所谓的关心商业发展之类的口号，不过是腐败的官僚集团为了从中央财政中抢夺商税打出的一个旗号而已。魏忠贤的政策就是严厉打击这种非法收入，把这部分收入变成国家的商税，用于支付军费，以减少农民和马户的负担。

跟万历皇帝派遣税监征税引发抗税运动一样，魏忠贤派遣的税监同样遭遇到地方势力激烈抵抗。最典型的是苏州。在这里，万历二十九年（1601年）发生过"织佣之变"，打死了国家几十个征税人员，结果竟然没什么事儿，没有官员被追究责任。暴动领袖葛成早就给放出来了，天启年间一直在苏州居住，得到地方豪强的隆重奖赏，成为万人敬仰的大英雄。受这件事情鼓舞，苏州的"地头蛇"还想再玩一次"官逼民反"的好把戏。

征税太监李实在苏州收税，遭到巡抚周起元的抵制。李实上书弹劾周起元，说他每天不干正事，却喜欢召集一大批东林党人在家研究道学，所谓"善政罔闻，惟以道学相尚"[①]。高攀龙、周顺昌、黄尊素、缪昌期等人经常以私事为由跑到周起元家里讨论政治，主要就讲两条，第一条是太监收税不合法应该抵制，第二条是各种商税能少交就少交、能拖延就拖延。周起元还把国家拨下来用于支付

---

① 《江苏省通志稿大事志》第三十八卷："起元抚吴三载，善政罔闻，惟以道学相尚，引类呼朋，而邪党附和逢迎者，则有周宗建、缪昌期、周顺昌、高攀龙、李应昇、黄尊素，俱与起元臭味亲密。"

织造工匠工资的10万两银子，换成分量不足的薄钱发给工匠，侵吞差价，中饱私囊，引发民怨，"迄今吴民恨不能食其肉而寝其皮也"[①]。

皇帝下令把周起元、周顺昌、黄尊素等人逮捕进京治罪。在逮捕周顺昌的时候，苏州再一次爆发动乱，"愤怒的群众"冲进州府衙门，殴打朝廷派来的锦衣卫，打死一人，打伤多人。

根据历史经验，上次葛成他们打死好几十个人都没事儿，这次才打死一个人，"愤怒的群众"已经相当克制了。最后的结果应该是朝廷妥协，召回太监李实，暂停征收商税。

但这一次他们遇到的不是万历皇帝，而是天启皇帝和魏忠贤。魏忠贤声称这是赤裸裸的造反，威胁派兵镇压。地方势力被迫妥协，交出五个带头闹事的人。这五个人被逮往北京处决，商税仍然继续征收。后来东林党衣钵传人、复社领袖张溥写了《五人墓碑志》来纪念这五个人，把他们称为"豪杰""志士"。

这些人到底能不能算是"豪杰""志士"呢？我们假设东林党说的都是真的，这五个人确实是出于义愤而带人攻击锦衣卫，只有公心没有私心。那么，从苏州的一部分商民的利益来看，他们确实是豪杰、志士。

但是，我们又要看当时整个国家的大背景。当时明帝国其实已经处于战时紧急状态，辽东、辽西领土丧失，国家面临外敌入侵的重大威胁，军费开支直线上升，政府需要增加税收，保卫国家安全，恢复故土。这些人为了维护一个地区、一个阶层的利益，暴力抗税，无论如何不能说他们是"豪杰""志士"了。现在很多文章谈到这次苏州民变，往往只谈魏忠贤多么凶狠、专制政府如何横征暴敛，却有意无意地回避当时的军事形势，这是有失偏颇的。

对天启皇帝和魏忠贤来说，面对后金的军事威胁，他们必须铁腕。如果不能迅速镇压这种内部叛乱，该收的税收不上来，让在前线浴血奋战的将士吃不饱、穿不暖，那才是对天下、国家不负责任的做法。

这次镇压的效果很明显，商税很快就收起来了，万历年间全国各地"愤怒的群众"打杀中央税官的情况再也没有出现了。

---

① 《熹宗实录》卷68。

七、黄山贿案：对地方豪强的打击

除了直接打击贪污腐败官员外，魏忠贤还严厉打击了与贪腐官员勾结的地方豪强势力。其中最典型的就是"黄山盗采木植案"。

魏忠贤除了要管军事和内政外，还要完成天启皇帝交给他的另外一个大任务，就是重修三大殿。这个事儿从万历皇帝开始已经准备了20多年，因为经费不足一直没有正式动工。真正动工是在天启二年（1622年）。这需要花很多钱，特别是需要从全国各地采集木料。

皇家采木这个事儿，小木料会从江浙等地采购，但大木头一般会从云南、贵州地区采集。那些地方比较偏远，木材采集的成本也高。其实安徽黄山地区也可以采大木，但是这里是徽商的发源地，黄山采木业早就被徽商垄断。徽商在明朝政治中很有影响力，所以朝廷采木总是会避开黄山地区。

东林党被整肃以后，为了重修三大殿而在黄山采木的事情就被提了出来。黄山吴家是歙县最大的木材商人，也很早就涉足盐业，是大盐商。歙县是明朝徽州府所在地，也是徽商的大本营。东林党人汪文言就是歙县人。吴家能够在这里称雄，其实力可见一斑。

嘉靖、万历年间，吴家先后两次出巨资捐助抗倭，第一次捐资20万两白银，第二次捐资30万两白银①。这种慷慨的捐助换来几个南京留守政府的官职，有一些是虚衔，有一些是实职，帮助吴家迅速建立起跟东林党的密切关系。

天启五年（1625年）九月，东林党遭到整肃以后，刑部给事中霍维华上疏，提议在黄山地区采木以用于三大殿工程。吴家得知后大为不安，由家族中比较

---

① 民国学者吴景贤引《思豫述略》中的资料说："祖（吴）守礼，尝助边饷二十一万两。万历间，用兵关酋，养春上疏愿输饷银三十万两，诏赐养春及吴时俸、吴养都、吴继志、吴希元等为中书舍人。"

有影响力的一支吴养春出面，写信给他家在天津的代理人，安排他们带3000两银子进京去行贿，希望取消在黄山采办木材的提议。吴养春的家人吴文节带着3000两银子，又委托在北京做官的程梦庚等人帮忙四处打点①。但吴养春以前干过两件极坏的事情。第一件是侵吞了其从弟吴养泽的家产。吴养泽及其七岁的儿子都死得十分可疑——后来经过审讯，认定吴养泽和他的儿子是被吴养春毒死的。吴养泽死后，吴养春即诬告吴养泽的仆人吴荣试图侵占其财产，把吴荣下狱，然后把吴养泽的财产归为己有。第二件是吴养春怀疑他们家管家经管的账目有问题，就把管家打死了②。管家的儿子吴礼嘉后来考取了功名，到北京做了一个小官；而吴荣出狱后也到北京投靠了吴礼嘉。这两人都是吴养春的仇人，得知吴养春家人在北京行贿，就告发了此事。

魏忠贤派人逮捕了吴文节和吴养春一家。吴养春被捕后，又托人花几万两银子试图行贿魏忠贤的亲信田尔耕，被田尔耕拒绝。经过审讯，认定吴养春害死从弟、打死管家罪名成立；而且吴家曾私设崇文书院，跟东林书院一样招纳大批理学人士研讨政治。在朝廷下令关闭天下书院之后，吴养春把书院改称书馆，继续运行。更重要的是，吴家长期霸占黄山木场，违法倒卖黄山木材——这也是吴家发家致富的根源，累计非法获利超过60万两。还有这次帮助吴家四处打点的程梦庚等人，也顺带被查出来贪赃13.6万两。

经过追赃，吴养春家产全部罚没入官，吴家其他分支的非法获利也被追缴，65万两银子被没收入官；程梦庚等人的赃款13.6万两也如数没收入库③。

案件审理完毕之后，就有一个追查吴家非法获利的问题。魏忠贤给皇帝的奏

---

① 关于黄山采木与吴文节进京打点的情节，见郑刚：《祸起萧墙之明末"黄山大狱"案》，载《人民法院报》2020年10月16日第6版；赵承中：《黄山冤案》，载《文史天地》2009年第9期。两文均认为此次进京打点的银子是3万两。但3万两数目太大，查《熹宗实录》卷73，记载为"养春付与未到官男子吴逢元方中凡本银三千两在於天津做盐"，吴文节从天津带往北京的银子数当为3000两更符合实际。

②《图书集成·明伦篇·奴婢篇》。转引自王兴亮：《明末徽州大狱与党争》，载《江苏科技大学学报（社会科学版）》2015年第15卷第2期。

③《熹宗实录》卷76。

章说得很明白,需要追查的60多万两银子不是吴养春一家的,而是整个吴氏家族。"养春之祖守礼,霸占黄山木植,及山场地亩,积年擅利,并隐匿山地,总计赃银六十余万两。"①这是从吴养春的祖父吴守礼开始,多年累计下来的非法获利。

这个案子,经过东林党的翻案,长期以来一直被认为是一个冤案。但吴养春让家人到北京行贿,希望朝廷不要到黄山来采木的这个行为是客观存在的,这本身就是严重违法。一次就行贿3000两银子也不是一个小数目。根据地方官员核查,吴养春家里在黄山只有3000多亩林场。而整个黄山的林地面积是180万亩。吴养春家的林场只占了黄山林地面积的大约五百分之一。朝廷到黄山采木,也不会盯着吴养春那3000多亩林地采。如果采木成本由所有黄山木场主分担的话,那么吴养春只会付出整个采木成本的五百分之一。把3000两银子乘以500,就是150万两银子。也就是,朝廷在黄山采木的成本需要超过150万两,吴养春才值得拿出3000两银子去行贿以避免朝廷采木。

而且,朝廷采木不是白采的,要付钱。因为有官员贪污等情弊,最后付的钱往往赶不上成本,但多少总会付一些。假设采木会亏掉一半的本钱,那么吴养春这3000两银子如果只是为了避免自己那3000亩林地的损失,就需要朝廷在黄山采木成本超过300万两银子才行。

这显然是不可能的。整个三大殿的重建成本才500多万两银子。采木成本在整个预算中即便占大头,也不会超过300万两。这个成本中绝大部分是运费,木材原料成本不会超过100万两。而且朝廷采木也不会就盯着黄山一家采,浙江、福建、广东、云南、四川、贵州、河南、河北等地都要采木。之前因为徽商利益集团的阻碍,一直没有在黄山采木,现在不过让黄山地区也分担一点而已。最后算下来,在黄山地区采木,采个十几万两银子的木材就顶天了。国家还要付钱来买,最后木场主的成本损失也就几万两银子。

这几万两银子的损失,是整个黄山木场主需要负担的成本,分摊到占黄山林地面积只有五百分之一的吴养春头上,也就是一二百两甚至几十两银子的损失。

为了可能承担的几十两或几百两银子的损失,就主动拿出3000两银子到北

---

① 《熹宗实录》卷76。

京去行贿，想让朝廷不要在黄山采木，这可能吗？何况这个钱花出去，能不能成功还是一个未知数。

显然，花3000两银子，不可能是为了避免几百两银子的损失，而是几万两甚至十几万两银子的损失，才值得花这个钱去争取一下。吴养春那3000多亩林地，就算全卖了，也不过价值一两万两银子，无论如何不必花3000两银子去北京行贿让朝廷取消在黄山采木。

既然东林党方面提供的材料，账算不过来，那么我们就可以怀疑，这背后肯定有隐情。要么是吴养春实际占的林地远远不止3000多亩，要么就是他是代表整个吴氏家族来行贿的，背后就是吴氏家族霸占黄山林场、盗采黄山木材大发横财。后者的可能性较大。

朝廷到黄山采木导致的几万两或者十几万两银子的成本损失，大部分可能要由吴氏家族来承担。所以他们一听到朝廷有人提议到黄山采木，马上就积极准备出钱行贿，以避免损失。只有把整个或者大部分黄山林地的采木成本都考虑进来，到北京行贿的账才算得过来。

这个数字并不夸张。嘉靖年间，吴守礼一次就掏出20万两银子资助抗倭军费；万历年间，吴养春也出资30万两银子捐助军费。能够一次拿出30万两银子，吴养春的家产在60万两以上当无疑问。东林党人声称，吴养春家里根本没有那么多钱，朝廷派来追查赃款的人都是酷吏，为了完成任务逼迫整个徽州地区的富户出钱。没多久，又出现一帮"愤怒的群众"围攻追赃官员，打死其两名家丁，把追赃官员赶跑了。

也可以进一步分析，魏忠贤和东林党分别为哪部分人的利益服务。

首先，魏忠贤的政策在一定程度上有利于降低云南、福建、广东等偏远地区人民的负担。因为以前采木都要从这些地方采，人民负担很重。而安徽黄山地区独享特权，可以不用承担这个义务。在黄山采木就是平摊税负，徽州地区的木场主负担增加一点，其他地方的人民负担就可以相对减轻一点。这是从全国一盘棋的角度来考虑问题的。而东林党人则专门照顾徽州这种富商云集之地的利益。徽州相对更靠近大运河，采木之后运往北京的成本要低得多。东林党人偏偏不让在这里采木，宁可让朝廷跑到四川、云南去采木，运费因此增加数倍。

其次，魏忠贤的政策对黄山本地的普通林业开采者也更有利。

吴家长期霸占黄山木材，把黄山视为自己家的财产，所以才会为了取消黄山采木的政策跑到北京去行贿。其他人要想从黄山采木谋生，恐怕就很难了——人家连皇帝的圣旨都能想办法取消，难道还想不出办法来干掉你一个普通竞争对手？吴养春这种人，因为财产问题，可以打死自己的管家，害死自家的弟弟，可以想象他会用什么手段对付外姓的竞争对手。整个吴氏家族，在当地经营数十年，在朝廷有东林党罩着，地方上的政商关系肯定也早就理顺了。谁要是未经他们家允许跑到黄山去采木，会是什么结果？

所以，老是有一些人说东林党代表商人的利益，但其实还应该再往下问一层：他们代表的是哪一部分商人的利益？

很显然，并不是普通的商人和城市市民，而是大商人的利益。他们通过官商勾结，对下盘剥普通商民，对上抗拒国家税收，获取垄断暴利。这跟汉朝的豪强在本质上是一样的，不过汉朝的豪强主要是基于土地兼并，明朝后期的豪强是基于商业垄断而已。

真正能够代表明朝中后期工商业阶层的利益、能够促进中国走向近代化的人物，绝对不是东林党，而是那些反对东林党或者被东林党所反对的人，包括海瑞、李贽、张居正、魏忠贤，等等。他们不像东林党那样，把重视商业发展的口号喊得震天响，而是主张坚决打击官僚腐败、打击地方黑恶势力、打击不正当的商业垄断，富国强兵，这才能为工商业的健康发展开辟道路。

在推动国家进步的道路上，政府官员的责任不是去鼓吹工商业有多么重要，不是去跟商人结成利益同盟，更不是通过削减本来就不多的税收来弱化国防力量和政府财政，而是通过建立廉洁的官僚体系，提高政府效率，修水利、赈饥荒、养老弱、强军队、平整道路、完善驿站，使社会稳定、民生幸福、国家安全、交通便利，打击包括暴力驱逐、强迫交易在内的各种不正当竞争手段，建立一个公平的市场环境。那么剩下的事情，工商业企业家和普通劳动人民就可以干得很好。近代工商业体系，自然就会发展起来。政府该收税就收税。明朝的商业税率低得可怜，再多收一点都没关系。

东林党所鼓吹的"藏富于民"是一个谎言，本质上就是藏富于豪强、藏富于官僚、藏富于黑恶势力。他们当政，既不修水利，也不强国防，更不打击腐败和地方豪强，所作所为全都违反商品经济的发展需求。

商品经济和近代工商业的发展，远远不是减税就能做到，它需要一个完善的基础支撑体系。一个廉洁高效、军事强大的大一统政权是基础。

东林党通过削弱政府财政和纵容腐败，彻底摧毁了这个支撑体系。工商业税收收不上来，负担全压到农民头上，军饷都发不够，国家面临内部农民暴动、外部强敌入侵，还怎么发展近代工商业？很多人仅仅因为东林党呼吁减免商税这一条就认定他们代表近代工商业阶层的利益，显然是以偏概全。

八、觉华惨案：宁远保卫战的成败得失

打击了腐败，整治了豪强，天启皇帝和魏忠贤下一个最重要的问题，就是处理后金进兵问题。

在广宁沦陷以后，天启皇帝开始日益冷落东林党，信任魏忠贤。从天启二年（1622年）广宁陷落到天启五年（1625年）杨涟等人下狱，魏忠贤和东林党反复斗争，彼此拉锯。

在这三年多的时间里面，努尔哈赤一直在忙着迁都沈阳，以及跟北面的蒙古林丹汗、喀尔喀部，女真的虎尔哈部、卦尔察部等作战[①]，意在巩固胜利成果并彻底统一北方，没有把精力继续放在攻击明朝上。甚至在占领广宁一年以后，干脆把辽西地区的人民全部掳掠到辽河以东，然后把广宁城墙拆毁，一把火烧了各种建筑，西平堡等辽西地区的城堡也通通毁掉。

努尔哈赤这么做，就是把广宁设为缓冲地带，不跟明朝发生军事接触，专心

---

① 《清史稿·本纪一》：（天命十年、天启五年）三月庚午，迁都沈阳，凡五迁乃定都焉，是曰盛京。遣喀尔达等征瓦尔喀，归，降其众三百……秋八月……命博尔晋征虎尔哈，降其户五百，雅护征卦尔察部，获其众二千……十一月庚戌，科尔沁奥巴告有察哈尔之师，遣四贝勒皇太极及阿巴泰以精骑五千赴之，林丹汗遁……（天命十一年）夏四月丙子，征喀尔喀五部，为其背盟也，杀其贝勒囊奴克，进略西拉木轮，获其牲畜。

于北方的战争。

这是明朝比较放松的一段时间。天启二年（1622年）七月，天启皇帝的老师、内阁大学士孙承宗主动请命督师辽东，"收复"了大凌河以南的辽西走廊地区。这里的"收复"之所以要打引号，是因为这些地方都是熊廷弼主动丢弃的。后金打下广宁后也没派兵来占领，就这么空着。

天启三年（1623年）四月，后金主动放弃广宁。一个月后，孙承宗确定辽河以西已经没有金兵了，就壮着胆子开始在宁远修城，然后在距离宁远海岸线4000米的觉华岛搞了一个水军基地和商贸基地，供商人居住，希望这里的水师能够在战争时期与宁远互为犄角。

宁远城修好以后，后金还是没动静，孙承宗就把锦州也"收复"了，然后开始在锦州修城，并且沿着大凌河重修了大凌河堡、右屯等一系列小城堡，以此为据点在周边组织人屯田，种植粮食。最远的地方距离山海关有接近400里。从表面上看，孙承宗用三年多的时间，"收复"了关外400里土地。

这个开疆辟土的功绩比较虚，因为占据的都是后金不要的土地，不是打下来的。锦州、大凌河堡这些地方，距离山海关300多里远，后勤补给线很长，后金兵真要打过来，这些地方很难守得住。

孙承宗就这样在关外修了三年城、练了三年兵，号称收复400里疆土、练兵11万，竟然没有跟后金打过一仗，每年却消耗高达600万两的银子，这无论如何说不过去。非东林党的言官、御史纷纷质疑，这600万两银子花到哪里去了，是不是有吃空饷的嫌疑。

迫于压力，孙承宗和他的亲信、山海关总兵马世龙决定找机会跟后金打一仗，以堵住朝廷上那些人的嘴。

孙承宗调运了30万石粮食到距离三岔河只有几十公里的右屯，做出一番要进攻的架势。但是刚刚准备开战，山海关、前屯、宁远、松山等处纷纷出现士兵哗变，士兵把军官的门口堵住，吵着要钱、要粮食。后来经过调查，士兵的粮饷并没有被拖欠。士兵选择这个时候闹事，其实就是害怕打仗，想通过闹事来让统帅做出停止出征的决定。这些兵很大部分都是孙承宗上任以后招募的，没上过战场，光想着领国家工资，并不敢真的去跟后金拼命。

正在这个时候，天启五年（1625年）八月，从后金跑过来一群"难民"。他们向马世龙透露说，三岔河入海口东侧的耀州城目前只有三四百名后金兵，防御极为薄弱。而且后金四王子也在耀州，只要明军渡河攻击，就可以由辽民起义内应，活捉四王子。

孙承宗跟叶向高一样，在政治上倾向于东林党，可以算是东林党的盟友，也可以算是东林党成员。他具备东林党人一贯的军事白痴特征，却自认为自己很懂军事，妄想用儒家正统思想来理解军事问题。他跟丢掉广宁的王化贞一样，觉得大明王朝是中华正统，辽东人民当然一定心向大明，王师一旦出动，辽民就会奋起响应，所以对"难民"提供的消息深信不疑，也就不管军队哗变的问题了，立即派马世龙带了七八千人去偷袭耀州城。

那些向马世龙报告情报的"难民"很有可能是后金的奸细，因为明军前锋部队渡过三岔河后不久，就遭到后金突袭，数百人被杀，剩下的被赶下了河，大部分被淹死。副总兵鲁之甲、参将李承先战死。后面还没有渡河的几千人一听说前军败了，也就一哄而散了。

这一段河口被当地人称为"柳河口"，这次战役也就被称为"柳河之败"。后金方面的记录，俘获战马670匹、甲胄无算[1]。由此推之，明军的实际阵亡人数当在千人左右[2]。

几千人的进攻部队溃逃以后，整个关宁军很快发生恐慌。大家都以为后金马上就要打过来了，也就跟着逃跑。战后，兵部核查兵力，发现孙承宗号称12万

---

[1] 《满文老档》，太祖皇帝第八函第六十五册，天命十年八月："初八日，驻守耀州之诸大臣，击败明军，解所获之马六百七十匹及甲胄等诸物前来。"

[2] 据《两朝传信录》卷27记载，"先发该协千总马吉、周守祯等统领有马官兵一百五员。参将李承先发过军备，张文举、郝自演等统领有马官兵二百九十余，各过河先往效州去讫。总兵马世龙于二十六日自右屯卫起身，到二十七日抵柳河口，见鲁、李二将已发兵马过河，虑恐单弱，随差定武营都司张邦才统领后劲左、右并冲武营及该镇标下兵四百余名，过河前往效州应援。有鲁之甲邀同李承先，于二十八日五鼓又发枪炮手八百余名过河"。则前后有大约1700人渡河，其中包括了约800名骑兵和800名枪炮手。茅元仪《督师纪略》载此战损失为："兵半渡归，半歼于奴，骑八百尽失之。"结合满文老档获得马670匹和众多甲胄来看，损失至少在一半以上，即1000人左右。

大军的关宁军仅剩下 5.8 万人[①]。减少的约 6 万人，有一部分是军官吃空饷的虚额，还有一部分就是"柳河之败"后溃逃的。历时三年耗资千万，就训练出这么一支军队，孙承宗之无能可见一斑。

在这之前，魏忠贤一直对孙承宗很不满意。他认为孙承宗光知道修城墙，没有注意练兵，更没有趁后金与蒙古作战的时机大胆发动进攻，多次组织人手上书弹劾孙承宗。孙承宗也一再请求辞职。偏偏天启皇帝非常信任自己的老师，不接受他的辞职。

"柳河之败"以后，孙承宗很不老实地向皇帝汇报，说我们负责日常巡逻的巡河小分队被后金兵偷袭，损失了几百人。但是，马世龙是辽东地区职位最高的武将，是孙承宗出关时候亲自点名带出去的铁杆亲信和第一副手。"巡河小分队"竟然由马世龙带队，竟然一仗就死了一个从二品的副总兵外加一个正三品的参将[②]，不可能是日常巡逻的遭遇战。朝廷一片哗然。

战前军队哗变、战后军队逃散，这种事情必须追究责任。马世龙马上就被免职了。孙承宗脸上无光，只能再次请求辞职。天启皇帝一看自己这个老师确实不成器，批准了辞呈，换上了兵部尚书高第来当蓟辽经略，主管蓟州和辽东地区的军事。

高第是魏忠贤的亲信。他上台以后，经过分析，认定努尔哈赤很快就会发动对辽西走廊的大规模进攻。当时锦州城墙还没有修好，大凌河、右屯这些小城堡更是不堪一击。因此高第决定从锦州撤兵，归并宁远进行防守。但宁远守将袁崇焕坚决反对这个决定，认为应该死守锦州、大凌河。双方僵持不下[③]。

[①]《熹宗实录》卷68，天启六年二月御史李懋芳弹劾孙承宗的奏章中的数据。

[②] 明朝军职从高到低为：都督（荣誉头衔，一品）、总兵（正二品，相当于军长）、副总兵（从二品）、参将（正三品，相当于师长）、副参将、游击将军（旅长级）、守备（团长级）、千户（营长级）、百户（连长级）。

[③]《明史》里面说高第是想连宁远也撤了，而袁崇焕反对从宁远撤兵。但是从现存的奏章原文来看，高第并没有要求从宁远撤军，袁崇焕反对的也是从锦州和右屯撤军。《明史》中记录的原文是："督屯通判金启上书崇焕曰：'锦、右、大凌三城皆前锋要地。倘收兵退，既安之民庶复播迁，已得之封疆再沦没，关内外堪几次退守耶！'崇焕亦力争不可，言：'兵法有进无退。三城已复，安可轻撤？锦、右动摇，则宁、前震惊，关门亦失保。今但择良将守之，必无他虑。'"这里所说的"三城"是指的锦州、大凌河堡和右屯。

到了天启六年（1626年）正月初六，高第紧急上书皇帝，说正月十五左右努尔哈赤就会来进攻锦州、宁远，现在必须紧急撤离。尤其严重的是，孙承宗还在右屯存放了30万石（4000多万斤）粮食，这些粮食绝对不能落入后金的手中。天启皇帝批准了高第的奏议。当时从陆路运粮已经来不及了，于是高第紧急调派水师从水路把粮食运回来，因为右屯那个地方离大凌河入海口比较近。

事实证明高第的情报非常准确。正月十七，努尔哈赤就亲率大军渡过三岔河，向锦州、大凌河一带发起进攻。这一带明军基本都已经撤空了，后金没有费力就占领了大凌河堡、右屯和锦州。右屯的粮食搬运大部分已经完成，但在港口还有4万石没有来得及装船，被后金抢到了。

努尔哈赤随即带兵南下进攻宁远，攻打了两天宁远城之后，就绕过宁远，向觉华岛发动突袭。

孙承宗的"战略部署"存在一个极为幼稚的漏洞，就是他安排的可以和宁远互为犄角的觉华岛，在冬天会因为海水冰冻而跟陆地连为一体。

作为辽东前线的最高统帅，孙承宗在辽东待了三年多，过了三个冬天，竟然连这个问题都没有想到，实在是令人难以置信。孙承宗还喜滋滋地想着后金没有水师，把粮食储备放在觉华岛上很安全。而且如果后金来打宁远，觉华岛水师就可以从海上袭击大凌河和三岔河，捣毁河上的浮桥，截断后金的退路。而他提拔起来的宁远守将袁崇焕，明明大海都已经冻住了，竟然还没有意识到这个问题。听说后金来了，他还在命令宁远城外的居民带着财物和粮食往觉华岛避难。

等后金快要打到宁远的时候，袁崇焕才下令觉华岛方面组织人手凿冰，想凿开一道缺口，阻止后金向觉华岛发起攻击。

但一切都已经太晚了。袁崇焕的凿冰计划从来没有实际操作过，觉华岛海岸线长达27公里，大海被冻得像铁板一样，不可能在短时间内凿出可以阻挡骑兵前进的大裂缝。士兵日夜凿冰，很多人的手指都被冻掉了，但刚凿开一些裂缝，第二天就又被冰封住了。

后金骑兵踏冰渡海，攻上觉华岛。水师的陆战装备很差，又没有堡垒防守，面对后金铁骑毫无招架之功。整个觉华岛7000多名士兵，还有7000多名商民，共计1.5万人，被屠杀一空，无一幸免①。岛上损失了8万多石粮食②，有2000多艘各类船只被焚毁③。

抢完觉华岛之后，努尔哈赤接到消息：明朝皮岛总兵毛文龙派兵数万，从朝鲜登陆，兵分两路，向海州和沈阳进军，海州城正在被明军围攻，距离沈阳几十里远的威宁堡被明军攻克。

努尔哈赤这次带了10万大军亲征，本打算彻底摧毁明军山海关以外的全部防线，但宁远既然一时半会儿攻不下，后方又遭到毛文龙偷袭，万一海州失守，退路被明军切断，那问题就严重了。无奈之下，努尔哈赤只能退兵。

由于走得比较仓促，后金没有来得及摧毁锦州、大凌河堡等这些堡垒，辛辛苦苦抢来的粮食有很多也来不及运走，只能放火烧毁。

宁远之战从总体来看，明朝这边是打了一场败仗，主要是觉华岛上的7000多人的水师全军覆没；而后金方面，明军战后汇总的斩首数量是269颗，总的损失应该在1000人左右。明军损失是后金的六七倍。更何况明朝还损失了10多万石粮食（右屯的4万石加觉华岛的8万多石），觉华岛上还有7000多名商民被屠。明军可以说是惨败。

但是，这一仗又跟沈阳、辽阳、广宁战役有很大差别。物资损失大部分没有被后金带走，堡垒没有被摧毁，最关键的是宁远守住了。自从萨尔浒之战以来，后金对明朝基本是攻无不克、战无不胜。熊廷弼守沈阳的时候，对后金有过一两次小规模的胜利；毛文龙在皮岛，多次偷袭后金取得过胜利。但在正面战场对阵后金主力，宁远保卫战可以算是第一次"胜利"。

袁崇焕在上疏中大力夸耀此次胜利，把宁远保卫战称为宁远大捷。也就是守

---

① 《三朝辽事实录》："据同知程维楧报：奴酋于二十四、五日连攻宁城，共扎七营以缀我军，不知其渡海也。二十六日向午，见龙宫寺一阵黄雾弥天，始知觉华被焚矣。窃谓觉华隔水，且闻凿沟为壕，不虞新雪频飞，冻口复合。夷兵阑干入乱斫，阵脚遂乱，房骑既至，逢人立碎。可怜七八千之将卒，七八千之商民，无一不颠越靡烂者。"
② 《熹宗实录》卷70："蓟辽总督王之臣查报……觉华兵将俱死以殉，粮料八万二千余及营房民舍俱被焚，次日贼引去。"
③ 《清太祖实录》卷4："焚其船二千余，及粮草千余堆，复回大营。"

城守住了而已，没有大规模杀伤对方有生力量，斩首数量只有269颗，却对觉华岛上的惨状只字未提。

战争的实际情况，天启皇帝和魏忠贤都是知道的。但经过反复考量，他们最后还是决定认可袁崇焕所说的宁远大捷。毕竟这是第一次后金主力出动攻击明朝的重要军事据点而没有成功。

自从萨尔浒之战以来，因为连续的惨败，明军已经对后金兵产生一种畏惧心理，好像后金兵就是刀枪不入的"怪物"一样，明军太需要一场胜利来鼓舞士气了。

宁远保卫战打破了"后金不可战胜"的神话，袁崇焕立下了大功，特别是跟袁应泰、王化贞比起来，那是强太多了。而且在柳河之败以后，各地的士兵纷纷逃散，只有宁远的士兵没有逃。不仅如此，袁崇焕还拦截、安置了一部分溃兵。前任兵部尚书王在晋在《三朝辽事实录》中称赞他说："柳河败绩，士卒西奔，崇焕狂呼邀截，使各还守信地。关外城堡，幸尔得存。"现任兵部尚书王永光则上疏说："柳河之陷，无处不逃，独袁崇焕一军屹然不动。"[①]可见，袁崇焕在治军方面还是有一套的。这种胆略和才能在文官当中非常罕见。于是朝廷下诏，大力表彰袁崇焕和宁远大捷，并把袁崇焕破格提拔为辽东巡抚。

宁远保卫战的胜利，袁崇焕和他所率领的宁远守军当然是立下了大功，但其他人的功劳也不能抹杀。

首先是皮岛总兵毛文龙，尽最大努力倾巢而出攻击后金，迫使努尔哈赤退兵。这功劳并不比袁崇焕小。

其次是魏忠贤的情报工作和反间谍工作发挥了作用。在宁远之战前，高第就准确知道了后金发动进攻的时间，各方面提前做好了准备，右屯粮食搬运得比较及时。如此精准的情报在辽沈之战和广宁之战中还没有取得过。

此外，努尔哈赤还试图派间谍渗透进入宁远。他派了一个叫武长春的汉奸到北京，尝试了各种行贿手段，伪造了出生档案，花了400多两银子外加两张貂皮，被兵部认可为武举出身。兵部收了钱以后，还准备给他一个守备的官职。而

---

①《熹宗实录》卷六十八。

武长春的下一步计划就是利用这个军职混入宁远，去当内奸。但有人匿名向兵部告发了武长春伪造履历的事。当时魏忠贤正在大搞反贪污和反间谍，兵部那些收受贿赂的人害怕被东厂发现，也就没敢给武长春封官。

武长春在北京混不到军职，只能冒险前往宁远。正好袁崇焕在宁远也在反间谍，清查各种来路不明之人的身份。武长春没有兵部认证的身份，在宁远的清查中无法证明自己的来历，被赶出宁远，回到北京。

回到北京以后，武长春继续从事间谍活动，终于被东厂发现，抓起来杀了。

努尔哈赤打下沈阳、辽阳和广宁，其实靠的都是间谍、内奸，并非只靠实打实地攻城。而在宁远一战，他在情报和间谍战方面并没有占到便宜：出兵时间被明朝方面摸得一清二楚，派往宁远的奸细也被抓起来了。这是袁崇焕和魏忠贤共同努力的结果。也说明，天启皇帝在广宁惨败之后，通过太监重建情报系统的做法是比较成功的。

武长春案只是《熹宗实录》中有明确记载的一个反间谍案。这个情报系统肯定还做了大量的工作，毕竟努尔哈赤不会只派一个间谍出来活动。

有大量记录说，东厂在魏忠贤的主持下派出大量特务四处活动，搞得鸡飞狗跳，很多人都被东厂监视。文官把这些事情作为太监乱政的证据记录了下来。这些记录中有很多夸大其词、捕风捉影的内容，但应该也反映了一部分事实。

古代战争其实跟现代战争一样，都是情报、间谍、后勤、武器装备、战略战术的全方位战争，需要正面战场、敌后战场、秘密战线三位一体，区别不过是现代战争的技术手段更先进而已，并不是古人比我们笨，只知道在战场上对战。宁远保卫战，袁崇焕是正面战场的统帅，毛文龙是敌后战场的统帅，魏忠贤是情报系统负责人，还兼管后勤。三方密切协作，才取得这场萨尔浒之战以来最重要的局部胜利。

九、皮岛总兵：毛文龙东江基地的建立

带兵攻击后金大后方的皮岛总兵毛文龙是明末对后金作战的传奇人物。他原

本是浙江钱塘县人，父亲早逝，母亲抚养他长大。他母亲的哥哥沈光祚是万历年间进士，当过山东布政使、顺天府尹等高官。

有这么一个舅舅，毛文龙不管做官还是经商都很方便。但他偏偏对四书五经提不起兴趣，也无心赚钱，成天只喜欢研究兵书、战法。结果没有功名，没有事业，快30岁了还娶不到媳妇，打着光棍。

毛文龙29岁的时候，他的伯父、海州卫百户毛得春去世了，膝下无子。明朝的百户是可以世袭的，毛文龙本来就喜欢带兵打仗，就趁机前往海州，继承了这个官职。有了这个正式工作以后，毛文龙才结婚生子。因为表现突出，他不断升官，当了千户、守备。

沈阳、辽阳连续失守以后，毛文龙也跟随大部队退到广宁。当时的辽东巡抚王化贞想派人前去援助朝鲜，毛文龙就自告奋勇，带了197个人[①]，坐着四艘船就出发了。

从广宁出发前往朝鲜，要绕过辽东半岛，海路行程超过2000里。

当时明朝在辽东十几万大军，不过几个月就土崩瓦解。190多人，没有后方支援，远涉重洋，能干成什么事儿呢？

毛文龙带着这支敢死队，于天启元年（1621年）五月二十出发，在海上经过两个月的长途跋涉，于七月十八在朝鲜登陆上岸，突袭位于后金和朝鲜交界处、鸭绿江西岸的镇江堡（今辽宁省丹东市附近），竟然取得了成功，生擒镇江堡游击佟养真。这也是萨尔浒之战以来，明军第一次攻取后金的城堡，史称镇江大捷。

在这个过程中，毛文龙表现出极高的军事才能。他首先联络了镇江中军陈良策为内应，摸清了镇江兵力大概是1000人。然后派了几十人去镇江附近的双山放火，制造双山地区有辽民造反的假象，诱使佟养真派出几百人到双山镇压叛乱去了，使镇江城防空虚。随即派一员将领带了几十人在双山和镇江之间的险要

---

① 《东江疏揭塘报节抄》："（天启元、二两年塘报）五月二十日，奉本院宪牌，带沙船四只，装军士一百九十七名，规取镇江等处"；"（天启七年二月十六日奏）臣于天启元年，奉广宁巡抚王化贞令，率一百九十七人抵镇江"。

路口设下埋伏，以防敌军回援。毛文龙再亲自带100人攻打镇江。发起进攻的时候，又让沿途招募的民兵负责在城外放火呐喊、敲锣打鼓，制造大军压境的声势。陈良策等人又在城内大喊："明军大兵杀过来了！"制造恐慌气氛。最后非常顺利地攻下了镇江堡，招降800多名士兵，生擒佟养真及其家丁60余人[①]。佟养真被押往北京凌迟处死。

毛文龙在瑷阳当了十多年守备，对辽东的地理形势了如指掌，各种熟人、关系也很多。有些原本驻守各地的明军士兵，因为大部队溃败得太快，就投降后金了。毛文龙派人跟他们秘密联络，鼓动他们当内应。每次攻击后金据点，都会有辽民提供情报，有内部将官作为内应，然后按照镇江堡的套路，想办法把城堡中的军队引诱出来，再发动突袭。因此毛文龙连战连捷，一口气攻下了宽甸、长甸、永甸、瑷阳、凤凰城等多个后金城堡，杀敌5000多人[②]。

率孤军长途奔袭2000里，奇袭后金后方，取得如此辉煌的胜利，在中国古代灿若星河的名将中，也是可以写上一笔的。当时的内阁首辅叶向高，就把毛文龙与东汉时期带36人突袭西域的班超、带100人守卫疏勒的耿恭相提并论。

毛文龙的胜利，让后金方面极为震惊，即遣大军反扑。毛文龙毕竟兵力很少，而且缺乏后勤粮饷支持，只能主动撤退，跨过鸭绿江进入朝鲜境内躲避后金兵锋芒。后金军也跟随进入朝鲜，包围毛文龙于林畔，双方进行了激烈战斗，"一日七战，杀伤相当"。明军将领丁文礼、吕世举等人牺牲，后金军也蒙受很大损失，被迫撤兵。

林畔之战后，毛文龙退守皮岛，以此为根据地招募辽东难民。在铁山、义州到宽甸这一带进行屯田，建立"敌后抗金根据地"，不断对后金进行骚扰。

天启二年（1622年）六月，明朝正式建立东江镇，管辖辽河以东所有沦陷区的军事斗争，由毛文龙任总兵。明朝还在与辽东半岛隔海相望的山东半岛的登州、莱州设立登莱巡抚，负责为东江镇提供后勤支援。后来又从内地增派了

---

① 《熹宗实录》卷13："文龙延与共计，令千总陈忠乘夜渡江潜通镇江中军陈良策为内应，夜半袭擒养真及子松年等贼党六十人，收兵万人，旧额兵八百人，南卫震动。"

② 《东江疏揭塘报节抄》卷1："（天启元、二两年塘报）号召沿海一带各堡千有余里之内，即金、复人民，处处扑杀房级，约五千余颗。"

8000名士兵到皮岛来增强东江镇的实力[①]。

东江镇建立后，毛文龙一面遣将四出，不断深入后金腹地，消灭后金的有生力量；一面招抚因为不堪后金残暴统治而逃跑的辽民，前后接济安置百万余人。于是，毛文龙逐渐成为后金的心腹大患。

后金是落后的奴隶制国家，在被征服地区的统治非常残暴。努尔哈赤曾下令清查所有征服地区的人口，凡是家里太穷没有五斗以上粮食的，就认定为"无谷之人"，没有被奴役的价值。努尔哈赤谕令八旗官兵"应将无谷之人视为仇敌"，发现其"闲行乞食"，立即"捕之送来"，并杀了从各处查出送来的无谷之人。然后，努尔哈赤又下令，把剩下的人以及全部的土地和财富分配进入各种农奴制庄园，将这些庄园根据战功和地位在八旗兵内部进行分配。对于当地人的反抗，则往往血腥镇压。

在这种情况下，辽民反抗后金统治的愿望非常强烈。但是他们又是一盘散沙，个别分散的抗争除了自我牺牲以外毫无意义。

东江敌后根据地的建立为辽民带来了希望。他们遇到后金奴隶主、庄园主的严厉压迫，就可以鼓起勇气反抗，然后投奔东江。

毛文龙依靠自己以前的关系和各地赶来投奔的难民，广泛建立起情报网络，不断向后金各个地方派出情报人员。每次打仗，毛文龙总能预先摸清楚对方的兵力部署，然后到处放火、放炮制造声势，引诱敌军出动，再带着后金部队在大山沟里兜圈子。等到后金军队人困马乏了，才突然出现对其进行打击。

王化贞、孙承宗其实也很想利用敌占区人民的力量来打击后金。但是他们寄希望于大规模的辽民起义帮他们打击后金，这很不现实。普通老百姓的特点是熟悉本地情况，让他们通风报信、带路什么的很合适，真的要跟后金兵厮杀，还得是经过严格训练的军人才行。正面战场的文官已经被后金兵吓破了胆，不敢与之野战，龟缩在广宁、锦州、宁远这些远离前线的大城堡里面，指望随便派遣一支部队，打着大明的旗号就能引起后方一片人民起义，帮他们把后金军队干掉，这

[①] 《东江疏揭塘报节抄》卷3："（天启三年十月十五日具奏）今臣有江津浙直南北游营征东等处南兵八千余员名。"

是不可能的。

毛文龙能够深入敌后，亲自带兵与后金兵血战，战胜之后又能一路解救护送辽民逃往皮岛，甚至进一步把他们从海上转运去山东、浙江等地。只有这样，才能赢得老百姓的信任，百姓才会放心地为明军提供帮助。而那些逃亡到根据地的辽民，也要经过挑选，选出精壮男子予以训练，配备基本的武器，才能出去杀敌。

毛文龙的这种战术，搞得后金的后方一直鸡犬不宁。后金兵已经到了不敢单独行动的地步。努尔哈赤甚至专门颁布法令：士兵出城行动，必须一次十个人以上，少于十个人的话，每人罚款一钱银子。

因为毛文龙的功劳，东江开镇之后八个月，也就是天启三年（1623年）二月，天启皇帝授予毛文龙尚方宝剑，允许他独立节制一方，直接对皇帝负责。这个事情引起文官集团的恐慌，他们对毛文龙的态度开始迅速转变，从积极支持变为猜忌防范，为后来的悲剧埋下伏笔。

天启三年（1623年）九月，毛文龙布置在后金统治区的间谍报告，努尔哈赤准备西征攻打山海关一线。为了牵制后金，毛文龙亲统3万大军，直捣后金故都赫图阿拉，以攻其必救。

从皮岛到赫图阿拉，有董骨寨、牛毛寨、阎王寨三座要塞，深沟高垒，易守难攻，是后金起家时的根本。九月十三，毛文龙率部攻克董骨寨，激战至九月十六，占领牛毛寨、阎王寨，将后金守敌全部消灭。九月十七，后金军反攻，想夺回三寨，毛文龙在牛毛寨附近设伏以待，大获全胜。

努尔哈赤闻得后方生变，不得不放弃西征打算，率4万大军来救。毛文龙一听到对方主力来援，马上就退兵了，让努尔哈赤扑了个空。

当时的辽东督师孙承宗在牛毛寨大捷之后，欣喜异常，上奏称赞说：

臣接平辽总兵毛文龙呈解，屡获首虏，随行关外道袁崇焕逐一查验三次，首级三百七十一颗，俱系真正壮夷，当阵生擒虏贼四名，俱系真正鞑虏。……文龙以孤剑临豺狼之穴，飘泊于风涛波浪之中……且屯且战，以屡挫枭贼……真足以激发天下英雄之义胆，顿令缩项敛足者愧死无地矣。

牛毛寨大捷之后不久，毛文龙又再次重创后金军，取得乌鸡关大捷。

两次大捷，明军先后共斩首级726颗，生擒后金男丁14名、妇女五名。

此外，毛文龙还在登莱巡抚袁可立的支持下，派兵陆续收复了辽东半岛南端的金州、复州和旅顺。登莱、旅顺、皮岛、铁山、宽甸连为一线，解除了后金所占领的旅顺对山东半岛的军事威胁，令明朝的2000里海疆得到巩固，并完成了对后金的海上封锁，加重了后金统治区内粮食紧张的状况。

从王化贞丢掉广宁以后，一直到天启五年（1625年）底，后金一直没有进犯锦州、宁远一带，为孙承宗和袁崇焕专心修筑宁远、锦州、大凌河堡和右屯提供了充足的时间。后金对明朝暂停用兵一方面是因为努尔哈赤在跟蒙古部落作战，还有一个很重要的方面就是毛文龙在皮岛进行敌后游击战形成了牵制。努尔哈赤不能同时三方作战，才让孙承宗多修了几个城堡。但是等探听到孙承宗在右屯放了30万石粮食以后，努尔哈赤就带兵来抢了好几万石，还顺便把明军7000多人的水师和水军基地干掉了。

十、东江移镇：文官集团对毛文龙的初步攻击

有一种传闻说努尔哈赤在宁远之战中被袁崇焕的大炮击伤，所以才被迫退兵。六个月之后，努尔哈赤就因伤去世了。

这种说法不是真的。根据《满文老档》记载，宁远之战后，努尔哈赤毫无生病的迹象，而是"修整舟车，试演火器"，并且到"近边射猎，挑选披甲"，积极练兵准备再次南下进攻明朝。

柳河之败和宁远之战给努尔哈赤留下了深刻的印象，就是关宁军战斗力极差，只能用大炮、城墙来防守，在野战中不堪一击，即使在自己从宁远撤军的过程中，也始终不敢大规模出城追击。毛文龙的军队虽然敢从后方骚扰，但是装备不行，人数不多，攻打坚固的城池比较吃力。

基于这样的判断，努尔哈赤制定了一个更加大胆的进攻战略。

宁远之战一个半月后的二月初六，毛文龙就从皮岛发来情报："闻奴酋（努

尔哈赤）西边（宁远）回来，分付各王子，河西荒草尽烧了，待新草长起，正好统兵喂马攻城。"三月二十四，毛文龙又报告称："贼四五月持火器弃宁远攻关。"

四月二十，蓟辽总督阎鸣泰也报告说：连日来屡屡接到来自辽东的情报，有说努尔哈赤四月初七八带兵渡河，准备再来劫掠，也有说蒙古部落在带兵配合。这些情报有的来自侦探，有的来自逃亡的辽人。还有蒙古内部的一个喇嘛发来信息，说努尔哈赤这次准备干一场大的，而且很有可能会佯攻宁远，其实从北面的蓟镇进攻。这一招非常凶险。

四月二十七，袁崇焕也向朝廷报告：最近后金有再次大规模进攻的迹象。听说女人们都在打磨箭头和盔甲，连房子都拆了来制造船只。

毛文龙和阎鸣泰的情报都共同指向一个方向：努尔哈赤打算从北边绕过辽西走廊，利用蒙古部落的地盘，从山海关西边的蓟州镇防区喜峰口一带进攻明朝。而袁崇焕虽然认为后金有大举进攻的迹象，但仍然认为他们会进攻锦州和宁远。

综合比较三方面的情报，努尔哈赤应该是想趁明朝把重兵集结到宁远、锦州一带的时机，绕过关宁防线，出奇兵从蓟门镇入塞到华北地区烧杀抢掠一番。为了防止主力南下以后，毛文龙从皮岛方向骚扰其后方，他决心坚壁清野，提前把人口和兵力都龟缩进海州、辽阳、沈阳这几个大城市。

实际上，努尔哈赤四月初就已经准备完成，亲自带兵出发了。为了扫清沿途障碍，他首先攻击蒙古喀尔喀部，杀其贝勒囊奴克，抢了不少牲畜。大军到达今天内蒙古赤峰附近。从这里南下，经过承德热河一带，就可以进攻喜峰口等蓟门镇负责的长城关口了。

奏章从皮岛到北京来回至少要三个月。毛文龙得到的情报是努尔哈赤正在等待蓟门方面奸细的消息，随时可能南下。他来不及向朝廷汇报，立即发兵。

此次出兵，毛文龙以寡击众，以弱打强，许多地方都是硬拼的，而且是出动东江精锐，不完全类似以前的游击战术。因为努尔哈赤已经看出来毛文龙的游击队不擅长攻城，所以才寄希望于龟缩防守，然后大兵南下。毛文龙必须要打破努尔哈赤的这种认识，才能阻止后金，因此他必须攻下一个比较有分量的城市。

这次东江军的主攻方向是鞍山。鞍山城墙总长1200米，高十米，厚7.5米，外面用石砖垒成，内部夯土。它比沈阳、辽阳这种巨城要容易攻打，但又比普通的堡垒、山寨坚固得多，打鞍山能够体现东江军的攻坚能力。而且鞍山城位于辽阳和海州之间，是后金攻击锦州、宁远的必经之路，战略意义很大。如果能够把鞍山拿下来，就可以向努尔哈赤传递一个信号：你要想主力南下，用老弱固守城池是守不住的。

毛文龙派参将王辅等人带领6000多人，还带着大炮，去强攻鞍山城，经过一昼夜的激战，最终攻破城门，夺取了鞍山。

但是，这种强攻战术的后果也很严重。后金援军很快赶来，重新包围了鞍山。东江军人数不足、武器装备不足的问题就凸显了出来，被四面围困无法冲出，阵亡2400余人，剩下3000多人突围回营。这也是开镇以来东江军损失最为惨重的一战。

如此血战，无非就是实现毛文龙事先说的"务在用命勤王，扑剿狂逞……"

明军其他各路采取了更灵活的战术，则损失较小。把总韩熊这一路还烧毁了后金兵制造的52艘战船。毛永嘉、毛有忠这一路带领6000余人，进攻辽阳。于四月二十二晚上行至甜水站，遇接到情报说有东江奸细被捕，供出军队的前进计划，后金兵在前面伏兵5000人，等待明军。于是毛永嘉等人临时改变行军路线，从伏兵的背后进行反偷袭，大获全胜。

努尔哈赤得知鞍山失陷，东江军逼近辽阳，只能带兵返回，放弃南下的计划。

这一仗打得非常惨烈，毛文龙一度攻下鞍山城，震动全辽。连在宁远城里的袁崇焕都知道了，他上疏说："使非毛帅捣虚，锦、宁又受敌矣。毛帅虽被创兵折，然数年牵制之功，此为最烈！"

这也是袁崇焕唯一一次公开承认毛文龙的战功。袁崇焕这种正面战场的文官将领，认为游击战根本就是毫无作用的，努尔哈赤多年来不来打他们，完全是被他们制定的步步为营、稳打稳扎的堡垒战术吓到了。游击队只知道骚扰偷袭，见了后金大军就跑，谈不上什么战功。只有这次打下一个比较大的城市，才不得不承认毛文龙有点本事。

毛文龙这次放弃游击战术，精锐尽出与后金硬碰硬，除了向努尔哈赤显示攻城能力以外，也是在文官压力下的被迫之举。因为这个时候已经有很多文官开始说毛文龙浪费粮饷，数年牵制无功了。而朝廷的钱粮总是不能按时按量运到，给东江军带来很大的困境。毛文龙必须要发动一场比较大的战役，才能为自己正名。

在开战之前的一个月，他在一封上奏朝廷的公文中就说：

"东江现在粮食紧缺，兵饷无有，都是因为前后两位登莱巡抚武之望、袁可立贪污忌恨所致。预计今年四五月份，后金将持火器，绕过宁远，直攻关内。我已决心死报朝廷，发愤过江攻击奴贼后方。各关口只要用火器壁垒固守，他们必不能成功。我以身许国，随时准备为国牺牲，并不害怕那些人在背后说三道四。"[1]

这段文字明显充满了愤懑之情。贪污粮饷和猜忌武将是文官士大夫的拿手好戏。毛文龙深入敌后，因为粮饷不足，手下的士兵连饭都吃不饱，武器、盔甲更是缺乏。就这样，眼看着粮饷被贪污，自己又不断遭到文官的各种无端猜忌和攻击，说他冒领军饷、谎报军功、违法经商，等等，才在战前有这样一番言论。

五月十九，这一场大仗刚刚打完，还没有来得及向朝廷报告，毛文龙忽然收到一封天启皇帝的圣旨。打开一看，里面是这样说的：

"奴犯宁远已经三月，毛文龙竟不知觉！何云牵制？其所住须弥岛，去奴寨二千余里，去宁远亦如之远不相及！毛文龙当自己审处奏报，以图结局！"

显然，这是又有文官在皇帝面前说毛文龙坏话了。

其实宁远之战的时候，毛文龙早就出兵牵制了。努尔哈赤刚从沈阳出兵，他就发兵去攻海州和沈阳。毛文龙在正月二十的报告中说："探得奴酋于初十日从十方寺出边……于正月十四日……火速相机夜袭海州。"对照《清太祖实录》，里面记录的是："正月十四日，帝率诸王等统大军征明国。"毛文龙的情报非常准确，一天都不差，怎么能说"不知觉"呢？努尔哈赤之所以围攻宁远只围了两天就撤退，就是因为毛文龙的牵制。

---

[1] 原文："窃海外无粮绝食，因武、袁二抚台贪忌所误。贼四五月持火器弃宁远攻关，职今死报朝廷，发愤过江掣后。守关上台火器坚壁，固守无害，必不可摇动。但知一身报国，将死之日，无畏人议也。"

四个月之前，正月二十，毛文龙就已经写好奏章向皇帝报告这次出兵牵制的行动了。从皮岛到北京，奏章一个多月就能到。而这一次不知道为什么耽误了很久，过了三个月还没有到。朝廷文官就以此为理由大力攻击毛文龙，说过去几年你啥事也没有干就算了，努尔哈赤都打到宁远了，你还不牵制，那你这个东江镇来干什么？

袁崇焕是这一轮攻击毛文龙的急先锋。宁远之战结束后不到一个月，他就上疏抱怨毛文龙没有给予宁远足够的支持，说毛文龙离朝鲜近，离后金远，所谓支持牵制都是虚的。

兵科给事中薛国观甚至上疏说，毛文龙现在都不在皮岛了，跑到距离后金营寨有2000多里远的须弥岛去了，根本不可能牵制后金。这个言论相当奇葩，因为整个朝鲜半岛南北距离还不到2000里。

过了一段时间，袁崇焕因为宁远保卫战的功劳被提拔为辽东巡抚。他又再次上疏，要求东江"移镇"。也就是把毛文龙的驻地从皮岛移到更靠近宁远的地方。

皮岛在朝鲜，跟宁远隔了一个辽东半岛。袁崇焕认为最好把东江镇搬到辽东半岛的西侧（也就是渤海湾内侧），跟宁远隔海相望，而且靠近三岔河，这样就可以更好地为宁远、锦州提供支持。

兵部研究的结果：赞成袁崇焕的意见，东江对正面战场牵制不足，建议移镇。

天启皇帝见努尔哈赤都退兵三个月了，还没有见到毛文龙的报告，也相信了文官的攻击之词，非常生气，就下了这么一道措辞严厉的圣旨。但天启皇帝还是坚持了一个原则，就是不能只听一面之词。尽管几乎所有的文官都这么说，报告也确实三个月没有到，他也没有立即采取行动处罚毛文龙，还是先要听毛文龙解释，要他自己"审处奏报，以图结局"。

圣旨刚送出去两三天，毛文龙正月二十的报告就到了。

既然毛文龙的报告到了，那么对毛文龙宁远之战中没有牵制的攻击是否可以结束了？移镇事件是否可以告一段落了？

蓟辽总督阎鸣泰上疏说：我仔细研读后，发现毛文龙的报告有可疑之处。报告里面说东江兵正月二十二围攻海州，但正月二十二努尔哈赤正在围攻宁远。海州距离三岔河只有60里。既然隔得那么近，毛文龙又说打海州打得炮火连天，努尔哈赤撤兵的时候为什么不慌不忙，看起来不像害怕被毛文龙切断退路的样子？[①]

这个阎鸣泰，就是萨尔浒之战后被熊廷弼派去沈阳，结果走到一半就吓得哭着跑回来的那个家伙。几年下来，因为辽东将领不断战死、被撤、被杀，他靠熬资格竟然熬到总督的位置。根据他的观察，袁应泰、王化贞、孙承宗带出来的军队在遇到危险紧急撤退的时候，都是像山崩一样逃跑。比如柳河之败，前面几百人被打败了，后面7000人就溃逃了；7000人溃逃了，各个城堡的几万人也跟着跑。阎鸣泰想当然地认为，所有的军队打仗都是这样，努尔哈赤的军队遇到类似情况，也应该这样。而他们在撤退的时候竟然有组织、有纪律，可见毛文龙是在谎报军功。

根据这个逻辑，阎鸣泰认为毛文龙在皮岛对后金最多不过是"虚挠背后"，牵制作用不明显，所以还是应该移镇。移到哪里呢？根据袁崇焕提出的原则，要靠近宁远，靠近三岔河，阎鸣泰说，盖州这个地方最好，不但离宁远近，方便照应，而且攻打后金也方便，可以"直刺"后金的"肋窝"。

只需要看一下地图，就可以知道阎鸣泰在军事上多么白痴。盖州在耀州南边50里，距离三岔河只有100里地。辽阳、鞍山、海州、耀州、盖州基本上沿着三岔河的方向从北到南一字排开，每个城市相隔50里地。这地方确实离后金近，攻击后金很方便。但问题是：后金攻击盖州也很方便。从海州打过来只有100里地，后金主力部队早上出发，晚上就能打到盖州。让毛文龙移镇盖州，简直就是把东江兵送到后金身边去了。

阎鸣泰还进一步分析说，盖州还有一点好，附近有个连云岛，可以为它提供支持。这个分析令人瞠目结舌，因为连云岛跟盖州的位置关系，与觉华岛和宁远的关系几乎一模一样，连云岛还要更靠北，冬天大海冻得更硬。当初把水师放到觉华岛的提议就是阎鸣泰向孙承宗进言的，也分析得头头是道，把孙承宗说

[①] 原文："据其所称攻掠海州者正月二十二日也，此正奴酋攻围宁远之日，海州去三岔河仅六十里，既云大炮连天，喊声动地，何奴中寂无一闻而按兵逍遥若无事而回，独不畏其掣也？"《明熹宗实录》，天启六年四月二十。

服了①。四个月前,刚刚发生了觉华岛的战斗。阎鸣泰竟然再次抛出同样的理论,也是够奇葩的了。

阎鸣泰还打了一个比方:从辽东战争的大局来看,毛文龙居住在皮岛,离主战场太远,就好像住在乡下;到了盖州,就好像是进城了。

这可真是一个生动形象的比喻啊!

阎鸣泰和袁崇焕关系很好,彼此惺惺相惜。袁崇焕率先发动东江移镇的提议,阎鸣泰再长篇大论提出这一番看法,前后配合得很好。结合袁崇焕和阎鸣泰的奏章,可以大概分析一下正面战场的文官统帅希望如何处置毛文龙。

缺乏战争经验的文官,不理解敌后游击战的战术和意义。

兵部给事中薛国观的奏章里面就说:"毛文龙的职责是牵制后金不要来攻打宁远,而不是杀多少后金兵。只要你能牵制好金兵,自然就是你的大功。如果金兵总是来犯宁远、山海关,你毛文龙老是拿着一些敌人的首级、俘虏过来报功,有什么意义?"②

薛国观、袁崇焕等人,认为最重要的战略就是守卫宁远、锦州等城市,消极防御。只要后金来攻打宁远,就是毛文龙没有牵制好。

实际上,最佳的战略并不是不让后金来打宁远,而是应该让其不停地出兵。打宁远的时候,毛文龙从后方袭击,迫使后金退兵,宁远方面再出城追击;打毛文龙的时候,宁远方面从后方袭击,迫使后金退兵,毛文龙再趁机反击。这样反复调动后金军队,让它疲惫不堪,在运动战中消耗它的有生力量和战争资源。明朝的人口、战争资源是后金的上百倍,这种消耗足以在短时间内让后金陷入崩溃。

但是,正面战场的袁崇焕、阎鸣泰这些文官,他们带出来的兵,战斗力太差,根本不敢与后金打野战,只能修个城墙来躲在后面放大炮。这种战术,就使

---

① 先是,"守觉华岛之议,始于道臣阎鸣泰之呈"。至是,经略孙承宗纳阎鸣泰之议,以"觉华岛孤峙海中,与宁远如左右腋,可厄敌之用"。转引自阎崇年《论觉华之役》。

② 原文:"毛文龙者,以牵制建州为职者也,果能牵制,使彼不敢西来,即不必屑屑然有所擒斩献俘,功自昭著于天下。倘不能牵制,使彼无所顾忌而西,纵日擒斩而日解捷,何益于封疆之大事哉?"

明朝方面处于被动挨打的状态。他们要求毛文龙要把努尔哈赤牵制得死死的,不能来打宁远,就是把全部的战争责任都推卸给毛文龙,自己躲在后方的城墙里面高枕无忧。

出于这样的错误认识,他们才认为毛文龙最好到盖州去。那里靠近三岔河,这样毛文龙就不是从后方牵制后金,而是在正面给他们当挡箭牌,阻挡后金。后金打宁远必须要过三岔河,毛文龙的大军就在三岔河边的盖州守着,他们肯定要先打毛文龙再过河,不会丢下盖州不管直接就奔宁远去了。后金和毛文龙两败俱伤,是袁崇焕、阎鸣泰最希望看到的局面。

毛文龙是行伍出身的武将,竟然手持尚方宝剑独立节制一方,直接向皇帝上疏汇报军情,接受皇帝的直接指示。这跟文官集团的利益严重冲突,完全无法接受。朝鲜太远了,文官巡抚无法节制,如果把东江镇移到非常靠近辽西走廊的位置,那么就很容易按照"以文制武"的老规矩,让东江镇归辽东巡抚或者经略节制了。在这个问题上,东林党和非东林党文官意见完全一致。

早在天启二年(1622年)十二月的时候,东林党人、四川道御史夏之令就最先上奏要求东江移镇。没过多久,另一个东林党、南京陕西道御史刘之凤也上疏附和。天启皇帝正在生东林党的气,这两人的提议都被天启皇帝臭骂一顿驳了回去。

东林党失势以后,那些与魏忠贤结盟的非东林党文官仍然想办法收拾毛文龙,这才有了新一轮的移镇风波。夏之令和刘之凤都是言官,而这一次提议的袁崇焕和阎鸣泰则是辽东前线手握重兵的封疆大吏,分量要重得多。天启皇帝不得不慎重考虑他们的意见。

但终于有人出来反对移镇。不过不是文官,而是勋贵、丰城侯李承祚,这是魏忠贤的铁杆亲信。

李承祚提出两条反对意见:第一条是如果移镇,朝鲜失去支持,很有可能投降后金。朝鲜为毛文龙提供了屯田的土地,每年还提供给东江大概10万石的粮食,这是很大的支持;第二条是东江现在不仅有几万士兵,还有几十万难民屯田耕种,移动起来困难很大。盖州有地方给士兵住,但是没地方屯田,把这些难民丢在朝鲜或者移到盖州都是不现实的。万一移镇过程中引发动乱,问题更严重。

八月二十五的时候，毛文龙针对移镇的奏疏也到了。他提出两点不能移镇的理由：

第一点是人心。皮岛地处后金后方。有大量辽民无法向广宁方向逃走，只能朝皮岛这边跑。这些人在后金统治下都活不下去，许多家人被后金杀害，跟后金有深仇大恨。人心可用，不能放弃。

第二点是地势。这个地方确实离沈阳、辽阳比较远，但这是优势。跟后金的大本营隔着大量的山脉，后金要大举进攻难度很大。而设奇兵偷袭则比较容易。

然后，毛文龙还用"人心"和"地势"这两点把东江和宁远作了对比：宁远大量的士兵是辽西人，而不是辽东人。辽西人民没有在后金统治下生活过，也并不想恢复辽东，最多不过收复广宁就满意了。宁远到辽阳、沈阳都是平坦的大路，难以出奇制胜。所以宁远方面可以做好防守，也可以收复广宁，但是若要收复三岔河以东的辽东地区，从皮岛方向出征更为合适。目前皮岛难民众多，只是缺乏粮饷和武器装备。如果东江有10万人的粮饷物资，收复辽东不成问题。

天启皇帝脑子还是很清楚的，看到毛文龙的奏疏之后，很快就做出决定，下旨："（毛文龙）疏说地势人心极明，不必移驻。"为这场长达数个月的移镇争论，画上了句号。

袁崇焕一计不成，又生一计。他决定采取实际行动来削弱东江镇，干了一件相当缺德的事儿。

八月前后，袁崇焕派遣他的亲信徐敷奏，带着50多条船，开往东江镇管辖的旅顺、金州等地，以及诸多驻兵岛屿，造谣说奉旨前来接大家移镇，只要跟着上船去宁远，就可以享受"大粮大饷"，军官去了给升一级，士兵去了重赏。

东江镇长期缺粮缺饷，军士生活非常艰苦，经过徐敷奏这么一煽动，很多人就跟着上船跑了。尤其严重的是，徐敷奏还联络旅顺、镇江等地的军官，带着军粮、武器、船只出逃，跟着他去宁远、山海关享福。这给东江镇带来极为严重的损失，这种做法已经是一种严重的犯罪行为了。

毛文龙紧急带兵拦截，拦下来了一部分船只，随后便向皇帝告状。但是他给了袁崇焕面子，说袁崇焕派徐敷奏过来本来是对接军事行动的，是徐敷奏违反袁崇焕的命令擅自行动。其实这种惊天大事，徐敷奏如何会在没有袁崇焕授意的情况下去做呢?

天启皇帝接到奏报以后,立即下令把徐敷奏抓起来审问。经审查罪行属实,徐敷奏被判处死刑。但是袁崇焕出面保了徐敷奏,死刑一直没有执行。

至此,正面战场的文官将领与毛文龙的关系彻底决裂。

十一、抗金援朝:第二次救援朝鲜

天启六年(1626年)八月初二,正是朝廷要求东江移镇的呼声高涨、徐敷奏在东江镇到处蛊惑人心的时候,毛文龙安插在沈阳的内线耿仲明传来消息:努尔哈赤身患恶疮,带3000人的亲兵到沈阳南边100多里的威宁堡附近的狗耳岭,找了一处温泉洗疮治疗。请毛文龙派兵1万人前往,可以趁机干掉努尔哈赤。

东江军刚在五月打了一场惨烈的大仗,元气未复,加上朝廷的粮饷拖欠严重,士兵缺粮缺饷,徐敷奏又到处煽动东江兵跟他去宁远。这种情况下,毛文龙难以再次发动大规模攻击。而且,他也不敢因为这一个情报就贸然出动1万大军——毕竟耿仲明也有可能当了叛徒给东江兵设埋伏。因此他只派了150人前往细探,确认努尔哈赤确实在那里。于是这些人半夜就在努尔哈赤所在的温泉附近纵火放炮,制造大军来攻的假象。第二天,八月十一早晨,努尔哈赤就赶紧坐船回沈阳,结果"行至辽阳西古城堡河边,本日午时命绝"[①]。

九月初二,毛文龙确认努尔哈赤已死,就向朝廷发出报告,把整个过程作了详细的介绍。

对此,《清太祖实录》是这样记载的:"七月二十三日,帝不豫,诣清河温泉沐养。八月初七日大渐,欲还京,遂乘舟顺代子河而下……至瑷鸡堡,离沈阳四十里,八月十一日庚戌未时崩。"

对照毛文龙的奏章和《清太祖实录》,可以说毛文龙的情报非常准确及时,不仅日期、地点非常精准,连努尔哈赤死的时辰都接近。毛文龙说努尔哈赤是午

---

① 《东江疏揭塘报节抄》卷五,天启六年九月初二具奏。

时（上午11时到下午1时）死的，《清实录》的记载努尔哈赤是未时（下午1时到3时）死的，出入不大。

而正面战场袁崇焕这边比毛文龙晚了20多天才得到消息。朝廷在九月二十九才收到袁崇焕的报告："奴酋耻宁远之败，遂蓄愠患疽，死于八月初十。"从宁远到北京距离700里，都是大路，文件传递时间当在四天以内，袁崇焕最早在九月二十五才得知努尔哈赤去世的消息。

袁崇焕的报告不仅时间错了一天，也缺乏任何细节，消息前面有六个字"回乡络绎皆云"，也就是这件事是从那些辽东过来的人那里听说的。由于情报来源不可靠，袁崇焕又补充说，努尔哈赤之前多次诈死，这次说不定还是诈死（"奴屡诈死懈我，今或亦诈，亦不可知"）[①]。

两相对比，我们就可以看出毛文龙的敌后游击战，在情报体系搭建方面确实非常成功。而袁崇焕则完全谈不上有什么情报，不过是靠躲在宁远城里面，从那些从辽东过来的难民或商人口中得到一些难以证实的传闻。

毛文龙的情报也出了些差错，他说"大王子已居老奴之位"，其实继位的是四贝勒皇太极，而不是大贝勒代善。但他后面的情报则很有价值。他说"各王子歃血盟誓，言和气平，心心念念，不因奴死而遂忘我关上、忘我铁山"。这是报告朝廷，努尔哈赤死后后金内部仍然非常团结，没有发生继位之争。

事实也确实如此，努尔哈赤生前并没有指定继承人。他死后，大贝勒代善的儿子岳托劝说父亲，以团结为重，推举最有才能的皇太极继位。代善被儿子说服，第二天就主动提出推举皇太极。这样其他王子也就无话可说，皇太极顺利继位。后金安然度过一次潜在的政治危机。

袁崇焕确认努尔哈赤这回真的不是诈死以后，又自作主张干了一件很神奇的事：派了使者带上礼物，又派一个喇嘛当翻译，去给夺取上千里明朝领土、杀死数十万明朝百姓的努尔哈赤吊丧，并对新汗继位表示衷心的祝贺。

袁崇焕此举的意思很明白，就是想要跟后金议和。因为他筑高墙、用大炮的战略跟后金没什么仗好打，关宁军不可能主动去打后金，后金不来打他们就行

[①]《熹宗实录》卷七十六，天启六年九月。

了。所以他觉得议和对明朝来说是一件很占便宜的事儿。

皇太极当然领会到袁崇焕的好意，对议和表示出高度的热情。双方很快就通过秘密信件你来我往，开始讨论议和的可能性。

皇太极一边跟袁崇焕议和，一边准备着手对付毛文龙。他登基以后三个月，刚刚处理好内部事务，就在天启七年（1627年）正月初八，派二贝勒阿敏、岳托、阿济格带领3万大军，去打毛文龙。

对此，《满文老档》里面说得很明白："正月初八日，命贝勒阿敏……率大军往征驻朝鲜明将毛文龙。……先是朝鲜累世得罪我国。然此次非专伐朝鲜，明毛文龙驻近朝鲜海岛，屡收纳逃人。我遂怒而往征之。若朝鲜可取，顺便取之。"

在发兵的当天，皇太极给袁崇焕写了一封信，正式提出议和的条件：明朝一次性给后金黄金10万两、白银100万两、绸缎100万匹、毛青细蓝布1000万匹作为议和的馈赠。和议达成以后，后金每年给明朝东珠十颗、貂皮千张、人参千斤，明朝则回赠黄金1万两、白银10万两、绸缎10万匹、毛青细蓝布30万匹。

皇太极提的这个条件并不苛刻，而且有讨价还价的余地。这就可以给袁崇焕希望，认为议和是可以达成的。而皇太极的目的其实很简单，就是用议和来拖住袁崇焕，在后金攻打毛文龙的时候让宁远方面不能出兵。

袁崇焕收到皇太极的信之后非常高兴，不过作为进士出身的明朝文官，他指出皇太极的书信中有很多不符合两国书信规范的地方，一再要求对方进行修改。只有皇太极把格式改好了，他才可能向皇帝汇报。

皇太极当然乐得这样跟他打太极，不慌不忙地反复修改，拖延时间。袁崇焕又讨价还价，想把议和的钱压低一点。皇太极慷慨地说，行行行，看你这么有诚意，我给你打五折——黄金5万两、白银50万两、绸缎50万匹、棉布500万匹就可以①。然后我每年再多送你12张狐狸皮，你看咋样？这可是最低价。

就在双方兴致勃勃地讨论文书格式和议和金额之际，圣旨到了。

---

① 《满文老档》第3卷："尔以金五万两、银五十万两、缎五十万疋及毛青细蓝布五百万疋送我，我以东珠十、黑狐狸皮二、元狐狸皮十、貂皮二百、人参千斤送尔，以为和好之礼。"

天启皇帝已经知道了后金大军进攻毛文龙，要求袁崇焕马上发兵攻击后金。

袁崇焕选择了抗旨。他回复皇帝说：现在无虚可捣，听说后金派了10万重兵攻打朝鲜，但还有10万重兵防守。如果孤军深入，后金势必以逸待劳。而且蒙古的林丹汗也蠢蠢欲动，如果我直接去朝鲜打，那么蒙古人还可能会派轻骑兵突袭关宁。所以我觉得目前最重要的事情是趁后金攻打毛文龙，抓紧完成锦州、大凌河、右屯的修筑。等后金那边打完，我这里三大城堡修筑完成，就可以固若金汤了。

袁崇焕的回复里面说林丹汗可能威胁宁远，说明他在情报工作方面完全失误。林丹汗是后金的死敌。蒙古各个部落跟后金打仗，背后都是林丹汗在支持。林丹汗从王化贞镇守广宁的时候开始就想跟明朝合作对抗后金。王化贞坚信自己可以调动40万大军灭亡后金，就是林丹汗跟他吹的。虽然每次跟王化贞相约共同发兵打后金，林丹汗都当了缩头乌龟，但要说明朝去打后金的时候他在背后捣乱，那是不可能的。

实际上，林丹汗得知后金打朝鲜的消息之后，马上就带兵出发，去打那几个投降后金的喀尔喀部落去了。至于袁崇焕说后金有20万大军，更是不着调。作为一方督抚，袁崇焕除了修城就啥都不知道。

天启皇帝和魏忠贤急得双脚跳，连连催促进兵。袁崇焕不得已，才让赵率教带了9000人去增援，但就在三岔河附近转悠，没有跟后金军队接触，实际上也就没有发挥任何牵制作用。

与此同时，毛文龙那边情况日渐危急。朝鲜一直就对毛文龙很不爽，因为毛文龙占着他们大片土地接济辽民屯垦，每年还索要10万石粮食。由于毛文龙在这里，后金经常威胁让他们交出毛文龙，否则就要带兵攻打，在他们看来这些都是毛文龙带来的灾祸。后金大兵压境，朝鲜方面马上就同意给后金当向导，带着他们去打毛文龙。

在朝鲜官员的带领下，主帅阿敏只用一天时间就从鸭绿江杀到云从岛。这让毛文龙措手不及，沿途来不及撤退的小股队伍被后金消灭。

云从岛就在皮岛旁边。当时也是冬天，正月十五，大海结冰。后金也就跟当年进攻觉华岛一样，准备踏冰渡海。

毛文龙率领部队堵住云从岛的入口，用火器坚守。后金兵从鸭绿江一路狂奔到云从岛，人疲马困也在情理之中。当天夜晚，毛文龙派1000多人发动夜袭，打死后金数百人，但是自己也损失了几百人。通过敢死队似的袭击，首先震慑后金的士气，为之后的大规模会战打好基础。

正月十六，后金向云从岛发起猛攻。毛文龙以少打多，占据有利地形，利用火器据守，最终顶住后金的进攻。从正月十五开始后金攻云从，到正月十九攻云从不克退回宜川下营，战斗前后持续了四天。

云从之战，后金兵力占优。大海已经结冰，毛文龙无法从海上得到粮饷、武器的支援，很快就会弹尽粮绝。袁崇焕又拒绝救援。如果后金愿意付出比较大的代价再来几次强攻的话，毛文龙恐怕很难守住云从岛。

但是毛文龙赶上了个好运气，就是后金军队内部出了问题。

这次后金的统帅是二贝勒阿敏。他并不是努尔哈赤的儿子，而是努尔哈赤的弟弟舒尔哈齐的儿子。舒尔哈齐反叛努尔哈赤失败后，努尔哈赤把他囚禁至死，却继续重用阿敏。阿敏并未因此原谅努尔哈赤，也不服刚继承汗位的皇太极。

皇太极给阿敏的任务是消灭毛文龙，而不是重点进攻朝鲜。阿敏却存了一个心思，想完全攻下并占领朝鲜，然后脱离皇太极独立，在朝鲜称王。

所以，阿敏并不想在毛文龙这里浪费太多时间。在云从岛跟毛文龙打了两仗没有占到便宜之后，阿敏就借口损失惨重，不再发动强攻，而是掉头直奔朝鲜首都王京去了。朝鲜国王一看，二话不说就弃城逃跑，到海上避难，一面与后金紧急讲和，一面遣使向明朝和毛文龙请罪，说带路不是自己的主意，而是臣子所为，请求援救。

阿敏的心思连皇太极都没有察觉，毛文龙当然就更不知道。毛文龙所知道的就是，朝鲜人给后金当向导过来打他。那么，现在朝鲜有难，救还是不救？

天启皇帝收到毛文龙的奏章，认为朝鲜虽然协助后金，但不应该计较属国的过错，这才是天朝气量。于是下诏给毛文龙，要求毛文龙不计前嫌，出兵援朝。他说：

"丽人（指朝鲜人）导奴入境，固自作孽，然属国不支，折而入奴，则奴势益张,亦非吾利。还速谕毛帅相机应援,勿怀宿嫌,致误大计。"①

毛文龙接到诏书以后,不顾自身粮饷短缺,毅然率部进入朝鲜,反击后金大军。在天寒地冻的环境中,东江军衣不蔽体,食不果腹,每日"拉死尸为食",仍在毛文龙的激励下顽强作战。双方在宣州、晏庭、车辇、义州等地反复拉锯。

随着天气逐渐转暖,战事逐渐向有利于东江军的方面转变。大海解冻,魏忠贤紧急协调的30艘运粮船和八艘武器装备船到达东江,东江军获得极为珍贵的补给。河水解冻,东江军逐渐依靠朝鲜境内的大小河流,把以骑兵为主的后金困住,多次重创敌军,三战三捷,随后于千家庄、瓶山一带与后金主力展开决战,毛文龙自率兵与后金主力大战,歼敌六七千人。

在这种情况下,阿敏不得不放弃在朝鲜称王的打算,跟朝鲜签署了一个条件十分宽松的和平条约,带兵回国。朝鲜既不用割地也不用赔款,不过承诺以后不给毛文龙提供粮食和屯田的土地。这种承诺双方都知道是虚的,朝鲜根本不可能遵守,后金也没有什么措施保障条约执行,不过面子上好看些。东江军取得战役的最后胜利。

十二、宁锦之战:毛文龙的胜利

战争虽然取得胜利,但是东江军实力严重受损。皇太极以为后方已经稳固,立刻就跟袁崇焕撕破脸皮,回信指责说:我们还在议和,你却不停地修筑锦州、大凌河等城堡,是什么意思?明显就是在忽悠我,不想议和。以后咱们一刀两断。

天启七年(1627年)五月初三,皇太极送走朝鲜国王的使者,跟朝鲜达成和平协议的事情就算办完了。三天以后,皇太极亲自统率数万大军,来打袁崇焕。大凌河堡、右屯这些地方的守军不战而逃,还有2000人降金,袁崇焕辛辛苦苦修的三大城只用了一天就被后金摧毁两个,还剩一个锦州。

---

① 《熹宗实录》卷62,天启七年三月。

五月十一，后金开始围攻锦州。

皇太极这次出征的基本战略是围城打援。在给锦州守将赵率教的劝降信里面，他就说："我知道你们在等援军，所以不肯投降。但难道我们是傻瓜吗？我们也在等着你们的援军来呢。"在围攻锦州的24天里，后金只组织了三次攻城，其他时间都围着不动，等着明军的援军过来。

袁崇焕先派了200人出去打听虚实。这200人出城之后就再没有回来，杳无音讯。接着，五月十六他又派了2000人的援军出去，最终大败而回，损失惨重。

这下袁崇焕就彻底没辙了，不敢再派出援军，因为他知道自己手下那些兵去跟后金野战就是送死，派出去太多可能连宁远都守不住。

皇太极见袁崇焕不再上当，锦州这边也没啥仗可打的，就派了一支部队过来打宁远。

按照之前的作战计划，后金兵围攻锦州，宁远负责派兵支援；后金兵围攻宁远，山海关负责派兵支援。所以宁远一被围，山海关总兵满桂马上就带了1万人马出关救援。这支援军跟后金交战不利，退入宁远城内。

孙承宗督师辽东时，袁崇焕跟满桂都在宁远，袁崇焕是宁远最高文官，满桂是最高武官。宁远保卫战就是袁崇焕和满桂共指挥同守卫的，打完之后袁崇焕被提拔为辽东巡抚，满桂被提拔为辽东总兵。但袁崇焕很讨厌满桂，上疏弹劾他脾气不好、谩骂同僚，恐怕他会耽误边疆的大事，请求把他调到别的兵镇，把关外的事权交给赵率教。辽东经略王之臣觉得满桂是个人才，把他留在山海关当总兵。辽东总兵就成了赵率教。

皇太极打过来的时候，赵率教守锦州，袁崇焕守宁远，王之臣和满桂驻扎在山海关，赵率教归袁崇焕节制，满桂归王之臣节制，就是这么一个格局。

袁崇焕一看满桂来了，把满桂的1万兵马留下8000人守卫宁远，剩下2000人让满桂带着去救援锦州，以执行朝廷命令。

满桂这一次出击比较谨慎，没敢怎么深入，只是在外围进行骚扰。赵率教在锦州得知宁远派了援军来了，也找机会带兵出城跟后金厮杀了一番，以为呼应。这样锦州和宁远彼此配合，后金两头都没占到太大便宜。不过关宁军出击的兵力还是太少，不能真正给后金制造麻烦，小规模的交锋之后，满桂和赵率教都退回城内，局势重新陷入僵持。

与此同时，东江军毛文龙这边也没闲着。后金撤军以后，留了两三千人马监视朝鲜和东江军。毛文龙大概用了一个月的时间，继续用他的游击战术，相继端掉了这些后金兵的据点。也就是这段时间，皇太极才放心大胆地围攻锦州，而不用担心后方遭到东江军的袭击。但是等六月初东江军拿下那些据点之后，毛文龙就再次亲自带兵前往海州，试图切断后金的退路。

皇太极听说海州又被东江军围攻，非常吃惊，想不到毛文龙元气恢复得这么快。打下锦州、宁远短时间内也无希望，只得于六月初五退兵。

皇太极一退兵，袁崇焕就赶紧上疏，宣布取得宁锦大捷，称之为"诚数十年未有之武功"，把功劳归结到自己、赵率教和锦州镇守太监纪用头上，还拍了一下魏忠贤的马屁，说"厂臣帷幄嘉谟"；又鄙视了一下毛文龙，说后金兵是"乘东江方胜之威"打过来的。

宁锦这一仗打得还算可以，大捷肯定算不上，但勉强可以算是平手了。根据赵率教的报告，后金"死不下二三千"，《满文老档》里也说："是役也，士卒阵亡甚众。"明朝这边的损失是：一些小城堡里面的守兵有2000人投敌，袁崇焕派出的200名援军消失，2000名援军死伤惨重，大凌河、右屯、小凌河、塔山等诸多小城堡被后金摧毁，物资被后金获得。总的来说死伤相当，比上一次宁远之战要好了很多。

这一次跟宁远之战有一个很大的不同，就是魏忠贤往宁远和锦州都派了镇守太监，对战争的过程可以了解得更清楚。所以朝廷虽然大力表彰了宁锦大捷的功臣，但表彰名单上没有袁崇焕。

这是摆明了要让袁崇焕走人。袁崇焕只能上疏请求辞职，天启皇帝立刻批准。他最后给袁崇焕的评价是："袁崇焕暮气难鼓，物议滋至，已准其引疾求去。"[①]辽东巡抚一职暂时由辽东经略王之臣兼任。

这是把朝鲜之战和宁锦大捷合到一起，跟袁崇焕算总账的结果。后金打毛文龙的时候，袁崇焕拒绝救援，反而与后金议和，借口就是可以抓紧时间修筑好锦

---

① 《熹宗实录》卷86。

州、大凌河和右屯三座城。

他在四月给朝廷的奏章里面，宣称自己的这种堡垒战术，是"战则一城援一城，守则一节顶一节。步步活掉，处处坚牢"。

但是等后金真的打过来的时候，这个战术的缺点就暴露无遗了。

首先，那些花了很多钱修的小城堡完全不堪一击，银子白费了，来不及逃走的士兵马上投降，里面的粮草物资相当于白送给了后金，"守则一节顶一节"的期望落空了。

其次，锦州这种大城，孤悬关外，后金大军一包围，完全无法救援，只能请求上天保佑后金早点退兵。这次后金围了24天之后就走了，那要是他们包围一年半载，让锦州粮食耗竭怎么办？

在整个战争过程中，作为前线最高指挥官的袁崇焕，从未提出过能让人信服的办法去解锦州之围，更不要说采取有效的行动了，只能坐在宁远城里等着皇太极退兵。"战则一城援一城"的策略也落空了。

同时，宁锦之战还暴露出一个很大的问题：袁崇焕在宁远训练出来的军队根本没有野战能力，第一次派出200人的"敢死队"直接消失，第二次派出的2000人惨败而回。袁崇焕同样需要对这两次惨败负责。

把袁崇焕免职之后，天启皇帝和魏忠贤又做出两个重大的决定：

第一，放弃锦州，把防线后撤到宁远。

后来皇太极得知这个消息，派了3000人到锦州来把城墙毁了，但是没有占领，继续撤退到三岔河以东。至此明朝已经两次主动放弃锦州了，第一次是熊廷弼在广宁失守以后，那次努尔哈赤派人毁了锦州城，然后撤退而没有占领。这说明锦州确实是一个"白送都不要"的鸡肋之地，而不是孙承宗、袁崇焕认定的战略要地。皇太极带10万大军来打锦州，不是因为锦州重要，而是想围城打援，消灭从宁远和山海关过来的援军。

第二，给东江镇的军饷从原来的40万两增加到100万两[①]。

[①] "案查，天启七年六月内以内监胡良辅请增东江粮饷。臣部覆准，本折百万之数。"毕自严：《覆登抚督师台省覆定东江饷额数疏》，载《度支奏议·新饷司二卷》。

之前因为移镇的争议,魏忠贤派了四个太监去皮岛和朝鲜实地考察,看看毛文龙在东江到底在干些什么。这四个太监在东江镇待了有半年,多方调查,目睹了后金进攻朝鲜和毛文龙出兵海州这段时间的一系列战争,回来向天启皇帝做了汇报。汇报之后,天启皇帝就做了这个决定。同时,又将老是克扣东江镇粮饷的登莱巡抚李嵩免职,任命收复澎湖列岛的孙国祯为登莱巡抚,为毛文龙提供后援支持。

这两个决定说明,经过几次战争的检验,天启皇帝认可了毛文龙的战略思路,决定把恢复辽东的主攻方向从关宁防线转移到东江镇这边来。多给东江的银子,可以从放弃锦州节约下来的经费里出。

第九章 亡国之祸

一、东林复辟：崇祯初年的政局剧变

就在天启皇帝刚刚做出决定大力支持毛文龙之后不久，年仅23岁的天启皇帝突然身染重病，不幸去世了。据《明史》记载，他的死因跟正德皇帝朱厚照一样，都是在船上游玩，不小心落水，被救起来以后就落下病根，最后在天启七年（1627年）八月二十一去世。

天启皇帝没有儿子，就由他的弟弟、信王朱由检继位。这就是崇祯皇帝。

天启皇帝临终前，拉着朱由检的手说："魏忠贤恪谨忠贞，可计大事。"

一般皇帝去世，都会留下政治遗嘱做一大堆政治安排。而天启皇帝死前，除了要弟弟照顾好张皇后这种私事以外，有记录的政治安排，就是希望他的弟弟能够继续重用魏忠贤。这里面有个人感情的因素，但主要还是政治考量。

天启皇帝是客氏和魏忠贤看着长大的，他们之间不仅是君臣关系，彼此之间还是亲人。刚开始天启皇帝并没有想重用太监，而是非常依赖在"移宫案"中表现突出的东林党，只派遣魏忠贤干一些诸如修建皇帝陵墓之类的事情，不涉及国家政务。只是因为东林党表现实在太差劲，才把一些军务交给魏忠贤去处理，结果发现魏忠贤确实能干,就逐渐提拔,给予他更多的权力,把东厂也交给他管理,负责对后金的情报和间谍战。君臣二人联手对东林党中的极端分子加以整肃,严惩腐败,打击地方黑恶势力,增加国家税收,有力地保障了前线的战争经费。

在这中间,军事战略实际上还是东林党人孙承宗负责制定的。天启皇帝对自己这个学识渊博的老师非常尊重和信任。在军事上,天启皇帝对魏忠贤不是很放心,没有交给他大权。但是孙承宗表现仍然很差劲,柳河之败后被迫走人,他的继承者袁崇焕继续执行孙承宗的战略部署。经过好几次战争检验,天启皇帝逐渐发现,原来魏忠贤反对孙承宗也是对的,对他的信任就进一步加强了。君臣二人又开始联手推动辽东战场的战略转变,放弃孙承宗的堡垒战术,按照《孙子兵法》里说的"以正合、以奇胜"的方式,将正面战场定位为防御为主,而把主动进攻的任务转移到东江镇。

天启皇帝去世的时候,明朝对后金战争的局面已经有了很大改观。宁远之战和宁锦之战虽然谈不上是什么胜利,但毕竟守住了重要的城市,没有出现沈阳、辽阳和广宁那种奸细给后金部队打开城门导致失守的情况。由于有毛文龙在后方牵制,后金在没有奸细、内应的情况下,要想强攻这些坚固的城池是不太可能取得成功的。东江镇逐步发展壮大,成功抵御了后金的大规模入侵,成为后金的心腹大患。此外,毛文龙再三警告,后金有可能从蓟门镇进攻,天启皇帝又命令魏忠贤把喜峰口等长城北部的关口整修一新,加以重兵防御。蓟门、山海关的坚固防守配合毛文龙后方进攻的抗金战略基本成型。后金正面强攻无法取胜,后方又面临威胁,在东江游击战的鼓动下,辽民逃亡、叛乱不止,粮食紧缺,在战略上已经处于被动态势。

作为藩王,朱由检完全不能过问朝政。兄弟之间感情很好,逢年过节朱由检都要进宫向天启皇帝请安。但这种礼节性的联系,完全不能提供任何有效的信息渠道,朱由检无法知道真实的宫廷内务和高层决策机制。

这种情况下,东林党造谣的威力就发挥出来了。他们年复一年、日复一日地到处宣传,魏忠贤如何联合客氏迷惑皇帝,迫害忠良,在宫内杀死宠妃,迫使皇后堕胎,甚至图谋篡位,等等,把魏忠贤描述成一个心理变态、祸国殃民的"权阉"。

当天启皇帝握着朱由检的手嘱咐"魏忠贤忠贞能干、可计大事"的时候，朱由检虽然表面点头称是，内心却完全不以为然。在他看来，自己这个哥哥已经被魏忠贤迷惑，竟然临死还要为魏忠贤这种极品坏蛋说好话，真是昏庸得可以。

接下来，朱由检进宫当皇帝，甚至在自己兜里揣了一张大饼，宫中的什么东西都不敢吃，因为害怕魏忠贤要给他下毒毒死他。晚上睡觉睡不着，起来转一圈，看见有侍卫、太监带着刀，就把刀借来放到自己枕头边上，这才能睡着。

实际上，魏忠贤什么事儿也没有干。他对天启皇帝的去世感到极为悲伤，几乎伤痛欲绝，守着天启皇帝的棺木痛哭了好几天，到最后都哭不出声来了，就盯着棺材发呆。至于接下来的事情会怎么发展，他也没有做任何安排，反正等着新皇帝下命令就行了。

就这样，朱由检还被吓得自带干粮进宫当皇帝，可见他被东林党的谣言忽悠得有多么厉害。

崇祯皇帝朱由检正式登基以后，就开始一步一步削弱魏忠贤的势力。

崇祯皇帝始终生活在东林党以谣言塑造的并不存在的政治阴谋当中，一方面想干掉魏忠贤，一方面又害怕把魏忠贤逼急了会杀掉自己。崇祯对文官集团编写的历史教材诸如《资治通鉴》，应该认真学习过，对书中描写的铲除奸臣的套路比较熟悉，小心翼翼地以各种理由先清除魏忠贤的亲信。而对于各种弹劾魏忠贤的奏章，崇祯皇帝一方面假装不采纳，另一方面对这些人提拔重用。魏忠贤当然很快就明白了新皇帝的意思，就一再主动提出辞职。崇祯皇帝则认为这是一种试探，假惺惺地加以挽留。

最后，崇祯皇帝觉得已经布置成熟了，这才接受了魏忠贤的辞职，将魏忠贤发往孝陵闲住。

魏忠贤一走，东林党立刻发动更大规模的弹劾，关于杨涟之前列的"二十四大罪"又翻出来重新弹劾一次。崇祯皇帝立即决定，派锦衣卫去将魏忠贤逮捕回京受审。锦衣卫还没有到，魏忠贤就已经知道消息，自缢身亡了。

魏忠贤死后被抄家，结果啥值钱的东西也没有抄出来。魏忠贤生前就已经把财产捐出来资助辽东战场了，这些财产大部分也都来自皇帝的赏赐。对此，袁崇焕在任辽东巡抚时的奏疏中说过："厂臣魏忠贤功在社稷……关内外御敌之伏甲、军器、马匹、悬帘等项俱以家资置办，日逐解来，又助军需。"[①]文官抹黑魏忠贤的材料很多，但就是没有记录从魏忠贤家抄出来多少金银财宝，应该是少得不好意思说。

东林党人迅速被崇祯提拔重用，重新掌权。东林党的反击极为残忍。魏忠贤虽然死了，仍被下令肢解，悬头于河间府。客氏先是被发往浣衣局洗衣服，没过多久又被下令鞭死。魏忠贤的亲信魏良卿、侯国兴、客光先等人都被处死，并暴尸街头，还抄了他们的家。那些与魏忠贤结盟的官员被打成"阉党"，包括兵部尚书崔呈秀在内的25人被处决，11人被判处充军戍边，其余200余人分别被判流放、徒刑、革职等处罚。东林党全面起复。在他们记录的历史中，朝廷再次出现了天启初年那种"众正盈朝"的局面：政治清明，人才济济，国家大有希望。

东林党上台，除了人事变革以外，还要废除魏忠贤在位期间的恶政，各个边镇的镇守太监被召回了。然后最重要的当然是减免盐课和商税，召回各地的税监，保障大盐商和其他商人的利益。魏忠贤制造的各种冤案也必须加以平反，黄山采木案中的吴养春一家，没收的财产60多万两银子全部退还给吴家，各种以贪污罪名整肃的东林党人的财产也都要退还。

这样一来，中央财政马上就非常缺钱了。为了省钱，东林党人提出两个方略，第一是减少军费开支，第二是裁撤部分驿站。东林党的根据地东南地区的驿站很重要，当然不能随便裁，但是西北地区的驿站，实在是没什么用，所以就被大幅度裁撤了。

这两个方略很快就引发两件"小事"。

第一件"小事"是军费被压缩以后，辽东军饷很快就不够了。崇祯元年（1628年）八月，宁远爆发兵变。当时宁远守军的粮饷已经拖欠四个月，计50多万两银子。新上任的辽东巡抚毕自肃连续九次上疏，请求拨付买马款、买军械

[①]《明熹宗七年都察院实录·卷十二》。

款、赏金、月饷，但户部没有下拨任何资金。士兵冲进辽东巡抚衙门，将毕自肃、总兵朱梅等捆绑起来索要粮饷，衙门里面的敕书、旗牌、文卷、符验等，散碎狼藉，荡然无存。毕自肃无力解决，上吊自杀。

宁远兵变发生的时间，距离天启皇帝去世已经一年，距离魏忠贤自杀已经八个月。而粮饷的拖欠时间是四个月[1]，其责任显然在崇祯皇帝和重新当权的东林党头上，怪不到魏忠贤头上[2]。

第二件"小事"就是西北地区的驿站被裁撤以后，有个叫李自成的驿站工作人员失业了。他走投无路，被迫造反。

这两件事在当时还看不出来对明帝国有什么影响，士兵哗变和农民起义都是帝国的常态，时有发生，绝大部分都闹不大的。再过几年，大家才知道后果有多么严重。

---

[1]《明史·列传·卷一百四十七》："是月（崇祯元年七月），川湖兵戍宁远者，以缺饷四月大噪，余十三营起应之，缚系巡抚毕自肃、总兵官朱梅、通判张世荣、推官苏涵淳于谯楼上。自肃伤重，兵备副使郭广初至，躬翼自肃，括抚赏及朋椿二万金以散，不厌，贷商民足五万，乃解。自肃疏引罪，走中左所，自经死。"按《明史·列传·卷一百四十七》记载，魏忠贤死于天启七年十一月，距离宁远兵变八个月。

[2] 宁远兵变后，毕自肃的哥哥毕自严被朝臣推举担任户部尚书，负责检讨兵变背后的财政问题。在毕自严的《度支奏议》中，将缺饷的责任归结到魏忠贤头上。毕自严在天启年间任南京户部尚书，在思想上倾向东林党，因拒绝执行魏忠贤卖掉南太仆寺牧马草场资助三大殿工程的命令而被斥责。毕自严随即称病辞职。毕自严以东林党同情者和毕自肃哥哥的身份核查宁远兵变，在东林党当政、"阉党"被大量诛杀的政治背景下，其结论的客观性存疑。本书认为，基层士兵的反应比辽东巡抚的哥哥搞出来的数字更有说服力。士兵在魏忠贤在世时不哗变，而在魏忠贤死后八个月因为欠饷四个月而哗变，责任归属十分明显。据《崇祯长编·卷十三》说："（魏忠贤修三大殿）总计费银六百八十八万七千五百二十五两有奇，视世宗朝营建三殿之费，不及三分之一。"也就是说魏忠贤是一个非常擅长"把钱花到刀刃上"的管理者，才能用嘉靖年间三分之一的钱就干完同样的工程。这应该跟他善于监督官僚体系，制止贪污和浪费有关。由此推之，即使毕自严《度支奏议》列举的数据基本真实，即魏忠贤时代账面拨付的粮饷并不比他执政前和死后拨付的更多，但由于他对官僚体系的监督管理力度更大，消除了很大部分中间克扣，大部分粮饷能够发放到士兵手中，从而让朝廷花更少的钱，反而可以取得更好的效果。这就可以解释账面数据和士兵实际反应的差异。

重获政权的东林党人显然还没有意识到这两件事的危害。他们掌握了政权，减免了商税，还有第三件大事要做，就是重新掌握军权，恢复孙承宗当年制定的辽东军事战略。

完成这个任务的最佳人选显然是袁崇焕。他是孙承宗军事路线的忠实执行者，又被魏忠贤"迫害"而遭免职。于是，在崇祯元年（1628年）五月，经过东林党党魁、内阁次辅钱龙锡的推荐，朝廷决定重新启用袁崇焕为蓟辽督师。

崇祯皇帝亲自接见了袁崇焕。根据东林党人之前制造的舆论，袁崇焕已经被描述成一个足以与古代名将相提并论的统帅，对国家和民族绝对忠诚，战功赫赫，英勇无畏，蒙受不白之冤而又毫无怨言。崇祯皇帝从儒家学者编写的历史书当中得知，以前的很多朝代之所以会灭亡，都是因为皇帝荒淫昏庸、猜忌残害忠良造成的。所以他决定对面前这个忠诚的统帅完全信任，毫无保留地予以支持。

召见袁崇焕的时候，崇祯问他，你有什么平辽方略？从实奏来。

袁崇焕说：具体的方略我回头写成奏本上奏陛下，但我敢保证，只要陛下充分相信，给我足够的权力，我就能五年平辽！外患可平，全辽可复。

召对的时候，东林党那帮内阁大学士都在旁边，个个听得欢欣鼓舞，齐声称赞：袁崇焕肝胆见识确实不凡，真是一位奇男子。

不过也有一些大臣对五年平辽的许诺表示怀疑。趁皇帝去上厕所的间隙，兵部给事中许誉卿就问：袁督师，你这五年平辽有没有什么具体的计划方略？

袁崇焕笑着说：没什么，不过让皇上高兴高兴罢了（聊慰上意）。

许誉卿一听就傻眼了，说：这种军国大事怎么能随口乱说？到时候皇上按照这个时间来考核你怎么办？

袁崇焕好像明白了什么——刚才的牛皮吹得有点大了。所以等皇帝回来以后，袁崇焕就开始对五年平辽进行解释，大谈各种困难，必须满足很多条件才能五年平辽，第一是钱粮要充足，第二是要允许我有不受干预的人事任免权，第三是要让我免受朝廷言官的攻击，可以专心打仗。

崇祯听得很专心，听完之后站起来说：没问题，这些东西我都给你保障。

钱粮方面，辽饷每年480万两，粮食每年80万石，草料117万石①。崇祯还专门叮嘱工部侍郎，以后供应给袁崇焕的武器上面都要刻上监造官员和工匠的印记，质量不好的据此追究责任②。

人事权力当然全部给足，下旨让袁崇焕节制四镇：蓟门、辽东、天津和登莱。崇祯下令兵部尚书和吏部尚书务必在人事问题上配合袁崇焕，并赐予袁崇焕尚方宝剑，把山海关总兵满桂和辽东经略王之臣手里的尚方宝剑收回来以统一事权。

至于免受言官攻击这个事儿，崇祯许诺说："朕自有主张，卿不必以浮言介意。"

袁崇焕估计也没想到崇祯会如此爽快地答应这么多条件，一时想不出什么条件来推脱，只能说些臣一定不辜负皇上信任之类的话。召对就此结束。

尽管崇祯如此信任袁崇焕，袁崇焕内心并未真的想要五年复辽，他不过把皇帝的召对当成一种礼节性活动。

作为一个在官场混了多年的文官，他知道，真正提拔他的人不是崇祯皇帝，而是文官集团，是东林党。在进京以后，被崇祯召见之前，他还见了另外一个人：东林党党魁、内阁大学士、"阉党逆案"的主持人钱龙锡。

袁崇焕不算是东林党人，他在内政方面没有什么具体的主张。但他是东林党人孙承宗提拔上来的，算是跟东林党有渊源。这次东林党大力推荐他起复担任蓟辽督师，是看中了他之前的两个表现。第一个，就是跟毛文龙矛盾很深，曾经主张东江移镇，又派人去挖过毛文龙的墙角，被毛文龙告发；宁锦之战后，毛文龙增加军饷，袁崇焕则被免职，二人几乎就是势不两立了。第二个，就是袁崇焕曾经主动遣使去跟后金和谈。

袁崇焕到北京后，钱龙锡以阁臣的身份亲自上门拜访，密谈了很久。这才是真正决定未来辽东方略的谈话。这次谈话的内容，袁崇焕在皇帝召对过程中只字未提。

---

① 《崇祯长编》。
② 樊树志：《晚明史（下）》，第775页。

经过秘密沟通，双方就解决辽东问题的方略基本达成一致，明确了袁崇焕此次督师辽东需要完成的主要任务——杀毛议和。

二、杀毛议和：东林党与袁崇焕的秘密约定

袁崇焕出关以后，第一件事就是平息宁远兵变。士兵哗变这种事情，有钱就好处理。皇帝给了他120万两的内帑，用一小部分给士兵补发拖欠的工资，然后把带头闹事的人杀掉，问题就解决了。

第二件事，就是把满桂一脚踢走。满桂在宁远之战后跟他平分战功，宁锦之战后满桂受到表彰而他却被免职，是可忍孰不可忍。宁远之战后袁崇焕就想把满桂赶出辽东，但经略王之臣竟然坚决反对，把满桂留在山海关。现在王之臣已经走人，袁崇焕成了辽东老大，满桂就别想在辽东待下去了，山海关总兵一职被赵率教取代。还好朝廷还有人认可满桂的才能，把他调到大同当总兵去了，也算是让袁崇焕眼不见心不烦。

第三件事，就是再次派兵占领锦州，又开始重新修建锦州、大凌河、右屯等城堡。

第四件事，大力削减蓟州镇和山海关的兵力，调往关外，充实锦州等地的防守。这就造成蓟门防御体系兵力薄弱的情况，把天启皇帝和魏忠贤大力加强的蓟门防御体系破坏了。

第五件事，就是派人与皇太极秘密议和。

第六件事，就是对东江实施禁运。袁崇焕下令，所有开往朝鲜、皮岛方向的船只，不管是官方的运输船还是商船，都必须取道宁远、觉华岛。只有到宁远取得辽东督师的关防以后，才允许出海。因为天津、登莱等地都归袁崇焕节制，这一条命令被执行得相当彻底。

从后来发生的事情来看，这后面的四件事，每一件都是在为后金兵从蓟门镇突破长城防线攻打北京创造有利条件。所以老有人怀疑袁崇焕是叛徒。但从现有的证据来看，他还真不是。其实这四件事都可以从文官集团的一贯策略

中推出来。

像议和这种事儿，文官集团就特别喜欢。和平当然是好东西，但如果一个国家固有的领土都被别人抢走了，议和实际上就是承认别人的侵略成果，更何况还要每年倒贴钱，这肯定有问题。

核心的原因其实还是打仗打不过，越打越吃亏。按说中原政权的人口数量、战争资源、技术装备都比少数民族政权要有优势，怎么会打不过呢？关键就是文官集团自己不行，内部腐败不说，还要防范武将。为了防止武将勋贵掌权，宁可对外议和，也不能让武将掌兵，立下收复故土的盖世功勋。

对文官集团来说，他们去指挥战争，最有把握的就是修城。把城墙修得又高又厚，然后躲在城墙后面指挥大家防守，不管是放箭还是放炮，都比较简单。袁崇焕的"坚城大炮"战略就是文官统兵的必然选择。打野战对文官来说太难了，要排兵布阵、穿插包围，打埋伏、反包围，佯攻、佯败，冲锋、反冲锋，变化太多，有时候还要主帅带头上阵，必须经过长期马步骑射的训练和积累大量的实战经验，非行伍出身的专业武将不能胜任。

所以，大部分文官只会打两种仗：一种是面对农民起义这种战斗力很差的队伍，官兵处于绝对优势的时候，他们就会指挥武将"分兵合围、大举进剿"，这是前面讲萨尔浒之战的时候分析过的；另一种就是面对战斗力很强的北方骑兵部队，他们带出来的兵就只能缩在城墙里面固守，不敢也没有能力跟对方野战。

在城墙里面固守的问题就是：无法大规模地消灭对方有生力量，也无法恢复已经失去的领土，最好的结果就是维持现状，把现有的防线守住。这种消极防守策略一般都会使自己处于非常被动的地位，因为野战能力更强的攻击方可以选择的策略太多了，可以围点打援，也可以绕过难啃的防线攻击后方，或者攻击战略要地迫使对手出城救援，实在不行就长期围困，切断食物来源，活活饿死对手。

正确的防守必须是城墙堡垒防御和主动进攻相结合。比如明宪宗时期，王越守卫河套，虽然没有大规模清理河套的实力，但小股精锐部队具备较强的野战能力，蒙古骑兵南下的时候，王越能够时不时地抓住机会偷袭其后方，迫使敌人撒兵回援，此时城内的守军就可以追击斩杀其殿后部队。这才是积极防御，才能真正防守得住。不然好几千里的长城，北方部落可以随意集中兵力攻击任何一个点，几万兵马怎么守？

除了王越这种极少数人才外，大部分文官将领都不会训练和指挥部队进行野战。这样，消极防御带来的被动挨打局面也就无法改变，因此只能求助于议和。袁崇焕在辽东混了那么多年，城外有后金军队的时候从未出过城，连野战打起来是什么样都没见过，更别说自己去指挥了，所以非常迷信"坚城大炮"战略。这必然导致他积极主张议和，东林党当然也完全支持。

除了要议和以外，东林党还想国家少收税，想省钱，所以还需要减少军费。但是东林党又跟整个文官集团一样，有贪污的毛病，军费里面也少不了他们的一份。这样一算下来，宁远、锦州防线是孙承宗开创、袁崇焕建设的，都是自己人，这个钱可以大手大脚地花，大家该贪污继续贪污，但是其他地方的军费就要坚决裁撤，比如蓟门镇和东江镇，等等。这地方虽然一直很穷，但必须继续裁减。这就跟让腐败的官僚体系去征税一样，越是有钱的官绅豪强之家越不交税，越是没有背景的穷人越要多交税。

所以，袁崇焕督师辽东，实际上是代表东林党去执行他们的辽东战略：为了防范武将，坚持文官统兵，必须实施消极防守的策略，推动议和；为了省钱，必须裁撤蓟门镇和东江镇的开销；为了贪污军饷，必须继续在修筑锦州等城堡上大手大脚花钱。

反过来看，东林党和袁崇焕要杀毛文龙的理由也很简单了：毛文龙身为武将却不受文官节制，直接向皇帝负责，该杀；毛文龙家在辽东海州卫，自从他抗金以后全家老小各种亲戚几百口人都被后金杀了，他跟后金有血海深仇，绝对不会赞成跟后金议和，该杀；毛文龙天天想着主动进攻，不停地向朝廷索要军饷，想要在东江组建一支庞大的军队彻底消灭后金，花钱太多，该杀；毛文龙因为军饷不足，多次向皇帝举报文官集团克扣贪污东江镇军饷的事情，该杀。

毛文龙有这四大该杀之罪，文官集团早就看不惯他了。这还不仅是东林党的事儿。天启皇帝当政时期，文官集团也一直各种弹劾毛文龙，但是天启皇帝和魏忠贤能镇得住文官集团，文官集团不敢轻举妄动。到了崇祯皇帝这里，魏忠贤被干掉，文官集团中的极端分子东林党上台，他们就决心向毛文龙下手了。

其实这个事情还是有可能和平解决的——只要皇帝下令把毛文龙撤职让他回家养老就可以了。但崇祯皇帝在别的地方糊涂，偏偏在这个问题上一点儿也不糊涂。

天启七年（1627年）九月，崇祯刚刚登基，毛文龙上疏抱怨受到不公平待遇，请求辞职。崇祯批示安慰他说：你远驻海外，孤悬敌后，备尝艰苦，屡次建立功勋，忠诚不贰的心迹不言自明。我正对你寄予厚望，怎么能在这个时候要求让别人来接替呢？还希望你能更加奋发努力，让我宽慰。

崇祯元年（1628年）三月，毛文龙上疏说粮饷、器械都不足，崇祯皇帝又安慰他说：毛总兵在海外劳苦，我非常想念（"该镇劳苦海外，朕甚念之"）。现在内地的粮饷都已经陆续发送解运，海天寥廓，不会送一次就停了。我会严禁解运官员侵占贪污，一定要让饥饿的军队填饱肚子①。

崇祯元年（1628年）五月，毛文龙再次上疏陈述自己处境之艰难，崇祯再次安慰他说：你本就是激于大义，挺身而出，开辟东江的抗金基地数年。这其中的苦心，我深切了解，别人诽谤议论，何足置辩？

崇祯元年（1628年）七月，毛文龙就军队数量问题上疏辩白，说上次朝廷派大臣来东江检查，只认可有3.6万名士兵，其实还有很多地方他没有去查验，东江兵远远不止这个数。崇祯虽然没有明确否定大臣核验的结论，但对毛文龙的申诉表示理解。他回复说：辽民为了避难，屯聚在海岛之上，扛上锄头就是百姓，接受盔甲器械就是士兵（"荷锄是民、受甲即兵"），不能和内地招募军队规定军饷看成是一回事情。你应该乘机奋勇，等有了显著的功劳，谁能用糜饷作为借口来攻击你？我寄予深切期望。

还有崇祯元年（1628年）十二月毛文龙再次上疏说被诽谤十分冤枉，崇祯依旧下旨勉励他尽力去建功，人言自然平息，不必太理会那些诽谤②。

---

① 《崇祯长编》卷七："该镇劳苦海外，朕甚念之。今内地粮饷俱已陆续发解，况海天寥廓，岂易一顿而止？但当严禁运官侵渔，务令饥军果腹。"

② 杜车别：《明冤》，生活·读书·新知三联书店2013年版，第212页。原始出处为《崇祯长编》。

崇祯皇帝之所以会干掉魏忠贤，而坚决保毛文龙，是因为魏忠贤的问题比较复杂，涉及的高层内幕他当藩王的时候不知道，所以相信了东林党的谣言；但毛文龙的问题比较公开透明，各种来往的文件都会摘录到塘报、邸报上发布，大家都能看得到。他的功劳和东江镇的战略地位非常明显，任何不带偏见、真心为国家考虑的人都很容易想清楚。

所以，给袁崇焕尚方宝剑的时候，崇祯皇帝把满桂和王之臣的尚方宝剑收回来了，却没有收毛文龙的，就是明确毛文龙还是归皇帝直接管理。他以为这样就可以保住毛文龙。

但是他想错了。东林党人的无耻已经突破天际，超过崇祯皇帝的想象。

看到崇祯皇帝的批示和尚方宝剑的处理方式，东林党也算是想明白了：不要说让崇祯杀毛文龙，就连让毛文龙撤职都不可能。那么，要实现明、后金和议，除了背着皇帝把毛文龙杀掉以外，就没有其他选择了。

为了诱杀毛文龙，袁崇焕才决定对东江实施禁运。所谓船只需要到宁远获得批准才能驶往东江，只是一个幌子，其实根本没有船只获得过批准。不论官船、民船，所有运输渠道都被切断。

东江镇孤悬海外，在北方寒冷的海岛和山岭之中建立根据地，靠自己屯田是无法自给的。士兵以及部分难民的吃穿都要依靠后方的接济。袁崇焕这一招，就是断了大家的活路，连续八个月的物资禁运，让东江出现大量饿死人的情况。毛文龙在塘报中称："东江缺粮，饿死多命"，"东江各岛绝粮，地上又无野菜，兵丁饿死"，出现了兵丁想要夺船逃亡的事件，而且为了争夺船只自相残杀[①]。

这些事情被后金获悉，又趁机发兵来打，东江兵"粮饷不敷，士皆菜色，马匹甲胄器械全无"，难以与之为敌，导致大量被东江恢复的领土又再次失去。

在战争史上，将士在前方打仗，后方官员腐败无能而后勤供给不足的情况多有发生。但像袁崇焕这种，为了内部斗争的需要，主动对自己国家在前线作战的士兵和人民实施物资禁运，不惜将他们饿死在前线的事情，可谓古今罕见。不管毛文龙有罪没罪、该不该杀，袁崇焕的这种手段都是对国家和人民的

---

① 《东江疏揭塘报节抄》卷八，崇祯二年二月二十五塘报。

严重犯罪。

更让人完全不能想象的是，袁崇焕一边禁运，饿死自己的将士和同胞，一边却拿出大量的粮食、布帛去接济已经背叛明朝、投降后金、与后金结成同盟的喀喇沁蒙古部落。

喀喇沁蒙古部落的位置正好位于后金与蓟门镇的中间，后金要攻打蓟门，必须经过喀喇沁的地盘。喀喇沁在一段很长的时间内都是明朝的藩属，与后金为敌。但是天启七年（1627年），后金打朝鲜、打毛文龙的时候，袁崇焕不仅不去援救，还跟后金议和。这让蒙古部落对明朝非常失望。王之臣当时就向朝廷报告说，蒙古部落对此提出严重抗议："你自家驮载许多金帛，着喇嘛替他吊孝求和，反教别人与他为仇，我们也不如投顺也罢了！"① 后来皇太极通过军事、政治压力，逐步招降了这些部落。

从崇祯元年（1628年）三月，到崇祯二年（1629年）一月，包括喀喇沁在内的漠南诸多蒙古部落先后投降后金，与其达成盟约。盟约的内容明确规定：

"各部蒙古诸贝勒……若往征明国，每旗大贝勒各一员、台吉各二员，以精兵百人从征，违者，罚马千、驼百。"②

有了这样直接针对明朝的军事同盟条约，喀喇沁部落可以跟后金视为一体，都是明朝的敌国了。

这个事情我们不知道袁崇焕是否清楚，但大同总兵满桂的情报非常迅速，在盟约还在准备的过程中，他就向皇帝报告，称喀喇沁部的速不的、伯彦二部等36家全部叛变投敌，归附后金③。崇祯皇帝曾经派人去争取过，希望这些部落改变主意，但是被拒绝了。

所以，袁崇焕在崇祯二年（1629年）三月，还以救灾为名，卖给喀喇沁部等蒙古部落粮食、布帛等物资，就是在资敌。蒙古部落从袁崇焕这里买了大量的粮食、布帛运走，不仅自己吃，还拿去帮助同样面临粮食严重短缺的后金。实际

---

① 《两朝从信录》卷16。
② 《清太宗实录》卷五。
③ 《崇祯长编》卷10："宁远总兵满桂塘报速伯二部三十六家俱归于大清。"

上，根据到前线视察的官员汇报，在蒙古部落派来买粮、买布的队伍中，就有上百女真人混杂在其中。

崇祯皇帝当时对袁崇焕十分信任，基本上他奏报什么就批准什么。唯一一次驳回袁崇焕的请求，就是这个事情，而且措辞极为严厉，不容商议：

"着该督抚严行禁止！……如有疏违，以通夷罪论处！"

但是袁崇焕并没有遵守这个圣旨，继续偷偷摸摸地卖米给喀喇沁部落。他的理由是，蒙古这边饥荒严重，如果不接济他们，他们就会倒向后金。同时他向皇帝保证，喀喇沁部"断不敢诱奴入犯蓟辽"。

袁崇焕之所以敢下这样的保证，并不是觉得喀喇沁部会忠于明朝，而是因为，他认为后金正在积极争取与明朝议和。根据袁崇焕一厢情愿的想法：如果议和成功，后金根本就不会来打明朝，当然也就不会有喀喇沁部协助后金入犯的事情发生了。

当时的情况看起来确实如此，皇太极对议和的事情再次表现出浓厚的兴趣，什么条件都好谈，对袁崇焕在锦州和大凌河堡的工程也不那么介意了。他在崇祯二年（1629年）二月二十八的求和信中表现得非常谦卑，说："我等小国，岂敢征讨大国耶？"又说："我愿和好，共享太平。是以诚心遣使，如何议和，听尔等之言。"

显然，皇太极在说谎，因为就在他写这封信的同时，他跟蒙古部落的盟约里面明确规定了"若征明国"的战争条款。他正在为远征明朝做积极准备。

至于具体的条件，皇太极在四月二十五给袁崇焕的信中简直就是对明朝卑躬屈膝了："尔铸金国汗印与我。至于以修好之礼、相馈财帛，尔等计之。勿待我如察哈尔汗，则我不能允。"[①]他竟然请求明朝赐给他金国汗印，这就跟称臣差不多了。而且连每年向明朝索要的钱，也不再像上次一样狮子大开口，只要比给蒙古林丹汗（察哈尔汗）的条件好一点就可以。

皇太极刚收降了蒙古三十六部，正处在发动进攻的绝佳位置上，好好地议什么和？

---

① 书信内容记载于《满文老档》。

显然，诚心议和是不可能的。议和的目的无非就那么几个，一是骗点钱来花，二是让明朝方面放松警惕，三是让那些蒙古部落知道明朝已经无意与后金为敌，加速他们征服蒙古的步伐。

皇太极不仅给袁崇焕写信，还给朝廷写信。当时兵部尚书王在晋坚决反对与后金议和，他回复说：没有议和，只有投降。投降之后，归还全部辽东土地、人民以及叛徒，才有和平，不然只有大兵进剿一条路。

这个王在晋不是东林党，天启初年就是兵部尚书，因为反对孙承宗建宁远和锦州防线，被贬到南京去了。这是因为天启皇帝支持孙承宗，跟魏忠贤没关系。但魏忠贤被打倒以后，他被东林党错误地当成受魏忠贤打压的"忠臣"提拔了回来，继续当兵部尚书。东林党在这个关键人事安排上看错了人，议和的事情因此遭到严重挫折。

袁崇焕得知议和遭到王在晋抵制，非常生气，就私底下写信给钱龙锡等人说：要想辽东做事方便，非换掉王在晋不可。

在此之前不久，东林党人、内阁大学士刘鸿训因为收受贿赂，在任命惠安伯张庆臻总督京营的诏书上面增加了四个字——"兼辖捕营"，就是把北京的巡捕治安也划给张庆臻管理。买官、卖官在当时已是常事，但这个刘鸿训也太大胆了，直接就让内阁中书篡改皇帝诏书。京营和捕营按照惯例是不能一个人兼任的，这个突破常规的任命很快被人举报，事情败露。刘鸿训被下狱审问，又查出来一堆贪污受贿的其他事情。

这个案子本来是东林党犯的事情，跟王在晋没关系。但他们把王在晋牵连进去，刘鸿训被皇帝免职，王在晋也跟着被削职为民[①]。

新任兵部尚书王洽是个真正的东林党，上了魏忠贤的《东林点将录》。袁崇焕给王洽写信说："辽东议和，内阁已有主张。现在王在晋被拿下，就剩毛文龙了。他要是能同意议和当然好，要不同意的话，只能把他杀了。我愿意当这个提

---

① 此事见王在晋《三朝辽事录》："有通官参将张定者进京至兵部讲款，余时为本兵立叱之，知余不可给也。崇焕乃致语众宰王公射斗曰：要边上做事须易本兵，王公密告余，旋图避路，而奸党构谋借惠安敕书事，侍御吴玉与余为难矣。"

刀之人。"①

——这句话是现存文献资料中关于"议和与杀毛文龙之间存在因果关系"这个结论的重要证据,是袁崇焕写在跟东林党人的秘密通信中的,无可辩驳。

经过几个月的封锁,东江镇的日子实在过不下去了。袁崇焕这个时候对毛文龙说,我可以给你粮饷,但是你要来宁远一趟,有些事情需要当面商议一下。

毛文龙意识到其中的危险,但还是去了。

去了之后,双方谈了半天,没谈出什么结果。袁崇焕给了毛文龙一些粮食,就放他回去了,说下个月亲自去东江视察,看看情况才能决定给你们发多少粮饷。

崇祯二年(1629年)六月,袁崇焕带兵前往辽东半岛最南端、旅顺海外的一个小岛,叫双岛。他要在这里再次会见毛文龙。

袁崇焕之所以在宁远放过了毛文龙,是因为如果在宁远杀了毛文龙,他无法向皇帝交代。宁远是他的大本营,皇帝会认为袁崇焕完全可以把毛文龙抓起来,然后再请旨如何处置,无须立即杀掉毛文龙。所以必须进入东江镇的防区,袁崇焕才能以情况紧急、不得不先斩后奏作为借口,以自己在毛文龙的地盘无法把他带走、只能冒险杀掉作为借口,向皇帝解释自己杀害毛文龙的行为。

但是,如果真的去东江镇大本营皮岛、铁山、云从岛这些地方,那又太危险,可能杀不了毛文龙,反而让自己陷入危险境地。袁崇焕经过精心考虑,才挑选了双岛。这里既算是东江镇的防区,又远离皮岛,没有什么东江兵驻守,是下手的最佳地点。

毛文龙因为上次从宁远平安归来,也就放松了警惕,没带多少人就去了。袁崇焕早已经布置妥当,在那里等候多时。他以有机密事情相谈为由,让毛文龙的亲兵在帐外等候,然后把毛文龙带到在山上设立的一个大帐之中,随即下令左右将毛文龙拿下。

---

① 原文见《崇祯实录》:"关东款议,庙堂主张已有其人。文龙能协心一意,自当无嫌无猜,否则,斩其首,崇焕当效提刀之力。"

袁崇焕拿出尚方宝剑说:"皇帝赐我尚方宝剑,有专杀之权,就是为了诛杀你这种乱军之将!"不容毛文龙辩驳,即下令:推出帐门斩首!

三、金兵入塞:冤杀毛文龙的严重后果

袁崇焕未经皇帝批准擅自杀掉毛文龙,性质极其恶劣。毛文龙是持尚方宝剑代表皇权节制一方的大将,没有皇帝明旨就杀掉他,跟造反没啥区别。

中国古代持皇帝符节、代表皇帝执掌一方兵权的将领被称为节将。节将除了皇帝外谁都不能杀,这是常识。明朝立国200多年,节将杀节将,尚方宝剑杀尚方宝剑,这是头一次,也是唯一的一次。中国2000多年的帝制时代,没跟皇帝说一声就杀掉节将,又没有造反或投敌的大臣,好像也只有袁崇焕一个。

其实,即使没有尚方宝剑,毛文龙也是大将军、都督、总兵,是一品官,而袁崇焕是兵部尚书、蓟辽督师,是二品官。虽然有"以文制武"的惯例,二品文官未经皇帝批准就杀一品武将也是不可想象的事。

袁崇焕杀毛文龙的时候,应该是有伪造圣旨的嫌疑。根据他自己的说法,他下令杀毛文龙的时候,对毛文龙及其手下将领声称:"皇上赐我尚方宝剑正为此也!"这个"为此"可以作两种解释,一种解释是说皇帝泛泛地授权了袁崇焕去整顿军队纪律、统一事权,事实也还是如此;另一种解释,就是皇帝有明确的旨意,让袁崇焕带尚方宝剑来杀毛文龙。在当时的情形下,恐怕很多人都会理解为后一种。这种含糊其词的说法,既可以事后逃过伪造圣旨的罪名,又可以当场镇住东江诸将,让他们不敢马上反抗。

杀了毛文龙之后,袁崇焕安抚他手下的各位将官,给东江发了一大笔粮饷,然后才紧急向崇祯汇报。他在奏章中也承认"文龙大帅,非臣所得擅诛",所以向皇帝请罪。

在这封奏章中,袁崇焕上来就把东林党卖了。他说:"九卿诸臣无不以此为虑,臣谓徐图之。辅臣钱龙锡为此一事,低回过臣寓私商。臣曰:入其军、斩其

帅，如古人作手，臣饶为也。"①

当时九卿诸臣大部分都是东林党及其盟友，钱龙锡则是东林党魁。袁崇焕用公开上奏的方式，把幕后密谋直接捅了出来，告诉天下人：杀毛文龙是六部九卿在背后支持的，内阁辅臣钱龙锡是主谋，我只是执行人。

此言一出，就把东林党跟自己绑在了一起。东林党如果要想卸磨杀驴，把杀毛文龙的责任全推给袁崇焕就不可能了。这个黑锅必须大家一起背。

然后，他又把崇祯也拖下水，说我对东江实施禁运等一系列针对毛文龙的措施，都是"赖皇上大纵神武，一一许臣"②。这段话说得相当含糊，比如东江运粮要经过宁远，崇祯确实知道。但他完全不知道袁崇焕是想借此来杀毛文龙。袁崇焕把这些事情混在一起，让不知道内情的人看了还以为杀毛文龙是崇祯授意。

崇祯收到这份奏报以后，大为震惊。但内阁和九卿确实早就想干掉毛文龙了，东林党内部对此早已有准备，他们当然尽力为袁崇焕掩饰，声称毛文龙罪有应得，袁崇焕此举实在是逼不得已，等等。

崇祯此时已没有选择：朝廷文官集团意见一致，袁崇焕手握重兵，毛文龙又已经死了。他只能承认袁崇焕的行为合法，下旨谴责了毛文龙的罪状，并夸奖了袁崇焕一番。这个事情从表面上就算过去了。

应该说，杀毛文龙之后的局面和崇祯皇帝的最后决定，都在东林党和袁崇焕的算计之中。从给毛文龙罪名、策划杀毛，到时机、地点、方式的选择，无一不恰到好处，看起来很惊险，实则每一步都算得很准。在皇帝明确要保毛文龙的情况下，这帮人愣是把人杀了还能让皇帝追认表彰，可以说是内斗杀人的经典之作。

但是，"内斗内行，外战外行"的东林文官集团，千算万算，有一点确实没算好，就是皇太极并不愿意配合他们演这么一出好戏。

得知毛文龙被杀，后金方面置酒狂欢。毛文龙是崇祯二年（1629年）六月

---

① 《蓟辽督师袁崇焕题本之崇祯二年六月二十一日》。
② 《蓟辽督师袁崇焕题本》，载《明清内阁大堂史料》，国家图书馆出版社2009年版。

初五被杀的。十月初二，毛文龙死后不到四个月，没有后顾之忧的皇太极准备妥当，亲自带领数万大军开始远征。

在喀喇沁部落的带领下，后金兵从北方绕过关宁防线，到达蓟门镇防区，十月二十六开始发起进攻，于十月二十七攻破喜峰口，长城防线失守。

当时不仅蓟门镇守军不足，山海关的守军数量也很少，大部分都被袁崇焕调往关外了。山海关总兵赵率教得知军情，紧急带着4000人的兵马前往支援。但是很不幸在路上遭到后金的伏击，全军覆没，赵率教战死[①]。

袁崇焕对后金兵入寇一事毫无察觉。虽然他之前提出过这种可能性，但实际上没有做任何准备，对后金的这一次行动两眼一抹黑。后金兵突破喜峰口的时候，他并不在宁远，而是在沿着锦州到山海关一带巡视军队。后金兵突破喜峰口长城之后三天，袁崇焕才收到紧急报告，开始准备支援。

十一月初一，袁崇焕带了9000人的骑兵从山海关入关。此时后金兵已攻克了遵化，开始向蓟州进军。崇祯皇帝对袁崇焕仍然非常信任，把阻截后金进攻北京的前线指挥权交给了他，各路援军都归他指挥。袁崇焕信心满满地向皇帝保证，他一定可以把后金拦截在蓟州，"必不令越蓟西一步"。

但令人费解的是，袁崇焕自己带兵进入蓟州城以后，却下令把各路援军纷纷派遣到其他地方去：让昌平总兵尤世威带兵返回昌平，守卫皇陵；让宣府总兵侯世禄去三河，守卫通州；让蓟辽总督刘策带兵去守密云；又让大同总兵满桂带兵去北京，协助京营守城。看起来根本不像要在蓟州拦截后金兵的样子。

后金也非常配合袁崇焕，根本就没有去攻打蓟州城，直接就从城边绕过去了，直奔通州。蓟州防线一仗没打就被后金兵突破。

袁崇焕这种反常做法，有人就怀疑他是不是通敌，故意放后金过去。其实根据袁崇焕一贯主张的"坚城大炮"战略，他这样做是必然的——带兵守住蓟州城，等着后金兵来打，有坚固的城墙，后金肯定一时半会儿打不下，就跟宁远之

[①] 赵率教援蓟，并非出自袁崇焕的授意，应该是自己决定或者奉旨前往。袁崇焕的奏章中说："臣于十月二十九日，在中后所一闻蓟警，即发援兵，而赵率教于臣牌未到之先，奉旨坐调即行。"袁崇焕的增援令到达山海关之前，赵率教就已经带兵出发了。

战和宁锦之战一样。所以他才信心满满地跟皇帝保证，绝不让后金越过蓟州。根据宁远的经验，9000人守城是足够了，所以连援军都不需要，各自回去守各自的城。

但他完全想不到，后金会直接绕过蓟州。

为什么当年努尔哈赤和皇太极不绕过宁远直接去打山海关，而这次要绕过蓟州去打北京呢？因为宁远到山海关只有一条路，绕过宁远，山海关打不下来，后金兵的后路就很有可能会被切断，甚至被包围。而且辽西走廊一边是山一边是海，被围困以后完全无法取得后勤补给，有全军覆没的危险。但是北京南边和东边都是大平原，绕过蓟州以后，后金的骑兵就进入华北平原，可随意纵横驰骋，四处攻城略地获得补给，明军很难围堵。袁崇焕对运动战毫无所知，只想着占了个城市人家就一定会来攻打，所以才会犯下这种低级的错误。

袁崇焕得知后金兵已经南下去打北京了，这才赶紧带兵出城去追。在半路遇到后金兵，对方隐藏在山林之中，不知道有多少。袁崇焕不敢贸然下令进攻，对峙了半天，只能下令放炮。一通炮火之后，对方开始撤退。袁崇焕也不敢追，继续在原地等候。直到确认后金兵已经走远了，才命令部队继续前进。

实际上这是一支后金的殿后部队，只有200人。就这200人，白白地阻挡了袁崇焕一天时间。这事儿是袁崇焕身边的亲信周文郁在《辽西入卫纪事》中记录的，后来为袁崇焕鸣冤的程本直在《白冤疏》也这么说。从此事可以看出，袁崇焕和他带出来的关宁军胆小无能到何种程度，离开了城墙和大炮，就不会打仗了。

周文郁劝袁崇焕在三河布防，阻挡后金，被袁崇焕拒绝了。

就这样，后金兵一路根本没有遇到阻截，畅通无阻地打到北京城下。

袁崇焕带兵赶到北京城下，要求皇帝让他带兵进城。他还打算继续依靠北京城来搞好防守。

崇祯皇帝当然拒绝了这个请求——北京城墙那么高那么厚实，还有好几万京营守卫，需要你那9000名骑兵来守城吗？而且，袁崇焕受命指挥援军阻截后金，竟然遣散援军，没有跟后金打一仗就让后金兵顺利通过蓟州、三河直抵北京城下，这种诡异的行为，已经让崇祯皇帝和北京城内的许多大臣开始严重怀疑他的忠诚度了，岂能让他再带兵进城？

后金打到通州的时候，北京方面收到情报，说后金兵一路宣传是袁崇焕把他们带进来的。后来有人以为这是皇太极的反间计，想要除掉袁崇焕。其实像袁崇焕这种对手，皇太极应该生怕他被换掉或者打死，爱护还来不及，怎么会搞什么反间计呢？比较合理的推测是：这种说法不过是后金兵对袁崇焕的嘲讽——如果不是他杀了毛文龙、裁撤蓟门镇和山海关的兵力、遣散援军、龟缩防守，他们怎么会如此轻松地杀到北京呢？所以后金兵就开玩笑说："我们是袁督师邀请来的！"

后金主力到达北京，就在京城北面的德胜门跟满桂和宣府总兵侯世禄带领的宣府、大同援军展开激战，京营在城墙上负责放炮、放箭提供支持，双方互有杀伤。袁崇焕带兵来到以后，就驻扎在京城东边的广渠门。皇太极并没有派兵去打他，但三贝勒莽古尔泰带了2000人冲了过去，想用这2000人顺手把关宁军灭了。

关宁军果然是一触即溃。根据周文郁的记载，袁崇焕差点被后金兵砍中，他和袁崇焕身上都中了好几箭，幸亏盔甲比较厚，才没有大碍。而且，王承胤带领的一支部队竟然"徙阵南避"——看到袁崇焕被围攻，关宁军的其他部分竟然开始逃跑，而不是前去救援。这种一碰到后金兵就开跑的风格，也是关宁军的一贯作风。

在城楼上观战的京营实在看不下去了，副总兵施弘谟、袁信带了两营兵马从左安门出城，从南面突袭后金兵。莽古尔泰想不到侧翼会突然出现一支援军，措手不及，后金兵被击溃，死伤近千人，京营也付出数百人伤亡的代价。

广渠门之战是开战后明军取得的第一次胜利。崇祯皇帝很高兴，拿出内帑2万两银子奖励了京营的诸位将士，施弘谟、袁信一人得了50两。

广渠门之战的当天晚上，袁崇焕再次要求带兵入城，再次被拒绝，只能在城门下扎营。但是袁崇焕本人和主要将领被允许入城。进城的时候，袁崇焕提出一个奇怪的要求：带一个喇嘛随同他一块进去，而且态度坚决。

这件事是一个历史之谜。那个喇嘛是干什么的？跟袁崇焕什么关系？从之前的历史记载来看，袁崇焕派人去给努尔哈赤吊丧就派了一个姓李的喇嘛去，后来皇太极跟袁崇焕秘密议和，皇太极又派了一个姓白的喇嘛到宁远来。那个时候藏传佛教已经大规模传入蒙古，后金的王公贵族也受了影响。喇嘛往往成为王公贵族的亲信，充当翻译、使者等角色。那这次要带进城的喇嘛是袁崇焕这边的，还是皇太极那边的呢？

这个喇嘛不太可能是袁崇焕这边的。因为袁崇焕进北京城，不需要带翻译，带自己这边的喇嘛没用。这个喇嘛应该是皇太极那边的。

这样的话，也就是说，袁崇焕在入关以后的某个时间，竟然跟皇太极接上了头，还让他派了个喇嘛过来。而袁崇焕要带他进城的目的也不难猜测，就是作为皇太极的使者直接跟内阁甚至皇帝沟通议和事宜。兵临城下之际，这个喇嘛的出现相当可疑，以议和的名义在北京城里面干点奸细、内应之类的事情也是可能的。所以无论袁崇焕如何请求，朝廷都坚决拒绝了他。

第二天皇帝召见袁崇焕、满桂等人，主要是加以勉励，没有说什么别的事情。袁崇焕在其他大臣面前大谈后金兵如何厉害，声称除非议和否则无法退敌，但是见了皇帝，却绝口不提。看起来他仍然希望文官们先达成议和的共识，再逼着皇帝接受。

大臣对此表现得十分冷淡。袁崇焕不知道的是，京城里面关于他通敌的传闻早就已经传得沸沸扬扬，文官集团内部也出现了怀疑、猜忌的声音。高官勋贵在京畿地区的庄园和其他财产蒙受巨大损失，他们都对袁崇焕极为不满。

决定性的时刻在十一月三十到来。

这一天，满桂仍然带兵在城下与后金交锋。打着打着，打到关宁军驻防的城门附近。混战之中，飞来几支箭正中满桂。满桂当时还以为是后金兵所射，等战斗结束以后，拿下箭头来检查，发现竟然是关宁军射的。崇祯接见袁崇焕的时候，曾经吩咐所有供应关宁军的武器都要有工匠和监造官员的名字，因此十分容易辨别。

满桂大惊失色，因为他之前一直跟袁崇焕有过节，而且对袁崇焕通敌的传言也有所耳闻，不知袁崇焕是想报复自己，还是真的通敌。不管哪一种，这都是极为严重的罪行。再联想到其擅杀毛文龙之事，更加不敢怠慢，连夜进城向皇帝禀报①。

　　看到满桂身上的伤势，崇祯皇帝终于彻底对袁崇焕失望了。自从毛文龙被杀以来，所有的疑惑积累起来，压垮了他对袁崇焕的全部信任。

---

① 关于满桂受伤这个事情，《明史》上说是京营在城墙上放炮误伤的。但是《崇祯实录》里面说得明白："桂前被流矢，视之，皆袁军矢也。崇焕按兵不动，物论藉藉。"《明季北略》说得更清楚："清兵攻南城，崇焕复不战，独满桂以五千人与清一日二十战。清兵益盛，桂不支而走，经袁营，竟不出救。俄桂中流矢五，三中体，二中甲，拔视，乃袁兵字号。桂初疑清将反间，伪为袁号耳。及敌骑稍远，细审，果为袁兵所射，大惊，入奏。"
《崇祯实录》成书于清朝顺治年间，距离此事不过20年，作者掌握了大量的奏章，当时应该就在明朝中央政府工作，用流水账的方式记录了崇祯皇帝的日常政务材料，这是最权威、最客观的；《明季北略》成书于康熙初年，距离此事约40年，是一本专门记录明朝与后金战争的史学专著，也是很权威可靠的，里面记录的很多历史事实，都可以跟《三朝辽事实录》《两朝从信录》等史料相互印证。
而且，崇祯曾经在朝堂上当众质问袁崇焕为什么射伤满桂，很多为袁崇焕辩护的史料也都记录了这件事。此时满桂就在北京。对于逮捕袁崇焕这种重大决策，崇祯一定问过满桂本人，得到肯定的答复才会做出决定。满桂不会连自己是被京营的炮炸伤还是被关宁军的箭射伤都分不清楚。所以满桂被关宁军箭伤的事情，史料证据充分。
《明史》则成书于清乾隆年间，距离满桂受伤时间已经过去100多年，其间多次因为清朝皇帝的意见而反复修改，雍正上台大规模修订一次，乾隆上台又大规模修订一次，里面政治性、主观性的东西很多。
《明史》排除了满桂受伤与袁崇焕的关系以后，把袁崇焕被捕归结为皇太极的反间计。说是皇太极抓了两个太监，然后故意让他们偷听到后金派人去跟袁崇焕联络的对话，再故意让两个太监逃跑回到北京城。崇祯因为听信了太监的话，就把袁崇焕抓起来杀了。这个故事明显是编造的。崇祯上台以后，就撤回军队里的太监监军。京城在刚得知后金兵进入喜峰口以后就开始戒严，宫内的太监怎么会出现在北京城外，而且被后金抓了两个活的？而且仅仅因为两个被捕太监的说法就捕杀大将，崇祯也不可能这么笨——万一太监是被后金策反，当了奸细呢？
《崇祯实录》里面说广渠门之战击败后金兵的是京营，而误伤满桂的是袁崇焕；《明史》正好颠倒过来，说误伤满桂的是京营，在广渠门打赢后金兵的是袁崇焕。综合参考多种史料，《崇祯实录》的记载有多种史料可以印证，比如《明季北略》以及户部《度支奏议》中关于奖赏京营的档案记录等。《明史》成书时间最晚，里面的说法又是孤证，应该是故意篡改的，把责任推给京营，把功劳送给袁崇焕。这也是东林党投降清朝以后编修《明史》故意篡改历史的一大证据。

"袁崇焕辜负了我。"崇祯皇帝对自己说。

四、空饷黑幕：辽东军饷与关宁军数量之谜

第二天，十二月初一，崇祯就召见了袁崇焕，当着满桂的面问他：那个箭伤是怎么回事？然后又进一步追问：为什么要杀毛文龙？为什么一仗没打就让金兵到了北京城下？

袁崇焕对这三个问题都无法回答。

箭伤满桂的事情，应该是误伤。这是关宁军训练水平太低造成的——远远看见有后金兵就瞎放箭，没想到射中了正在与后金兵激战的满桂。这个事情袁崇焕可能都不知道，也就无法回答。

杀毛文龙的原因之前已经上疏解释过了，现在皇帝再翻出来问，显然是不再接受之前的解释了。他也无法回答。

一仗没打就让后金兵打到北京城下，是因为关宁军没有野战能力，只能凭坚城固守。想不到后金兵竟然不攻城，绕道直接打到北京来了。这个问题其实就是袁崇焕无能，也没法辩解。

崇祯见袁崇焕久久不说话，也就不再多说什么，下令锦衣卫将其逮捕下狱审问，并把各地援军的指挥权交给满桂。

关宁军的二把手祖大寿眼见着袁崇焕被逮捕，出城以后立刻就带着关宁军往宁远走。《明史》里面说他"毁山海关出"，连宁远都没有停留，直奔锦州而去。这种做法已经跟叛变差不多了。

这个事情说明，关宁军将领也跟袁崇焕一样，目无法纪到了何等地步。国家的首都正在被敌国大军围攻，军事将领竟然带着部队从首都城下逃走。不管是为袁崇焕鸣不平，还是害怕自己受到牵连，都不能成为理由。这种做法也同样突破了"任何一个还有法律的国家的底线"。

关宁军临阵脱逃，朝野震动。崇祯只能下旨去请求袁崇焕给祖大寿写信劝他回来，又请关宁军的创建者孙承宗出面写信给祖大寿，保证绝不追究责任，才把

祖大寿和他的关宁军请回来。

从北京到锦州，再从锦州回来，虽然是骑兵，怎么也要十多天。这十多天北京城下没有关宁军，其实也没什么事儿。回来了之后，也没跟后金开打。后金见北京城防坚固，无机可乘，就在华北地区到处攻城略地，"良乡破、固安屠、房山下、迁安陷"，京畿地区的人民惨遭杀戮。后金兵在抢夺大量的财物和人口之后，从容北上，再从喜峰口出塞。

这个过程中明朝最大的不幸，是满桂在与后金作战的过程中，因为被关宁军射中的伤口迸裂，落马而死。自从辽东陷落以来，在实际战斗中能带兵与后金野战而不至于吃大亏的将领，只有毛文龙和满桂二人。现在这两个人都死在袁崇焕手下，后金的那些贝勒、将军再无对手。

这次后金入塞，有一个很值得注意的事，就是从头到尾关宁军都只有9000人的兵马入关。根据袁崇焕之前上报的材料，关宁军有12万多人。但后金都打到北京城下了，竟然只出现了9000人，还有10万多人干什么去了？就在辽西走廊待着看热闹？

有人猜测袁崇焕是骑兵先行，想在北京城下拖住后金兵，等着步兵赶来大军合围。但是步兵还没有到，袁崇焕就被捕下狱了。

这个猜测不靠谱。因为袁崇焕是十月二十九接到后金兵入塞的战报，然后于十二月初一被捕下狱的，中间隔了31天。从宁远到北京城路程大约800里，而且沿途基本都是大路，步兵一天走80里平路肯定没问题，十天就可以赶到。万历四十八年（1620年），四川石柱司总兵秦良玉带兵从今天重庆石柱县出发前往北京，路程大约3500里，十月初二出发，十二月十八抵京，总共走了76天。按照这个速度，从宁远到北京最多也就19天。但从重庆到北京，中间要翻越很多大山、大河，而宁远到北京都是大平路。所以无论怎么算，15天赶到是必需的。而实际情况是30天了都还没见踪影，可见根本就没有什么大部队赶来增援。

皇太极亲自带主力部队绕道千里，虚国远征。如果关宁军真的有12万人的话，不管是带9000还是2万人马入卫京师，剩下10万人从宁远、锦州出发去攻打沈阳，绝对是收复辽东的好时机。但他们也没有这么干。

从各方面史料来看，真实的情况应该是，关宁军将领吃空饷情况严重，上报了12万多人，实际上只有六七万人。孙承宗因为柳河之败下台以后，魏忠贤的亲信高第当辽东经略后不久，就上报朝廷，说原来孙承宗声称关宁军有11万多人，现在核查只有5.9万人，差了近一半。

孙承宗对此的回应是：你说只有5.9万人，那你以后就按照5.9万人领饷吧。

没过多久，一大群"愤怒的士兵"就去把高第的经略衙门包围了，找他发军饷。高第很快就表示服软，上疏承认错误。如果真的按照5.9万人领取粮饷，估计马上就会发生军队哗变了。这里面涉及的利益太庞大，从内阁辅臣孙承宗，到负责管理发放粮饷的户部等中央机构，再到关宁军各级将领，都从中有利益，一旦认真查起来，恐怕难免地动山摇。

高第的上疏，应该是在魏忠贤指使下干的。这是魏忠贤想要在军队中整肃贪腐行为的信号。当时王化贞为了逃过丢掉广宁的罪责，已经背叛东林党，向魏忠贤提供了不少东林党贪污军饷的证据。高第上疏以后，紧跟着就有好多所谓的"阉党"轮流上疏，要求清查关宁军的粮饷花费情况。但这一阵浪潮最后没有转化成实际行动，应该还是天启皇帝保了孙承宗。

大规模侵吞军饷在明朝末年是普遍现象。比如，根据户部《度支奏议》，在宁远军粮中核查出来的，就有宁远委官闫栋在崇祯元年至崇祯三年（1628年至1630年）供侵吞米豆4万多石（600多万斤）；崇祯二年（1629年）海运厅书役王昌等侵吞米豆2万多石；崇祯五年（1632年）又查出来董懋夔、叶有光等侵吞米豆8000多石；等等。

又比如，毛文龙死后，朝廷继续给皮岛发军饷，根据《度支奏议》："（崇祯）三年分岛粮饷……十五万余，乃实收不过八万，侵没几半，法纪何存？"——军饷送到皮岛之前就被侵吞了一半，这还不算到了之后被将领们再侵吞的部分。在当时，军饷一到，立即全部进入官员手中，士兵分文未得的情况也很正常[①]。所以，毛文龙不断向皇帝举报军饷被贪污，情况应该属实。文官要对毛文龙下杀手，这也是原因之一。

---

① 转引自林美玲：《晚明辽饷研究》，福建人民出版社2007年版，第114—116页。

正是因为关宁军从上到下都在贪污军饷[1]，所以空额问题尤其严重。关宁军吃空饷的比例，除了高第的奏议外，还有一条证据——崇祯四年（1631年）八月，后金兵围攻大凌河堡，崇祯皇帝命令当时的山海关总兵吴襄（吴三桂的父亲）出兵救援。吴襄对崇祯皇帝说："臣罪万死，臣兵按册八万。覆其实三万余人，非几粮食不足以养一兵，此各边通弊，不自关门始也。"崇祯说3万也不少了，比后金男丁都多，也可以打一仗的。吴襄又说："若三万人皆战士，成功何待今日？臣兵不过三千人可用耳。"[2]

这段对话里面，吴襄给出的比例是：关宁军按照8万人拿军饷，实际只有3万多人，而能带出去打仗的只有3000人。能战斗的士兵占领饷的比例不到二十分之一。

此外，明末名臣、《几何原本》的翻译者徐光启在做官的时候，曾经核查过通州、昌平等地的军队，也给过一个数据：登记在册的军队数量是1.06万人，但实际只有7616人，其中大部分都是老弱病残（应该有一些是地方军官临时拉来

---

[1] 在侵吞辽东军饷方面，孙承宗和袁崇焕应该都是有份的。孙承宗一直没被查处过，作为东林党，《明史》里面当然大力为他粉饰。但是在《明史·马世龙传》里面还是透出了些蛛丝马迹。《马世龙传》里面这样说：

"当是时，承宗统士马十余万，用将校数百人，岁费军储数百万。诸有求于承宗者，率因世龙，不得则大訾。而世龙貌伟，中实怯，忌承宗者多击世龙以撼之。承宗抗辩于朝曰：'人谓其贪淫朘削，臣敢以百口保其必无。'帝以承宗故，不问。"

——马世龙是孙承宗的铁杆亲信，孙承宗甚至为他向天启皇帝请求尚方宝剑。马世龙因此成为第一个获得尚方宝剑的武将，毛文龙只能排第二。马世龙被大量弹劾存在贪污受贿的问题，孙承宗坚决力保马世龙，称"敢以百口保其必无"，把话说死了，查都不让查。天启皇帝给孙承宗面子，也就没有追究，但这里面应该是有问题的。

至于袁崇焕，地方官的抄家报告上说，自从他被逮捕下狱之后，他唯一的弟弟袁崇煜就"罄家而西，绝迹莞邑"——带着全部家产跑路了，只留下房屋等不动产。所以钱财没有抄到多少，但是抄出来一个东西：盐本。这个东西只有官方认定盐商家里才有。明末盐商没有不是巨富的。在明末经营盐业就跟今天开银行一样，需要的钱不是一点半点，而且有钱政府也不一定让你开，必须既有钱又有足够的关系才行。袁崇焕出身并不富有，家里成年男子只有弟弟袁崇煜和侄儿袁兆基，袁崇煜负责管家。从袁崇焕中进士到下狱不过十年，家里就成为盐商，财富积累速度显然不正常。

[2]《绥寇纪略补遗》。

应付徐光启检查的），能够拿得动武器上阵杀敌的大约2000人，真正可以训练成精锐的不过一两百人[①]。

孙承宗时期，关宁军空额占了大约一半，而吴襄时期则占了三分之二；袁崇焕时期，按照12万人拿军饷，还能有9000人入卫京师，如果加上赵率教全军覆没的4000人，好歹出现了1.3万人，占了十分之一，比吴襄的二十分之一高了一倍。孙承宗和袁崇焕在吃空饷方面，跟吴襄比起来还算是有良心。

把吃空饷的数据扣掉，袁崇焕时期关宁军留在辽西走廊的真实数量应该也就五六万人。

当然这个兵力数也不少了。但是为了执行孙承宗的堡垒政策，袁崇焕从山海关到锦州，修筑了前屯、中前所、松山、杏山、小凌河堡、大凌河堡、右屯等大大小小十多个堡垒，每个驻扎个两三千人，再加上宁远、锦州、山海关各1万多，六七万人就没了。

这种分兵驻守的堡垒政策，把数万兵力彻底分散，守卫的时候每一处都处于劣势，进攻的时候又难以抽调机动兵力，真打起仗来，守也守不住，攻也攻不出去。所以袁崇焕带9000人入关，应该已经是当时他能抽调的最大兵力数了。

按照这种方法养兵打仗，明朝不灭亡才怪。

五、千古奇冤：袁崇焕杀毛事件再分析

那么当时有没有不吃空饷的将领呢？应该还是有的。比如毛文龙。

在毛文龙生前，文官不停控告他冒领军饷，声称毛文龙只有两三万的军队，却谎报有15万军队，所以毛文龙冒饷。

这个逻辑完全不对。朝廷给东江镇的军饷一直都是20万两左右，跟毛文龙说他有多少军队无关。按照关宁军的待遇，士兵每个月平均1.8两银子的军饷，每年每人就是20多两。即使按照文官多次考察认证的最低数量，毛文龙只有2.8

[①] 徐光启：《巡历已周实陈事势兵情疏》，载《皇明经世文编》卷四百八十九。

万士兵，那也应该每个月发大约5万两银子，每年的军饷就是60万两。

但实际发给毛文龙的，只有三分之一，相当于大约1万人的军饷。

毛文龙有没有冒饷，显然应该以他实际领到手的为准，而不以他向朝廷申请的为准。

实际情况应该是，那些从辽东逃难过来的、愿意上阵去跟后金兵打仗的男丁数量有15万到20万左右，毛文龙按照这个数量来申请军饷，有这个数量的军队，他就自信能够收复辽东。这也就是崇祯皇帝说的"荷锄是民，受甲即兵"的数量。而由于粮饷有限，勉强装备起来能够打仗的应该有五六万人，但是这部分人的装备仍然严重不足，而且分散驻守在很多地方，其中驻扎在皮岛、铁山、云从这几个大本营的军队应该是3万多人。

朝廷先后三次派文官来核查军队数量，第一次核查结论是6万，第二次是3.6万，第三次是2.8万，标准越来越严、人数越压缩越少，为的就是不给毛文龙增加粮饷。

但不管核查出来是多少，每年朝廷都发饷20万两银子左右，变化不大。

按照这个标准，毛文龙每年要养活五六万士兵，负责复州、旅顺、皮岛、宽甸的几千里战线，还要接济几十万逃过来的辽东难民，是远远不够的。大部分难民需要依靠屯田自己养活自己。然后，毛文龙又让朝鲜半自愿半被迫地每年支援10万石粮食，还有就是招揽商船通过皮岛来跟朝鲜做贸易，然后运点东北特产人参、貂皮之类的出去卖。

总的来说，东江镇的收支必然是极为紧张的。除了需要养活这么多人外，还要购买马匹、火药、铁器、皮革、枪支、大炮、箭杆、翎毛，等等。因为打仗需要消耗大量军事物资，战死了的士兵需要抚恤家人，立下了功劳需要奖赏，这些全都需要钱。朝廷给的银子连这类花销都不够，更别说发军饷。

关宁军号称10多万人，实际只有六七万，从来不出去打仗，每年光银子就要花掉五六百万两；皮岛也有五六万军队，经常出去打仗，每年却只能从朝廷领到20多万两银子，可以想象有多么拮据。但宁远那边四个月不发军饷，就发生士兵哗变；毛文龙这边被袁崇焕搞物资禁运，断粮八个月，也没有发生哗变。这是为什么呢？

在那么艰苦的条件下，好几万人的军队，全都吃不饱穿不暖，没有军饷，还要让他们时常深入后金腹地与后金兵厮杀。怎么样才能做得到？

这些人杀后金兵杀起来都不手软，如果毛文龙贪污军饷、享乐腐化，却让士兵没军饷没饭吃，他们早就造反把他杀了。拿着毛文龙的人头去投奔后金，保管吃穿不愁，何须等袁崇焕来杀？

但东江在毛文龙治下，八年之间就靠着朝廷那相当于关宁军1万人标准的粮饷，硬是撑了下来，士兵从未发生过大规模哗变。

唯一的可能，就是毛文龙坚持了公平分配的原则，而且以身作则，与士兵同甘共苦。

之前，对于文官弹劾某些太监、武将的贪污情形，笔者认为估计多少是有一些，但程度没有文官说的那么夸张。但对于毛文龙所谓"冒饷"的弹劾，笔者认为最符合实际的情况应该是——完全不存在，一点也没有。

正因为毛文龙自己没问题，所以他才敢那么大胆，多次向皇帝举报负责给他运钱运粮的登莱巡抚方面克扣粮饷。他不断向朝廷抱怨，东江这边多么艰苦，请朝廷多给钱。就是在为东江的士兵讨一个公道：同样都是明朝的兵，为什么关宁军可以躲在城里领着粮饷却不跟后金打一仗，而东江兵孤悬海岛，远离故土，舍生忘死地与后金交战，人均领到的粮饷却只有关宁军的三分之一，甚至五分之一，甚至更少？

在文官看来，只有文官带的兵才能算是大明的嫡系部队，武将带的兵就不是，给口饭吃就不错了，还敢说克扣，这不是大逆不道是什么？

幸好天启皇帝和魏忠贤支持毛文龙。于是，文官又认为这都是毛文龙加入"阉党"，攀附魏忠贤的结果。

但遍览毛文龙给朝廷写的所有奏疏，里面没有一个字提到过魏忠贤，好像权倾天下的魏忠贤根本不存在一样。包括抗击后金入侵的那一仗，魏忠贤可是紧急给东江调集了粮草和银两支持的。登莱巡抚的报告里面，都特意说了："皆赖厂臣（指东厂太监魏忠贤），沉谋秘算、授计行间"，皇上还批复"说的是"。这显然是拍魏忠贤马屁的最佳时机，但毛文龙的战报里面还是没有提到魏忠贤。魏忠贤倒台以后，毛文龙也没有说魏忠贤坏话，依旧只当他不存在。

在毛文龙的奏疏中，出现次数最多的人名，是前辽东巡抚王化贞。王化贞当辽东巡抚的时候，毛文龙要向他汇报工作，二人多有联系很正常。但是等广宁失陷，王化贞以丢失城寨的罪名被判处死刑以后，毛文龙竟然还不断地提到王化贞，每年都会。

天启四年八月二十八奏：王巡抚任使之专，不可埋没也。

天启五年（1625年）九月初四奏：辽东抚院王化贞，牌委臣以二百之众，从东渡江。

天启六年（1626年）五月二十四奏：上年六月间，臣曾具疏请内臣一员，并请旧抚王化贞出海督臣。

天启七年（1627年）二月十六奏：臣于天启元年，奉广宁巡抚王化贞令，率一百九十七人抵镇江。

崇祯元年（1628年）十月初八奏：臣于天启元年奉抚臣王化贞令，诣攻镇江。

崇祯二年（1629年）闰四月十八奏：臣初以都间，蒙旧抚王化贞授卒一百九十七人，直入虎穴，擒叛贼于镇江。[①]

毛文龙每次简述自己创建东江镇的事，都会说是王化贞把自己派过来的。照理说，王化贞提拔了毛文龙，毛文龙当然应该报效知遇之恩；但是如果王化贞因为贪污腐败、玩忽职守等罪名下狱了，一般来说会主动跟王化贞划清界限。但王化贞都判死刑了，毛文龙依然在公开上疏中对他念念不忘。这就能看得出来毛文龙的品行如何了。

毛文龙生于"钱塘自古繁华"的江南温柔之乡，却喜好兵法，孤身北上到东北参军，很有一番"投笔从戎"的理想。但他官职太小，干不成事。眼看着辽东沦陷，自己却无能为力，壮志难酬。王化贞给了他这个机会，让他带着200来人去突袭镇江，使他能够为国家建功立业，官居一品，天下闻名，不负平生之志。

[①] 节选自《东江疏揭塘报节抄》。

对王化贞，毛文龙有发自内心的感激之情。之所以在奏章中不断提到王化贞，就是不停地提醒朝廷，王化贞是有功劳的，东江镇就是他支持开创的，希望能够以此救王化贞一命。

天启六年（1626年），文官建议派一个文臣去东江节制毛文龙。毛文龙干脆就直接提议："请旧抚王化贞出海督臣。"这就摆明了是请求朝廷把王化贞从监狱里放出来将功赎罪，为此不惜把王化贞请到东江来管着自己。

毛文龙最后一次提到王化贞是崇祯二年（1629年）的闰四月十八塘报。在这份塘报后面，有一条后人的批注：

"死矣，毛文龙！还撇不下王化贞，其笃于感恩图报若此！"

一个多月后，他就被袁崇焕杀了。

相比之下，袁崇焕在这方面就比较不厚道了。他是孙承宗提拔上来的，但是天启五年（1625年）十月孙承宗因为柳河之败被免职之后不久，他就在一封奏疏中说：

若听逃将懦将之做法，以为哨探之地，此则柳河之故智，成则曰袭虏，不成则曰巡河。天下人可欺，此心终是不得。[1]

这句话是什么意思？这是他在跟高第争论，反对放弃锦州。他说：如果按照胆小怕事的逃将和懦将的做法，把锦州一带当成巡逻之地而不加以防守，那么就好像柳河之败一样，打赢了就说是我们主动出击，打输了就说是巡河小分队的遭遇战。天下人可欺，你自己的内心是说不过去的。

袁崇焕这里主动揭孙承宗的伤疤，狠狠地打了孙承宗的脸。其实想守卫锦州，把道理讲清楚就可以了，为什么非扯上柳河之败来作对比呢？这可是孙承宗最丢人的一件事啊！又说什么"成则曰袭虏，不成则曰巡河"——孙承宗在柳河之败以后，就向皇帝报告说这是巡河小分队的遭遇战，以掩饰自己的惨败，被大家揭穿了。如果孙承宗的谎言没有被揭穿，袁崇焕站出来揭穿，那是坚持

---

[1]《三朝辽事实录》卷十五"宁前兵备袁崇焕揭"。

真理、勇于直言。但它已经被揭穿，孙承宗都下台了，袁崇焕还要旧事重提，如此讽刺、贬损孙承宗，那就很不厚道。当时孙承宗已经失势，魏忠贤正准备清算关宁军吃空饷的问题。袁崇焕这么干，有落井下石、跟孙承宗划清界限的嫌疑。

划清界限以后，袁崇焕就开始不停地拍魏忠贤马屁，只要能跟魏忠贤扯上关系的地方，奏疏里面都要大谈厂臣的功劳。比如在天启六年（1626年）十月二十二，他就在奏章中写道："厂臣魏忠贤功在社稷，海内之共见共闻，业已铭刻金石，无容职赘。"

当然，拍马屁的顶峰还是申请在宁远给魏忠贤建生祠。

建生祠在当时应该是一个常见的风俗。李贽在云南任知府，当地人就给他建过生祠；打击李贽的冯应京据说在湖北做官也很得民心，也有人给他建生祠。所以有些官员用建生祠的做法来给魏忠贤歌功颂德，天启皇帝也很支持，还每次都给生祠亲笔题词。第一个生祠，天启皇帝题词为"普仁"；袁崇焕建的生祠，天启皇帝的题词为"元功"。

《袁崇焕评传》中说："各省督抚都为魏忠贤建生祠，袁崇焕如果不附和，立刻就会罢官，守御国土的大志无法得伸，因此当时也只得在蓟辽为魏忠贤建生祠。"这是不对的。毛文龙就没有给魏忠贤建生祠，不仅没有被罢官，魏忠贤还要给他增加军饷。所谓"立刻就会罢官"云云，过分夸张，不符合事实。

实际上，在给魏忠贤建生祠的督抚当中，袁崇焕是比较积极的一个。全国各地先后总共给魏忠贤建了40多个生祠，在《明熹宗都察院实录》中都有记载。按申请建设的时间顺序排名，袁崇焕排第九，很靠前的。看起来不像是害怕被罢官的被动之举，而是反应比较迅速的积极主动之举。

而且袁崇焕申请建生祠的时间也选得很好：天启七年（1627年）四月。正好是后金入侵朝鲜，毛文龙在率军与后金兵血战，而袁崇焕拒绝救援的时间。

不过魏忠贤对这些东西不是太看重，所以袁崇焕再怎么拍马屁，建生祠，朝鲜之战、宁锦之战打完，因为袁崇焕总是拒绝援助友军，后金兵一来就龟缩在城里啥也不管，立刻就被撤职了。而毛文龙完全不理会魏忠贤，魏忠贤却让天启皇帝把东江镇的军饷增加到100万两。

以袁崇焕的认识水平，他当然完全不能理解这种关系。在他看来，他拍马屁、建生祠，魏忠贤都不理他，还撤他的职，毛文龙竟然还能加军饷，肯定是比他拍马屁还厉害。所以他杀毛文龙的时候，还给毛文龙列了一个罪名：攀附阉党、结交近侍。

这条罪名不仅没有丝毫证据，实际上它根本就不是罪名。因为崇祯二年（1629年）三月十五，皇帝已经下旨，打击阉党到此为止，此后不再追究攀附魏忠贤之罪，"纵有遗漏，亦赦不问"[①]。也就是说，"攀附阉党"这个罪名以后不能再用了。但袁崇焕在崇祯二年（1629年）六月还是打着这个旗号把毛文龙杀了。

类似的事情还有袁崇焕说毛文龙与皇太极议和，大逆不道。其实毛文龙跟皇太极通信都上报朝廷，为的就是从后金方面骗几个人过来杀掉。皇太极派去皮岛的四个使者就给毛文龙抓了送到北京杀了。而袁崇焕当了督师以后跟皇太极议和，双方多次互派使者，白喇嘛到宁远一住就两三个月，崇祯皇帝一直都被蒙在鼓里。

所以，袁崇焕杀毛文龙，概括起来说，就是：

袁崇焕按照十几万人领军饷，实际只养了六七万人，打仗只有1万多人，却以冒领军饷的罪名，把按照1万人领军饷，实际养了五六万人，接济安顿几十万辽民的将领毛文龙杀了；

袁崇焕给魏忠贤拍马屁，建生祠，却以攀附阉党的罪名，把一个从来没说过魏忠贤一句好话的将领毛文龙杀了；

袁崇焕跟后金秘密议和，却以勾结后金的罪名，把一个将后金使者绑送北京的将领毛文龙杀了；

袁崇焕把大量粮食和布帛卖给后金同盟，却以非法贸易的罪名，把派人到后方挖人参、捕貂皮的将领毛文龙杀了；

袁崇焕缩在城里从来不敢与后金军队正面交锋，却以畏缩不前、数年无功的罪名，把无年无月不与后金军队交战、获得首级仅经过文官集团查验过的就有

---

① 谈迁：《国榷》，第5473—5476页。

2800多的将领毛文龙杀了[1]；

袁崇焕敢瞒着皇帝与敌国议和、瞒着皇帝送粮食给敌对联盟、敢在战时抗旨不遵拒不救援友军，却以不服朝廷节制的罪名，把一个持有皇帝尚方宝剑的将领毛文龙杀了。

翻开中国的历史，颠倒黑白到如此程度的事，都是极为罕见的。

皇太极亲率大军打到北京，大获全胜，威望提高，也可以开始整顿内部问题了。在退出长城的时候，他留下二贝勒阿敏带着5000人的兵马守卫喜峰口旁边的遵化等四座小城[2]。这明显是在坑阿敏。5000人留在长城以里，孤立无援，根本不可能守得住。皇太极实际上给了阿敏两个选项：要么战死或者被俘，要么承担失守城池的责任。

崇祯皇帝派孙承宗带着祖大寿等各路援军去收复遵化。阿敏得知明朝10多万大军朝着遵化城开过来，就把城池焚毁一空，带着5000人的兵马和财物退出长城。皇太极抓住机会，把阿敏抓起来论罪，又在岳托等人的指证下，把他当年去打毛文龙结果改打朝鲜，而且打算在朝鲜称王的事情翻出来算总账。廷议的结果，判处阿敏死刑。皇太极宣布宽大处理，改为终生软禁，消除了阿敏这个内部不安定因素。

这次收复遵化，明军其实根本没有跟后金交锋，不过也算是孙承宗和祖大寿立下功劳，崇祯非常高兴。孙承宗和祖大寿于是趁机上疏为袁崇焕说情。崇祯见了，对袁崇焕的态度也发生了改变，觉得关宁军还是能打仗的。而且经过调查，满桂被箭伤的事情，袁崇焕应该不是故意为之。于是，崇祯在孙承宗、祖大寿的求情奏章上批复说："袁崇焕鞫问明白，即着前去边塞立功，另议擢用。"[3] 这就是要放袁崇焕一马了。

但是真正"鞫问明白"之后，崇祯的态度再次发生改变。

---

[1] 其中天启二年的时候袁崇焕本人就奉孙承宗的命令去亲自查验过一次，查验的结果是"俱是真正壮夷"。有关毛文龙与后金作战的更多事迹，可参考杜车别《明冤》一书。

[2] 《清史稿》卷二百十五·列传二："四年，师克永平、滦州、迁安、遵化，上命阿敏携贝勒硕讬将五千人驻守。"

[3] 谈迁：《国榷》卷90，转引自樊树志：《晚明史》（下），复旦大学出版社2003年版，第718页。

袁崇焕私自与皇太极互相遣使议和的事情被揭露了出来。袁崇焕上疏说杀毛文龙跟钱龙锡协商过，而钱龙锡给皇帝的解释是，这不过是礼节性的闲聊，最后告别的时候提过一句担心毛文龙不受节制。但崇祯皇帝调查出，在整个过程中，袁崇焕跟钱龙锡、兵部尚书王洽长期秘密通信，反复协商密谋，岂止是提过一句那么简单？

崇祯皇帝愤怒了：边将与敌国谋款议和，使者往来如梭，辅臣与边将协商斩帅，信件传递不绝，他竟一无所知。杀毛文龙哪里是什么逼不得已，完全是精心谋划。而且，他下明旨禁止资粮于蒙古，袁崇焕竟然阳奉阴违。

说什么"五年平辽"，结果一年时间金兵就打到北京城下；

说什么喀喇沁部"断不敢诱奴入犯蓟辽"，结果他们给后金带路攻打喜峰口；

说什么"必不令越蓟西一步"，结果后金未损一兵一卒就越过蓟州防线，以致京城被围，生灵涂炭。

这样的罪行要是不杀，天下再无可杀之罪。

崇祯三年（1630年）八月十六，经过长达八个多月的审问，在取得袁崇焕等人的口供以及各种往来书信等相关证据的情况下，朝廷最终给袁崇焕定罪：

"袁崇焕付托不效，专恃欺隐。以市米则资盗，以谋款则斩帅。纵敌长驱，顿兵不战。援兵四集，尽行遣散。及兵薄城下，又潜携喇嘛，坚请入城。"[1]

上面这些罪行全都证据确凿。叛国、射伤满桂等缺乏证据的罪名，都没有写进去。至于《明史》里面编造的太监告密之类的事，更是全无影子。这是一个严谨的、经得起历史考验的结论。

最后，袁崇焕被判处凌迟处死。

京城的老百姓中，很多都有亲人居住在北京周边地区，他们在这一次战火中惨遭后金带来的战火，还有人被掳掠出塞，财产损失更是无法估计。他们妻离子散、家破人亡，对袁崇焕可谓恨之入骨。袁崇焕被千刀万剐之时，刽子手一两银子卖袁崇焕一块肉，围观者很快就将其一抢而光。

---

[1]《崇祯长编》卷37；谈迁：《国榷》卷90。

六、穷途末路：内忧外患之下的明王朝

袁崇焕被下狱后不久，钱龙锡和王洽也被下狱受审。王洽死在监狱里，钱龙锡被充军。崇祯开始重新启用太监和非东林人士，东林党的势力遭到削弱。"众正盈朝"的时代又草草结束了。

明朝末年，东林党"众正盈朝"、全面当权的时期加起来不过四年，也就是天启皇帝刚上台的两年和崇祯皇帝刚登基的两年。在第一个两年里，东林党一上来就把熊廷弼拿下，把辽东经略和巡抚换成自己人，然后接连丢了沈阳、辽阳、广宁，后金从长白山打到辽西走廊；第二个两年，东林党先干掉魏忠贤，再杀掉毛文龙，后金直接打到北京城下。他们灭亡国家的战斗力实在是令人叹为观止。

第一次"众正盈朝"之后，明朝还有得救，或者说至少在理论上还有抢救的余地。经过天启皇帝、魏忠贤、毛文龙等人的努力补救，局面基本稳定下来了，开始朝好的方向发展。

第二次"众正盈朝"之后，明朝就彻底没得救了。

因为，笔者前面讲的，东林党上台压缩军饷和减少政府收入引发的两件"小事"，受后金围攻北京的影响，都继续扩大了。

为了解北京之围，收复关内四城，朝廷从全国各地调集援军前来勤王。甘肃、陕西、山西这些地方靠近边防重镇，军事实力比较强，所以勤王兵马主要从这些地方抽调。但这些地方也是农民起义闹得比较凶的地方。精锐部队被抽调走了，高迎祥、李自成、张献忠等人就借机发展壮大起来。不仅陕西全境糜烂，起义还开始波及山西。崇祯三年（1630年）二月，正是孙承宗带着全国援军收复遵化的时候，陕西农民起义军开始渡过黄河，大举进军山西。

但最严重的问题还不是这个。

明朝军队的粮饷，在防区内由自己解决，有固定的来源。一旦有军事行动，离开防区，就由国家财政另外发放粮饷，被称为"行粮"。援军四集，中央财政

就得花钱。东林党既不让多收税，又变不出钱来，只能拖欠。山西巡抚耿如杞带了5000名士兵支援，兵部没钱给他们发饷，就在三天之内连续把他们调动三次：由通州调到昌平，再从昌平调到良乡，故意用这种方法逃避发饷。因为军令规定，部队到达驻地之后第二天才发饷，所以兵部就让他们不在任何一个地方驻扎超过一天。士兵沿途辛苦劳累，连续三天都不发饷，还要被没完没了地调动，就沿途抢劫。

后金兵撤退以后，朝廷以失职罪逮捕耿如杞，判处死刑。这5000人就一哄而散。

遭遇同样情况的还有甘肃巡抚梅之焕带领的部队，也就是因为粮饷短缺，走到半路就发生哗变，逃跑上千人。

陕西的绥延镇总兵吴自勉更奇葩，在抽调兵马进京的时候，还在克扣军饷，赴京的不发钱，想要不去北京的还需要给他交钱。结果部队还没有出发就发生哗变，大量士兵逃走。绥延巡抚张梦鲸忧愤而死[①]。

这些溃散的士兵无处可去，于是纷纷跟李自成等农民起义军结合。

这一下麻烦就大了。

农民起义军一般都是乌合之众，数量虽然多，但无组织无纪律的，很容易就被镇压。但士兵都是接受过军事训练的，大规模加入农民起义的队伍以后，马上就成为起义军的中坚力量，农民起义军的战斗力立刻大增。要想在短时间内彻底镇压下去，基本上就成了不可能完成的任务。

变兵和变民相结合，是明末农民起义主要的特征。明朝中前期的农民起义，都没有这种特征。所以也有人说，明朝不是亡于变民，而是亡于变兵。

这样，明朝就面临着内外夹攻、腹背受敌的被动局面——勤王部队刚赶走入塞的后金兵，就要调去镇压农民起义；农民起义镇压得差不多了，后金又打过来了，于是马上又要把军队调过来抗击后金。

明军镇压农民起义的能力还凑合，关宁军被吹成所谓的关宁铁骑，就是在镇压农民起义中吹出来的。但他们没有与后金骑兵作战的实力。那个时候军队已经

[①] 顾诚：《明末农民战争史》，第二章第二节"勤王兵的哗变"。

十分腐败，大部分老弱病残没人管，只能种地。各个将领都会养几百几千个家丁作为自己的私人军队，待遇稍微好一点，训练的也好一点，这是他们保证自己权力、地位的基础，哪能去跟后金硬碰硬地消耗掉？都是跟在后金兵屁股后头跑，好像在追击，完成朝廷的任务，其实离得很远，根本不交战。各路人马也都各自为阵，就好像后金兵的仪仗队一样，远远地在他们周围跟着走，都希望后金兵去找别人的麻烦。

于是后金兵在华北平原毫无阻拦，就到处烧杀抢掠，摧毁中国北方的经济基础。抢得、杀得差不多了，就再从喜峰口出关，回去"消化"胜利成果。

等后金走了，李自成、张献忠那边又发展壮大成了十几万、几十万的大军。勤王部队又赶紧调回去跟起义军开打。眼看要把起义军灭了，后金又打进来了，赶紧去勤王……

就这样，两头受敌、内外夹攻，而且两边对手都是机动性极强的军队，农民起义军本来就是流寇战术，在陕西、山西一带到处跑。后金骑兵跑得更快，在河北、山东地区四下抢掠。明军在长达数千公里的战线上不断从南到北、从东到西来回奔波，疲于奔命，不断被消耗，毫无取胜的希望。

崇祯二年（1629年）的后金兵入塞，以及随之而来的变民与变兵相结合，是明朝命运的关键转折点，使明朝完全丧失内政改革的余地，只能在内外交攻中快速灭亡。东林党和袁崇焕只用了不到两年的时间，就把明朝置于必亡之地，让这个庞大的帝国像山崩一样倒塌，无可挽回。

这个时候再谈什么改革复兴，已经完全没有时间和空间了。中央枢机哪里还有精力来研究如何反腐败、改革税收制度、人才选拔机制、整顿军队之类的东西？每天就是焦头烂额地调动部署军队和想办法收税筹钱。

为了支持这些绝望的军事行动，苟延残喘，朝廷必须开足马力征税。商税就别想了，东林党想方设法不让多征，只能主要往农业税上面想办法，按照土地加派。

从表面上看，加派的银两并不多，每亩地才九厘，最多的时候加派过一分二厘银子，相当于每亩地多收几斤粮食。把所有加派和正税加起来，一亩地总共也就收五六分银子，相当于二三十斤粮食，占亩产的百分之十到百分之十五左右，税率还是不高。但当时土地兼并已经很严重了，官员士绅享有诸多优免特权，占据良田万顷基本不用交税，地方官员只能把这些全都压到普通农民头上。农民负担就被成倍加重。此外还有很多私派钱粮，为官僚集团的腐败买单的，这个笔者在前面都讲过了。这些因素加起来，才让看起来很合理的辽饷加派，变成亡国暴政。

农民不堪忍受，于是逃亡、造反。农民逃走后，他们该交的税就会再摊派到还没有逃亡和造反的农民头上，逼着剩下的人继续逃亡、造反，形成恶性循环。农民起义军的队伍越来越大，局面遂完全不可收拾。

七、围城打援：大凌河之战

袁崇焕死后，崇祯皇帝出于政治考虑，没有敢像天启皇帝用魏忠贤那样彻底整肃东林党——因为那意味着要给魏忠贤翻案，这是崇祯皇帝无论如何不能接受的。袁崇焕一死，就有人上疏要求给毛文龙平反，被崇祯严厉驳回。崇祯小心翼翼地回避"党争"这个话题，将袁崇焕、钱龙锡的问题局限为个人问题，而不再进一步牵连。所以东林党只是被削弱了，并没有完全失势。

在这一点上，崇祯跟天启比起来，要少了很多魄力。天启皇帝在"移宫案"后信任东林党，也根据东林党的意思下了圣旨严厉谴责李选侍、魏忠贤等人，大力表扬移宫诸臣和太监王安，还把上书反对"移宫案"的大臣贬黜。可是等东林党在辽东接连丧师失地以后，他马上就翻脸不认人，重用魏忠贤，清洗东林党人，而且下旨公开承认自己的错误。这种作风，崇祯皇帝是没有的。

所以，分析袁崇焕死后的国家政局，跟天启年间东林党"掌权"和"倒台"那种黑白分明的局势不同。东林党势力只是因为袁崇焕的案子被削弱，他们的政治路线没有被否定，他们作为一股政治势力没有被打倒，在朝力量仍然十分强大，足以左右国家政局，只不过不能再一支独大而已。

这种局面体现在军事上，就是袁崇焕虽然被杀，但他的城墙、大炮、战术没有被否定，消极防御的战略更没有被否定。孙承宗重新出山，担任蓟辽督师。作为"堡垒战术"的祖师爷、宁锦防线的创建者，孙承宗当然继续大力修城。锦州已经被袁崇焕重新修好了，孙承宗就再接再厉，加固大凌河堡。

崇祯四年（1631年）七月，大凌河堡快修好的时候，皇太极就带着大军打过来了。

之前打宁锦大战的时候，皇太极还攻了三次城。这次打大凌河堡，后金兵根本就不攻城，上来就包围。明军在里面修城墙，后金兵在外面修城墙，还挖壕沟，彻底围死。

大凌河的守将是祖大寿，当年后金兵打广宁，围攻西平堡的时候，王化贞派兵去救援，孙得功先跑，祖大寿第二个跑，虽然速度比孙得功慢了半拍，距离则远远过之，他从西平堡南下一口气跨过大凌河、小凌河，经过宁远，渡海向东，直接跑到觉华岛上去，才觉得安全；后来袁崇焕被抓，他又从北京城跑回锦州，一口气跑了1000多里。

被围起来以后，祖大寿也跑不动了，只能干瞪眼。

努尔哈赤打宁远，只围了两天就撤了；皇太极打锦州，围了24天也走了。袁崇焕洋洋得意，认为这是他的"坚城大炮"战术用得好。毛文龙牵制无功，杀了就杀了。但毛文龙一死，后金绕道千里去打北京就不说了，打大凌河也是来了就不走，一口气围了三个月。

孙承宗跟袁崇焕比起来有一点强，就是敢派援军。但这让情况变得更糟糕。

孙承宗连续派了四次援军。第一次是从离大凌河堡最近的松山堡派了2000人的守军过去救援，有去无回；第二次是吴襄带着他那领了8万人的军饷才养出来的3000人的精锐，再加上别的地方抽调的3000人前去救援，因为天气原因没怎么打就退兵了；第三次还是这6000人，被皇太极带着200名亲兵打得溃不成军。吴襄率先逃跑，也因此被崇祯皇帝逮捕下狱治罪；第四次是从关内调集了3万多人的军队前去救援，结果全军覆没。

皇太极还嫌援军不够多，自己找了一批后金兵，假装成明军来救援大凌河，一路冲杀眼看就要杀到城下了。祖大寿一看，援军大胜，后金兵溃败，赶紧带兵出来接应。走近一看，才发现全是后金兵伪装的，被杀得人仰马翻又逃回城里去了，从此打死他也不敢再出来。

祖大寿在大凌河堡里面弹尽粮绝，只能投降。副将何可纲反对，祖大寿就干脆利索地把何可纲杀了。这样，大凌河里面的1万多守军全部投降后金。

大凌河之战，也就标志着孙承宗堡垒战术的破产，因为它无法回答一个问题：在野战能力不行的情况下，敌军长期包围堡垒该怎么办？

答案是：没有办法，只能坐以待毙。

对此，毛文龙在天启七年（1627年）五月的塘报中就说，有内线告诉他，后金有个王子声称："西边（指宁远锦州）全靠几个火器，兵如死鬼，点阅时东挪西补。马匹将来驮载柴火过日。我今只带三千人马，困他月余，不得薪水，便死在我手。"①

毛文龙挑选这段话来写进塘报里去，就是借后金王子的口，告诫皇帝和袁崇焕——关宁军这样一边吃空饷、不训练，就想依靠大炮、城墙来防守是不行的，人家一把你包围，你就完蛋了。

天启皇帝应该是听进去了，可惜没多久就死了；袁崇焕没听进去，很快就把毛文龙杀了。

战后，孙承宗无可奈何，只能再次辞职，此后就再没有出过山。他一辈子就跟后金打了两次仗，一次是柳河之战，另一次是大凌河之战，两次都是惨败。就这样，他还被后世吹成"明末最伟大的军事家、战略家"，"没有争议的民族英雄"，真的十分可笑。

这边大凌河之战开打，那边农民起义也就越发壮大。三边总制杨鹤费了天大的劲，花了很多钱，才招抚了神一魁等陕西境内几支重要的起义军。但后金兵一开始包围大凌河堡，军队都调去辽东，陕西救灾经费又没有着落，神一魁等人马上重新叛乱。杨鹤被崇祯下旨切责，忧愤而死。

在这个过程中，原本应该牵制后金的东江镇也正在忙着搞兵变。

袁崇焕杀了毛文龙以后，为了防止东江不受节制，就把东江镇分为两个协，一个协由毛文龙的亲信陈继盛负责，一个协由袁崇焕的亲信刘兴治负责管理，以求双方互相制衡。这个制衡效果确实好，东江兵从此忙于内斗，再也无力牵制后金。

---

①《东江疏揭塘报节抄》。

刘兴治原来是辽东将领，辽东沦陷后投降后金；但在后金混得不如意，又投降毛文龙。毛文龙把他留在手下干活，但是没有重用。他又不满意，偷偷跟袁崇焕联络，打毛文龙的小报告。袁崇焕就把他当成在东江的内线，杀了毛文龙以后，就把他提拔上来。

这种叛变了多次的人，当然不在乎再叛变一次。陈继盛在东江还是有威望的，刘兴治压不过他。袁崇焕死后，刘兴治觉得自己失去政治靠山，又秘密跟皇太极联络，准备投降。皇太极当然乐于接受。刘兴治就设下圈套，把陈继盛等11人杀死，然后请皇太极派人过来协商具体的投降事宜。

皇太极回信说：照理说是该派个人过来，但是前年毛文龙假装议和，骗了我几个使者过去杀掉，现在大家还有心理阴影，不敢去东江，暂时找不到合适的人选。你干脆就直接举兵造反吧，我会派兵协助你的。

刘兴治一看皇太极这么说，心里又犹豫起来。这时朝廷又派人过来招抚，表示不会追究兵变的责任，刘兴治又重新归顺朝廷，想着当个军阀独霸东江，不一定非要投降皇太极。但没过多久朝廷又派总兵黄龙过来管理东江，刘兴治又图谋作乱。最后杀来杀去，刘兴治自己也被杀了，总之就是一团糟。

可怜东江兵，从辽东千难万险逃出来，身负国仇家恨，此时却是有心杀贼，无力回天。自己人内部自相残杀，这是一出怎样的悲剧啊！

就像陆云龙在《辽海丹忠录》中慨叹的那样：

"尝闻东江辽兵最耐苦，持炒一升，可支十许日，昼伏夜行，卧草餐霜，能出不意杀人擒人，皆一班可用之士。今其士固在也，谁其用之？谁其用之！"

八、吴桥兵变：一只鸡引发的悲剧

刘兴治作乱期间，东江镇的将领孔有德、耿仲明等人逃往登州，在登莱巡抚孙元化手下做事。

孙元化原来是关宁军的前屯兵备，被孙承宗和袁崇焕多次提拔，也是"坚城大炮"战略的忠实粉丝，在登州城里面仿造或购买了很多红夷大炮，还请了很多葡萄牙技师来训练指导。孙承宗第二次当督师以后不久，就把他任命为登莱巡抚。当时山东有大约10万难民从辽东过来，孙元化就从中招募了3000人加以训练。没过多久后金兵围攻大凌河，孙元化就让孔有德带着这3000人去救援。

明朝军队国内行军的粮饷，由所经过的地方负责安排筹措。这也是文官"以文制武"的重要制度安排：军队出行不能准备充足的粮草，只能走到一个地方要一点、过一个地方再要一点，每次供应不超过三天的粮饷。这样军队的命脉就完全掌握在行政系统手中。

但当时辽东难民和山东居民的关系处得很不好，山东兵和辽东兵也关系紧张，地域矛盾突出。山东军政官员也大多很反感辽东难民和辽东兵。这里面的原因应该是辽东战争和难民给山东带来极为沉重的负担，不论对于官兵还是百姓来说。

所以这次孔有德带兵出征，所过之处，地方官员纷纷下令闭门罢市，拒绝提供粮饷。走到济南以北大约100公里的吴桥这个地方，地方官员又没有安排军粮。此时士兵已经饥饿难耐，驻扎下来之后只能自己出去找吃的。有一个士兵到农家偷了一只鸡，想不到这只鸡是山东士绅望族王象春的田庄养的。

王象春是东林党人，在魏忠贤《东林点将录》里面被称为"浪里白条王象春"，之前当过南京吏部尚书。退休以后，他到济南大明湖畔的百花洲买了一座豪宅，修了一些楼台亭榭，成天吟诗作画，交往名士，好不自在。但他这种悠闲高雅的生活靠着权势欺压老百姓得来，王家的庄园遍布山东、河北各地。吴桥离济南很远，也还有王家的庄园。

王象春的家仆把这个偷鸡的士兵抓起来，押送到军营，要求处理。军官也不敢得罪这种缙绅豪强，赶紧赔礼道歉认错。这个家仆不依不饶，要求必须杀掉。最后，这个士兵被处以"穿箭游营"的惩罚，也就是用箭把耳朵扎透，挂着在军营中示众。

士兵无法忍受这种侮辱，发生哗变，把王家的家仆杀掉。王象春的儿子得知此事，立即要求地方官员逮捕杀人者。哗变的领袖李九成带兵去找孔有德，声称3000名士兵都已经立誓：谁敢让王家来逮人，大家一起把他杀了。要求孔有德带着大家一起造反。

孔有德仍然犹豫不决。李九成对孔有德说：

"毛大将军带两百孤军，跋荒涉海，历经万死以复疆土，却蒙冤而死。我们也不过是朝堂之上那些人案板上的肉罢了，再为这个国家尽忠还有什么意思？"

孔有德终于决定率众叛变。王象春的儿子一家被叛兵所杀，王象春本人紧急逃出山东，史称吴桥兵变。

吴桥兵变看来只是因为一只鸡偶然引发的，但背后的根源相当复杂。

第一个原因是政府财政能力严重匮乏，不能为军队提供足够的粮食和军饷。地方官员后勤压力很大，人民负担也很重，不想为军队提供帮助。正好看不惯辽东兵，就干脆不提供。这跟笔者前面讲的赴京勤王部队哗变、溃散是差不多的原因。

第二个原因是地域矛盾，但核心还是官员素质问题，没有大局观。地方官员应该知道辽东战争是全国的大局，不能因为打仗是辽东的事情，与山东无关，就把气撒到辽东士兵头上，拒绝提供粮饷。说到底还是吏治发生问题和中央权威衰落造成的结果。

第三个原因是东林党人王象春这种地方豪强的存在。依靠权力背景大量兼并土地、营建田庄，把战争成本推到普通老百姓头上，造成国家财政困难，引起老百姓对辽民不满。王象春的家仆在地方上无法无天惯了，被偷一只鸡就要把士兵穿箭游营，最终激起反抗。

这3000人把王家踏平之后，随即倒戈杀向山东半岛，接连攻陷临邑、陵县、商河、青城，然后开始围攻登州。他们于崇祯五年（1632年）正月攻陷登州，掳获了山东兵6000人、援军1000余人、马3000匹、饷银10万两、红夷大炮20余位、西洋炮300位。孔有德和手下的东江兵感激孙元化收留他们，打算拥立孙元化称王。但孙元化拒绝了。

孔有德最终还是放走孙元化。孙元化回到北京后，被朝廷处死。其实明王朝已经腐朽堕落到这个地步，谁也挽救不了，早点灭亡，可以使人民少受痛苦，至少可以不让这些兵马、物资落入后金手中。

随后，叛军又攻下黄县，围攻莱州，山东地区一片糜烂。

大凌河之战结束以后，朝廷赶紧把军队调往山东平叛。经过一年多的战争，双方都死伤上万人以后，叛军终于在山东难以立足，夺取船只出海。于崇祯六年（1633年）四月，在镇江——当年毛文龙带200人上岸的地方——投降后金。

吴桥兵变对明朝伤害极大，登莱局势彻底糜烂，山东腹地也遭到蹂躏。明廷丧失兵力数万人，损失良将十多员，损失战舰、大炮、粮钱无算。从此，登莱荒芜，东江动摇，海上牵制不再被提起，战略进攻更是无人问津。

后金因此获得明朝的海军船只和红夷大炮。有了红夷大炮，长城防线就更加不堪一击，他们可以随便找个关口用大炮轰塌就打进来。明朝对后金的防御体系已经全面崩溃。

九、最后的兵团：被包围的锦州城

掌握了红夷大炮之后，皇太极没过多久就又来了。

崇祯七年（1634年）七月，皇太极率后金军从长城独石口再次入塞，在延庆大败明军。八月，后金军猛攻昌平，遍蹂京畿，杀掠不计其数，历时四个多月。

这次入塞的时间应该是经过精心挑选的。当时正好高迎祥、李自成、张献忠等部农民起义军经过多年的围剿，已经被明军包围，即将被消灭的时候，后金兵来了。明军主力部队接到调令北上抗击后金，被围农民起义军趁机突围。

崇祯八年（1635年），多尔衮、萨哈璘、豪格等人率后金军出征林丹汗的河套地区，顺便入塞抢掠了太原府所属的忻州、定襄、五台等地。这是第三次入塞。

崇祯九年（1636年）五月，皇太极登基称帝，定国号为"清"。清帝国建立。

此前，皇太极已经把族名由女真改名为满洲。

这些做法，都是在为消灭明朝、入主中原做政治准备。

根据阴阳五行学说，每个朝代都有自己的"德"以配天地。明朝是火德，在汉字里面，明由日月两字合成，日、月、明三个字都跟火相关，因此又被称为三重火德之朝。而满、洲、清三个字都带水，以三水灭三火之意十分明显。用汉字的特征以配五德之说，也是满洲政权加速汉化的标志。

一整套帝国政府机制也随之建立起来，过去那种部落统治模式被彻底改变，大量的汉族文臣武将进入政府获得正式职位。这也在为建立中原政权做准备。

至于把金的国号改掉，把女真的族名也改掉，则是为了照顾汉族人民对当年两宋时期与金国之间惨痛的历史记忆，尽可能消除他们对新政权的抵触心理。

显然，在这个时候，皇太极已经十分确信，他的帝国取代明朝统一中原只是时间问题。

皇太极称帝以后，立即出征朝鲜，迫使朝鲜彻底投降，从明朝的属国变成清朝的属国。并且顺便派兵把那个已经没有存在感的皮岛平了，东江镇覆灭。

随后，皇太极又派阿济格率清军入塞，56战皆捷，共克16城，俘获人畜17万。清军艳服乘骑，奏乐凯归，砍木书写"各官免送"四字，以羞辱明军。这是第四次入塞。

当时三边总制洪承畴已经基本把陕西境内的农民起义军清剿完了，张献忠、李自成这帮人全部跑到河南、山西去了。洪承畴率主力出潼关，在河南信阳大会诸将，准备对起义军实行大规模的军事围剿。结果清兵一来，卢象升等最厉害的队伍全都调过去打清兵，围剿的事儿也就只能缓一缓。

崇祯十一年（1638年），李自成遭洪承畴和孙传庭军袭击，败走岷州。与此同时，张献忠在南阳被左良玉军击败，张献忠也中箭，败退谷城。九月，五省总督熊文灿进攻郧阳、襄阳两地的农民军，斩获2000首级，获得重大胜利。

但是，也就在九月，清兵又打进来了。多尔衮、岳托各率领一路清军，一入墙子岭，一入青山口，至通州会师，到涿州分为两道，一路沿太行山，一路沿运河，四下劫掠。

朝廷赶紧命令熊文灿跟起义军谈判招降事宜，不要再打了，调兵来抗清。在镇压农民起义中战功最为显赫的宣大总督卢象升与清兵交战，阵亡。第二年初，清军攻下济南，全城焚毁一空，全城百姓死亡百万之众。二月，清军退兵。

清军这次入塞共五个月，转战2000里，攻下70余州县，俘获人口46万余，金银百余万两。这是第五次入塞。

清军入塞，抢得大量的人口和财富，国力日益强盛。而大明却遭受空前浩劫，城破人亡，千里荒无人烟，再无力与清军作战。

清军入塞并不仅仅以抢掠、毁坏为主，而且很明显在故意策应农民起义军。每当农民起义军面临困境或即将被消灭之时，清军就大规模地入塞，调动明朝兵力，使被围困的农民起义军绝处逢生。

总的来说，清军入塞是一种极为高明同时也极为残酷的消耗战略。它不以一城一地的得失为目标，而是以充分消灭明军的有生力量、消耗明军的战争资源为目标，掏空明朝，壮大自己。

在这个过程中，如果清军想要攻克并长期占据某些大城市，并不是做不到，但是那样就会牺牲他们骑兵的机动性，难以集中兵力完成最主要的战略目标——毁灭明朝存在的经济基础、大规模调动明军以消耗它的军队和粮饷。

这个时候，清帝国决策层才是真正的战略家。在他们制定的战略面前，孙承宗这种靠东林党文人吹出来的"堡垒开疆"式"战略家"，就被打回了原形。

对耗尽明朝国力建设的宁远和锦州防线，清军早就有能力攻克了，但是他们就让这道防线在那里存在着，让明政府每年花费几百万两银子，养着只有在领军饷时才有的几万人的军队，守着几座在战略上全无价值的孤城。

李自成被洪承畴杀得大败，只剩18人逃入陕西南部的大山之中；同时张献忠跟左良玉交战再次大败，逃入四川。崇祯十四年（1641年），皇太极仿佛在"策应"农民起义军，又开始对锦州发起新一轮大规模的进攻。

这一次，还是围城打援。

锦州城的守将，还是祖大寿。

上次大凌河之战，祖大寿已经投降过一次了。但后来找了个借口，说愿意给后金在锦州城里当内应，又跑了回来。朝廷不仅没有处罚他，还让他继续守卫锦州。对比孙元化、耿如杞等人抓起来就被判处死刑，朝廷在对待关宁军将领的时候表现得特别宽容。吴襄临阵脱逃也没死，他儿子吴三桂还能接替他当总兵，而祖大寿更是屡次临阵脱逃，还杀本方将领投降清军，竟然什么事儿都没有。唯一可能的解释是：辽东军饷这块"大肥肉"，朝廷上吃的人太多，有很多重臣一而再、再而三地为关宁军将领提供庇护。

这一次锦州围城，攻守双方配合默契：清兵说什么也不攻城，祖大寿说什么也不出战。祖大寿在城里老老实实地待着等待援军——这都是老套路了。

明军这边蓟辽督师变成洪承畴。他是万历四十四年（1616年）进士，农民起义爆发的时候正在陕西做官，因为镇压农民起义得力，他被迅速提拔，一直做到三边总制，崇祯十二年（1639年）基本消灭李自成部以后，调任蓟辽督师。

清军此时已经拥有孔有德投降带过来的十多门红夷大炮，可以熟练地在长城上轰开缺口入塞了，要想轰塌锦州城墙并无困难。但是他们故意围而不打。用了一年才完成对锦州的包围，还在锦州附近修了一座城堡，作为士兵休息和后勤补给的基地，摆明了就是要长期围城，让锦州陷入粮食断绝的境地。

得知锦州被围的消息，明廷命洪承畴领王朴、杨国柱、唐通、白广恩、曹变蛟、马科、王廷臣、吴三桂八总兵，步骑13万[①]，"刻期出关"，会兵于宁远，解锦州之围。

锦州这个地方，就是孙承宗和袁崇焕给明朝挖的一个大坑。它有一个特点，就是从北边打过来比较容易，从南边宁远方向去救援比较困难。

从宁远到锦州有三座小山头，从南到北依次是：塔山、杏山、松山，把本来就不宽的辽西走廊道路进一步压窄。只需要少量的兵力，就能在这三个山头附近把道路封锁。过了松山，还要过小凌河，才能到达锦州。从宁远去救援锦州有上百里地，又有这些阻碍，很容易被敌军挡住或者切断后路。

洪承畴是实战打出来的将领，看出来冒进的危险，在宁远长期屯兵不战。但是这显然不行，大军云集来救援锦州，你待在宁远有啥意义？毛文龙在的时候还能指望他从背后偷袭一下沈阳，迫使清军回撤。现在毛文龙没了，清军就把锦州围了一年，都开在始城外修房子、屯田，再等下去锦州的守军就该饿死光了，宁远这边粮饷开支也受不了。朝廷天天督促尽快出战。

历史学家一直怪朝廷不该催战。其实这个局面在战略上就没办法，不出战等死，出战找死。唯一的办法是不要锦州了，援军从哪儿来回哪儿去。但要放弃锦

[①] 樊树志：《晚明史》（下），复旦大学出版社2003年版，第1030页。

州早就该放弃，熊廷弼广宁之战后就放弃了，魏忠贤在天启七年（1627年）把袁崇焕撤职之后也把锦州放弃了。袁崇焕和孙承宗又重新修缮驻军。现在里面有几万大军，宁远也云集了全国调过来的数万大军，就这样眼看着锦州守军被饿死或者投降，丢失城池，谁也不敢下这个命令，谁也负不起这个责任。

洪承畴也并不是朝廷一催战就开打的，他等了好几个月，确实没办法了，必须进军。

崇祯十四年（1641年）七月二十六，洪承畴在宁远誓师，率八位总兵、数万人马，开始进军，七月二十八抵锦州城南松山一带，粮草则在杏山和塔山之间。

这个时候对清军来说，策略很明确，就是要切断洪承畴大军的后勤供应。

皇太极那段时间正在生病，听说洪承畴大军已经到达松山，大喜过望，高兴得连病都好了——天启七年（1627年）打锦州无功而返的场景犹在眼前，等了14年，终于等到今日。

皇太极决定亲自指挥这场战争，立即带领3000人的精锐骑兵前往松山前线。到了之后，密令阿济格绕过松山，抢夺并烧毁杏山、塔山之间的粮食。第二天早上，洪承畴起来一看，自己的大军已经被清军切断了归路，而且山下还竖着皇太极的皇帝大旗。

他知道，完蛋了。

再能征善战的军队，一旦没有粮食吃、没有水喝，很快就会崩溃。当时明军随身只带着三天的粮食。明军粮食缺乏，很快就陷入恐慌，没时间去想如何援助锦州了，怎么让这七八万大军活着跑回宁远才是关键。

最后，洪承畴和八位总兵商定在某个时间突围。结果吴三桂等关宁军将领抢先开跑，部队遂陷入混乱，八位总兵开始带着各自的军队竞相逃命。

清军人数有限，不可能完全堵住这么多军队的突围。"围师必阙"是《孙子兵法》里面的八大作战原则之一，就是包围敌人以后一定要留个缺口让他们感到有逃跑的希望，不然他们会作困兽之斗，拼死抵抗，对包围的一方来讲并不利。而且让敌军朝一个方向逃跑，动起来，阵形混乱，有利于包围方从后方和侧翼进行追杀截击，大规模地杀伤敌军。

见到明军大举突围,清军故意放了一部分出去。而放出去的这部分,主要就是吴三桂的关宁军,内地调来的部队则大部分没跑掉。

总之,突围行动很快就变成一场灾难,明军被清军各种追击、截杀。吴三桂等一部分跑得快的,在死伤惨重后跑了出来,大部分又被压了回去,重新围困。

经过多次的这种突围、救援,最后,崇祯十五年(1642年)二月十八,松山沦陷,洪承畴被俘后投降。

20天后,三月初八,祖大寿开城投降,锦州失陷。

据《清太宗实录》记载:"是役也,计斩杀敌众五万三千七百八十三,获马七千四百四十四,骆驼六十六,甲胄九千三百四十六副。明兵自杏山,南至塔山,赴海死者甚众,所弃马匹甲胄,以数万计。海中浮尸漂荡,多如雁鹜。"

明朝最后的生力军,就这样葬送在孙承宗的宁锦防线上。

锦州距离山海关有300多里,孤悬关外,只能通过狭窄的辽西走廊与关内连接。对处于战略防御态势的明朝来说,它离本方主要防御阵地——长城防线太远了。如果把锦州作为进攻基地,是合适的;如果用来防守,就是兵法上所说的"死地"。

清军充分利用这个"凸出部",采取围而不打的方式,调动明朝主力大军远离长城防线前来救援,以达到在自己后勤补给线最短、对手后勤补给线最长的这个位置进行战略决战的目的,取得接近于完美的胜利。

有人认为,一直到明朝灭亡,宁锦防线都没有被完全攻克。这是对的,因为宁远和山海关都还在。但明朝存亡的关键显然不在于宁远和锦州有没有守住,而在于北京有没有守住。宁锦防线对明朝来说,就是一个无底洞,一个花钱的无底洞和一个死人的无底洞,怎么填也填不满。为了保卫宁远和锦州,明朝每年花费500万两银子,激起无数民变,最后却让原本应该保护整条长城防线的军队全部葬送于此。

在清军已经多次越过长城防线打到北京的情况下,明朝的当政者竟然还死守着长城防线数百里之外的锦州,把重兵屯聚到那样一个孤立而又遥远的点上,然后又以倾国之力前去救援,简直愚蠢到了极点。

但是,事实并不是这样简单,那些在科举考试中胜出,经过层层选拔,在激烈的政治斗争中步步高升，最终进入帝国决策层的文官精英绝不可能愚蠢到这种程度。他们应该不是愚蠢，而是贪婪。他们都很聪明，只不过把聪明用错了地方。宁锦防线在政治上是一条利益输送通道，把国家的大部分白银收入输送进贪官的口袋。大部分军饷还没有离开北京就被截流了。它让无数中国老百姓耗尽自己的全部收入和财产，来供养只存在于纸面上的好几万人"军队"。腐败的官僚集团不惜把整个国家送进绝境也要维持它的存在[1]。

明朝的灭亡已经是大势所趋。

十、回光返照：崇祯皇帝的最后努力

等历时两年的松锦之战打完，李自成又拉起几十万的队伍。

崇祯十一年（1638年），他带着18个人逃进大山。崇祯十二年（1639年），清军开始包围锦州。这为李自成东山再起创造了良机。崇祯十三年（1640年）他开始进军河南，只带了不到1000人[2]。这个时候河南就没有能出城打仗的明军。但凡身体健康能拿得动兵器打仗的，都被抽调到宁锦防线救援锦州去了。地方上留下的基本都是老弱病残，能守个城门就不错了。

李自成毫无阻力地随意发展。他很快就拉起几万人的队伍，然后不停地攻打州县，可以说战无不胜、攻无不克。

这次出山，李自成最大的变化就是开始使用知识分子，采取有政治头脑的斗

---

[1] 这种情况并不一定是宁锦防线的创建者孙承宗故意设计的，而是官僚集团腐败的必然结果：只要财政新增一大笔开支，就会形成一个从这笔开支中牟利的利益集团，然后这个利益集团就会拼命维护这笔开支的存在，即使它已经失去存在的意义。

宁锦防线的情况应该就是，刚开始为了抵御后金入侵，搞了这么一个防线，每年征收几百万两银子去建设它。由于官僚集团的腐败，围绕这笔巨款迅速形成一个分赃格局。这笔钱足够大，明末官僚集团也足够腐败。因此，它制造的利益集团的力量也就足够强大，足以左右国家政治决策。即使战争形势已经发生巨大变化，再继续坚守锦州已经失去意义的时候，利益集团仍然继续维持其存在，而拒绝做出调整。

[2] 顾诚：《明末农民战争史》，第七章第一节"李自成起义军挺进河南"。

争策略，正式打出"迎闯王，不纳粮"的口号。每攻打下一个地方，就放开粮仓救济饥民，引得四方流民归附，一年多的时间就发展到几十万人。

崇祯十四年（1641年）正月，李自成率军攻打洛阳。这个时候洪承畴的大军正在松山被围，朝廷的注意力全在宁锦防线，对洛阳被围这种事情全无精力顾及，没有派出任何援军。李自成轻松攻克洛阳，杀万历皇帝的儿子福王朱常洵，还找来几头鹿，与福王的肉一起共煮，名为"福禄宴"。消息传到北京，崇祯皇帝除了痛心疾首以外，没有一点办法。

另外一支起义军——张献忠的队伍，在崇祯十二年（1639年）被熊文灿招降。但其实双方都各怀鬼胎。张献忠是被左良玉和熊文灿打得招架不住才投降，队伍也没有解散，就在襄阳谷城县一带屯田，随时准备反叛；明朝也是因为清军入塞，必须调兵回援，才不得不暂时放弃剿灭张献忠，接受招降。

等清军抢完了走人，内阁大学士、兵部尚书杨嗣昌就跟熊文灿密谋，趁着"边氛暂敛"的时机，抽调大批军队秘密向郧阳、襄阳地区集中，准备以迅雷不及掩耳之势一举歼灭张献忠[①]。

但张献忠早有准备，他通过贿赂买通了熊文灿手下的很多军官，及时获得情报，再次发动叛乱。熊文灿急令左良玉带兵攻打，结果中了张献忠的埋伏，大败而回。

受此事件影响，其他很多接受招降的起义军队伍纷纷重新起义。熊文灿被朝廷撤职问罪。

当年启用熊文灿和制定剿灭、招降、再剿灭策略的都是杨嗣昌，现在他只能自己前往湖北督师，亲自指挥与张献忠的战争。但左良玉拥兵自重，对杨嗣昌并不服气，违反杨嗣昌的命令，自己带着兵去找张献忠报仇。结果这一仗还打赢了，左良玉部一路追杀，杀伤张献忠部1万余人，取得空前的大捷[②]。

胜利的结果就是杨嗣昌再指挥不动左良玉。这样杨嗣昌指挥的其他明军就没

[①] 顾诚：《明末农民战争史》，第六章第二节"张献忠、罗汝才等部再次起义"。
[②] 即崇祯十三年（1640年）二三月左良玉发动的玛瑙山之战以及陕西官军乘胜围追堵截的几次战斗。据顾诚《明末农民战争史》第六章第四节"玛瑙山之战"的统计，张献忠军牺牲人数累计在六七千人。则死伤合计当在万人以上，另有约3000人投降明军。

法跟左良玉形成配合，结果被张献忠抓住机会，从明军的包围圈中跑了出去，从荆州进入四川。

杨嗣昌又赶紧带着军队追进四川。张献忠带着明军在四川兜圈子，出其不意突然杀回湖北，奇袭襄阳。此时湖北空虚，襄阳一攻即下，襄王朱翊铭被活捉。张献忠对他说："我想要杨嗣昌的人头，但是他远在四川。所以借你的人头一用，让杨嗣昌以失陷宗藩的罪名伏法。"于是杀掉了襄王。

杨嗣昌长途奔波，忧劳成疾，在四川已重病不起，得知襄阳失陷、襄王被杀的消息，忧愤而死。

在后金兵入塞之后的大败局中，杨嗣昌算是一个难得的人才。他是三边总制杨鹤的儿子。杨鹤力主招降农民起义军，但招降的钱花完了之后，各路起义军马上就重新造反。杨鹤因此被朝廷判处死刑。杨嗣昌就上书请求代替他父亲受死刑。

崇祯皇帝看到上书以后说：这个杨嗣昌表示愿意替他父亲去死，应该是个忠臣孝子的好苗子。于是崇祯召见杨嗣昌，发现他见解不凡，越谈越对路。此时杨嗣昌已经是河南右参政，从三品的官员，又跟东林党和"阉党"都没有太多瓜葛。崇祯遂决定对他提拔重用，将他升任右佥都御史，巡抚山海关诸处，然后又授兵部右侍郎，总督宣府、大同、山西军务。杨嗣昌在这些职位上都干得不错。

但是崇祯七年（1634年），杨鹤去世了。根据惯例，杨嗣昌必须辞官回家守孝。崇祯想要"夺情"，但自从张居正被清算以后，反对张居正夺情的官员被视为英雄，夺情也就被视为大奸臣、阴谋家的标志，就算皇帝想要夺情，被夺情的大臣也绝对不敢接受。所以在国家危亡的紧急时刻，被皇帝赋予重任的杨嗣昌竟然不得不回家休息两年多，真是荒谬得不可思议。

一转眼两年多过去了，杨嗣昌可以复职了，不料他的母亲又去世了。这下又要再守孝两年多。崇祯皇帝着急了，再次想要夺情。朝廷上那帮文官坚决反对，认为守孝是事关天理人伦的大关节，不守孝就是不孝，不孝的人肯定不忠，不忠不孝的人怎么能当官呢？根据这个逻辑，杨嗣昌绝对不能夺情起复。

正在这个时候，兵部尚书张凤翼死了，职位出现空缺。这个张凤翼是东林党叶向高的门生，王化贞当辽东巡抚不受熊廷弼节制就是他在背后策划的。崇祯九年（1636年），清军入塞打到昌平附近，京师戒严。敌军打到京城一般都要追究兵部尚书的责任。张凤翼非常恐惧，就主动请命出城督师。但他出城以后根本就不敢带兵去跟清军作战，每天在军营里吃喝玩乐。清军到处攻城略地，他知道自己死罪难逃，就服用慢性毒药大黄。这种药不会立刻毒死人，要每天服一点，时间长了才会被毒死，这样就可制造病死的假象，不会被发现其实是畏罪自杀。吃了一个月之后，张凤翼终于如愿以偿地死掉了。

这下崇祯是真急了，什么也不顾了，立刻下令夺情，任命杨嗣昌为兵部尚书。杨嗣昌也顶着文官的轮番弹劾、辱骂上任了，负责全面主持镇压农民起义，没过多久又升任内阁大学士，兼兵部尚书。

杨嗣昌认为，农民起义之所以会发展壮大到如此地步，关键是地方官员各自为阵、互不救援，让起义军可以寻找到足够大的空间在几个省的范围内四处流动作战，难以被歼灭。因此制定了"四正六隅十面张网"的围剿计划，增兵14万，加饷280万两，在西北任用洪承畴，在中原任用熊文灿总督五省军务。结果只用了一年就大获成效，张献忠、罗汝才等农民军在多次惨败后接受招降，李自成在渭南潼关南原遭遇洪承畴、孙传庭的埋伏被击溃。

但这个时候清兵又打进来了，此计划功败垂成。杨嗣昌希望能与清军议和，又遭到包括宣大总督卢象升在内一大批文臣武将的坚决反对。

回顾杨嗣昌从担任兵部尚书到因病去世的过程，其实他做的一系列决策基本是正确的，但是没有用。比如对农民起义军是不是该坚决镇压，不接受招降？当时的局面看起来镇压对明朝更有利，招降靠不住。所以杨嗣昌坚决镇压，但是清兵打进来了，没办法，只能用招降来作为缓兵之计。清兵一走，他就开始准备动手解决张献忠，时机把握得也相当好。但是官僚集团内部腐败，收了钱就敢向张献忠泄露军事机密，这种情况下决策再正确有什么用？

张献忠反叛以后，杨嗣昌又亲自督师。但是武将不听指挥。当时武将带的都是自己的家丁亲兵，撤了他们说不定手下士兵就叛乱了，又是第二个吴桥兵变。指挥也指挥不动，换人也换不掉，这个时候指挥才能再高又能如何？

杨嗣昌又想跟清军议和，但是有袁崇焕为了议和而擅杀毛文龙的恶劣先例，武将和文官之间已经没有了一丝一毫的信任。在武将看来，文官议和就是在卖国，一旦议和，就会像袁崇焕杀毛文龙一样，拿有功将领的人头作为跟清军议和的交换条件，谁跟清军作战最勇敢、战功最高就先杀谁。

这并不是武将疑心重，这是真有可能发生的。一旦议和进入实质性阶段，清军提出这样的要求，文官完全可能会同意。到时候随便找个罪名，比如杀良冒功、纵兵抢掠、贪污军饷、不受节制，等等，抓起来杀了就完了。

杨嗣昌试图跟卢象升[①]解释，但这哪里是言辞沟通所能解决的？两人只说了几句话就不欢而散。

后来，卢象升在与清军的交战中为国捐躯。他个人并不怕死，并没有私心。杨嗣昌其实是在为国家谋划大局，也没有私心，最后也死于征途。

两个没有私心的人，一文一武，掌握重权、重兵，在国家危急的关头，却不能够齐心协力，这是一个悲剧。这个悲剧并不是他们个人的原因造成的，而是一系列历史原因造成的。要打开这个结，仅靠双方坐下来谈一谈、交个心是不行的，需要做的事情太多。需要为毛文龙平反，需要清算东林党，需要打击贪污军饷的腐败集团，需要追究那些没有证据就胡乱上疏给毛文龙扣上各种罪名的官员的责任，需要改革言官弹劾制度，需要改革以文制武的军事体制……把这些事情做了，文武之间才能重新建立起信任，才能齐心协力共赴国难。

但当时哪里有可能去做这些改革。每一项改革都是地动山摇，都会给行政和军事系统带来巨大的冲击，只有在国内外局势比较平稳的前提下才可能推进。

这些改革不推进，军事机密泄露、武将不听指挥各自为阵、文武之间的猜忌等问题就无法得到解决，任何正确的策略都会被消解于无形。

所以，这是一个死局。

处在最终决策者位置上的崇祯皇帝竭尽全力，想要打破这个死局。他每天没日没夜地工作，批阅奏章，召见大臣，以至于有一天崇祯去看望其庶祖母刘太妃

[①] 卢象升是进士出身，身份上属于文官。但在带兵之前是知府，是级别较低的地方官，没有进入文官精英阶层。他是因为自己募兵镇压农民起义有功，才被逐步提拔上来的，走的是以军功升职的道路，一直都在直接带兵打仗。他带的兵被称为"天雄兵"，是他创建训练的，个人印迹明显，因此其利益和思维角度更接近武将而非文官。

时，坐下不久就开始打瞌睡，竟然睡着了。他一觉醒来感到有失体统，忙向刘太妃道歉说："神祖（万历皇帝）时海内少事，而今则多灾多难。连着两昼夜看文书奏章，未尝合一下眼。心里烦闷，不思茶饭。没想到在太妃面前，竟如此不能自持。"[1]刘太妃听了，忍不住泣下。

崇祯皇帝生活简朴，完全顾不上吃穿，也不好色，时间、精力几乎用在处理政务上。江南名妓陈圆圆，被权贵人家带入北京，想要进献给皇帝。崇祯就说，现在国家这么多困难，文臣武将无不尽心竭力为国辛劳，我还招纳什么美女名妓？因此拒绝。

崇祯这么废寝忘食地工作，应该说还是取得一些成效，发掘出一批比较忠诚能干的文臣武将。崇祯三年（1630年）六月，他在内阁里面逐步斥退东林党势力，任用温体仁担任内阁首辅。温体仁为官清廉，从不结党营私，上台以后开始有步骤地打击朝中的东林党势力。

东林党先是诬告温体仁收受贿赂，抢夺他人家产，但是没有找到证据。又改口说温体仁人品低劣，之所以不贪污是因为得罪人太多怕被报复，做样子给皇帝看的，说他除了整人外啥都不会干。

其实当时内阁首辅最需要的能力就是要会整人，只有能整人，才能肃清党争乱象，恢复中央权威，让行政体系正常运转，地方上的税赋、粮食才能征收起来，让军队有钱有粮去打仗。这方面，温体仁干得不错。

随后，崇祯又提拔了杨嗣昌，由他来制定军事战略。而带兵打仗的将领，陕西有洪承畴和孙传庭、山西有卢象升、中原五省有熊文灿和左良玉，这些都是能征善战的人物，靠实打实的战功升上来的。一时间，明朝要钱有钱，要人才有人才，军事战略也制定得当。所以才有了基本消灭李自成部、迫使张献忠部投降的胜利。国家又显露出转危为安的势头。

但这终究只是表面好转，深层次的问题无一得到解决。很快，东林党密谋，让崇祯对温体仁产生怀疑，温体仁被迫辞职，朝政再度陷入混乱；然后清军入塞，杨嗣昌与卢象升在议和问题上矛盾激化，卢象升战死；剿灭张献忠的机密泄

---

[1] 顾诚：《明末农民战争史》，第七章第二节"李自成起义军攻克洛阳"。

露，熊文灿撤职查问；杨嗣昌亲自督师，与左良玉发生冲突，围剿失利；清军围攻锦州，洪承畴带兵救援，全军覆没；李自成东山再起，轻取洛阳；张献忠千里奇袭，失陷宗藩。杨嗣昌死，洪承畴降。大好局面很快灰飞烟灭。

十一、明朝灭亡：崇祯皇帝最后的日子

在明朝灭亡的最后关头，东林党又抓住机会"众正盈朝"了一下。温体仁下台以后，崇祯皇帝还是继续任用了几个跟温体仁关系比较密切的官员来当内阁首辅。但这些人身上有污点，又没有温体仁的本事，镇不住党争，干不成事，都很快被东林党搞掉。

到了崇祯十四年（1641年），内阁首辅薛国观因为收受贿赂案发而被处死。此案让崇祯对温体仁一派的态度发生比较大的转变，东林党便趁机推举自己人进入内阁。

当时东林党相中的候选人是周延儒。周延儒并不是东林党人，但他是温体仁的政敌，之前当过内阁首辅，被温体仁挤下去了。东林党内部找不出够资历、能够让皇帝接受的人选出来，因此和周延儒达成政治交易，推举他上台。

当时有一个叫复社的政治组织，成立于崇祯二年（1629年），主要由翰林、生员组成，可以视为东林党中的书呆子派，观点比普通东林党人更加激进。复社领袖是翰林院庶吉士张溥（《五人墓碑记》的作者），正好是周延儒的门生。为了让老师入阁，张溥就找到复社中的另外五个骨干成员，每个人出1万两银子，共计6万两银子，交给礼部侍郎吴昌时去打点关系。

经过一番运作，周延儒果然获得首辅的职位。这并不是说首辅的位置花6万两银子就能搞定，这只是在资历背景合格、有政治势力支持的前提下，打点关系获得会推资格的钱。这个事情验证了笔者在前面引用过的黄尊素的说法："大拜之事，相传必用间金数万。"

能够参与内阁首辅会推的，是帝国顶级的那么几个高官。在国家危在旦夕的时刻，这些早就富得流油的大官，竟然还在大收黑钱，出售帝国首辅这种关键职

位，真是丧心病狂。

周延儒上台以后，立刻就开始大力卖官，由他的幕僚董廷献出面收钱，巡抚、总兵等职位全都明码标价；然后又任命自己的门生范志完担任蓟辽督师，此人除了贪污军饷以外什么都不会干。作为交易，复社那边为他跑官打点关系的吴昌时掌握了票拟权，内阁负责处理的奏章都会先交给吴昌时看并提出处理意见，再行票拟。吴昌时也趁机专擅权势，纳贿徇私。

周延儒上台之前，张溥交给他一张名单，上面都是东林—复社的政治死敌，要求他按照名单来杀人。不过张溥很快就病死了，此事并没有落实。但周延儒的施政方针仍然体现东林—复社的特点，主要就是进一步减免各种赋税，然后起复大量被温体仁整下去的官员。一时间"言路大开""众正盈朝"的局面又开始出现了——其实就是言官围绕党争打嘴仗、东林党开始大量占据朝廷要职的意思。

崇祯十五年（1642年）十一月，清军又来了，从蓟门镇的防区墙子岭入塞。蓟辽督师范志完不敢有任何动作。清军直入山东，攻陷北方大运河上的商贸中心城市临清，杀80万人[①]，一路上纵横千里，南下都打到淮河了，最东边打到山东半岛的顶端，连克三府、18州、67县[②]，所向披靡，如入无人之境，没有明军敢与之交战。

[①] 明末临清为运河枢纽，人口近百万。《总监各路太监高起潜题本》中说："总计临城周匝逾三十里，而一城之中，无论南北货财，即绅士商民，近百万口"（中研院史语所：《明清史料甲编》，北京图书馆出版社2008年影印本，第10本第九二三页）；《兵部行〈兵科抄出察办剿房事务吴履中题〉稿》中叙述崇祯十五年闰十一月十二山东临清被破后的情形，说："生员存者三十八人，三行商人存者席明源、汤印、汪有全共七人，大约临民十分推之，有者未足一分"（中研院史语所：《明清史料乙编》，北京图书馆出版社2008年影印本，第4本第四七九页）。临清死难人口超过百分之九十，当在80万以上。

[②] 周汝昌：《红楼梦新证》，第七章"史事稽年"："五月，金奉命大将军多罗贝勒阿巴泰、内大臣图尔格等奏：军入明境，直抵兖州府，杀明鲁王及乐陵等五郡王及宗室千人，克三府十八州六十七县共八十八城，归降者六城，破明军二十九处……共俘人畜九十二万三百。分大兵一半过山东莱州、登州府，直抵宁海州及海州；一半渡黄河回至莒州、沂州，复分兵两翼：左翼大兵沿青州府、德州、沧州、天津卫。"

周延儒惊慌失措，找来僧道上百人，在北京城中日夜作法，颂《法华经》七卷，祈祷清军早日离开。

对于清兵南下洗劫山东之事，崇祯皇帝并不知晓，消息都被官僚集团捂得严严实实的。等到清军暴掠一通，俘获人口36万余，牲畜55万头，金银数百万两，以及众多财物，开始浩浩荡荡北返，路过河北涿鹿等地的时候，崇祯才接到报告。他非常愤怒，命令周延儒亲自督师出战，断敌归路，务必全歼。

这个时候确实是袭击清军的最佳时机，因为他们长途奔袭，疲劳不堪，又携带沉重的金银等财物，押送着几十万人口和牲畜，战斗力必然大幅度下降。这个时候袭击清军，就算不能大获全胜，但斩杀一些首级、抢回一部分人口和财物应该不成问题。当时从天津调往山西代州当总兵的周遇吉，走到半路得知清军离他不远，立刻带数千兵马返回突袭，大战三天三夜，杀伤清军数千人，创造了明清交战史上罕见的明军以少胜多的战例。

但周延儒如何敢真的去跟清军作战？他跑到通州城里住下，每天就和幕僚、随从、统兵将领在城中饮酒作乐，好像根本没有要打仗的任务一样。

每天下午，督师衙门开门办公、收受公文，然后早晚两次向宫中飞报"大捷"[①]。

就这样，清军不紧不慢地又从蓟门镇返回长城以北。

崇祯皇帝刚开始收到周延儒的"捷报"，还很高兴，下旨大力表彰他。但是毕竟还有锦衣卫和太监的报告，崇祯很快就知道了真相，下令把周延儒逮捕下狱。周延儒在狱中请罪戍边，看起来他还认为自己死不了。

但是墙倒众人推。很快，他利用董廷献卖官鬻爵的事情被告发，范志完在蓟辽督师任上贪污军饷、纵兵淫掠等罪行也被捅了出来，吴昌时为周延儒代办票拟的事情也很快就曝光了。还调查出来一个大案，就是最近一次的南京乡试，完全由吴昌时替周延儒经办，只手遮天，上榜的除了周延儒、吴昌时的亲戚故旧外，就是交纳巨额贿赂的人。周延儒的弟弟、儿子一起上榜，录取者中间竟然还有不识字的。

[①] 樊树志：《晚明史》（下），复旦大学出版社2003年版，第951页。

最后，周延儒、吴昌时、董廷献、范志完都被判处死刑①。

但这个时候做什么都晚了。明军在松山精锐尽失以后，农民起义军和明军的实力对比已经发生根本性的逆转。孙传庭在陕西新练了几万人的兵，这些新兵都没有见过打仗是什么样，崇祯十六年（1643年）八月出潼关与李自成大军交战，被李自成派轻骑兵切断粮道，明军很快就陷入恐慌，开始崩溃逃窜。孙传庭带几千残兵逃入潼关据守，又被李自成攻克，孙传庭战死。

这样，在整个中国北方地区，除了守城的老弱以外，基本已经没有可以出战的明军了。

崇祯十七年（1644年）一月，李自成在西安称帝，建国号为"大顺"，然后立即开始向北京进军。

当时明朝中央政府的财政已经彻底崩溃，再拿不出钱来招募新的军队了。崇祯异想天开，想了一个歪招，派内阁大学士李建泰去督师山西。因为李建泰家里是山西巨富，他去督师，虽然没有钱粮，但因为那是在保护他们家的财产，他应该也愿意掏钱。李建泰也信誓旦旦，要倾尽家资来养兵，与叛军决一死战。

正月二十六，崇祯皇帝举办盛大的仪式送李建泰出城督师，还给了他1500名京营的士兵，赐尚方宝剑，亲手写了"代朕亲征"四个字给他。

但李建泰一离开北京，就立刻陷入举步维艰的境地。地方官员都害怕他来索要粮饷，以致堂堂内阁辅臣代皇帝督师，竟然连县城都进不去，必须发兵攻打，好像进入敌国。

没过多久，李建泰就跟朝廷失去联络。崇祯皇帝责问兵部尚书张缙彦为什么不上报李建泰的最新消息。张缙彦告诉他，现在朝廷连派骑兵外出侦察的钱都拿

---

① 崇祯一朝，诛戮大臣甚多。内阁首辅多有被杀的，兵部尚书这个位置除杨嗣昌外几乎全都不得善终。后来东林党就把他描写成猜忌多疑、残忍好杀的君主。
《大明律》中其中有两条死罪很有代表性，一条是地方官"激变良民，斩"，一条是军事将领"丢失城寨，斩"。崇祯后期到处都是农民起义，城池失陷不计其数，根据法律，出现这种事情地方官和守将就是死罪；长城防线被突破、北京被包围，兵部尚书就是死罪。这些都是法律规定的，并不是崇祯想杀人就能随意杀人的。有些事情不全是地方官和守将的责任，主要是大形势造成的，我们可以说崇祯在机械地执法，有些人被杀错了，但并非因为崇祯残忍猜忌多疑而胡乱杀人。

不出来了，只能被动地等待李建泰派人送信。

其实李建泰根本没打算为朝廷尽忠，不过想带兵回老家保卫财产而已。走了没多久，听说老家曲沃已经被大顺军攻占，也就放弃了抵抗，投降大顺。

大顺军一路基本没有遇到太多阻碍，大部分地区都闻风投降，偶尔有据城顽抗的，也不过能守卫个两三天而已。

只有山西代州总兵周遇吉凭城固守，坚持了十多天，然后又退守宁武关。周遇吉悉力拒守，最后火药用尽，开门力战而死。夫人刘氏率妇女20余人登屋而射，全被烧死。

这一仗打得非常惨烈，李自成克宁武关，前后死将士7万余人，伤亡惨重。李自成甚至产生了带兵返回陕西的念头，这一仗就死7万多人，他手下这二三十万人的兵马，也经不起这样打几仗。

但宁武关之战以后，李自成就一路顺风顺水了，于三月十五左右抵达北京城下，开始攻城。

在北京城内，崇祯皇帝为挽救江山社稷做了最后的努力。崇祯一直省吃俭用，节衣缩食，宫女不够用了，也不敢扩招，他甚至把宫里的金银器皿、大殿里的铜壶都当掉了，充作军饷。史料记载，崇祯还把宫里储存的人参等物品变卖了。此时财政已经完全枯竭，皇帝内帑也已经没钱了。

他放下皇帝之尊，去哀求亲戚和大臣捐款，给防守北京城的士兵发军饷。结果皇亲国戚一毛不拔，满朝文武装疯卖傻。

崇祯的意思是"以三万为上等"，但大臣勋贵中没有一笔达到此数，内阁首辅魏藻德只捐了500两，其他官员大多数"不过几百几十而已"，纯属敷衍。内阁大学士陈演坚持自己是清官，一分钱也拿不出来。更多的权贵在哭穷、耍赖、逃避，一时间什么奇葩事都出来了：有的把自家锅碗瓢盆拿到大街上练摊，有的在豪宅门上贴出"此房急售"……反而是太监捐得比较多，太监王永化、曹化淳、王德化各捐了5万两银子。

崇祯想让自己的岳父周奎带个头。他知道周奎有钱，派太监徐高上门拜访周奎，希望他能捐10万两银子。周奎一听，马上哭得死去活来的，说："老臣安得多金?"他还试图把自己包装成一个勤俭节约的清廉官员,说家里穷得只能买发霉的米吃,他只肯捐1万两。

崇祯听到徐高回复,很郁闷,也不好逼周奎太甚,但1万两实在太少了,怎么做榜样呢?于是把数额从10万两变成2万两。周奎眼看糊弄不过去了,就进宫去找女儿周皇后求援。周皇后深明大义,要求父亲也要深明大义,作出表率。她拿出5000两银子给父亲作为帮助。周奎又干了一件奇葩的事:他把女儿给的银子克扣了2000两,最后总计捐出1.3万两[①]。

官员权贵知道改朝换代已不可避免,都在积极准备着如何投靠取悦新主子,一份开城迎接大顺皇帝的名单安排已经在大臣中间秘密流传。

三月十九清晨,兵部尚书张缙彦主动打开正阳门,迎接大顺军入城,北京陷落。

中午,李自成由太监王德化引导,从德胜门入,经承天门步入内殿。此时崇祯带着太监王承恩上煤山瞭望,大臣皆已逃散,只有几个太监还陪在他身边。

崇祯见山下四处都是乱兵,知道自己已无路可逃,在一棵树上自缢身亡。太监王承恩也陪他一同上吊。

在最后的日子里,崇祯多次自言自语:"大明江山,奈何亡于朕手?"有个以前服侍过天启皇帝的太监在一旁听了,感叹道:"忠贤若在,时事必不至此!"崇祯听后无言,悄悄地派太监到西山碧云寺为魏忠贤立了一个衣冠冢,以示纪念。

崇祯最后一次上早朝,大臣并没有讨论如何守城,还在争论应该用谁贬谁。有人说"冯铨当起",有人说"杨维垣当用",还有人说"封刘泽清为东安伯",等等。崇祯看着手下那些人,一句话也没有说,只是提笔在桌子上写了几个字,让身边的太监王之心看,看了之后随即抹去。这句话是:

"文臣个个可杀。"

[①] 樊树志:《晚明史》(下),复旦大学出版社2003年版,第999页。又见《明朝灭亡前满朝文武个个争做"影帝"》,载《学习时报》。

十二、清军入关：无可挽回的改朝换代

李自成进北京以后，大臣纷纷跑去求官，希望在新朝能够再次得到重用，但遭到冷漠的对待。大顺军开始大规模追赃，把京城里的权贵官僚都抓起来严刑拷打，逼迫他们交出金银财宝。

起义军追赃并不是从进北京以后才开始的。之前他们每攻占一个地方，都会把当地的贪官污吏、缙绅豪强抄家，将其财产没收。这是一种战略性的后勤补给方法。正是因为他们能够强力地没收地方官员和豪强的财产，才能够打出"迎闯王，不纳粮"的旗号。起义军可以依靠打击豪强来获得足够的军费粮饷，不需要再从老百姓手中征税，因此不管打到哪里都会受到当地老百姓的热烈欢迎。

反之，负责剿灭起义军的官兵，处境就很糟糕。由于朝廷财政收入极为困难，他们能够拿到的饷银很少；地方政府征收赋税的压力也很大，满足不了过往军队的粮饷物资需求。这种情况下，明军要想打仗，只有一个办法，就是纵兵劫掠。吴桥兵变之前孔有德手下的士兵出去偷鸡就是这种做法。

有很多文献记载了明末军队纪律溃散，到处祸害老百姓的事情。对有些军事将领来说，这也是没办法的事情。因为政府没有发够粮饷，又要让士兵出去打仗，这怎么行？所以并不敢认真管束军队，只能让他们到处抢掠。他们跟农民起义军的区别就是，不太敢去动当地的官员和豪强，因为这些人往上面告状，将领就可能受到责罚。所以士兵只能去抢劫那些普通人家。像左良玉的军队，每到一个城市，就窜入民居中居住，一时间家家户户都住着兵。这些兵在人家里，要吃要喝，抢粮抢钱，甚至奸污杀人等事情也时有发生。

两相对比，就可以看出来起义军和官兵的阶级属性了。起义军以打击贪官豪强为生，免征老百姓的钱粮，当然符合底层百姓的利益；官兵不敢动贪官豪强，因为政权掌握在这些人手中，他们就只敢抢普通百姓，就是一支代表了贪官豪强

利益的军队，带有一种赤裸裸的阶级属性。

那么，从经济基础来看，如果贪官豪强已经榨干了老百姓的财富，社会财富绝大部分都集中到统治阶层手中，起义军的做法就能够很轻松地获得大量补给。而官兵要想取得补给就很困难：老百姓早就没钱了，把他们杀了也拿不出钱粮来，真正有钱有粮的大户人家又不敢动。

出现这种局面，胜负之势就可以基本确立了：起义军越打越有钱，可以养更多的兵，日渐壮大；官兵则越打越穷，不停发生溃逃和兵变，日渐萎缩。改朝换代就成了必然趋势。

大顺军追赃之后，那个捐了500两银子的首辅魏藻德拿出数万两银子，一毛不拔的大学士陈演也被迫捐献了4万两银子；国丈周奎则被彻底抄家，抄出来53万两银子。

最后，大顺军从北京总共追赃7000万两白银。

这并不是京城权贵的全部财富，因为进城之后20天，四月初八，李自成就下令停止追赃，对明廷官僚，不论是否已交足所派金额，一律释放。这样做一方面是觉得钱已经够多了，一方面也是不想跟这些权贵彻底闹翻，毕竟需要做的事情还很多。

进入北京以后，李自成立即派人带着礼物和亲笔信前往山海关招降关宁军，许诺投降以后给吴三桂封侯。派去的人是刚投降的前居庸关守将唐通。之所以派他去，可能是唐、吴二人有私交，唐通可以现身说法告诉吴三桂大顺军对降将的态度。

吴三桂果然马上就投降了，把山海关防务交给唐通，自己带着关宁军前往北京朝觐李自成。但是走到半路，不好的消息不断传来，他听说爱妾陈圆圆被李自成手下大将刘宗敏占为己有，他们家在北京的财产也被充公，还听说了诸多关于大顺军在北京以及其他地方大力追赃、打击贪官豪强的事情。

吴三桂慢慢改变了态度。他们父子二人贪污的军饷应该是不少，朝中大臣与他们的关系也很密切，现在这些人都遭到清算逼赃，自己又是最后投降的，并无多大功劳，将来被秋后算账的可能性很大。

最后，吴三桂改变了主意，带兵杀回山海关，重新夺取山海关，同时派人向清军投降，表示愿意献关。

　　清朝这边，皇太极已经死了，他的儿子福临继位，多尔衮摄政，掌握实际权力。多尔衮刚一得知李自成攻下北京的消息，就亲自带领满洲兵和蒙古兵的三分之二以及全部汉军出征，准备从喜峰口入塞，进攻北京，与李自成争夺天下。

　　清军走到半路，收到吴三桂的投降信。多尔衮大喜，立即命令大军改变方向，从山海关入关。

　　此时李自成已经派刘宗敏带了五六万大军前来攻打山海关[①]。吴三桂带兵出战，经过一天一夜的厮杀，关宁军逐渐败退。这个时候隐藏在山海关后的清军突然大举冲入，大顺军完全无法抵御，死伤极为惨重，大将刘宗敏也负伤，只能逃回北京。

　　得知大顺军兵败的消息，很多新投降大顺的地方纷纷反叛，杀死大顺军派来的官员，投降清军。

　　清军趁势追击。李自成在京城内仓促举办了皇帝登基大典后，带兵撤往陕西，想要依靠潼关据守。但清军调来红夷大炮，昔日"一夫当关，万夫莫开"的天险很快就被轰塌，潼关失守。李自成放弃西安，逃往湖北一带。

　　吴三桂因为投降清军、献出山海关而被视为大汉奸。他当然是汉奸，不过献出山海关这个事对明清换代的影响可能没有那么大。在吴三桂降清之前，清军就已经抽调了它能动员的最大兵力，倾国而出，准备从蓟门镇入塞去跟大顺军进行战略决战。从山海关入关肯定是要方便一些，而且关宁军也帮忙消耗了一部分大顺军的实力。但这并非问题的关键。

　　清朝一直在有意识地利用农民起义军来掏空明朝。一遇到农民起义军陷入低

[①] 大顺军出征山海关的兵马数各书记载相距甚大，难有确证。查继佐《罪惟录》卷三十一，《孤臣纪哭》云"兵六万"；《明史》流贼列传称率兵20万；清人《吴三桂纪略》记"发兵十万，号三十万"；钱士馨《甲申传信录》说10余万。彭孙贻《流寇志》说"自成合兵十余万攻之"。《清实录》中认为李自成军有"二十余万"。商鸿逵《明清之际山海关战役的真相考察》(《历史研究》1978年第5期）认为，大顺军东征部队不超过6万人。这里采用商鸿逵的结论。

潮，清军就大举入塞，间接救援起义军。明军的精锐也基本都是被清军帮忙消灭的。比如孙传庭本来自己带出一支队伍号称"秦兵"，把李自成杀得毫无还手之力。但没过多久秦兵就被洪承畴带到宁远全军覆没了。孙传庭再次出山，重新招募士兵训练，结果一败涂地。

这种情况下，李自成的农民起义军其实可以算是"温室中长大的花朵"，在清军的"精心呵护"下发展壮大，胜利对他们来说还是太容易。而相较于统一中国这个有高难度的任务来说，他们经历的艰难困苦还是太少。

李自成第二次出山，带着几百人在河南发展，很快就发展出来十几万的大军。看上去很厉害，其实关键在于明军的生力军都在松锦大战中被清军消灭了，没有像样的军队来跟他打。从陕西打到北京也是一路凯歌。在宁武关，周遇吉带着几千人拼死防守，李自成亲自带着几十万人去攻打，阵亡7万人才把宁武打下来。这种战斗力遇到清军铁骑是不堪一击的。

李自成刚一打下北京，清军就举国来战，这个时机把握得非常好——让中国分裂为南北两个部分再去打，比合在一起时要容易征服得多。江南地区是中国的经济中心，是明朝税赋的大头，而北部中国早就被清军入塞和农民战争掏空了。没有南方的支持，大顺军基本不可能对抗清军。而且李自成在北京立足未稳，清军一旦进攻北京，周围的明军不仅不会来救援，还会趁机叛乱。

清军在山海关击败大顺军以后，大顺军就一溃千里，毫无还手之力。有人认为这是因为大顺军进北京以后腐化堕落所致。这种说法没有道理。大顺军进北京以后军纪相当好，只是对权贵进行拷打追赃，很少有侵犯普通百姓的记录。而且从进京到开往山海关只有一个月，腐化堕落也不可能堕落得这么快。真实原因是他们进北京之前战斗力就比较差，改变流寇作战的方式在陕西建立根据地才一年，尚不能称为一支正规军。

清朝的军队战斗力很强，但仍然在尽最大努力，以最小的损失换来最大的胜利。他们对李自成等农民起义军一再出手相救，让起义军四处流动作战摧毁明朝根基，等着起义军打下北京再来捡便宜。

从这个角度来分析，明朝如果没有在野战中打败清军的能力，要想跟清军议和，在任何时候都是不可能的。清军将领不会笨到让明朝歇口气去专心镇压农民起义。和谈只是一种骗钱骗粮、让明朝决策层内部分裂的手段，真要达成和议，收到钱之后第二天就毁约也正常。因此也就不存在明廷内部的主和派和主战派谁能拯救明朝的问题。

清军正在和大顺军争夺北方的时候，南京的明朝留守政府，已经拥立福王朱由崧为新的皇帝。南明政权的官员对清军入关非常高兴，认为这是在帮助他们平定乱贼。他们制定了"联虏平寇"的战略，派人去跟清军联络，共同消灭大顺军。多尔衮没有理睬他们，占领陕西以后，立刻就挥师南下，兵锋直指南京。

在这个危急关头，南明这边竟然又闹出一件大祸事出来：在湖北的左良玉宣布福王朱由崧不是合法的皇帝，自己奉"崇祯太子"的密诏，带兵到南京擒王。

这个事情是东林党的杰作。他们本来坚决反对拥立福王朱由崧，因为他们在万历年间"争国本"事件中得罪过朱由崧的父亲朱常洵以及他奶奶郑贵妃。但是朱由崧还是成功即位了。为了反对朱由崧，东林党就拿出看家本领：造谣。

他们先说福王朱由崧是假冒的，洛阳城破的时候已经死了，这个新福王来路不明。又说福王府中有一个王妃南下，朱由崧不敢相见，只是把她关进宫中，就是怕被认出来，而且朱由崧荒淫无耻，每天都热衷于让大臣进献童女和春药，不理朝政，把权力都交给"阉党余孽"，等等。

这时候，一个自称是"崇祯太子"的少年出现了，说自己在北京城破以后东躲西藏，辗转来到南京。对于这个少年的身份，民间的传言也是一浪高过一浪。

其实，朱由崧的身份是毋庸置疑的。洛阳城破他逃出来的时候，还有王府200多名官员、侍从跟他一起跑出来，有长史、承奉、典膳等，还有福王妃费氏的兄弟等五人。他们找到河南巡抚，经河南巡抚核实然后报告中央找地方安置。一个人可能假冒，200多名王府官吏是没法假冒的。至于"崇祯太子"，那才是孤身一人突然出现在南京的。南明政府找了几个之前给太子当过讲官的人看过，都认为是冒充的。不过朱由崧没有杀他，而是软禁在宫中。

关于朱由崧荒淫等传言，也都是假的。比如炼春药这种事，不过是朱由崧端阳节带着宫人去抓蟾蜍，这是当时的风俗。因为据说蟾蜍是炼春药的原料，就产生这样的谣言，还有人给朱由崧起了个外号，叫"蛤蟆天子"。

真实的朱由崧是一个很有魄力的皇帝，上台不久就下令重新刻印魏忠贤编的《三朝要典》，并启用身列崇祯"阉党逆案"的阮大铖。同时，对反对他即位的东林党名士，朱由崧仍然加以任用，让东林党领袖钱谦益当了礼部尚书，没有搞党派清洗。他对大臣说："潞王（朱常淓）是我的叔叔，贤明可立。你们有人想要拥立他当皇帝也是情理之中。"力图避免党争，维持政局稳定，大家齐心协力一起挽救危局。

但东林党显然不领这个情。《三朝要典》就是魏忠贤揭露他们在"梃击案""红丸案""移宫案"当中干过坏事的历史记录，魏忠贤一死，东林党就把它禁毁了。重印《三朝要典》就意味着可能给魏忠贤翻案，这是东林党绝对不能接受的。于是谣言四起，在江南的老百姓、官员、士兵中间都产生很糟糕的影响。大家一看：国家都这样了，皇帝还在奸淫童女炼春药，还是个冒充的，谁还愿意为你卖命？军心民心因此溃散。清军南下之际，很多将领纷纷不战而降。

远在襄阳的左良玉也听说了这些谣言。这个时候正好李自成被清军赶出陕西南下，要来打襄阳。左良玉不想跟李自成硬碰硬，于是声称自己取得"崇祯太子"的密诏进南京勤王。这个密诏他给沿途的地方官员看过，是真实存在的，只是不知道是他自己伪造的，还是南京方面有人在捣鬼。反正这给了左良玉借口，离开襄阳向南京进军。

消息传到南京，朝廷一片恐慌。不得不将防备清军的兵力拿出一部分去打左良玉。在这种混乱的形势中，清军已经打到扬州。

扬州城墙高大，在冷兵器时代很难攻克。但清军调来红夷大炮，对准城墙轰了一天，于1645年四月二十五晚把城墙轰塌，扬州城陷落；四月二十六，在此督师的兵部尚书史可法战死。清军占领扬州以后，清军统帅多铎以不听招降为由，下令屠杀扬州百姓。屠杀延续了十天，死亡逾80万人，史称"扬州十日"。

扬州沦陷以后，南京也就失去屏障。朱由崧出逃，南明政权的大臣集体投降。此时距离崇祯皇帝上吊也就一年零一个月。没过多久，朱由崧被清军抓住，押赴北京处死。

至此，清朝统一中国的大局已定，明清换代基本完成。

对这一过程，有个人预料得很准，他说：

"唯恐东江破（东江镇被消灭），属国叛（朝鲜投降），而逆虏长驱（后金围攻北京）"，"其捷径尤在喜峰口（第一次入塞处）、一片石、潘家口、墙子岭（第四次入塞处）等处"；"又恐关门指日动胡笳之咽（清军入关），而登（登州）、津（天津）、淮（淮河）、扬（扬州）不久成饮马之窟矣（清军南下，'扬州十日'——笔者注）！"

这个人叫毛文龙。可惜，他已经死了很久了。

第十章　千古兴亡

一、东南豪强：明朝灭亡的深层次动力

现在来总结一下，明朝灭亡的深层次原因。

笔者前面讲了那么多，大家也都看出来了，明朝实亡于东林党。那这个东林党到底是个什么组织？它为什么能够在明末掌握实权，左右国家命运？

关于东林党，现在主流观点认为他们的特点有两个，一个是"清流"，一个是反对征收商税。

所谓"清流"，就是清高的知识分子。前文已经有无数实例可以证明这种说法是假的。所谓清高不过是他们装出来的。伪君子、假清高更适合他们：人前装清高，背后收黑钱；自己装清高，家人、亲戚、亲信收黑钱；在朝廷里装清高，在老家大肆兼并土地和产业。下笔全是家国情怀，干事全为一己之私。投降了清朝还要篡改历史来给自己脸上贴金。

而第二条反对征收商税，就不是一个真或假能说得清楚的了。

东林党确实反对征收商税。由于税收严重不足，明朝一方面不得不把税负压到农民头上，乃至激起农民起义；另一方面拖欠军饷，导致兵变，最后明朝就灭

亡在这上面。所以很多人就因为这一条骂东林党是亡国祸根。

这样谴责东林党基本上没有问题。但是，如果只看到东林党主张不征商税，就会掉进一个自己给自己挖的坑里面，得出一个结论，东林党是代表江南新兴工商业资产阶级的政治团体。

承认了这一点，就等于承认东林党代表了历史发展的方向。那么他们党争、贪污、伪君子、误国等行为，就都显得没有那么重要了。当时正是全世界从农业文明向工业文明过渡的时代，如果东林党真的代表历史潮流，那么跟中国走向近代化这个大主题比起来，贪污算什么，虚伪算什么？甚至明朝灭亡算什么？

其实，东林党主张减免商业税这一条，并不是东林党经济主张的正确表述方式，有点以偏概全。

东林党除了主张减免商税外，还有一条主张：恢复海禁。

要说主张减免商税能代表工商业的利益，还说得过去，主张加强海禁难道能够代表工商业阶级的利益，代表历史发展的方向吗？显然是错误的。恢复海禁是逆历史潮流而动，不利于中国东南沿海发展工商业经济。

嘉靖末年取得对倭寇战争的最终胜利以后，东南沿海就出现一片太平的景象。这种情况下，隆庆皇帝刚登基就宣布放开海禁，在福建月港这个地方开收海关税，允许海上自由贸易。到了万历皇帝时，干脆派太监去那里收税，每年能收几十万两的海关银。

但是崇祯皇帝一上台，东林党"众正盈朝"之后，马上就以海盗问题严重为理由让皇帝在崇祯元年（1628年）三月恢复了海禁。这笔财政收入瞬间就没了。

"恢复海禁"这个事情对什么人有利呢？很显然，对沿海的官僚和豪强有利，对普通商人不利。因为放开海禁，大家只要正常缴纳海关税，都可以平等地出海贸易；但是恢复海禁，普通商人就不能出海贸易了。在海禁条件下，谁还敢出海贸易呢？就是有特权的地方官僚，他们掌握着执法权，想让谁出海就让谁出海。这个时候对外贸易就成了由地方官僚掌握的一种特许经营权，只有官僚世家或者跟他们关系密切的豪强、富商才能有这种权力，其他人想要出海就是违法犯罪①。

最后的结果就是：中央政府和普通工商业阶层利益受损，夹在中间掌握了海禁执行权的官僚得利。

从这个角度来一看，东林党其实主要还是代表了官僚集团的利益，而不是工商业阶级的利益。

对于所谓的减免商税，仔细分析起来也有问题。商税的概念比较广，其实海关税也可以算在商税里边的。取消海关税不代表工商业阶级的利益，这点笔者在前面说了。

此外还有一个大头：盐税。

东林党主张大力减免盐税，这也不代表普通工商业阶层的利益。因为食盐是国家特许经营的，能够获得食盐特许经营权的都是跟官府关系密切的大富商，依靠盐业的垄断牟取暴利。

还有茶叶税。这个跟盐税是一样的，茶叶在明朝也是政府特许经营的，只是标准要宽很多，税率跟盐税比起来也要低很多。但它仍然需要从官府那里取得特许经营权，大的茶叶经销商也是必须依靠政府关系。魏忠贤在的时候，浙江每年的茶税收入可以达到2万两银子，东林党上台后废除税监，浙江一年的茶叶税税收立刻下降到了17两银子，基本相当于被废除了。

把海关税、盐税、茶税扣除之后，剩下的是钞关税。这是比较标准的商税。就是商品在全国各地贩运的过程中，在各个钞关路过的时候收的税。但它在整个广义的商税中占的比例一直都不是很高，明显少于海关税和盐税。东林党认为，钞关税也应该降低。这可以让工商业阶级真正受益，但同时可以让与官僚集团结合的富商受益，因为他们也会经营这些普通货物。

所以，东林党的减税主张真正跟普通工商业阶级（或者新兴资产阶级）利益重合的部分，其实只有钞关税这一个方面，而且是顺带的。魏忠贤被干掉以后，

---

① 明朝浙江文人王文禄记录说："闽广隶浙沿海大造楼舡，公行货贩，仕宦豪右为之聚薮"；陆容也说："近日之利，皆势力之家专之，贫民不过得受其雇之直耳。"转引自张印栋：《明代中期的官绅地主》，载《顾诚先生纪念暨明清史研究文集》，中州古籍出版社2005年版。

他们直接把每年几十万两的海关税减没了,又把辽饷中每年54万两的盐税减了33万两,每年20万两的钞关税减少了10万两[①]。不能因为减少了这10万两钞关税,就认为东林党代表普通工商业阶层,因为减免的大头不在这上面。他们在朝廷上喊得震天响,要求国家维护商业繁荣,但是背后干着维护东南官僚集团利益的勾当。

等东林党下台,温体仁上台,立刻大幅度增加了国家财政收入。对比崇祯四年(1631年)户部预算案和东林党执政的崇祯二年(1629年)的预算案,钞关税从20万两增加到27万两,盐税从30万两增加到93万两[②]。所以反东林党的人物上台,商税中增加的最多也不是钞关税,而是盐税。即使按照比例来计算也是一样:钞关税增加了35%,而盐税增加了210%。

所以,东林党和非东林党在商税问题上斗争的重点,不在普通商品税上,而是在那些需要政府特许授权的收入上面,特别是盐税。东林党上台,削减比例最大的是海关税(100%)和盐税;反东林党的上台,增加比例最大的是盐税。海禁和减少盐课收入,这都跟近代工商业发展没关系,甚至背道而驰。这些政策的受益人是东南官僚集团以及与他们已经"官商一体"的富商,而不是代表着资本主义萌芽的新兴工商业资产阶级。

除了商税外,东林党在农业税问题上也主张要尽可能降低江南地区的农业税负担。东林党两次上台,从绝对值来看,减少最多的都是农业税而不是商税。对于张居正提出的各项改革,他们都反对,唯独支持"一条鞭法",大力在全国推广。这样全国各地都要按照土地面积来交银子。北方,特别是西北地区,原本就土地贫瘠,每亩地的粮食产量比东南沿海少,白银的流通量也很少,按照土地面积来交跟东南差不多的银子,负担立刻就会加重,而在定额税收制度下,这就意味着东南地区的农业税会相应减少。

这个事儿的受益者也不是新兴工商业资产阶级,而是东南地区的大土地所有者。

---

① 朱庆勇:《明末辽饷问题》,第77页。
② 林美玲:《明末辽饷研究》,第39—41页。

那什么样的人会成为东南地区的大土地所有者？还是东南官僚集团。因为他们有减免赋税的特权，利用这个优势再加上一点暴力和司法腐败，就可以大规模兼并土地。徐阶在松江那24万亩土地就是这么来的。

张居正的改革并没有涉及增加商业税的问题。他搞的"一条鞭法"是把税赋分摊到土地上，照理说有利于城市工商业发展。他搞"考成法"，解决了地方上拖欠国家钱粮的问题。这些拖欠的钱粮也大部分都是农业税，并不是商业税。但东林党元老顾宪成、邹元标等人还是坚决跟张居正对着干，实际上东林党就是从反张居正改革开始形成的。如果东林党真的代表新兴工商业资产阶级的利益，它就没道理反对张居正改革。说到底，还是因为东南地区是天下赋税的大头，当地的大地主反对张居正搞理财，说张居正是王安石第二，搞得人民苦不堪言，就是想继续拖欠农业税，在维护自身的利益。

此外，即使在东林党的政策下减少了普通商品税，也并没有真的就减免到工商业方面。因为明朝的财政制度是中央和地方财政相对独立，虽然名义上所有税收收入都归中央支配，但因为运输成本高昂，沿途还有风险，中央一般没法管。

这样，地方上就可以有小金库和自己管理的税关，这才有了前面讲过的，从明孝宗到天启皇帝，多个皇帝都多次下旨禁止地方"私设税卡"。对东南地区的官僚集团来说，反对中央收税的理由就很简单：不管什么钱，反正尽量少给中央，留下来自己花。中央不收的钱，地方官僚集团可以想办法接着收。

系统地分析了东林党的政策取向，可以看得出来，显然它并不代表新兴工商业资产阶级的利益，也不代表普通老百姓的利益。它代表的是腐败的东南官僚集团以及与他们结盟的大资本、大地主的利益，可以称为东南豪强集团。

这个集团一方面大力兼并土地，另一方面也与时俱进，利用他们掌握的政府权力，控制了东南地区的商业活动，对上拒绝向中央交税承担义务，对下盘剥普通工商业从业者、手工业者和普通市民，自己从中间大发横财。

对东林党来说，不管中央收什么税——农业税、商业税、海关税，不管是收银子还是粮食，反正在其势力范围内，全都不想交。东南地区的财富都是囊中之物，再有钱也得烂在自家锅里，谁想来分一杯羹就跟谁急。

东林党其实跟其他朝代的腐败文官集团相比，性质是差不多的，主要就是收黑钱和兼并土地。只不过因为大航海时代的到来，中国东南沿海对外贸易发达，这帮腐败的官僚也与时俱进，又学会了用政府权力从商业活动中发财。

天启初年，东林党人高攀龙在《上罢商税揭》中，大力诋毁商税，他说：收了商税，商人就会以更高的价格销售商品，人民利益就会受损。现在市场上物价很贵，就是因为商税。因此应该停止商税[1]。

这段话的逻辑比较幼稚。"税收会增加经济成本"在任何税种中都会存在，并不是只有商税如此。收农业税会提高农民的种地成本，会让粮食涨价；收盐税也提高食盐的成本，让食盐涨价；海关收税会提高进口产品成本，让进口货涨价……要是按照高攀龙的逻辑，政府不仅不能收商税，任何税都不能收，为了不让物价上涨，政府官员和军队就应该天天喝西北风。

高攀龙和顾宪成是东林党两大精神领袖，东林书院就是他俩创办的，天天给学生讲课，灌输东林党的思想理论。高攀龙关于商业和税收的关系就研究到这个理论水平，实在是令人失笑。这说明他压根儿没花过心思认真思考怎么发展工商业，不过是拿着保护商业的幌子，信口开河，以抗拒中央收税罢了。

明朝财政崩溃，不仅只是因为商税收少了，而是什么税都缺，没一样税收齐全过。东林党不让多征商税、不让多征矿税、不让多征盐税、不让多征茶税、不让多征海关税，也不让多征农业税，所以明朝最后的中央财政完全崩溃，没钱救灾、没钱打仗、没钱安抚农民起义军、没钱给士兵发军饷。

商税以前很少，要增收，东林党拦着死活不让增加，给人的错觉好像是东林党只反对收商税。其实不是这样。他们也不想交农业税。但农业税是国家最正统的税，找不到理由来反对征收，东林党采取的方法就是以自然灾害等理由要求减免，或者以各种理由拖欠，拖欠久了之后再想办法让政府下令免除之前拖欠的部分。张居正被清算以后，农业税被地方长期拖欠拒不上交中央是常态，不是一年两年的特殊情况。

按照明朝的国力，就算一分钱商业税都不增加，只收农业税，要灭掉后金，

---

[1] "商税非困商也，困民也。商也贵买绝不贱卖，民间物物皆贵，皆由商算税钱。"

镇压农民起义，也是足够的。前面已经算过了，所有正赋和加派摊到土地上，每亩地也就收二三十斤粮食，真不高。关键问题是土地兼并引起的税赋不公平和贪污腐败导致的税收中间成本太高。只有在连农业税都收不起来的情况下，明朝才会崩溃。

周延儒在崇祯十四年（1641年）刚当上内阁首辅，就按照跟东林党的政治交易，上疏皇帝，说：

请释漕粮白粮欠户，蠲民间积逋，凡兵残岁荒地，减见年两税。苏、松、常、嘉、湖诸府大水，许以明年夏麦代漕粮。①

这条要求减税的建议主要就是针对农业税，因为那时候已经没啥商税可减免了。当时北方一片兵荒马乱，税根本收不上来，减税只能减到江南地区。所以前面讲的减免"兵残岁荒地"的税收都是虚的，真正实在的就是这句话："苏、松、常、嘉、湖诸府大水，许以明年夏麦代漕粮。"说来说去还是东南地区不想多交农业税。

苏州、松江、常州、嘉兴、湖州这些都是东南最富裕的地区，也确实发了大水。但当时北方造反的农民都超过100万人了，陕西等地发生灾荒都已经好多年了，清军都在河北、山东战事不断，相比之下东南富裕省份还要求减税。

照理说崇祯后期，海关税没有了，商税也大幅度削减了，主要收入就剩盐税和农业税了，税制都恢复到朱元璋时代了。就这样，到了亡国关头，这帮人还在找借口想少交点农业税。这得贪心到何种地步才干得出来？

张居正在改革遇阻的时候，就泄愤说过一句话："江南士大夫最无天理！"②

那个时候东林党还没有形成，但从张居正这句话来看，当时东南地区官僚集团的腐败无耻就已经引起了他的注意。

---

① 《明史·周延儒传》。
② 许苏民：《李贽评传》（下），南京大学出版社2006年版，第551页。

二、亡国祸根：土地兼并与官僚腐败的因果关系

把东林党的性质大体摸清楚以后，明朝灭亡的原因也很清楚了，主要就是官僚体系腐败。只是说以前的官僚腐败主要是贪污和兼并土地，东林党还会控制工商业，贪腐方式有进步，仅此而已。

西汉、东汉亡于贵族豪强（门阀地主），唐朝亡于军事豪强（军阀藩镇），宋明亡于文官豪强（文官与大地主大资本的结合）。虽然有差别，但本质是差不多的，核心都是官僚体系（勋贵、武将、文官）失去控制，不再满足于从合法的政府税收中获得收入，转而自己去控制经济体系，获得独立的经济基础，形成对上抗拒皇权、对下欺压百姓的豪强权贵集团，导致民不聊生，国家分裂，王朝灭亡。

中国古代大一统王朝，没有一个能存在超过300年的。那么让一个王朝最终覆灭的核心原因是什么？

这个问题，从表面看是土地兼并，但是还有更深刻的原因。这个更深刻的原因，就是官僚体系的腐败。至于土地兼并，不管是西汉那种以勋贵豪强为主的土地兼并，还是明朝这种以文官为主的土地兼并，都是官僚体系腐败带来的结果。

中国古代一直有一种说法，叫"官逼民反"。就是说人民起义基本都是官僚体系的腐败和压迫造成的。这是2000年帝制社会发展过来，在中国民间形成的一个共识。

农民起义就是农民和地主阶级的阶级斗争的最高表现形式，农民起义是为了从地主手中夺回土地。农民为什么要夺取土地呢？因为他们没有土地。

那他们为什么会没有土地呢？因为他们的土地被地主抢走了。地主要通过土地所有权来把农民变成佃农，对他们进行剥削，所以会不断地兼并他们的土地。等土地兼并到一定程度，农民活不下去了，就会起来造反。

以上就是关于土地兼并是王朝覆灭的主要原因的基本逻辑。在这个逻辑中，

官僚集团只是地主阶级的代言人。他们腐败是因为被地主阶级腐蚀和收买，以维护地主阶级利益，帮助地主阶级镇压农民反抗的。

在这个理论体系中，土地兼并是因，官僚腐败是果；土地兼并是深层次原因，官僚腐败是表面现象，是经济基础决定上层建筑的一种表现形式。

它大体是下图这么一个逻辑：

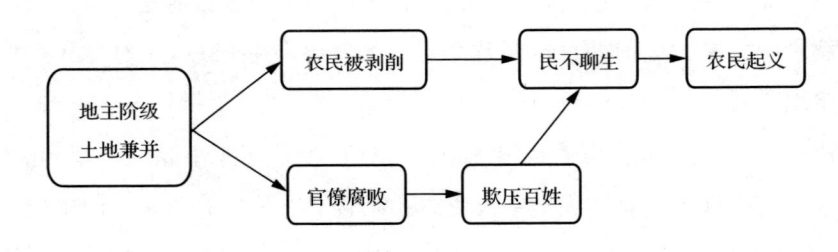

地主阶级土地兼并 → 农民被剥削 → 民不聊生 → 农民起义
地主阶级土地兼并 → 官僚腐败 → 欺压百姓 → 民不聊生

王朝灭亡的"土地兼并假说"

这个理论是有缺陷的。

在古代经济条件下，基于自愿的土地交易量非常低，特别是农民自愿卖出土地的交易量。对农民来说，土地就是整个家庭的命根子，比个人的命还重要。古代农民基本就不看病，房子和土地都是世代继承的，病了也不会把土地卖了去看病。那时候大部分疾病也都是医生看不好的，花钱也没有用。在各个朝代所能看到的资料，较大规模的土地兼并基本都因为强取豪夺，或者因为税赋过于沉重，迫使农民放弃土地。

笔者在前面举过一些明朝土地兼并的例子，主要是两种方式：

一种是豪强地主强势夺取别人的土地，比如内阁首辅杨士奇的儿子打死数十人，内阁大学士梁储的儿子为了夺取杨姓富家的土地杀死对方一家200多口人。

另一种是官员权贵享有减免赋税的特权，以此换来别人主动把土地"投献"到他们名下，以达到避税的目的。也就是土地所有者因为国家税赋过于沉重，宁可放弃土地所有权，以缴纳地租代地交税。

这两种形式，很明显都是官僚集团利用政治特权来夺取土地。

而且，官僚集团的腐败，还会体现在很多跟土地兼并无关的方面，比如打官司收黑钱，比如贪污军饷；前者也会增加人民的痛苦，后者则会削弱军队的战斗力，危害国防安全等。

所以，土地兼并、官僚集团腐败和农民起义、王朝覆灭的因果关系是这样的：

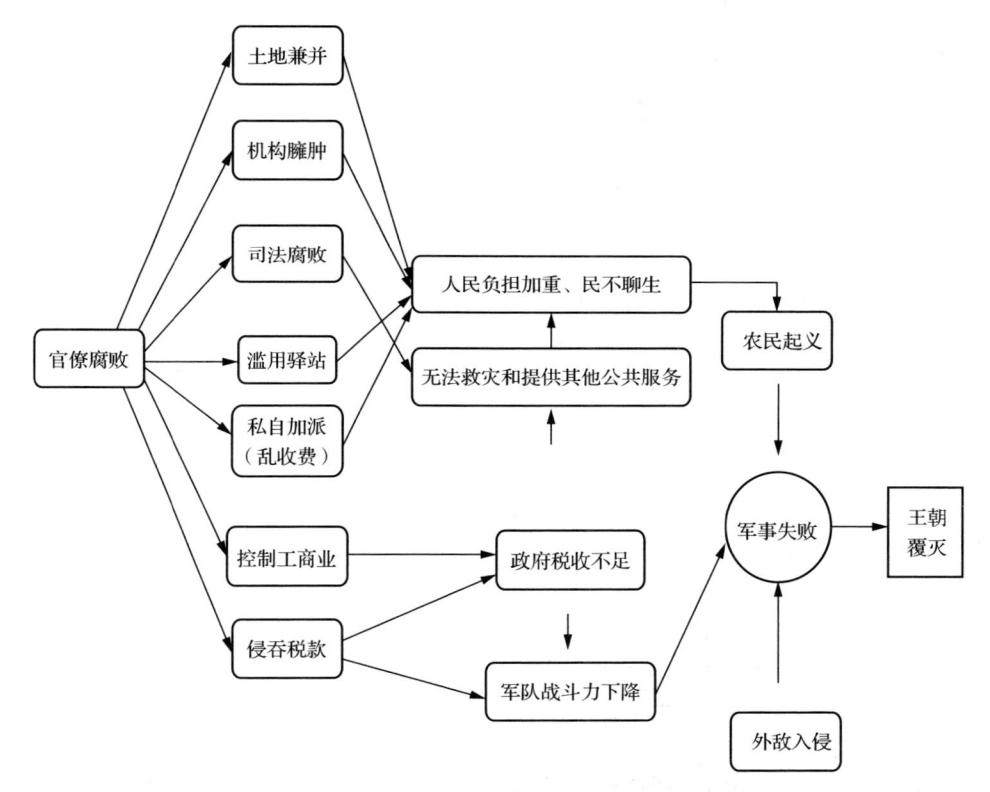

官僚体系腐败与王朝灭亡的关系示意图

这张示意图只能画个大概，官僚体系腐败还会导致行政效率下降、政府开支庞大等问题，进一步增加人民负担，降低政府财政能力。但整体的思路应该是清楚的：土地兼并是官僚体系腐败造成的后果之一，它跟官僚腐败制造的其他问题一起，共同引发了农民起义。

官僚体系腐败不仅会引发农民起义，还会通过贪污军饷引发兵变，降低军队战斗力。在没有大规模农民起义的情况下，单纯的官僚体系腐败也可以导致一个大一统王朝灭亡。

这张图解释中国古代王朝覆灭的原因，十分直观。它的逻辑起点，就是中国自从秦始皇以来，建立了一套欧洲中世纪所没有的郡县制国家管理机制，从而形成一个具有很强独立性的官僚集团。这个官僚集团在社会资源分配中居于核心地位，它自己就是统治阶级，不需要依附于地主或者富商。它的清廉高效既可以创造伟大的盛世，它的腐败堕落也能毁灭一个帝国。

一个理想的农耕型郡县制帝国应该是这样的：

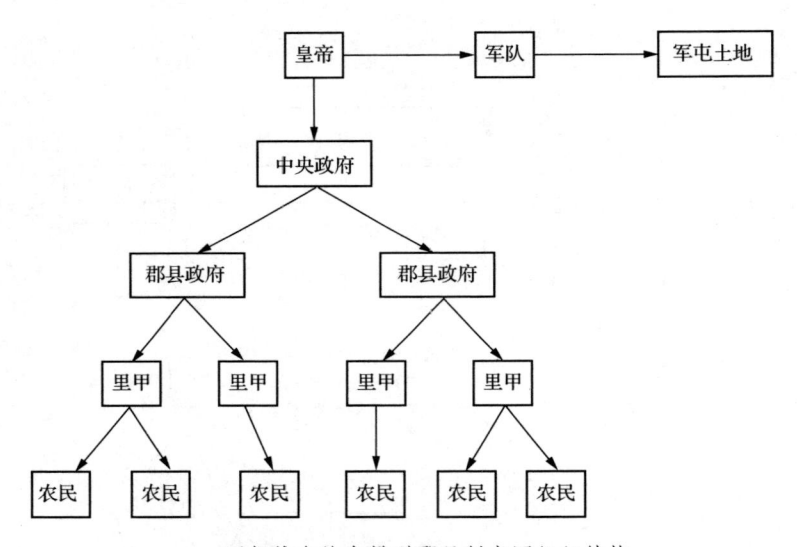

```
皇帝 → 军队 → 军屯土地
  ↓
中央政府
  ↓       ↓
郡县政府   郡县政府
 ↓   ↓    ↓    ↓
里甲 里甲  里甲  里甲
↓↓   ↓    ↓   ↓ ↓
农民 农民 农民 农民 农民 农民
```

理想状态的农耕型郡县制帝国组织结构

在这个组织结构中，帝国政府通过郡县制官僚体系和基层里甲制度，直接对拥有小块土地的自耕农进行组织管理，把他们农业耕作的剩余集中起来用于兴修水利和供养军队。军队还可以自己耕种一部分土地来养活自己。

这里面地主阶级这个层级并不是必需的。没有地主，帝国政府直接管理农民，也能很好地组织生产和战争。也就是说，帝国政权可以以自耕农和土地公有制（军屯土地和官田）作为其存在的经济基础，并不需要地主来支持。

相反，土地兼并出现地主，对帝国制度的正常运转反而是个威胁。

当出现土地兼并以后，帝国制度就变成这样的：

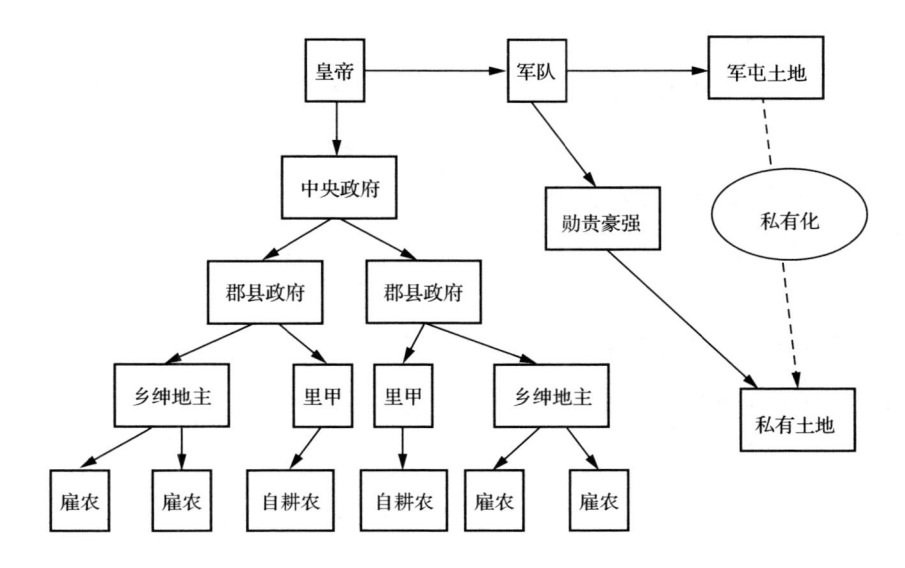

```
    皇帝 ──→ 军队 ──→ 军屯土地
     │                    ╎
     ▼                    ╎
   中央政府   勋贵豪强     私有化
    ╱  ╲        │           ╎
   ▼    ▼       │           ╎
 郡县政府 郡县政府            ╎
  ╱ ╲    ╱ ╲                ▼
乡绅地主 里甲 里甲 乡绅地主  私有土地
 ╱ ╲         │    ╱ ╲
雇农 雇农  自耕农 自耕农 雇农 雇农
```

这里面，里甲制度就部分地被乡绅地主取代了，郡县制官僚体系也部分地从直接管理农民变成通过乡绅地主代理来对农民进行管理。

如果土地兼并程度不高，这种情况对帝国制度来说仍然可以接受。土地私有制必然导致一定程度的土地兼并，但这并不可怕。王朝前期的实际情况大体就是这样，一部分自耕农，一部分中小地主加雇农共同成为帝国的经济基础。这个时候也不能说帝国官僚体制就是为地主阶级服务的。

真正的问题是官僚集团权力继续扩张，"向下吃掉"自耕农或者中小地主的土地，也就是所讲的通过强取豪夺的方式进行土地兼并。一旦这部分官僚利用手中的政治特权掌握大量土地，他们就从官员变成豪强权贵。以这种方式进行土地兼并，才会真正带来难以解决的问题。他们对上抗拒皇权，并尽可能地逃避国家税赋；对下残酷榨取老百姓，并将国家税负尽可能地转移到普通老百姓头上，最后终于搞得官逼民反，王朝灭亡。

所以，官僚体系对农耕帝国经济基础的影响，就可以体现为吞并自耕农和中小地主的土地，把以中小土地所有者为主的自然农耕经济结构，变成"豪强型大土地所有者"为主的官僚地主控制型经济结构。

此外，还有一种土地兼并方式，也跟单纯的地主阶级毫无关系，就是国有土地私有化。也就是权贵通过特权、腐败、弄虚作假等方式，把军屯土地和官田变成私有土地，按照民田来交税。因为军屯土地由军户耕作，大部分粮食是要上交的；官田的耕作者除了要交税外，还要给国家交地租。这些都是财政收入的重要来源。国有土地私有化以后，就只需要按十五税一的民田标准来交税就可以了。再加上能够把国有土地私有化的一般都是权贵，他们有减免赋税的特权，往往就连民田标准的税也一块免了。这就是完全依靠腐败和特权把国家的财富据为己有。

同样的模式对工商业活动也适用。

理想的工商业帝国体制如下图所示：

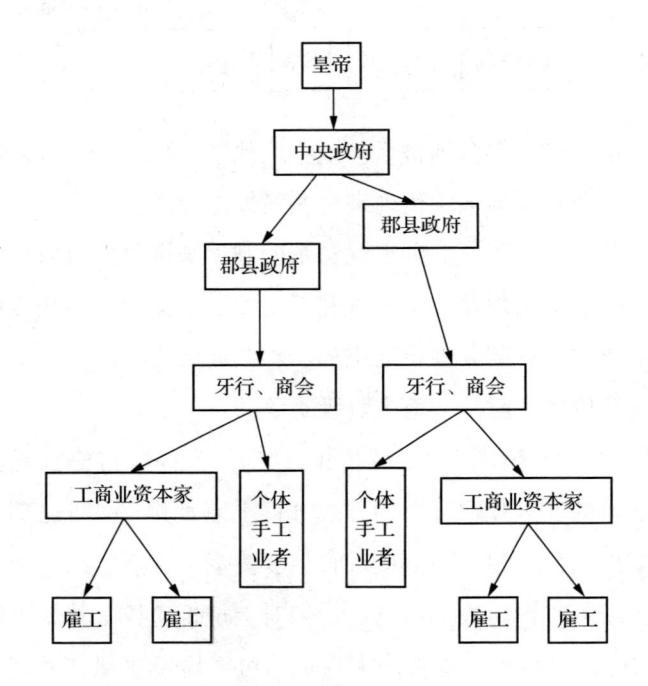

```
              皇帝
               ↓
            中央政府
            ↙     ↘
       郡县政府    郡县政府
          ↓         ↓
       牙行、商会   牙行、商会
        ↙   ↘      ↙   ↘
   工商业    个体   个体    工商业
   资本家  手工业者 手工业者  资本家
    ↙ ↘                    ↙ ↘
  雇工 雇工               雇工 雇工
```

帝国官僚体制并不是只能与农耕社会相适应。像明朝中后期那种大规模的人口流动和沿海工商业的大繁荣，帝国治理结构本身并不需要进行大规模的变革。无非是把最基层的里甲制度，用牙行、商会这样的形式来加以代替。

中央集权的君主专制体制是明朝中后期工商业大繁荣的重要政治基础，而不是发展的障碍。在郡县制条件下，全国形成一个统一的大市场，商品和人都可以自由流动，非常有利于工商业经济的发展。大一统给工商业从业者带来的好处，甚至比给农民带来的好处还要大，因为工商业比农业更需要安定的社会环境和广阔的市场空间。

从农业、手工业、商业，到近现代的大工业，中央集权的郡县制都可以充分包容。但是，如同官僚体系会改变农业社会的经济结构一样，它也会改变工商业社会的经济结构。比如：

通过建立食盐和茶叶的特许经营制度，又安插自己人去经营或者收受贿赂，官僚集团就可以把这些商业利润收入自己的腰包；

通过私自设立牙行来对商品交易抽分，并且规定任何大宗商品交易必须通过牙行，不准私下交易，又可以把很大一部分普通商品的交易利润也纳入私囊；

通过海禁政策的弹性把握，把进出口贸易的利润也收入自己口袋；

利用特权获取黄金地段的土地房屋所有权，取得级差地租；

让家人或家族人士去经商、放高利贷，自己为其中的非法经营活动提供保护，或者用权力帮助他们打击竞争对手，获取暴利。

……

官僚集团通过这一系列的手法，利用手中的权力，就跟强取豪夺兼并土地一样，可以很容易地实现"兼并产业"，也就是把工商业活动置于自己的控制之下。官僚集团兼并土地，就成为地主豪强，兼并产业，就可以成为商业豪强，或者说得时髦一点，变成"官僚资产阶级"。

徐阶的家族就是大官僚、大地主、大富商相结合的典型。徐阶的官做到首辅，土地兼并成松江第一大地主，又占着京城等地的黄金位置经营，还开纺织厂和放高利贷，可以说是"三位一体"的权贵家族。

这个时候，工商业经济实际上就又被官僚集团改变了——从中小企业主和手工业者的自由竞争市场变成官僚资产阶级、商业豪强垄断的寡头市场。在自由市场里面，工商业从业者通过竞争创造财富，然后向国家交税，就可以实现民富国强、富国强兵；在后一个市场里面，官僚集团垄断大部分商业利润，对上拒绝缴纳商业税，对下压榨普通劳动者和中小商人，就会国穷民困。这跟农业社会官僚腐败导致土地兼并的后果是一样的。

明朝后期东林党的出现，就是因为在江南地区形成了一个官僚地主和官僚资产阶级垄断社会财富的局面。东林党就是在为这个利益集团说话。

这个利益集团的核心是腐败官僚集团，外围就是依附于它的大商人和大地主。真正的新兴工商业资产阶级、市民阶层，还有城市手工业从业者，他们的利益跟这个集团的利益有直接冲突。这个利益集团通过牙行抽分、敲砸勒索、高利贷等形式对他们进行残酷剥削，他们的产业也随时可能被这个集团兼并侵夺。他们与这个利益集团是被压迫者和压迫者的关系。

所以才说，真正代表中国新兴工商业资产阶级利益的思想，是李贽的心学思想，而不是东林党的儒家宗法理论——宗法伦理显然对官僚有利而对平民不利。东林党和李贽势不两立，东林党一定要整死李贽才满意，因为他们完全属于两个互相对立的阶级。

李贽大骂官僚集团腐败无耻，痛批理学家虚伪，要求建立自由市场，实现人人平等，反对儒家宗法等级制度；海瑞在江南大力反腐败，整顿土地兼并，平反冤假错案，打击非法高利贷，要求守寡妇女可以自由改嫁等，既是在跟这个官僚权贵集团过不去，也是在为江南地区真正的工商业资产阶级和市民阶层撑腰。

李贽主张适度地增加商业税收，走富国强兵之路。这不是思想保守落后，而是真正站在新兴工商业资产阶级的利益上来考虑问题。只有维持强大的中央集权，中国才能更好地保卫边疆和平，创造更广阔的市场，甚至组织力量进行新一轮的下西洋，开拓海外贸易。跟这样的利益比起来，商税的高低并不是很大的问题，更何况当时商业税率实在是很低。

而且，当时也只有皇权才有可能以非战争的方式镇压东林党贪官豪强集团。

李贽的心学思想，反映了新兴资产阶级迫切希望和大一统皇权相结合，对内打击贪官豪强，对外开拓世界市场的理想。而东林党对于工商业，只知道要求朝廷停止征收商税，却绝口不提反腐败，更不提人人平等、自由贸易，反而要求强化儒家理学思想，强化宗法等级制度，强化海禁，就因为他们代表着官僚资产阶级的利益。

东林党心目中的理想世界应该是这样的：

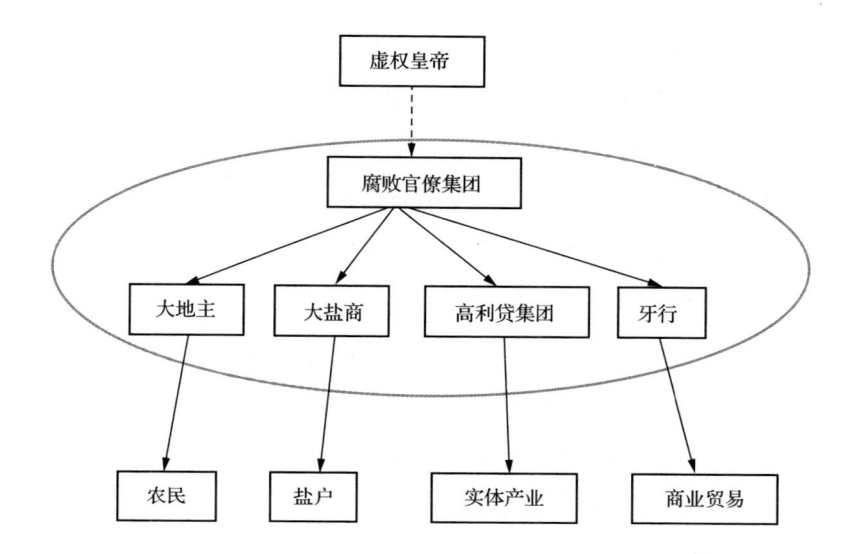

```
        ┌────────┐
        │ 虚权皇帝 │
        └────┬───┘
             ┆
    ┌────────▼────────┐
    │  腐败官僚集团   │
    └─┬────┬────┬───┬─┘
      │    │    │   │
  ┌───▼┐ ┌─▼──┐┌▼────┐┌▼──┐
  │大地主││大盐商││高利贷集团││牙行│
  └──┬─┘ └─┬──┘└──┬──┘└─┬─┘
     │     │      │     │
  ┌──▼┐ ┌─▼─┐ ┌──▼──┐┌──▼───┐
  │农民│ │盐户│ │实体产业││商业贸易│
  └───┘ └───┘ └─────┘└──────┘
```

圆圈里面这个介于皇帝和普通老百姓之间的集团，就是权贵集团，它由官僚集团控制，下面的地主、富商等都是官僚集团的附庸。

李贽和海瑞希望通过反腐败来建立社会，应该是这样的：

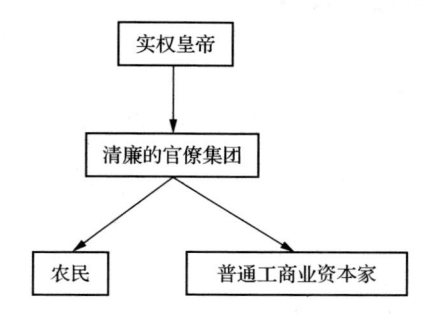

```
        ┌────────┐
        │ 实权皇帝 │
        └────┬───┘
             ▼
      ┌────────────┐
      │ 清廉的官僚集团 │
      └───┬────┬───┘
          │    │
       ┌──▼┐ ┌─▼────────┐
       │农民│ │普通工商业资本家│
       └───┘ └──────────┘
```

这样的社会结构把官僚集团变得清廉，也就消除了依附腐败官僚集团的大地主和特权商人集团。农民可以轻徭薄赋，工商业可以自由竞争，国家财税也不会大量流失。这个局面其实跟朱元璋在位时的明朝初期很像，这也是海瑞一再要求恢复朱元璋反腐败法令的原因。

明朝从朱元璋时期结束以后，就经历了一个中间权贵阶层不断做大的过程。当它大到一定程度，对下足以让底层老百姓活不下去，对上足以让国家财政崩溃、军队哗变的时候，明朝就灭亡了。

这种社会形态的产生、演变和灭亡，它的核心驱动力来自官僚集团政治权力的膨胀。这种膨胀在农耕社会会发生，在商业社会也会发生，甚至在工业社会、信息社会还是会发生。

官僚集团的权力来自皇权，而皇权则来自古代技术条件下政府提供国防、治安、水利、赈灾等基础公共服务的需要，其中核心是军事权力。中间不需要假设存在一个占有大量生产资料的剥削阶级来支持这个政权。相反，这个政权还带有遏制生产资料集中的倾向，皇权的最佳经济基础是自耕农、中小地主、手工业者和中小工商业阶层，过于庞大的私人财富对皇帝的权威是一种威胁。

明朝灭亡的核心原因，是官僚集团的腐败、政治权力的失控，这是官僚集团取得皇权的代理权以后自我膨胀的结果。土地兼并和资本过度集中确实存在，而且对帝国而言也都不是什么好事，但作为帝国灭亡的原因，它们都处在一个比较浅的层面上，是官僚集团腐败和特权膨胀的结果而不是更深一层的原因。

三、造反有理：底层起义与大一统王朝的崛起

笔者在读中学的时候，历史教材都是在用斯大林的社会发展五阶段理论来套用中国的帝制时代，称之为地主阶级专政的"封建社会"。然后，就被告知了一个让人啼笑皆非的结论：一切农民起义，要么被镇压，要么就会被地主阶级篡夺领导权，反正绝不可能成功。

因为农民起义一旦成功，接下来肯定要建立皇帝制度，而皇帝制度已经被认定为是地主阶级专政的工具了，所以只能说是农民起义变质了，或者被地主阶级篡夺了领导权，在理论上才能自圆其说。

像东汉开国皇帝刘秀的父亲是当过县官的，他成为农民革命领袖并且最后当了皇帝，就是地主阶级篡夺了农民起义的胜利成果；像明朝，朱元璋是贫农出身，他当了皇帝，就是农民起义领袖变质了。

这个结论比较搞笑。特别是朱元璋，说他变质了，那他在登基当皇帝的前一秒还是农民起义领袖，难道往皇帝的龙椅上一坐，他就变成地主阶级的总代表

了？就变得那么快？

长期以来，很多人将当上皇帝的朱元璋视为农民起义的"叛徒"，当上皇帝之后就成了地主阶级的代表。这样的看法是有问题的，农民起义在古代社会要取得胜利，必须夺取皇权。不能以起义领袖有没有当皇帝来作为他是否背叛起义的依据，关键还是要看他当了皇帝之后有没有执行有利于农民、不利于地主的政策。

从朱元璋当皇帝以后执行的一系列政策来看，可以很有把握地说：他还是农民利益的代表。他建立的朱明政权在某种程度上，可以说仍然是一个农民专政政权。所以才会规定农民可以把官员绑起来进京告状，规定官员贪污60两银子就要剥皮实草，而且坚决执行，通过大规模的株连，把大量的贪官、豪强卷进来，杀了好几万人。

明朝初年，全国的土地所有权有一半属于军事卫所，剩下的一半中又有很大一部分是"官田"，二者加起来国有土地占了绝大多数，私有土地"民田"比例较低，而且绝大部分在自耕农手里，大地主很少。

像赵匡胤建立的北宋政权，真正是官僚地主阶级专政的政权：不限制土地兼并，又给予官僚集团极大的特权。

皇帝制度这个政治制度，就是一种政权组织形式。古代的技术条件下，任何人要想长期稳定地治理中国，都必须采用这个制度。不同的人坐在皇帝的位置上，不同人在这个体制下做官，可以代表不同利益集团的利益。最后判断这个政权代表的是哪个利益集团的利益，关键是看它实际制定并执行了一个什么样的政策。

朱明皇权，是农民起义的胜利果实。它跟高级官员通过政变建立的赵宋皇权所代表的阶层完全不一样。

宋朝的制度："不杀士大夫"；人民贩卖私盐超过20斤的，死刑。

明朝的制度：官员贪污80贯以上的，死刑；人民因为生活无着贩卖私盐，在个人背得动的重量范围内，不予抓捕和禁止[①]。

---

① 《明律·户律·盐法》："若贫难军民，将私盐肩挑背负，易米度日者，不必禁捕。"

宋朝的制度：地方官随便处死老百姓，中央不管。转运使杜杞私自将广西环州的起义军首领56人公开凌迟处死，开膛破肚，剁成肉酱，却没受处罚。

明朝的制度：任何死刑必须中央复核，皇帝打钩才能执行。闽浙总督朱纨在剿灭葡萄牙殖民侵略者和倭寇的战争中，抓了几十个海盗头子和临阵通敌的人，未向中央请示就处死了。嘉靖皇帝下令把朱纨逮捕进京治罪，朱纨愤而自杀。

宋朝的制度：不管农民叛乱，还是城池被农民起义军攻陷，地方官都不会被判处死刑。

明朝的制度："凡牧民之官失于抚字，非法行事，激变良民，因而聚众反叛，失陷城池者，斩。"[①]

两相对比就会发现，在明朝的制度里面，确实有令人感动的东西在里面。其中有大量条款都在保护底层人民利益，限制官僚特权。这就是农民起义的胜利成果，就是因为来自农民阶级的朱元璋夺取了皇权。

到了清朝，清军最后镇压了农民起义，清朝统治者夺取了皇权，对待人民的手段就又完全不同了。

明朝的制度：聚众抗粮或罢考、罢市全都不犯法。

清朝的制度：抗粮聚众或罢考、罢市至四五十人，为首斩立决，从者绞监候。

万历皇帝派税监去征税，各地经常组织罢市抗议，只要不打死征税人员就啥事都没有。苏州第二次罢市把征税人员打死几十个，皇帝才开始追究责任，也没有杀人，而是把带头的抓起来坐了十年牢。

到了清朝顺治十八年（1661年），苏州地区的一些书生聚集起来抗议税负太重，还按照明朝时候的法子组织众人到孔庙前面去哭，然后选出代表带着抗议书去找苏州巡抚。整个过程没有任何暴力行动。结果参与者全部被逮捕，带头的18人被斩首，其中就有著名才子金圣叹。

明朝的制度：书籍出版没有任何限制；偶尔会宣布查禁某书，但宣布完了之后如果还有人继续印，也没什么惩罚措施。

---

① 见《明律·兵律》规定。

清朝的制度：大规模的文字狱。清初的"明史案"，一个民间作家因为在自己编的《明史》里面直呼努尔哈赤为"奴酋"、清兵为"建夷"，结果作者全家被处决，为此书作序的人也被杀，买书的被杀，出版社老板被杀，连排版的、校对的工人也被杀，总共杀了70多人，牵连获罪的高达千余人。

所以，不同的人夺取皇权——是权贵、底层人民还是不同的民族，它所代表的利益和执行的政策，是完全不同的。

有人认为，中国农民运动的最高峰是清朝的太平天国起义，也有人认为是明末的李自成。之所以是最高峰，是因为他们比较明确地提出均分土地的口号。太平天国有《天朝田亩制度》，而李自成则喊出"均田免粮"的口号。

其实太平天国的《天朝田亩制度》从未认真实践过，只是停留在纸面上；而根据顾诚在《明末农民战争史》中的考证，李自成从未喊过"均田免粮"，史料记载的只有"免粮"，没有"均田"。因为明末社会的核心矛盾不是土地兼并导致农民失去土地，而是土地的税赋太重，很多人有田也要抛荒逃走，李自成的追随者才会大喊"闯王来了不纳粮！"此时社会的核心矛盾是腐败的官僚统治阶级和老百姓的矛盾。

笔者认为，中国古代农民起义的最高峰，显然是元末农民起义。它取得完全的胜利，推翻了一个腐败反动的旧政权，赶走元朝统治者，让一个贫农、乞丐当上了皇帝，一大群底层出身的英雄人物进入帝国统治阶层，建立了一套有利于底层人民权利保护的法律制度。农民起义的英雄共同建立了一个伟大的、繁荣的帝国，开拓了西洋商业贸易，建立了海陆双重霸权，让明帝国成为全球手工业和贸易经济中心，存在了长达276年之久。农民起义的最高峰就应该是这个样子，这才能叫最高峰，辉煌得让后人只能仰视。太平天国就占领了长江沿岸一带那么一点地方，还没有夺取政权就彻底腐化堕落，被镇压了，怎么能叫最高峰？

2000多年的中华帝国，群雄逐鹿，中原争霸，改朝换代主要以三种方式出现：

第一种是底层起义取得胜利，对统治阶层进行大换血，来自社会底层的英雄人物成为新的统治阶层，建立一个充满活力的大一统王朝。中国古代经济最繁荣、文明程度最高、最辉煌的四个大一统朝代：西汉、东汉、唐朝、明朝，都是农民起义的胜利成果。底层起义是推动中国古代社会进步的最伟大力量。底层人民的起义不仅能够砸烂一个旧世界，还能建设好一个新世界。只有明确了这一点，才能够理直气壮地说："人民，只有人民，才是推动历史进步的真正动力。"

第二种改朝换代的方式，是底层起义被镇压，统治阶级延续自己的统治，只不过帝系出现转移，换汤不换药。看起来好像改朝换代了，其实没有，因为统治集团没变。新的王朝就会积贫积弱，缺乏活力和创新，对外软弱无能，对内严酷剥削人民，最后会在比较短的时间内覆灭。

第三种改朝换代的方式，就是文明程度比较低的民族入主中原。这也是中华文明演进的一个大关节。

四、问鼎中原：外族入侵与中华文明的四起四落

少数民族大规模入侵中华文明核心区，第一次可能要算西周末年的犬戎攻陷镐京。

从犬戎入侵镐京到秦灭六国，是一个完整的历史过程。西周末年，统治集团日益腐朽，中央权威软弱。周幽王在面临犬戎入侵的时候，点起烽火要求各地诸侯前来救援。各地诸侯拒绝发兵，导致西周灭亡，镐京陷落。至于周幽王因为宠信骊姬而玩"烽火戏诸侯"的故事八成是后人编的，把这个过程戏剧化了，并把亡国的黑锅扔给周幽王去背。

西周灭亡以后，关中地区逐渐被秦人所占领。秦原来是一个大夫的封地，都算不上是一个封国。但是周幽王西迁的时候，秦人守住自己的地盘，没有被犬戎占领。此后秦国逐步扩张，占领了整个关中，填补了周王室东迁后留下的权力"空白"。秦人是包括犬戎在内的西北少数民族与留在关中的华夏族杂居融合形成的新民族，不是正统的华夏族。中原地区的诸侯一直把秦人视为野蛮人。

西周灭亡后，中原地区的诸侯并未吸取教训，统治阶层仍然延续了西周时期的腐朽堕落，拒绝进行自身的改革。

秦国文明程度虽然落后，但统治阶层积极进取，从中原挖来了商鞅等高级人才，经过多次变法改革，终于强大起来，消灭了中原地区那些文明程度更高但是统治阶级更加腐化的诸侯国。秦灭六国是中原政权第一次完整地被外围文明程度较低的政权消灭。

第二次这种情况是从五胡乱华到隋灭陈。隋朝的情况和秦朝很相似，都是少数民族先入侵一半，然后经过长达上百年的民族融合，基本完成民族认同以后，再继续消灭残余的中原政权，完成统一。隋朝的创始人杨坚和唐朝的创始人李渊，都有北方少数民族血统。所以尽管隋灭陈在形式上表现为一个汉民族政权消灭另一个汉民族政权，但在实际效果上与少数民族入主中原有类似的地方，文明程度较低的一方消灭了文明程度更高的一方。

第三次是真正的少数民族入主中原了，也就是元朝灭掉南宋统一中国。蒙古族在完成民族认同之前就统一中国，建立了一个真正的少数民族大一统政权。

第四次就是清朝的建立。

没有经过民族认同的、文化程度较低的少数民族入主中原，往往会给中原文明造成严重的破坏，导致文明发展出现巨大的断层。古希腊文明，就是因为北方少数民族的入侵而被毁灭。今天虽然还留给了后人诸如欧几里得《几何原本》这样的科学巨著，但是古希腊文明无疑是永远地消亡了。

中华文明由于独特的地理优势，虽然多次遭遇少数民族入侵，但仍然最终实现了民族融合，文明的发展并没有中断，得以一直传承下来。这是比希腊文明要幸运的地方。不过，这种入侵给中华文明带来的伤害仍然非常巨大，不能因为民族融合的完成就可以忽略不计。

笔者以数学的发展水平来对少数民族入侵的危害进行评估分析。

西周及其以前的古老中华文明，在数学成就方面远远超过世界其他地方。今天能够看到的那个时代遗留下来的文献，有《易经》《河图》《洛书》《山海经》《周髀算经》等。《易经》《河图》《洛书》《山海经》现在还难以完全理解，《周髀算经》是讲的天文和数学知识，相对来说是比较好理解，而且客观地反映了那个时代的科技水平。

现在能看到的《周髀算经》成书时间是在西汉时期，但它并不是西汉时期的著作。"髀"是动物骨头的意思。"周髀",就是西周及其以前的时代刻在动物骨头、石头、木板、竹片等载体上的文字记录。这些原始文献原来大部分收藏在西周首都镐京。犬戎入侵以后,镐京被毁,这些古文献大部分永远地消失了。

从春秋战国时期开始,学者就开始整理周髀的残片。他们把有关天文和数学的内容合在一起,到了西汉才形成《周髀算经》。这里面有很多内容是当时的学者读不懂的,他们只能根据自己的理解记载下来,因此出现很多偏差。

《周髀算经》里面有关于如何计算地球到太阳距离以及计算地球周长的方法和记录。但是今天根据里面方法来算和实际差距很大,很多人就因此认为《算经》没什么科学价值。但推算出来的结果跟正确的值刚好相差十倍。这不太可能是巧合,极有可能是后来的学者整理残卷的时候,在有的地方把计量单位搞错了。

《算经》中说:"四海之内,东西二万八千里,南北二万六千里。"现代科学测出来地球直径东西是25513里,南北直径25427里,非常接近。利用《算经》里面的方法算出来地球周长是81万里,缩小十倍以后就是8.1万里,而现代科学测出来是80016里,误差只有1.2%[1]。

在西周时代,中国人就已经知道地球是圆的,而且利用数学方法准确地测出地球的直径和周长。"天圆地方"的说法即来源《周髀算经》,后来被人文学者错误地演绎成"天如锅盖、地如棋盘"的说法了[2]。其实"天圆"是指的天球。

---

[1] 程碧波:《国计学》,附录B:《周髀算经》的密码,中国社会科学出版社2015年版。
[2] 中国古代的主流天文学从未认可过"天如锅盖、地如棋盘"这样的说法。这些说法都来自非天文学者信口开河,以及受此影响的历史记载,而不是科学家的看法。比如南北朝时祖暅著《天文录》里面记载了盖天说,但是祖暅也并不认可,只是说历史上有过这么一种说法。从西周、春秋战国一直到两汉、隋唐、明朝,"地球是圆的,而且在自转"的观点都被中国科学家广泛接受,是主流。《列子·天瑞》说:"天地,空中之一细物……运转靡已,大地密移";《春秋·元命苞》说:"地右转,以迎天";东汉张衡提出"浑天说":"浑天如鸡子。天体圆如弹丸,地如鸡子中黄,孤居于天内。"张衡又根据这个制作了浑天仪,也是世界上最早的立体天球模型,此后浑天仪就成为历朝历代天文观测机构的标准配置,也就是历朝历代都把宇宙星空当成一个圆球形来研究,而不是半球。东汉《尚书纬·考灵曜》里说得更通俗:"地常动不止,譬如人在舟中而坐,舟行而人不自觉。"这才是中国古代科学家的认知水平。

学过中学地理的都知道,它是所有星辰在无限远距离上的投影,"天圆"就是说天球是圆的。天球和地球是一个同心圆,"天圆"必然推出地球是圆的。而"地方",是将地球这个球面上的位置通过投影变成方形的平面地图。这个办法今天画地图也还是这么画的。

世界不同文明的天文学研究有三大坐标系,一个是以《周髀算经》为代表的中国古代赤道坐标系,一个是古希腊的黄道坐标系,一个是阿拉伯的地平坐标系。现代天文学运用最多的就是赤道坐标系。黄道坐标系是建立在地球不动的假设上的,而中国古代的赤道坐标系并不需要这个假设[①]。西周的科学家已经知道地球在自转。《易经》里面说:"天地以顺动";《河图·括地象》里面也说:"地右动起于毕。"

《算经》中给出勾股定理——不是勾三股四弦五这么一个孤例,而是抽象地说明了直角三角形的直角边平方和等于斜边平方和[②],而且给出了完整的证明过程[③]。这比古希腊的毕达哥拉斯要早数百年。

《算经》当中的内容说明,西周时期的中国人已经掌握了二进制、十进制、球坐标系、射影几何、割圆术、地动学等知识。这样一个文明到底是如何发展起来的,今天已经无从去考证它了。由于统治阶级的腐朽,给了蛮族入侵的机会。犬戎毁掉了镐京,也让大部分知识失传了。只留下经战国到西汉的学者整理过后的残篇,来让后人得以知道它的存在。

经过犬戎到秦灭六国的战争破坏后,西汉对数学的研究基本上是从头开始的。经过200多年的发展,在东汉初年出现了《九章算术》,主要是应用数学,教大家如何计算土地的面积等,同时对勾股定理作了进一步的发展,但总的来说其水平比高深莫测的《周髀算经》差了很大一个档次。

---

① 程碧波:《国计学》,附录B:《周髀算经》的密码,中国社会科学出版社2015年版。
② "若求邪至日者,以日下为勾,日高为股,勾股各自乘,并而开方除之,得邪至日"(《周髀算经》上卷二)。
③ "数之法出于圆方,圆出于方,方出于矩,矩出于九九八十一。故折矩,以为句广三,股修四,径隅五。既方之,外半其一矩,环而共盘,得成三四五。两矩共长二十有五,是谓积矩。故禹之所以治天下者,此数之所生也"(《周髀算经》上卷一)。

又过了200年，魏晋时期的数学家刘徽为《九章算术》作注，把《九章算术》里面的算法进行抽象化总结，建立了一套从概念到定理的系统化的数学理论。这是中国数学思想史上的一次大飞跃。

到了南北朝时期，南朝数学家祖冲之在刘徽开创的探索圆周率的精确方法基础上，首次将"圆周率"精算到小数第七位，即在3.1415926和3.1415927之间。他提出的"祖率"对数学的研究有重大贡献。直到16世纪，阿拉伯数学家阿尔·卡西才打破了这一纪录。

但祖冲之可不仅是算了个圆周率这么简单。他的《缀术》理论十分深奥，计算相当精密，对立体几何和三次方程求解正根的问题进行深入的研究，这些都是处在当时世界最领先地位的数学研究。

但是，南朝门阀政治的腐朽已深入骨髓，无法实现自我革新了。北部中国经过五胡乱华和北魏改革，基本消灭了门阀地主，新的统治阶级登上了历史舞台。后来的隋朝灭陈，让文明程度比较低但统治阶级更有活力的北方政权灭掉了文明程度更高但更腐败的南朝。数学发展的进程又被中断了。

隋朝和唐朝都把祖冲之的《缀术》列入官方数学教材，但老师上课并不讲授，因为没人读得懂[①]。《缀术》最后是失传了，现在只能在一些别的文献中找到它的部分内容。整个唐朝，虽然经济高度繁荣，但是没有出现值得一提的数学家和数学思想。因为基础数学理论研究这种东西，在古代文化发展条件下，速度是非常缓慢的，一旦中断，重新构建十分困难。

一直过了600年，到了南宋后期，中国的数学研究才又达到一个新的高峰。以秦九韶和朱世杰为代表的数学家，提出多元高次方程组的建立和求解方法，研究了高阶等差级数的，证明了射影定理和弦幂定理，等等。

等元朝消灭了南宋，这个高峰再次中断。

朱世杰是元朝初年的人物，但他的数学成就是建立在南宋秦九韶、李治、杨辉、蒋周、洞渊等诸多数学家成就的基础上的。朱世杰死后，中国数学的发展就再次后继无人了。元朝还有一位天文学家郭守敬，但他也是出生于南宋灭亡之

---

① 《隋书》第16卷："祖冲之所著之书，名为《缀术》。学官莫能究其深奥，故废而不理。"

前48年，而且主要是天文学水平高，在数学方面没有什么建树。南宋灭亡之后，元朝就再也培养不出来像样的基础理论人才了。

成书于元朝中期的《重订河防通议》一书，其中有一个部分是专门讲数学的。里面举了一道例题计算河堤土方，方法运用出现了严重的错误。而正确解法其实在《九章算术》中就已经讨论过。此书中还试图运用朱世杰的"天元术"来解一道高次方程，但是解错了，求解过程可以看出作者并没有搞懂天元术[1]。从这本书来看，到元朝中期，数学家的水平已经低于《九章算术》，更低于南宋末年的最高峰了。

等到了元朝末年的时候，数学著作就只有小学、初中的水平了。成书于元朝灭亡前14年的《丁巨算法》只能搞得清楚加减乘除四则运算和乘方、开方，求解方程组的水平低于《九章算术》。元末数学书还有《算法全能集》和《祥明算法》等，则只是一些四则运算的口诀加上一些简单的例题，用来指导商业活动的，没有理论价值[2]。

等朱元璋建立明朝之后，中国的数学基础理论研究又只能再次从头再来。

《中国数学大系》（第六卷）对此点评道："中国数学……从元朝末期开始，一直是沿着实用性、技巧性的方向发展。"

这句话反映出来的事实，就是中国的基础数学理论研究从元朝中后期开始彻底荒废了。南宋以前的高级数学理论已经没人搞得懂了，数学家只能搞点实用的算法口诀、技巧之类的东西来传播数学知识。

根据之前的历史发展判断，基础数学理论发展一旦中断，两三百年的时间是恢复不过来的。从秦灭六国，到刘徽注释《九章算术》，数学理论水平超过《周髀算经》，用了450年；从隋灭陈，到秦九韶完成《数书九章》，用了600多年。基础数学理论的发展在古代社会是一个极其缓慢的过程。古希腊文明覆灭以后，欧几里得的《几何原本》再次被阿拉伯人发扬光大，中间隔了1000多年；而欧洲

---

[1] 吴文俊主编：《中国数学大系》第六卷，第五编第一章第二节"河防通议"中的数学内容。

[2] 吴文俊主编：《中国数学大系》第六卷，第五编第二章"元末明初的民间数学与《永乐大典》"中的算书。

人在古希腊数学成就的基础上发展出近代数学，则距离《几何原本》的成书年代相隔了最少1500年。

明朝在这方面和唐朝、西汉很像，就是虽然经济高度繁荣，在一些材料类、工程类方面的科学技术成就也很多，但是在基础数学理论方面几乎没有任何像样的成就。中国的数学理论要想再次达到新的高度，正常发展下去，也至少还再需要200年左右。

到了明朝末年，西方数学开始传入中国。徐光启翻译了欧几里得《几何原本》的前六卷，标志着中国开始从传统数学研究向学习西方近代数学转型。

崇祯二年（1629年），明朝开始组织学者重新编订历法。根据徐光启的建议，朝廷确定了全面学习西方的编订思路。历法编订局请来了在中国的传教士龙华民（意大利人）、罗雅谷（葡萄牙人）、邓玉函（瑞士人）、汤若望（日耳曼人）等人参与译书，编译或节译了哥白尼、伽利略、第谷、开普勒等著名欧洲天文学家的著作，以及相关的数学知识，包括平面及球面三角学和几何学，等等。从崇祯二年（1629年）到崇祯七年（1634年）陆续编成《崇祯历书》。

但是这个转型刚开始就结束了。清军入关，明朝灭亡。中国学习西方的进程中断了，《几何原本》剩下九卷的翻译工作要等200多年以后的1857年才能完成。

康熙皇帝倒是组织人手继续了历法的编订，最后把历法编完了，用来指导农业生产。但历法编完以后，学习西方的过程就全面停止了。清朝统治者决定对西方关闭大门，中国学者被禁止和西方传教士交流，他们不得不又开始转向研究中国传统数学。虽然清朝数学家在中国古代传统数学研究方面取得一些进展，但当时显然不是研究传统数学的时代。西方数学早就超越《几何原本》的高度，也超过秦九韶、朱世杰曾经达到过的高度。

中国学者在古书中浪费了近200年的时间，一直到1840年鸦片战争爆发。

数学是一切自然科学和工程机械知识的基础，可以说是文明进步的根基。两个文明之间的竞争，如果一方在基础数学理论方面领先，即使另一方在材料、机械等方面大幅度领先，那么数学领先的一方注定会追上来并超过应用科学领先的一方——尽管这可能需要数百年的时间。

从这个角度来看，中华文明和西方文明的竞争，最关键的时期是元朝灭掉南宋。在这之前，中国的基础数学水平都是高于西方的。西周时期领先1000年以上，到了西汉、南北朝应该领先500年；到了南宋仍然有所领先。等元朝灭掉南宋以后，就在最基础的领域被人追上了。从西周到南宋，中华文明一直在进步，大体是进三步退两步这种曲折前进的方式，但是西方文明也在进步。到南宋灭亡又退两步之后，西方就追了上来。

十二三世纪蒙古帝国的崛起可以说是人类古代文明的一次大毁灭。它不仅灭掉了南宋，让中华文明出现一次大倒退；在西边，它还毁掉了阿拉伯文明。

这次大毁灭最大的受益者就是西欧地区的基督教文明。他们刚在12世纪的时候大量翻译了阿拉伯典籍，把中东科技知识引入西欧。这些科学知识是中东地区几千年发展的成果：先是古埃及人的成就，其次是波斯人，然后是希腊人，最后是阿拉伯人。

7世纪后期（武则天在位时期），阿拉伯帝国基本统一中东，建立了类似于中国的世袭独裁君主制，把阿拉伯语确定为唯一的官方语言。这在中东地区的发展史上相当于秦朝统一中国之后建立皇帝制度，搞书同文、车同轨。此后阿拉伯文明迎来大发展，从8世纪中叶起，掀起了著名的"百年翻译运动"。阿拉伯帝国的学者花费了200年左右的时间（唐朝中后期），将古埃及、希腊、拜占庭、波斯、印度等国所有著名的学术典籍译为阿拉伯语，并在这个过程中做了很多创新，使得阿拉伯文明成为中东数千年文明的集大成者。

与翻译运动同时期的还有阿拉伯帝国不断地向欧洲地中海沿岸地区扩张，从8世纪开始统治西班牙。此外，穆斯林还占领了地中海沿岸的一些地区。从11世纪开始，欧洲的基督徒发起"十字军东征"进行反击。战争断断续续地打了两个世纪，一会儿打一会儿停，大部分时间还是和平状态。这就促进了双方的文化交流，阿拉伯文化大规模传入西欧。这种文化传播的过程大概在12世纪基本完成。古希腊数学家欧几里得的《几何原本》、埃及天文学家托勒密的《天文学大成》、阿拉伯科学家巴塔尼的《天文论著》都是在12世纪被翻译成拉丁文的。中国的四大发明（即火药、指南针、造纸术和活字印刷术）也都是在这个时期，通过阿拉伯人传入西欧的。

1258年，南宋灭亡之前20年，阿拉伯帝国的首都巴格达被蒙古国的西征统帅旭烈兀攻陷，阿拉伯帝国灭亡。蒙古人在巴格达大举屠城，估计有80万到120万人死亡，图书馆和学校学院都被彻底毁灭。他们在此之前已经把中东地区富饶且古老的城市如布哈拉、撒马尔罕和巴尔赫等屠杀一空，中亚地区则早就被彻底毁灭。蒙古人执行的是一种"战略性屠杀"的征服政策——把沿途的人口都屠杀干净，然后就不用担心后方的不稳定而持续向外扩张。所以蒙古铁骑所过之处，欧亚大陆上那些古老的文明尽数消失。此后蒙古军队又攻陷了麦加和大马士革。中东文明的光芒熄灭了，直到今天也没有再次被点亮。

蒙古毁灭阿拉伯帝国的时间点对基督教文明极为有利，既没耽误西欧学习，又替基督徒消灭了伊斯兰教的威胁。

西欧的地中海沿岸地区，受到阿尔卑斯山脉的保护，躲过蒙古帝国的毁灭性打击。在东西方两大古文明遭遇灭顶之灾的同时，基督教文明开始崛起。

五、华夏之殇：倒在近代化门槛前的中国

阿拉伯帝国没能抵抗住蒙古入侵的原因不太清楚，但北宋和南宋相继灭亡的原因是很清楚的，就是儒家士大夫的腐败无耻。

元灭宋，跟秦灭六国、隋灭陈有个巨大的不同，它是在蒙古政权还没有完成民族融合和民族认同之前，就南下统一了中国。蒙古当时的科技水平和文明程度相当低，对中华文明的破坏尤其巨大。元朝统治中国时期，江南地区的经济还算繁荣，一些工艺性的技术比如纺织方面也还有进步。但是基础科学理论的发展确实是中断了。朱元璋建立明朝，可以说是中华文明的二次创业。在一片废墟之中，又重新建立起来一个辉煌的大一统王朝，殊为不易。

在此过程中，真正的罪魁祸首——道学和理学士大夫逃过了惩罚。他们在南宋亡国后投降了元朝，继续升官发财，把儒家宗法伦理推销给元朝皇帝，以帮助蒙古贵族巩固其在中国的统治。从宋朝以来开始兴起的女人裹小脚、守节等陋习得以保留。他们在编写《宋史》的时候也大力篡改历史，把亡国的责任推给宋

朝那些不管事的皇帝和被他们整得很惨的武将勋贵。

客观地说，理学士大夫参与元朝政权，有利于蒙古政权加速汉化。他们让蒙古统治者相信，不执行人口屠杀政策，也可以稳定地治理一个被征服的国家，而且可以获得更多的财富。所以元朝灭掉南宋以后，杀戮情况虽然还是很严重，但比在中国北方和毁灭中亚、中东文明的屠杀手段要克制了很多。这对保护中华文明还是有功劳的。江南地区那些没有被屠城的城市，像杭州很快就恢复了经济繁荣。元朝初年，松江人黄道婆的新型棉纺技术也得到大规模推广，极大地推动了江南地区的纺织工业发展。而且蒙古人风俗比较古朴，对儒家宗法伦理只是有限度地使用，理学思想的危害在元朝暴露得并不充分。

正因为如此，朱元璋建立明朝以后，没有清算理学思想。不过朱元璋已经察觉到问题所在，自己动手修订《孟子》，把"民为贵，社稷次之，君为轻"删掉了，不列入科举考试范围。可见他对宋朝君权太轻、不杀士大夫这些事情非常不以为然。重皇权、重武将勋贵、对官僚集团实施严刑峻法是明朝的基本立国精神。朱元璋没有把理学大师朱熹的地位抬得很高，更没有把朱熹的看法作为科举考试的标准。

等到朱棣当皇帝之后，朱熹的《四书集注》才成为科举考试的指定参考书，标志着理学思想重新成为官方意识形态。这在当时也是必然的，因为儒家主流就是理学，没得选，用儒家士大夫管理国家，他们最后一定会把理学搞成统治思想。王守仁的心学还要再等100年才会出现。

理学的核心理念就是强化人类社会的等级关系——君臣父子、尊卑有序，人人都必须按照宗法等级制度的要求来说话、做事。腐败无能的统治阶级最喜欢这套东西，用来愚化人民思想和镇压人民反抗最合适。任何社会一旦把理学作为统治思想，时间长了一定会导致严重的社会结构僵化，社会进步停滞。

心学思想的兴起对理学是很大的冲击，不仅在政治上引发张璁、海瑞的改革，催生了李贽这种揭露道学家伪君子本性的学者，还对中国知识分子打开眼界、学习西方起到很大的推动作用。翻译《几何原本》的徐光启就是心学学派的信徒，他的两个老师黄体仁和焦竑都是泰州学派的主要人物。泰州学派是王守仁的学生王艮创立的，被后世称为"中国历史中第一个真正意义上的思想启蒙学派"，是王学中影响力最大的一个分支。

徐光启跟海瑞一样，考了十多年的科举连个举人都没中。不是不够聪明，而是发自内心地讨厌理学。直到他35岁那年，参加顺天府乡试，主考官是焦竑，才算是时来运转了。

这次考试，徐光启的文章第一句就出现一连串"心"字：

"圣帝之心，唯虚而能通也。夫深山之居，舜之心无心也，无心斯无所不通矣。"

焦竑一看，这是心学的好苗子，大笔一挥就给了个第一名。后来徐光启就拜焦竑为师，学习心学并进入仕途，成为晚明著名的积极学习西方的官员。除了翻译《几何原本》之外，他还翻译了《泰西水法》六卷，这是一部介绍西方水利科学的著作；又撰写了《农政全书》，对中国几千年的农业科技进行了总结；并担任《崇祯历书》的主编，主持全面翻译引进西方天文数学知识；还引进和仿造了一批西洋火炮。可以说徐光启是明朝末年学习西方近代科学知识的第一人。

理学思想经过李贽等心学学者的大力批判和揭露，再加上东林党人的实际表现，还有人民群众的切身体会，到了明末，其危害性已经暴露得很充分了。理学家伪君子的本性，在民间已经基本形成共识。李自成从陕西发兵进攻北京的时候，诏书里面有这么一句："君非甚暗，孤立而炀蔽恒多；臣尽行私，比党而公忠绝少。"

这句话就是说：其实崇祯皇帝还可以，不是很昏庸，主要是被奸臣蒙蔽了；朝堂上的大臣则没有一个好东西，都在结党营私，从不为国家考虑。

李自成当时已经称帝了，要去攻打北京推翻明朝，用不着替崇祯说好话，甚至应该是努力攻击崇祯昏庸暴虐，才能凸显他夺取明朝天下的合法性。但他既然这么说，而且公告天下，说明他是真的这么认为，这在起义军领导层内部应该是一个共识。朝堂上这帮大臣，自以为自己装清流装得很好，但瞒得过皇帝，瞒不过天下睽睽众目，他们的虚伪、无耻已经是天下人所共知了。

清军围攻南京，朱由崧逃走之后，南京市民冲进皇宫，把那个自称"崇祯太子"的少年找了出来，拥上皇帝宝座山呼万岁，希望他能够带领大家抗清。虽然

"崇祯太子"是假的，东林党后来驱散了市民，开城投降清军，但从这件事也可以看出崇祯皇帝在市民心中地位还是很高的，大家愿意认这个正统。

如果没有清军入关，而是内部的农民起义把明朝推翻了，让李自成这样来自社会底层的英雄人物当上皇帝，一大批底层精英成为新的统治阶层，他们会彻底清算理学思想和东林党，这是可以肯定的。新的统治者应该不会放弃儒学，但在儒家学派内部可以有新的选择——心学。一个以心学思想立国的新王朝，一定会比明朝更加开放进取。那么，中国在基础科学上落后西方的差距，应该可以在比较短的时间内通过学习西方追上来。

心学反抗理学，接纳西方近代文明的能力，在明朝灭亡200年后的明治维新中得到真正的体现。在日本明治维新之前的德川幕府统治时期，程朱理学被官方定为唯一正统，阳明心学则被视为谋反之学，坚决禁止。但是到了幕府统治的末期（18世纪后，明朝灭亡100多年后），心学在民间的传播已经不可遏制。这跟明末的情况十分类似。

当时传播心学的大师是吉田松阴，他门下80多个门徒，其中竟然有40多个成为明治维新的关键人物。包括伊藤博文、木户孝允、高杉晋作等人。还有一个维新派的关键人物西乡隆盛虽然不是吉田松阴的门徒，但也是心学信徒。他读心学大师佐藤一斋的《言志录》，手抄了很多警句来鼓励自己，其中包括："读经宜以我之心读经之心，以经之心释我之心。"又说："知是行之主宰，行是知之流行。和以成体躯，则知行是二而一、一而二。"西乡隆盛的幕僚梁川星岩则说："良知说一出，聋聩皆振发。从邹孟而来，无若此快活。"

章太炎也说："日本维新，亦由王学为其先导。"

在学习西方的科学知识方面，日本当时也兴起"洋学"。而当时洋学方面的大师，也无一不推崇心学。因为心学是开放进取的，强调人内心的良知良能与社会和万物的沟通对话，不像理学那样有一个封闭的宗法伦理体系在那里镇着，思想和行动都不允许超过理学思想划定的大框框。当时著名洋学家横井小楠就说："学问之规模，应致'宇宙皆我份内（王守仁语）'……人心之知觉，曾无限矣，使广此知觉，则天下无一物为我心所遗。"这番话的思想来源，其实就是心学名言"宇宙即吾心,吾心即宇宙"①。

　　日本明治维新发生在明朝灭亡200年之后,维新派通过倒幕运动推翻德川幕府的统治,然后进行维新变法学习西方,尚且都来得及,让日本成为远东第一强国。则在200年前,若中国底层起义成功,建立一个新的大一统王朝,清算理学而重视心学,中国近代落后挨打的局面或许就不可能出现了。

　　明朝末年的时候,西方的科技发展虽然比中国略微领先,但不是一帆风顺的,欧洲的科学家还要面临着罗马教廷的宗教迫害。中国有足够的时间学习、追赶,甚至反超。

　　1634年,即明朝灭亡前十年,在徐光启的主持下《崇祯历书》修编完成,翻译了哥白尼的著作。徐光启当时的职务是内阁大学士,得到崇祯皇帝的信任。而一年前的1633年,在西方被誉为近代科学奠基人之一的伽利略被罗马教廷判处终身监禁,晚年极其悲惨。30多年前的1600年,罗马教廷还把宣传哥白尼"日心说"的科学家布鲁诺烧死。

　　这是西方和中国明朝在天文学上的对比。可以说,崇祯皇帝对天文学的支持远超过欧洲。这部集欧洲天文学所有经典为大成的《崇祯历书》不仅代表"西学东渐"的学术成果,还代表着中国对西方天文学的接纳。这些知识当时在欧洲还被宗教当局当成异端邪说予以禁毁,却已经写入中国官方编写的历书。

　　自16世纪中叶至17世纪中叶,是中国科学技术史上一个群星璀璨的时期,各种科学成果异彩纷呈,同时出现方以智、李时珍、徐光启、宋应星四位科学巨人,以及朱载堉、李之藻、王征等众多科学家。中国的科学学科体系已具雏形,与西方相比整体而言差不多。中国的传统数学、天文学由于西学的到来而复兴,到1644年,中国和欧洲的数学、天文学和物理学已经没有显著的差异。莱布尼茨1697年在《中国近事》序言中说:"中国这一文明古国与欧洲难分高下,双方处于对等的较量中。"

　　徐光启提出建立以数学为基础的整个科学技术发展的学科构架。崇祯二年

---

① 魏常海:《王学对日本明治维新的先导作用》,载《北京大学学报(哲学社会科学版)》1986年第1期。

（1629年）七月二十六，徐光启给崇祯皇帝上奏折《条议历法修正岁差疏》，论述了数学和其他科学的关系，以及数学在生产实践中的作用。他提出要把数学作为其他一切自然科学和工程学的基础来大力发展。

著名科学家方以智写成了《物理小识》，对自然科学和哲学进行划分和论述。那时西方世界还没有区分哲学和科学，而方以智已经明确提出二者概念的区分和关系。

在机械工程学与物理学方面，王徵研制出自行车、自转磨、虹吸、鹤饮、刻漏、水铳、代耕、轮壶等。王徵和西方传教士邓玉函合作翻译编写创作了《远西奇器图说》，这是中国第一部系统引进西方机械工程学与物理学的著作。

现代医学也开始萌芽，李时珍的《本草纲目》实事求是，不迷信古人，其正确性超过以往所有本草学著作。而吴有性的《瘟疫论》则透露着中华新医学的曙光。

明代末年的中国生产力高度发展，无论是铁、造船、建筑等重工业，还是丝绸、棉布、瓷器等轻工业，在世界上都遥遥领先，工业总产量占全世界的三分之二以上。与此同时，明末的对外贸易量也相当惊人，明中期到明末的百年间，由欧亚贸易流入中国的白银占当时世界白银总产量的一半左右。中国作为世界经济中心的地位毫无争议。

明朝末期的欧洲正处于科学革命爆发的前夜，对中国尚未形成压倒性的优势。欧洲在基础理论方面领先，明朝在冶金材料、工业技术等方面更为先进。由于经济实力更强，研究环境更加开明，中国通过和西方的交流把基础科学的短板补上来是完全可能的。

在西学东渐的交流中，明朝的知识分子系统介绍西学的著作有《崇祯历书约》《物理小识》《数度衍》《名理探》《寰有诠》《泰西水法序》《测量法义》《坤舆格致》《旋韵图》《几何体论》《几何用法》《太西算要》《西儒耳目资》《远镜说》《远西奇器图说》《学历小辩》《日月星晷式》《浑盖通宪图说》《经天该》等。

同时，官方和民间正在翻译中的书目中还有：

古罗马建筑学家维特鲁维的《建筑十书》；荷兰数学家、军事工程学家西蒙·史特芬的《数学札记》；德国矿冶学家乔治·鲍尔划时代的巨著《矿冶全书》

（十二卷）；意大利工程技术专家拉梅里的《各种精巧的机械装置》；罗雅各的《测量全义》；哥白尼的《天体运行论》；开普勒的《哥白尼天文学概要》；1601年罗马版的《地中海航海术》；罗雅谷的《地球表周与其直径的关系》；雅克·贝松的《宇宙仪》；纪尧姆·德诺吨涅的《磁石测量法》；克洛德·举雷的《大西洋、地中海等海洋盐度涨落潮海流流动因果实论》……

可以说，当时中国已经掀起一场全面学习西方科学知识的热潮，但是随着清军入关，一切希望都化为泡影。

1643年，明朝灭亡前一年，牛顿出生了。

1644年，清军入关的这一年，笛卡尔发表了《哲学原理》，近代科学的方法论正式奠基。

1646年，明朝灭亡后两年，德国数学家、自然科学家莱布尼兹出生。

这些人物和他们的成就将会把中国彻底甩下一个时代。中国仍停留在古代，而欧洲将进入近代。

清军入关以后，以东林党为代表的理学士大夫大规模地投降，清朝统治者对明朝内部的理学、心学之争并不了解。但是他们很容易看出来，明朝这边最愿意跟他们合作的都是理学士大夫，而且理学思想强调宗法等级制度，有利于皇帝专制统治。这样，清朝贵族就跟理学士大夫联合起来，镇压人民的反抗。理学再一次逃过被清算的命运，继续成为中国的官方意识形态。

从历史的发展来看，南明政权的东林党官僚对于清军入关感到高兴，制定"联虏平寇"的战略，应该不是因为他们愚蠢，看不出清军可能会南下统一中国，而是一种"宁与友邦，不与家奴"的精明利益计算。他们知道自己跟农民起义军势不两立，一旦农民起义军夺得天下，他们一定会被清算。而跟清朝则存在合作的可能，最好的状态是南北朝，最坏的结果不过就是投降。他们还是看得很准，投降了清朝不过是当奴才，继续享受荣华富贵；到了李自成手下，恐怕想当奴才也不可能了。

清军入关，把中国清算道学和理学思想的时间，推迟了300年。

这300年，正是西方掀起科学革命和工业革命的300年，也是中国从领先世界到全面落后的300年。后来虽然辛亥革命推翻了清政府，但理学思想仍然没有被清算。千百年来打着道学家、理学家的旗号统治中国的土豪劣绅、官僚地主和官僚买办资产阶级,继续统治中国。社会底层仍然被道学和理学的黑暗笼罩着,女性缠足、守寡乃至殉葬等风俗并未被废除。社会上层看起来变得洋气了,但夫权、神权、族权等宗法伦理依然残酷地压迫着中国人民。对此,鲁迅在《阿Q正传》《祥林嫂》等一系列作品中都进行了深刻的揭露。

清朝贵族和东林党人的联合,产生了一种民族压迫政策和理学宗法思想相结合的高度僵化的专制体制。西方世界在逐步打破中世纪神学统治的时刻,原本思想学术自由开放的中国却戴上了空前沉重的枷锁。

以著名科学家、《物理小识》作者方以智和他的家族为例,方家在安徽桐城,原本是以程朱理学传家的。"到了方以智的曾祖父方学渐的时候,方家开始接受王阳明心学。方家是王学在东南地区的重要传人。"

在心学思想的影响下,"方以智的祖父方大镇、父亲方孔炤均学习西方天文学。他曾师从意大利籍传教士熊三拔,其著作《崇祯历书约》是明末重要的天文著作。方以智和汤若望、毕方济等很多传教士均有深交,其《物理小识》尤为杰出。而方以智之子方中通师从波兰人穆尼阁,其数学专著《数度衍》系统介绍了对数的理论和应用"。

但是,清朝的统治开始以后,"慑于清朝的文化高压政策和文字狱的空前繁荣,桐城方氏放弃了自然科学的研究,重新去扒拉故纸堆。著名的桐城派就是思想文化高度专制下的产物,五四时钱玄同给它贴了个标签:'桐城谬种'。即使如此小心谨慎,桐城方氏仍然不能免于文字狱。戴名世《南山集》用了南明永历年号,结果铸成大狱。戴供词承认《南山集》抄录的是同乡方孝标的《滇黔纪闻》,刑部判戴、方两家三百多人坐死,经康熙的'宽恕',戴名世寸磔,方孝标戮尸,戴、方直系子弟坐死,其余流徒。方苞是桐城派的理论奠基人,原判绞刑,经李光地营救后幸免"[1]。

在清朝集民族压迫和思想文化专制于一身的文字狱之下,遭遇灭门惨祸的知识分子阶层又何止桐城方氏一家?

---

[1] 羽陵:《1629年,当中国面对西方科学》。

清乾隆时期修《四库全书》，总计存书3457部，79070卷，同时禁毁6766部，93556卷，且存书半数以上被篡改。所毁书目大部分是明史、军事、科技类著作，自此中国传统社会的近代化戛然而止。西学更是被朝廷视为奇技淫巧，下令禁止研习，自此无人敢碰。

近代著名学者章太炎指出，乾隆年间被销毁的中国古代书籍"将近三千余种，十六七万卷以上"。历史学家吴晗也指出："清人纂修《四库全书》而古书亡矣！"明朝人宋应星的科技著作《天工开物》也遭到禁毁而失传。300年间，中国人都不知道明末有过这样一部科学巨著，现存的版本是清朝灭亡以后人们从日本找回来的。

与此同时，《天工开物》经过日本传入欧洲。欧洲人从中学习到中国制作铁犁、养蚕和播种等技术，开始了新一轮的农业革命，农作物产量大幅度提高，可以养活更多的城镇人口，为工业革命奠定了物质基础。

清朝的专制统治比西方教会统治时期还黑暗。西方针对个人观点进行思想禁锢，伽利略也不过是被判终身监禁，而清朝的文字狱却是斟字酌句地对明朝知识分子进行灭门迫害。这种残酷的杀戮和思想禁锢使中国最终失去了和西方同步的机会，以致清朝初期就开始了严重的倒退，甚至将许多明朝已经取得的成果都丧失掉了，中后期更是一塌糊涂。文字狱之下的所谓康乾盛世，铁和布匹这两项指标性的工业产品的总产量始终未能恢复到明末的水平。

清朝的文字狱本来是不反西方科学的，主要是用来镇压知识分子对明朝的怀念和对清朝民族歧视政策的不满。但理学思想是坚决反对西学的。理学士大夫投降清朝，成为统治阶级的一员，把理学思想搞成官方意识形态，也就很自然地借助文字狱的威力来帮助他们扫荡西学，关闭中国人学习西方的大门。

参与编写《崇祯历书》的西方传教士汤若望、南怀仁，在顺治年间还继续得到清政府的礼遇，让他们继续编写历法。但是理学士大夫很快掌握了权力，开始对来自西方的思想进行打击。康熙三年（1664年），对历法一窍不通的理学士大夫杨光先上疏弹劾汤若望、南怀仁等人妖言惑众、图谋不轨，他荒谬地提出："宁可使中夏无好历法，不可使中夏有西洋人。"

这个杨光先跟东林党应该是很有渊源。他是安徽歙县人，是汪文言和吴养春的同乡，在崇祯年间温体仁当政的时候，就抬棺死劾东林党的政敌温体仁，结果被判充军。温体仁下台后被赦免。现在他再次拿出弹劾温体仁的劲头，公开质问汤若望："如果你说地球是圆的，那么地球上的人站立，侧面与下方的怎么办？难道象螺虫爬在墙上那样横立壁行，或倒立悬挂在楼板下？"[①]

最后，汤若望和南怀仁都被流放，跟西洋传教士合作编订历法的钦天监官员李祖白等五人被处死。

清朝从康熙年间起，就已经不了解西方各国的具体位置了。明朝出版的《舆地山海全图》《舆地图》《山海舆地全图》《缠度图》这些地图不仅有与利玛窦的《坤舆万国全图》交流的痕迹，还有许多中国自己的独立发现。《舆地山海全图》里面已经把英国和葡萄牙的位置都标出来了。可清朝居然连"佛郎机"都不知道是哪儿，把住在澳门的葡萄牙人叫"澳门夷"了事，等鸦片战争英国人打进来之后，才开始找人研究这些国家在哪里。其实标注着欧洲各国位置的地图就在清朝的宫廷档案馆里面，300年前就画好了。

1793年，英国政府任命马戛尔尼为正使，乔治·斯当东为副使，以贺乾隆皇帝八十大寿为名出使清朝。英国特使马戛尔尼在他的出访日记中写道："（中国）自从被北方或满洲鞑靼征服以来，至少在过去150年里，没有改善，没有前进，或者更确切地说反而倒退了；当我们每天都在艺术和科学领域前进时，他们实际上正在变成半野蛮人。""清政府的政策跟自负有关，它很想凌驾各国，但目光如豆，只知道防止人民智力进步。""（清朝是）一个专制帝国，几百年都没有什么进步，一个国家不进则退，最终它将重新堕落到野蛮和贫困状态。"[②]

英国副使乔治·斯当东编辑的《英使谒见乾隆纪实》记载："（清帝国）遍地都是惊人的贫困，很多人衣衫褴褛甚至裸体，一路上我们扔掉的垃圾都被人抢着吃"，"像叫花子一样破破烂烂的军队"，认为清朝是"靠棍棒进行恐怖统治的东方专制主义暴政的典型。清帝国不是富裕的国度，而是一片贫困的土地，不是社会靠农业发展，而是社会停滞于农业"。

[①] 周宁：《中西最初的遭遇与冲突》，学苑出版社2000年版。

[②] 许涤新、吴承明：《中国资本主义萌芽》，第四章第一节，人民出版社1985年版。

嘉庆四年（1799年），改造160门明朝的"神机炮"，并改名为"得胜炮"，但经试放后发现其射程竟然还不如旧炮①。

鸦片战争时期，林则徐抗英，其好友龚自珍献出先进的秘密武器，竟然是明朝火炮。

鸦片战争之后30年，左宗棠督师西征新疆，在陕西凤翔县进行了一次"考古挖掘"，竟从一处明代炮台遗址挖掘出开花弹百余枚，不禁感慨万千，叹道："利器之入中国三百年矣，使当时有人留心及此，何至岛族纵横海上，数十年挟此傲我？"

看到这些不禁感叹——中华文明最可悲可叹的莫过于在西方科技革命的前夜遭受北方少数民族入侵，在民族压迫政策和理学思想文化专制的统治下，进入闭关锁国和科技发展停滞的状态。

中华文明，历经四起四落——商周起，春秋落；秦汉起，南朝落；唐宋起，元朝落；明朝起，清朝落，最终还是倒在近代化的门槛前。

六、文明的宿命：如何逃出盛极而衰的规律？

明朝该不该亡？确实该亡。它的官僚集团都腐败成那个样子了，从一个农民政权腐化变质变成了一个镇压迫害剥削人民的反动政权，怎么不该亡？但是，如果它亡于内部的农民起义，那中国后来历史的发展，或许要辉煌得多。

在明朝末年，争夺天下的力量主要有三股，一股是农民起义军，一股是明朝的官兵，一股就是清军。对普通老百姓来说，农民起义军不要钱，不要命，还经常开仓放粮，他们只对贪官豪强进行追赃和惩处；而官兵是只要钱，不要命，官兵因为军饷不继经常抢劫民财，主要以夺取财物为目的；清军是既要钱，又要命，不仅要掠夺财物，还要系统性地消灭明朝的人口，才能以人数少的民族对人

---

① 黄一农：《红夷大炮与明清战争——以火炮测准技术之演变为例》，《清华学报》（新竹）新26卷第1期，第31—70页。

数多的民族建立起绝对专制的统治。相比起义军改朝换代或者军阀割据，遭受入侵是最糟糕的一种局面。

有很多人认为，清军入关极大地扩张了中国的版图。因为清军入关以后，把漠南地区并入中原政权控制的版图，在新疆又把领土扩张到明朝哈密卫更西边的地区，还设立驻藏大臣加强了对西藏的控制，在西南地区搞"改土归流"把很多土司占领的地盘变成郡县制体制，这些都是清朝政权为中国做出的历史贡献。

但是，是不是没有清军入关，中国的版图就会一直像明朝中后期那样不断缩小呢？这种观点也不对。因为之前西汉、东汉、唐朝和明朝的历史都已经证明，经农民起义刷新过的统治阶层无不具有强大的活力，在保卫国土方面比起清朝来毫不逊色。

清朝能够大幅度地扩张疆域，有一个很重要的因素，就是从明朝取得大量的火器，特别是大炮。这个武器在腐朽的明朝军队手中发挥不出很大的作用，但是到了清军手中就变成攻城略地的利器。

大炮这个东西，用来守城效果并不好。因为当时还没有发明出炸药，炮弹要么是实心的铁疙瘩，要么用的是黑火药，爆炸之后杀伤力很差。攻城的一方阵形都是散开的，又处在运动之中，看见炮弹来了还可以躲开，一炮打出去打不死几个人。

还有一点，就是清军攻城是让汉兵冲到最前头，然后是蒙古兵，女真兵只在后面督阵。这是所有军队攻城的基本经验，冲在前面的都不会是精锐。所以炮火再猛烈，轰死的基本都是汉兵，对清军的核心力量基本没有损害。只有野战才能把杀伤敌军的主动权掌握在自己手里，通过侧翼袭击、后方偷袭等灵活多样的方式杀伤敌军。

明朝的火枪制造技术领先于西方，在地雷的制造和使用上也是世界第一。毛文龙就多次利用"游击战加地雷战"的方式，用小股部队引着后金大部队进入事先布置好的地雷阵地，给后金制造过巨大的杀伤。戚继光的火枪骑兵则能够以一当十轻松击败数量占绝对优势的蒙古骑兵。用中小型火器来跟传统骑兵野战，是很占便宜的。西方当时之所以火炮厉害，是在大海上航行的需要。海战必须有远程重型火炮，才能方便在大海上攻击敌军船队。这个东西并不适合陆军野战——太笨重了。

袁崇焕的"坚城大炮"战术导致明军在武器装备的发展方向上，放弃了他们一直最擅长的火枪、地雷、小型火炮等野战武器，而是耗费巨资购买或铸造大型火炮，使得明军的野战能力被进一步削弱，而在防守上也没有占到便宜。

在陆地上，大炮最适合的用途既不是野战，也不是守城，而是攻城。所以明军耗尽血本购买铸造的大炮，到了清军手里就成了宝贝。首先是长城防线对清军来说就形同虚设了，很容易就用大炮轰个口子；在潼关打李自成部队也是大炮解决问题，天下雄关，几炮就灰飞烟灭了；攻打扬州的时候，清军把扬州城一围，根本就不攻城，而是等着大炮调过来慢慢把城墙轰塌，完全不费劲。那时候炮弹威力不行，但没关系，反正城墙又不会动，对准一个地方轰，一炮轰不塌轰两炮，轰上一天一夜肯定能轰塌。清军南下能够如此顺利地统一中国，没有让南明划江而治，大炮在攻城中的作用不可低估。

后来康熙时期，清军跟准噶尔部作战，准噶尔部落用"驼城"战术与清军对抗——就是把骆驼的四条腿绑住跪在地上，然后把骆驼身上背的箱子、毛毯等取下来堆在前面，构筑成一道临时防线，可以很好地阻挡骑兵在大漠上的突击。这是准噶尔部落横行大漠的看家法宝。但是在大炮面前，这种肉体防线就不堪一击了。康熙皇帝调来数十门红夷大炮一阵乱轰，骆驼立刻死伤过半，"驼城"迅速崩溃。清军很快征服了准噶尔。

所以说，袁崇焕杀了毛文龙替清朝消除后顾之忧，大修宁锦防线拖垮明朝财政，然后大力购买引进西洋大炮为清军提供攻城利器。"坚城大炮"战略最后变成"明朝有坚城，清军有大炮"。

明朝被清朝取代这个事情，虽然事后分析起来，认为清朝（后金）战略战术多么厉害，但从宏观上看，总觉得是一个绝对不应该发生的事。明朝人口是清朝（后金）的100倍，经济实力100倍都不止，武器装备是热兵器对冷兵器，各个方面的优势都是碾压式的，这个仗怎么可能打输？但它就是打输了，而且输得惨不忍睹。只能说是统治集团已经腐败到极点，再好的装备、再强的资源落到一帮只会贪污和内斗的人手里，没有任何用处。

如果不是清朝，而是明朝内部的农民战争中产生的英雄人物夺取天下，建立新的朝代，那么他们也一定会用这些先进的武器去开疆拓土，其武功不会逊色清朝。

汉民族王朝强盛的时候，扩张也相当厉害，匈奴当年可是被整得很惨的。而且清朝由于自身科技水平的落后，只会用现成的而不知改进，就会用个大炮，后来慢慢地连大炮也不太会用了。它夺取的很多领土，如外蒙古、巴尔喀什湖、黑龙江以北等地区，后来也因为中国严重落后于西方而丧失了。

新的汉民族王朝则必然会大力学习西方先进技术，在武器装备方面取得更大的进步，跟周边少数民族的武器差距将会比西汉时期更大。如果中国在17世纪能跟上西方科技革命的步伐，把领土扩张到清朝初期的水平并不困难。而且可以参与18世纪和19世纪的海上争霸，"日不落帝国"能不能轮到英国来当都还不好说。那就不是清朝的冷兵器骑兵所能想象的武功了。所以也就不存在没有清朝入关，中国今天的版图就会比有清朝入关小得多的问题。

心学学派的改革失败以后，明朝灭亡就是不可避免的了，无非就是时间早晚的问题。但明朝灭亡对中华文明来说不一定是坏事。

回顾一下中国改朝换代的历史，再看一下世界上其他的古文明，有很大一部分都不是被更先进的文明征服，而是被周边那些人口数量更少、武器装备更落后的野蛮民族征服。这种落后征服先进的事情，似乎应该是反常现象、偶然现象。但是翻开人类文明的发展史，它竟然是普遍现象、常见现象，这就不由得不去深思了。

这或许体现了文明兴衰的一个基本规律：任何文明都必然需要以某种政治经济组织结构为依托。一部分精英分子居于这个组织结构的上层，管理着数量占大多数的普通人民。随着时间的推移，精英阶层总会通过各种办法来扩张自己的特权，并且不断加强财富和特权的血缘继承。由于特权的增强和竞争机制的削弱，精英阶层不断腐化堕落，其整体素质下降不可避免，财富的集中也会日渐加强。于是"两头穷，中间富"的情况出现。精英阶层依靠特权天生衣食无忧、奢侈腐化，不思进取。公共资源大量进入个人或家族的腰包，国家政权能够调集的资源急剧萎缩，包括军事开支在内的公共服务严重短缺，人民苦不堪言，对政权离心离德，甚至出现大规模的内乱。而这个时候，就是外围的其他民族以小吞大的最佳时机。

简而言之，一切文明都会因为统治阶层腐化而走向衰亡。

中国历史之所以呈现出王朝更迭的历史周期律，是因为中华文明独特的地理位置，让它不会因为某一次的政权更迭就消亡。经过内部改革以后，还能够再次振兴。而其他古文明，被消灭之后很容易就会衰落甚至消失。古希腊文明被罗马征服后就消亡了；古罗马文明在被匈奴人征服后也消亡了；古印度文明被雅利安人征服后就消失了；古埃及文明被阿拉伯帝国征服后也消失了；阿拉伯文明被蒙古人征服后就完全衰落了。今天世界上强大的文明只剩下兴起于十二三世纪的"日耳曼—基督教"文明①和从上古一直延续至今的中华文明。

相较于其他古文明，中华文明虽然在近代落后了，还是很幸运的，好歹没有消亡或彻底衰落。

工业革命没有发生在中国，中国的科技水平最终被西方赶超，原因很简单，就是因为中华文明太古老了。任何文明经过一段长时间的和平发展以后，都会因为统治集团的腐化堕落而陷入内忧外患之中，就可能被外围文明程度更低的民族征服，导致科学技术特别是基础科学理论的发展出现严重倒退。

而工业革命和近代科学革命之所以会发生在日耳曼—基督教文明，是因为他们在古代非常落后，其发展崛起的时期正好赶上古代文明向近代文明转进的关头。日耳曼人的领地处在欧亚大陆的最边缘，受到阿尔卑斯山和地中海的保护，逃过一系列的外敌入侵，特别是十二三世纪的蒙古帝国入侵。同时，他们又靠近古代文明两大中心之一的中东地区（另一大中心是中国），可以吸收来自古埃及、古希腊、古印度、阿拉伯帝国的优秀文明成果。

日耳曼—基督教文明和中华文明有一个共同点，就是都位于亚欧大陆的边

---

① 今天的德意志民族、法兰西民族和英美盎格鲁—撒克逊民族，都是日耳曼人的后裔，都信仰基督教，可以算成同一个文明体系。但古希腊人和罗马人，并不是日耳曼人的祖先，也没有实现民族融合。希腊文明和罗马文明都是已经消失的古文明。只是它们的科学成就和法治思想等方面被日耳曼人学习继承了而已。今天的中华文明也是学习继承了古印度、古希腊、古罗马、古埃及、阿拉伯的多种文明的成果，但是不能说中华文明是古希腊罗马文明的继承人。

缘，一个在最西端、一个在最东端。在抵御外敌方面，这两个地理位置都比较有利，所以基督教文明能发展起来，而中华文明也可以多次复兴。

再细致地观察日耳曼—基督教文明的内部，盎格鲁—撒克逊人笑到了最后："日不落帝国"英国是近代的世界霸主，美国则是现代世界的霸主。从地理上看，它们都可以得到海洋的保护而免遭外敌入侵，这对英美文明的成功至关重要。同为日耳曼—基督教文明的德国和法国就没有那么幸运，在拿破仑战争、普法战争和两次世界大战中，这两个国家的本土都遭到巨大的破坏，也因此失去了跟英美争夺世界霸主的机会。近代历史上日本崛起成为东亚头号强国，也有这方面的因素。蒙古帝国曾经派出舰队试图征服日本，但是被台风吹翻了。

从目前来看，已知的任何文明似乎都还没有逃出盛极而衰的规律，因为精英阶层的腐化堕落看起来在任何社会中都顽强存在，而且无法被除了改革以外的其他手段逆转。这个规律超越社会体制和科技水平，它来自人性本身的缺陷。只要人类社会存在组织结构，组织的上层逐步腐化堕落总是不可避免的。所以不仅国家有寿命，公司企业等任何形式的人类组织也都有寿命。这恐怕就是文明的宿命，明朝也没有逃过这样的结局。

七、太监救国：宦官专权的历史真相

这一节专门讲讲太监问题。

太监是中国帝制时代最不幸的一群人。阉割本身就是一种酷刑，遭受这种生理上的残害以后，好不容易混出头来想要干点事，还被文人拼命丑化抹黑。连底层民众往往也难以理解他们，乐得参与这种丑化抹黑的活动，通过鄙视太监来获得心理上的优越感。

太监制度是一种非常黑暗、没有人性的制度。这一点是非常清楚的。但是，从这一点并不能推导出太监是一群黑暗和没有人性的人。这一点同样也是非常清楚的。太监是太监制度的受害者，就好像奴隶是奴隶制度的受害者一样。不能抨击奴隶制度黑暗，连带着把奴隶的人格也鄙视一番。

要成为太监必须先经过阉割。这个程序保证了太监一定是来自中国社会的最底层,而且没有办法世袭。但凡生活能勉强过得去的家庭,都不会把自己的孩子阉割了送进宫里当太监。虽然太监可能获得一些权势地位,但只要有的选,大家肯定还是愿意送孩子去读书,走科举道路考取功名,即便考不上也还有别的出路。只有穷到需要卖儿卖女的家庭,才会把孩子送去当太监。而如果一个穷人家的孩子当了太监以后飞黄腾达,让整个家庭富裕起来,他的家里也不会再愿意继续送孩子去当太监了。

这就造成一种局面:官僚权贵集团始终没有办法彻底切断皇帝与中国社会最底层的联系。

太监的地位,在一个王朝建立的初期并不重要,因为有官僚集团负责向皇帝提供信息。立国初期时官僚系统比较清廉高效,而且很大部分官员也来自社会底层,他们就可以很好地向皇帝反馈来自社会各阶层的各种问题,帮助皇帝作出决策,然后负责执行。

这个关系可以如下图所示:

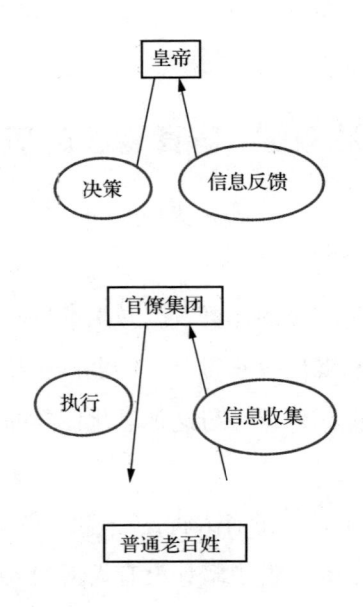

```
          皇帝
         ↗    ↖
      决策    信息反馈


         官僚集团
         ↗    ↖
      执行    信息收集
         ↓
       普通老百姓
```

这个机制如果正常运行,那么太监在政治体系中就没有位置,只能伺候皇帝和后妃。

但随着官僚集团的腐化，官僚系统逐渐就不能公正反映社会各阶层的利益诉求了，而是只反映跟他们联盟的大地主大资本家的利益诉求，向皇帝隐瞒普通老百姓的生活状态和自己的种种贪污腐化活动。局面就变成这个样子：

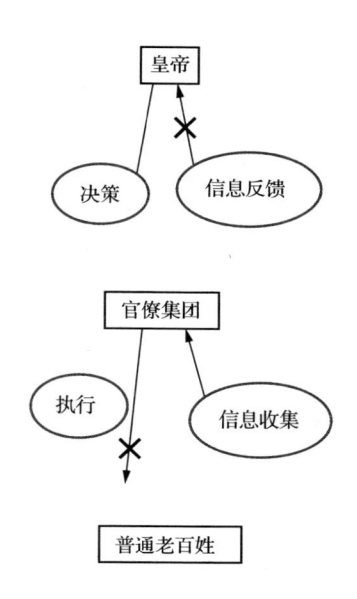

```
         皇帝
        ↗  ✗
      决策   信息反馈

         官僚集团
        ↙    ↖
      执行    信息收集
        ✗
      普通老百姓
```

这种格局也就是常说的"瞒上欺下"，对上隐瞒信息，对下按照自己的利益来执行中央政策，行使政府权力。这个时候政府机构的运行就失灵了，皇帝也失去对官僚体系的控制。他不知道在他统治的帝国中，老百姓的真实生活状态是什么样的，也不知道他的命令被执行得如何。时间长了之后，皇帝也会发现，这里面问题很多。

比如明宪宗朱见深用太监汪直，最开始就是因为京城闹妖怪，搞得皇宫里面也人心惶惶，所以才派汪直乔装打扮出去打听消息。万历十二年（1584年），山西五台一带多有矿贼，啸聚劫掠，官员就一直捂着不报告皇帝。万历皇帝因为派人到五台山进香，才得知消息。

这种小道消息不断被印证之后，皇帝就会对官僚集团失去信心，试图开辟新的渠道来发现问题，而最容易开辟的新渠道就是通过太监。

等官僚集团腐败到一定程度以后，太监的作用就会显得越来越重要。太监可以向皇帝反映社会底层的真实情况，甚至向皇帝提出有利于社会底层人民的改革建议。因为他们就来自这个阶层。

在这方面，皇帝和太监比较容易取得一致。皇帝希望国家的老百姓能过上好日子。他们也知道，必须让老百姓活得下去，皇位才能稳当，他的子子孙孙才能接着做皇帝。反之，老百姓活不下去，就要造反。国家如果灭亡了，皇帝的存活率很低，皇帝的一家人大部分会被杀。所以，皇帝治理好国家的动力和压力都特别大。

而且，掌握治理中华帝国的最高权力，是一件极有成就感的事情，比全天下任何事情都要吸引人。不用人催，皇帝自己就知道天天拼命干活，努力想把国家治理好。至于物质上的享受，或者贪恋女色之类的事情，享用过度了自然就会兴趣索然。站在皇帝的位置上，这些想要多少有多少，招之即来挥之即去，跟行使皇权、处理军国大事比起来，诱惑力完全不在同一个层次上。

明朝的皇帝，每一个人都劲头很足，虽然能力有差异、治国理念有差异、治理的效果有差异，但态度都是没问题的，全都在认真负责地想要治理好国家。清朝的皇帝，也是一样。明朝有16个皇帝，清朝有12个皇帝，总共28个。在这28个人当中，对治理好中国这件事没兴趣的、贪恋女色或者游玩而不理朝政的皇帝的比例为零。这个样本够大了，足以说明问题。

明清之前的历史记载，只有文官编写的所谓"正史"，没有"实录"等更客观详尽的资料可供考证，所以没办法去证实或证伪。但是根据明清的28个样本，有理由认为：明清之前大部分朝代的皇帝，也应该是这样的，真正的昏君、暴君必然是极少数。关于皇帝好色、怠政等方面的记录，大部分应该都是文官集团编造出来的，为的是把国家衰落的责任推到皇帝头上。通过对明朝皇帝的研究，也可以知道此类谎言是如何出炉的。

绝大部分皇帝都会努力想要治理好国家，想让老百姓过上好日子。这是皇帝制度基本设计逻辑决定的。但官僚集团作为皇权的代理人，他们的想法就跟皇帝不一样。

官员的位置不如皇帝那么稳当，随时可能在政治斗争中失势，官位也不能传给子孙，而且自己又不是最终决策人，很多事情也是执行命令，缺乏主动性和成就感，国家灭亡了自己未必遭殃，说不定换个皇帝也还能够继续当官……所有这些因素加起来，官员为国家考虑的动力和压力都比皇帝小了很多。他们就会很自然地在国家利益和个人利益之间进行选择：自己贪一点，贪的全都归自己，而给国家造成的损失基本不用自己来承担；自己努力一点，给国家和人民的好处也不归自己，不归自己的儿孙。官员个人利益与国家利益的关联度，跟皇帝和国家人民利益的关联度比起来，就要差很多。

所以，在帝国制度下，官僚集团日渐腐化堕落，是一个必然的趋势。他们越腐败，跟皇权的冲突也就会越严重。这跟民主精神没关系。明朝的文官越到帝国后期，跟皇权抗争得越厉害，不是说他们有民主精神，只能说明他们越来越腐败，从皇权的代理人变成自己这个贪腐权贵阶层的代理人，所以跟皇权才会从合作走向对抗。

笔者在前面说过，朱明皇权是农民起义的胜利成果。在朱元璋时期，它就是代表农民阶层利益的。皇帝制度就是古代社会的一种政治制度设计。在这种制度设计下，国家政权代表哪个阶层的利益，要看情况，不是一成不变的。不仅不同的朝代不一样，同一个朝代的不同时期也会发生变化。随着时间的推移，官僚集团不断腐化，官僚地主和官僚资产阶级就逐步篡夺农民起义的胜利成果，把它变成权贵阶层统治农民等普通老百姓的工具。

这个变化的过程，可以用"粮长"这个职位的变迁来观察。

"粮长"就是农村地区负责给官府缴纳粮食的人。这个人的主要责任就是把他那一片地区的农民应该缴纳的粮食收起来，交给官府。这个位置的官员没有特别的权力可以支撑他强制从农民手里收粮，收不起来的粮食就得粮长自己补上。所以这不是一个好位置。在明朝开国初年的时候，粮长一般都由村里的地主、富户轮流担任。这就表明，缴纳粮食的责任主要落在地主、富户头上。这种制度安排符合普通农民的利益，体现了农民阶级掌权的特点。

但是到了明朝后期，粮长就逐渐变成由普通农民担任，而地主、乡绅等富有阶层不再担任了。对此，黄仁宇在《十六世纪明朝的财政与税收》中大惑不解，他说，大户在农村地区比较有地位，让他们担任粮长有利于粮食的征收。不知道为什么到了后期会让贫农担任，让贫农去找大户要粮，难度会显著提高，这导致明朝后期的农业税征收困难。

显然，这种变化不会是因为明朝后期的官员不如前期的官员聪明，不知道农村地区地主、大户更有地位。粮长身份的变化，是因为官员和地主勾结起来了，让地主、大户可以逃避缴纳粮食的责任，而把这个责任推给普通农民。粮长身份的变化，就是明朝国家政权所代表的阶级利益逐步转变的一个生动体现。

政权组织形式和它所代表的阶级利益之间，并不是一一对应的关系。当然它们确实有关系，但这种关系不是绝对的、一成不变的。起义的胜利成果被篡夺，是一个渐进的过程，并不是农民领袖一当上皇帝，整个政权就变质了，没有那么快。

一直到明朝灭亡，朱明皇权的农民起义特质都还存在。明朝的皇帝都会反复阅读朱元璋写的造反历程和感悟。受此影响，他们几乎都认为，只要农民造反就是官逼民反，责任肯定在官府。所以，明英宗朱祁镇听说荆襄地区农民起义，官员请求镇压，才会说："那些都是吃不饱饭的农民，怎么能够派兵镇压？"而是力主招抚。

其实荆襄地区的农民造反还真不是官逼民反，因为那个地方就没有官，都是自生自灭。后来朱见深采取先铁腕镇压，再改善治理模式的手段，才解决了问题。

到了崇祯年间，崇祯皇帝对农民起义的态度也是但凡能够招抚的一律招抚。他经常说的一句话就是："流寇也是朕的赤子。"他也知道那些人是吃不饱饭才造反的，只是当时明朝已经没有足够的财政能力去招抚起义军了。

在皇帝一心为国家整体利益考虑情况下，已经腐化变质了的官僚集团要让皇权服从自己的利益，就必须切断皇帝跟底层人民的联系。他们向皇帝提供的信息，就要经过层层筛选，必然会严重扭曲；他们对皇帝的命令，也是故意曲解，往歪了执行。

皇帝察觉这一情况之后，首先会想办法整顿官僚集团。如果官僚集团整体已经腐朽，在皇帝能看得到的官员范围内已经找不出合适的人选了，那么他很自然就会转向太监，让他们给自己提供信息，参与决策，监督甚至整肃官僚集团。这个时候帝国的政治运转机制就变成这样：

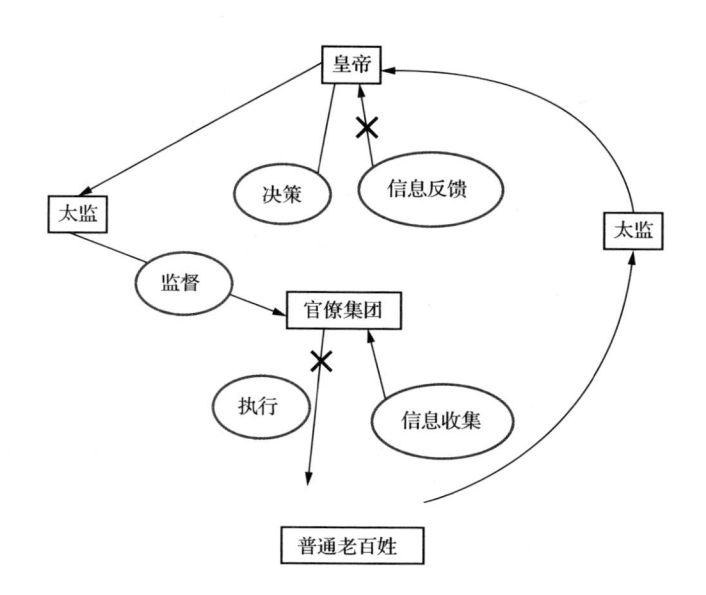

```
                    ┌──────┐
                    │ 皇帝 │←────────┐
                    └──────┘         │
                     ↗  ╳↑           │
        ┌──────┐  ╱ ┌────┐ ┌────────┐│ ┌──────┐
        │ 太监 │   │决策│ │信息反馈│  │ 太监 │
        └──────┘   └────┘ └────────┘  └──────┘
           │                             ↑
         ┌────┐                          │
         │监督│                          │
         └────┘ ┌────────┐               │
            ↘  │官僚集团│←──┐           │
               └────────┘   │           │
                  ╳↓        │           │
               ┌────┐   ┌────────┐      │
               │执行│   │信息收集│      │
               └────┘   └────────┘      │
                  ↓                     │
              ┌──────────┐              │
              │普通老百姓│──────────────┘
              └──────────┘
```

也就是说，皇帝在正常的政府体系之外，增加了由太监控制的信息反馈体系和监督体系。

由于太监数量有限、能力也有限，因此执行最终还是只能交给官僚集团去做，不可能完全让太监取代官僚集团。但是在极端情况下，太监也可能负责部分实际执行工作，比如万历皇帝和天启皇帝就派出太监直接征收商税和海关税。

所以，太监干政是正常的官僚体系运转失灵的结果，而不是原因。太监不是乱政，而是对已经腐败堕落的官僚体系进行补救。由于太监不能世袭，而且全都来自社会最底层，他们也就很容易跟皇权结合，对贪腐集团进行镇压。太监主政，特别是明朝的几个太监执政，都是站在底层人民的立场对腐败的官僚集团进行整肃。

文官总结的明朝四大"权阉"，王振打击杨荣贪污，杀掉杨士奇的儿子；汪直整死杨晔，清查驿站并代表明宪宗巡视各地；刘瑾进行全国土地清丈，将贪腐官员"罚米输边"；魏忠贤整肃东林党，打击吴养春家族霸占黄山木材，都是在整顿吏治，打击豪强。

刘瑾当权的时候，太监内部就把他称为"小太祖"；魏忠贤当权的时候，在打击贪官豪强方面下手也相当重，很多人进了监狱就没活着出来。文官集团天天嚷着要"恢复祖制",其实就是打个幌子卖私货,比如不准增加商税、加强海禁之类的。真正实打实照着朱元璋立国精神办事的,就是刘瑾、魏忠贤这些太监。

朱元璋立国精神的核心是以严刑峻法维持官僚集团的廉洁高效,其他的都是细枝末节。比如海禁,那就是出于治安考虑的权宜之计,到了朱棣时代,郑和率好几万人的船队就开到西洋做生意去了;低商税税率是为了扶持被战争打击的商业,恢复经济繁荣,真要到商业大繁荣的明朝后期,换了朱元璋,他也肯定愿意多收商税而减少农业负担。

这些太监之所以能够秉承朱元璋的立国精神,就是因为他们跟朱元璋来自同一个阶层。他们知道底层人民生活的艰辛,也知道这种艰辛是谁造成的,所以对贪官、豪强下手特别重。这跟朱元璋是一样的。朱元璋就是被元朝的底层官吏整得全家死绝,自己当和尚讨饭,所以当了皇帝以后对待贪污腐败才十分凶残。

朱元璋的子孙当了皇帝,虽然知道老祖宗是农民造反起家的,对农民还是很有感情,但毕竟生长于深宫之中,又被儒家思想洗过脑,对社会的真实情况不了解,很多想法就难免脱离实际,容易被官僚集团操控、蒙蔽。

这个时候,太监就能为皇帝提供沟通社会底层的信息渠道和政治支持。

从这个角度来说,太监并不只是皇帝的家奴。他们有自己独立的阶级立场和政治意识。皇帝利用太监来监督文官集团,太监也会利用皇权来践行自己的政治路线。当太监和皇权密切结合的时候,类似于朱元璋时代的那种农民专政的局面就会再次回归。

这个时候,已经沦为官僚地主和官僚资本利益代表的士大夫就会惊呼"太监乱政"了。

其实这不是乱政,只是代表了皇权向明朝立国精神的回归。

笔者以前读到有关明英宗朱祁镇的历史记载,总觉得朱祁镇对太监王振简直宠信得莫名其妙。朱祁镇对王振是尊敬,而不是宠爱,他总是恭恭敬敬地称王振为"先生"——也就是老师。

王振并没有带着朱祁镇四处游玩,讨他喜欢。实际上正好相反,他对朱祁镇管束还很严格。一次,朱祁镇与小宦官在宫廷内击球玩耍,被王振看见了。第二天,王振就当着大臣的面,向朱祁镇跪奏,要求皇帝不要沉溺击球游戏。

王振到了中年才净身入宫,之前是个教书先生,连个举人都没有考中过。你说一个要什么有什么的皇帝,怎么会对这样一个低级教书先生如此敬重呢?他身边像杨士奇、杨荣等一大批德高望重的大儒,要是论知识水平,比王振不知道高到哪里去了;要说贪玩好耍,找聪明伶俐的小太监或者年轻漂亮的妃子、宫女一起玩,不是更好?

王振到底有什么特殊才能,能够让朱祁镇对他敬重有加,乃至把军国大事都交给他去办呢?

后来土木堡之变,文官都说是王振的责任,害得朱祁镇兵败被俘,皇位也丢了,回国以后又被软禁在南宫。这样说来,朱祁镇跟王振应该有深仇大恨,但朱祁镇复辟以后竟然一点儿都不怪王振,反而还对他非常想念,还要派太监去土木堡祭祀王振的亡魂,然后"招魂以葬,祀之智化寺,赐祠曰精忠"[1]。

这个事情非常不可思议。朱祁镇就像是被王振施了什么魔法,中了邪一样。不然怎么会这样愚顽不化?

从历史记载来看,朱祁镇智力正常,不管治国水平怎么样,头脑是很清醒的,没发疯没中邪,工作勤奋不好女色,一心想治理好国家。

这样一个人,在经历了从皇帝到俘虏,到囚犯,再回到皇帝的大起大落之后,心智应该很成熟了,竟然始终对王振念念不忘。这是为什么呢?

显然,王振可以给予朱祁镇某些他非常渴望得到的东西,这些东西身边的大臣、后妃、太监等人都无法给他。

王振在中年净身入宫,在中国社会底层生活了很多年。比起那些年幼就净身入宫的太监,他对中国社会底层人民的生活有很深的了解。这是他身份最特殊的地方。

根据《明史》记载,王振取得朱祁镇的信任之后,就一直劝他"用重典御下,防大臣欺蔽。于是大臣下狱者不绝"。

这就应该是朱祁镇信任王振的原因了。

朱祁镇手下的那些大贤臣不断地告诉他,国家在他贤明父亲明宣宗的治理

---

[1]《明史·王振传》。

下，一片繁荣昌盛、政治清明，而他只需要根据儒家经典的教诲，不改父道、孝敬太后，举止合乎礼仪规范，为天下作出表率，然后把国家大事交给贤能的内阁去处理，那么国家就会继续繁荣昌盛，人民就会把他歌颂成为伟大的君主。

只有王振说的不一样。

他对年轻的小皇帝说：

"陛下，您的国家现在贪腐横行、民不聊生！"

这句话不是史书上记载的，是笔者猜测的。根据各种史料来分析，笔者认为只有这一种可能，才能让王振赢得朱祁镇毫无保留的信任和支持，而且让王振对朱祁镇而言无人可以替代。

从土木堡之变到夺门之变，朱祁镇虽然再次当上皇帝，但身边再没有一个人可以像王振那样，告诉他国家最真实的一面了。

土木堡之变让大明王朝的勋贵几乎被一网打尽，文武力量失衡，文官集团占据了统治地位，他这个皇帝不再像以前那样一言九鼎了。这些，都让他禁不住想念王振。

第二次当上皇帝的明英宗朱祁镇应该是比较落寞的。年少的时候，他被王振培养得对帝国的弊政愤愤不平，立志要将贪腐加以铲除。王振告诉他，要用严刑峻法来整肃官僚集团，要注重发展军事力量而不宜过分信任文官。这些他都深以为然。但想不到出现土木堡之变那样的灾难。

关于土木堡之变，皇帝亲征却面临着后勤不足、严重缺粮缺水的局面，大军已经返回，进入第一道长城防线以内，竟然还会遭到蒙古主力的攻击，而周围的军队也拒绝赶来支援。这些奇怪的事情共同导致土木堡的惨剧。文官集团成为这次事变最大的受益者。朱元璋建立的文武制衡的立国体制被打破，文官一支独大的局面从此形成，直到明朝灭亡。几百年来，关于土木堡之变的阴谋论猜测不断——有无可能是文官集团故意在背后使坏呢？

这样的猜测从现有史料中无法找到有力的依据。笔者倾向于认为，不一定有精心策划的阴谋，但文官集团以各种借口拖延粮草供应，以致朱祁镇和王振行军困难，这一类的小动作应该是有的。

不管怎样，第二次当皇帝的朱祁镇确实老实了很多。

他是向文官集团低头了吗？

也许痛失皇位的经历，让朱祁镇变得保守了，不想再跟官僚集团拼个你死我活，那太危险、太辛苦了。他只想舒舒服服地坐稳皇位就行了。

至于王振，他已经死了。

当朱祁镇听到农民起义之类的消息之时，难免会想起王振对自己说过的话，所以还是会怀念他。

其实不仅是王振，魏忠贤也是中年净身入宫，入宫之前都娶妻生子了。刘瑾倒是幼年入宫，但他长大后跟老家还有联系。他是陕西兴平县一户农民之子。而且刘瑾掌权之前因为政治事件被贬过两次，被发配到南京海子口充军。两次基层生活的经历极大地增进了他的人生阅历，被朱厚照重用的时候也50多岁了。

算下来，明朝四个最有名的大太监，有三个都是人生阅历比较丰富的中老年太监，跟他们搭档的也都是20岁以下的少年皇帝。他们都在皇帝登基以前，长时间陪伴着他长大。

这些太监应该不仅是少年皇帝的工具那么简单，而是以自己的阅历去影响甚至塑造了皇帝的人生观和世界观，让皇帝能够在理学士大夫的重重包围之中，知道外面世界的一些真相，特别是底层人民生活和官僚腐败的真实情况。

这种历经生活沧桑的中老年太监，跟有理想、有干劲的少年皇帝相结合，肯定会干出一些惊天动地的事情出来，在历史上留下印迹。这就是明朝历史上著名的大太监王振专权、刘瑾专权和魏忠贤专权[①]。

这几个专权的太监，最后下场都不好。对此他们应该是有思想准备的。历史上的太监专权，大部分最后都被文官整得很惨。这点历史常识他们应该是知道的。

如果仅仅是仗着皇帝的信任，谋些权势和财富，他们完全犯不着跟文官集团结下血海深仇。明朝太监是正式的官位，像司礼监、御马监中的太监都很有权

[①] 至于四大太监中的汪直，确实缺乏皇宫以外的生活经验。他跟皇帝的关系就反过来了。汪直没有阅历，但明宪宗朱见深有阅历，他当过多年的废太子，体验过人情冷暖。汪直是朱见深看着长大的，所以朱见深和汪直的关系，是标准的皇帝利用太监去完成任务的关系，这是一个特例。

势，只要在职权范围内按部就班地干活，为人处事按照官僚集团内部的规矩来，不会缺权也不会缺钱。大部分司礼监、御马监太监，都不会出头整人，也不会跟文官集团对抗，最后权势、地位、财富，该有的都有，也得了善终。这不是很好吗？

如果王振、刘瑾、魏忠贤只追求个人的权力、地位，想要捞点钱发家致富，按照他们跟皇帝的关系，那是很容易的事情。他们没有必要去专权、去整人，跟文官集团搞得你死我活。但他们还是这样做了，这就跟张居正要搞改革、海瑞要搞改革是一样的，就是想要干点事，对这个国家的现状实在是看不下去了，所以才挺身而出来干这种得罪人的事儿。

这种人物并不是皇帝想要搞点改革就随便能找得到的。大部分太监还是宁愿明哲保身，可以很积极为皇帝做事，但要得罪文官集团，他们也害怕。所以像万历皇帝演练内操，只要首辅申时行发出威胁，那些太监马上就想办法让皇帝把兴趣转移到别的方面去了。崇祯在最后关头哀叹国家快要灭亡了，有太监也跟着感叹说魏忠贤还在就好了，却没有一个太监愿意再站出来去干魏忠贤干过的事了。因为一不小心就是杀头、抄家的下场，太可怕了。

所以，那些敢于站出来整肃官僚集团的太监，都是有勇气、有魄力、有牺牲精神的人物，这跟文官集团内部的改革派是一样的。如果张璁、海瑞、张居正是改革家、政治家，那么王振、刘瑾、魏忠贤也应被视为改革家、政治家。只不过因为他们的身份是太监，所以才会被抹黑得特别厉害，结局也特别悲惨。

实事求是地讲，用太监来搞改革、来整人，确实不是正常现象。用文官集团的话来说，就是"非圣明之世所宜有"。按照帝国的制度设计，太监就是皇帝的生活助理，科举文官治国才是治理国家的正道。太监没有经过寒窗苦读，文化水平低，又没有经过科举考试选拔，没有经过层层历练，仅因为能讨皇帝喜欢，就暴得大权，甚至凌驾于文官系统之上，这难道不是违反了治理国家的基本原则吗？

这样的道理，接受过儒家教育的皇帝其实都明白，也非常认可。对于科举文官治国的优点，曾经大力赞扬过，也深入剖析过。但是，这里有一个重要的前提，就是这套制度能够正常运行，不被各种潜规则所扭曲，不受利益集团操纵。

比如科举考试，有利于从社会各个阶层选拔人才，在它诞生的初期具有很大的历史进步意义。但是如果徇私舞弊盛行，像周延儒、吴昌时当权的时候那样，连文盲都能靠送钱考中举人，那么它也就失去选拔人才的初衷。

又比如，行政系统层层选拔，有利于锻炼人才、发现人才，把最优秀的人才送到系统的顶端。但是如果贪污腐败盛行，层层选拔人才就会变成层层淘汰人才，不愿意同流合污的人被筛掉，选出来的全是无耻无能的极品坏蛋，那么这个制度也就失去了意义。

太监专权，就是在文官治国这一套正统体制失灵的情况下，皇帝为了治理好国家而不得不采取的非常之举。

赵翼在《廿二史劄记》中说："东汉及唐、明三代，宦官之祸最烈。"这个结论在历史学者中间应该是比较公认的。宦官专权的情况，确实是这三个朝代最突出。

但是，非常巧的是，这三个又都是寿命很长的大一统王朝。唐朝"宦官之祸"最烈，太监掌握了禁卫军的军权，不仅可以凌驾于文官系统之上，还能废立皇帝甚至谋杀皇帝，结果唐朝寿命最长，存续了289年；明朝"宦官之祸"次之，专权的几个太监虽然能够凌驾于文官系统之上，但不能威胁皇权，结果寿命第二长，存续了276年；东汉的"宦官之祸"又要差一点，只能跟文官进行激烈的斗争，但是不能专权，结果存在了195年，也很长寿。

西汉存在了210年，虽然没有太监专权，但是西汉有酷吏政治，酷吏在收拾贪官豪强方面的力度不比太监差。清朝存在了268年，也没有太监专权，但是清朝有贵族勋贵凌驾于文官系统之上，文武之间存在血统隔离，权力制衡得很厉害。

除了这两个朝代以外，北宋没有太监专权，积贫积弱167年就灭亡了；元朝也没有太监专权，98年就灭亡了；西晋也没有太监专权，51年就灭亡了。

比较一下古代最长寿的四个大一统王朝（清朝一半在近代，不算）：唐朝既有酷吏又有太监专权，寿命第一；明朝只有太监专权，寿命第二；西汉只有酷吏，寿命第三；东汉酷吏和太监专权都有，但都比较弱，寿命第四。

不难发现，酷吏和太监其实是个好东西，对于延长王朝的生命可以说是功不可没。他们都有一个共同的功能，就是可以帮助皇帝严厉打击贪官豪强集团。在这方面做得比较好的王朝，就长寿；做得不好的王朝，就短命。

太监专权往往会在一个王朝的中后期集中出现。因为一个王朝的正统官僚集团越到后期越腐败，皇帝就越需要用太监来维持局面。

《明史》中有这么一段记载很能说明问题：

崇祯皇帝继位以后，先干掉魏忠贤，然后把各地的镇守太监都撤了回来，把权力都交给大臣。但没过多久，他就发现大臣只知道搞党争，军事上不断失败，财政日益困窘，因而又开始用太监来做事。

吏部尚书闵洪学率朝臣一起反对用太监干预朝政，崇祯只能叹气道：

"苟群臣殚心为国，朕何事乎内臣？"①

崇祯这句话说得相当辛酸，相当悲愤。作为最后一个出现太监专权朝代的末代皇帝，他这也算是为太监专权出现的原因做了一个总结。

"你们这些官员要是能办事，我好好地怎么会用太监啊？"

崇祯是有资格这样质问大臣的。因为他原本很相信文官集团，一上台就把魏忠贤除掉，把镇守太监撤掉，把征税太监召回了，把国家大事完全交还这些代表正统的大臣去办。

结果怎么样？

没有了太监的监督，内阁大学士钱龙锡马上就跟蓟辽督师袁崇焕秘密协商把毛文龙杀了。这种边将结交近侍、节将杀掉节将的惊天大事，他这个皇帝从头到尾被蒙在鼓里，一点儿风声都没听到。

如果魏忠贤在，宁远有镇守太监盯着，这种事情可能发生吗？不可能发生。

袁崇焕把皇太极派来议和的白喇嘛等使者留在宁远好吃好喝招待了几个月，又给兵部尚书写信商议，皇帝还是一点儿都不知道。如果宁远有镇守太监，朝中有魏忠贤的东厂特务四处打听消息，这种事情会发生吗？同样也不会发生。

撤了征税太监，没过多久宁远就因为缺饷发生兵变，逼得辽东巡抚自杀。魏忠贤当权的时候，这种事情发生过吗？从来没有发生过。

---

① 《明史·宦官传》。

后来陕西农民起义越闹越大，都进入山西境内了。山西省内地方官员画地为牢，只管自己负责的一亩三分地，拒绝互相支援，宣大总督张宗衡和山西巡抚许鼎臣关系形同水火，谁也不服谁，自己带着兵各打各的，起义军穿插流窜，来去自如。这些事情皇帝完全不知道，还是派了太监刘允协下去调查后才奏报上来的。

首辅周延儒去打清军，就在通州，皇帝的眼皮子底下，吃吃喝喝一仗不打天天报告大捷，搞得崇祯很高兴，结果也还是太监下去调查揭发出来的。

所以，崇祯皇帝想不用太监，能行吗？

文官确实代表着正统，但是正统并不总是代表着正义、正确。当正统已经朽坏到无法补救的时候，非正统中就会有人站出来试图挽救局面，给正统"纠偏"。

不仅魏忠贤是非正统，像毛文龙这种行伍出身没有功名的武将独立节制一方，在文官体系看来，也是非正统。

袁崇焕杀掉毛文龙，本质上也是一种镇压，是正统对非正统的镇压。"不受节制"在袁崇焕给毛文龙安的罪名中排名第一。文官既然是帝国正统，武将当然就必须受文官节制。不杀毛文龙，就不能维护"以文制武"的这个正统。"正统"在这个时候，就变成利益集团维持既得利益、反对改革的借口。

魏忠贤和毛文龙这两个人，就是在正统体制已经失灵，国家财政枯竭、军事惨败的情况下，挺身而出试图挽救国家于危亡，结果没有被后金干掉，却被本国的"正统"当作异端消灭了。这就是毛文龙哀叹的："诸臣独计除臣，不计除奴，将江山而快私忿，操戈矛于同室！"

就像《红楼梦》里面探春所说的："可知这样大族人家，若从外头杀来，一时是杀不死的。这是古人曾说的'百足之虫，死而不僵'。必须先从家里自杀自灭起来，才能一败涂地！"

腐败的统治集团如果不把能打仗、能办事、愿意为国家效劳的仁人志士杀完，一个大国怎么可能被一个几十万人的部落灭亡了呢？

从正统与非正统的角度，明朝后期为了解决国家统治危机所进行的改革，可以分为那么几类：

首先是正统内部的改革。张居正改革就属于此类。他是理学士大夫，进士出身，进入翰林院做编修，被首辅徐阶看上，然后一步一步进入内阁。整个过程完全符合文官集团的"正统"。但是他的改革深度也最浅，只停留在财政税收和行政纪律方面。

其次是半正统的改革。张璁和海瑞的改革就属于此类。他们都是科举文官，算是进了正统的门槛。但海瑞是举人，不是进士。张璁虽然是进士，但没有当过翰林。"非翰林不能入阁"是文官集团内部的政治规矩。而且张璁是嘉靖皇帝违反文官集团的意志一再破格提拔上来的，属于"幸进之臣"，没有走正常的升迁渠道。所以他们只能算是半正统。他们改革的深度超过张居正改革。这种半正统的改革人物出现，说明正统的渠道已经失灵，优秀人物会在正统选拔机制中被边缘化。

最后是非正统或者反正统的改革。主要就是太监专权，体现于魏忠贤这种人物的出现。等到正统和半正统的改革都相继失败，只能从非正统的渠道来进行改革，那就说明这个体制已经到崩溃的边缘，正统已经变成反动。

等非正统的改革派也被镇压了下去，这个体制就彻底没救了。正统的、半正统的、非正统的改革渠道都被堵死，问题就只能通过起义来解决了。

所以，往往一个王朝的覆灭，最关键的一幕就是太监专政的结束。

对于东汉末年太监和士大夫的斗争，柏杨在《中国人史纲》中总结得比较客观。他把历史书上记载的，涉及太监和士大夫斗争的事情做成表格一条一条列举出来，然后总结说：

宦官跟士大夫间的斗争，血腥而惨烈。不过要特别注意的是，上表所列宦官罪恶的资料，全都是士大夫的一面之词，而凡一面之词，都不一定可信。即令可信，宦官的确罪恶很重，但仍没有士大夫的罪恶一半重……

经士大夫宣传，我们所知的，宦官的滥杀只有三件，一六〇年杀赵岐全家，一六六年射杀民女，一七九年杀人悬尸。士大夫却残忍得多，一六〇年，连宦官的宾客都杀。一六六年，连宦官的朋友也都杀，更杀宦官的母亲。而且很多次都在政府大赦令颁布后再杀，而且以对宦官苦刑拷打为荣——否则的话不会自己洋洋得意记录下来。

像京畿总卫戍司令（司隶校尉）阳球，他在审讯王甫、王萌宦官父子时，亲自指挥拷打，王萌向他哀求："我们到这种地步，自知非死不可。但求你垂念先后同事之情（王萌也当过京畿总卫戍司令），怜悯我父亲年老，教他少受痛苦。"阳球说："你们父子罪大恶极，死有余辜，妄攀同僚交情，有什么用？"王萌气愤地说："你从当小官的时候，出入我家，像奴隶一样侍奉我们父子。今天乘人之危，落井下石，上天不会容你。"这一下揭了阳球的疮疤，他羞怒交集，用泥土塞住王萌的口，父子二人被活生生地拷打到死……

这里有一个易起误会的现象，必须澄清。可能有人说士大夫只对宦官才如此凶暴，其实士大夫对平民也是一样。像前所举的那位守丧二十年，生了五个孩子的赵宣，他并没有犯法，但宰相陈蕃却把他杀掉。北海（山东昌乐）国相（封国行政首长）孔融，他竟把一个他认为在父亲墓前哭声不悲的人处斩。

东汉末年，外戚勋贵专权问题严重。皇帝为了对抗外戚，不得不依靠太监。太监多次帮助皇帝从外戚手中夺回权力。东汉最后的专权太监是"十常侍"。大将军何进为了干掉这十个太监，密谋邀请西北军阀董卓进京剿灭"十常侍"。结果董卓进京以后就先废立皇帝，然后又强迫皇帝迁都，引起地方豪强联合起兵攻击董卓，东汉遂陷入军阀混战。

到了唐朝中后期，太监专权再次出现。此时对政权威胁最大的是藩镇割据。安史之乱后，中央权威衰落，既不能有效地任免地方官员，也无法收税，甚至有些藩镇对中央政府还产生了直接威胁。

但唐朝中后期之所以还能保持基本的统一和稳定，长达100多年，主要是因为中央还掌握着一支有一定战斗力的"神策军"。神策军的最高统帅称为"神策军护军中尉"，均由宦官担任。

宦官之所以能掌握这样一支军队，就是因为中央文官集团腐败无耻。唐朝还没有"以文制武"的规矩，功劳大的武将仍可能进京在中央政府担任高级官职，掌握实权。文官于是把边镇节度使纷纷换成少数民族将领——因为一般少数民族将领文化水平不高，不会进入中央决策层威胁文官的权力。但是少数民族将领也更容易叛乱，节度使安禄山因为被宰相李林甫一再诬告而起兵造反，引发安史之乱。

文官集团捅出来这么大一个篓子，却无力解决问题，把长安都丢了。太监鱼朝恩联络西北地区的军队神策军勤王，最后护送皇帝返回长安。神策军从此被编入天子禁卫军的序列，常驻长安，军权也一直由宦官掌握。

神策军的战斗力保持了100多年，足见宦官的政治能力和军事能力都是不错的，这跟宦官无法世袭且只能来自最贫穷的家庭有密切关系。他们很难集体腐化堕落。

从唐文宗开始，以仇士良为首的宦官凭借神策军控制朝政。"自是天下事皆决于北司，宰相行文书而已。"[1]整个唐朝中后期150多年，中央决策权大部分时间都掌握在宦官集团手中。宦官凭借着杰出的政治军事才能，维持着大局的稳定和国家的统一[2]。

宦官在唐朝中后期政治体系中的作用，主要体现在两个方面。

第一大职能是保卫中央，平定四方。中唐以后100多年，尽管各地军阀时有混战，但由于神策军10万大军坐镇中央，首都地区再未出现大的动乱，国家也没有陷入分裂和大规模的内战。唐中后期历次针对地方藩镇和边境叛乱进行战争，神策军也均是主力。

跟明朝后期一样，唐朝末年的文官集团已经极度腐败无耻，完全不管国家大事了，天天玩党争。唐朝末年的"牛李党争"、北宋末年的"元祐党争"和明末的"东林党争"是中国历史上三大著名党争。文官党争一旦开始，官员就按照党派划线整人，把一些鸡毛蒜皮的小事上升成为政治事件互相攻击，中央政府遂陷入瘫痪。这个时候，唯一还在干正事、维持政权不至于倒台的人，就剩下宦

---

[1] 因为皇宫都是坐北朝南的，政府机构都在皇宫南边。太监在皇宫内办公的权力机构被称为"北司"，文官中央政府机构被称为"南衙"。

[2] 和明朝不同，唐朝后期皇帝实际上已经成为宦官手中的傀儡。但太监如何对待皇帝并不是评判宦官历史功过的标准。唯一的标准是是否有利于国家统一稳定，人民安居乐业。皇帝是国家元首，是否忠于皇帝也绝不是评价历史人物是非的标准。儒家思想一直承认"民为贵，社稷次之，君为轻"。只不过士大夫把这个标准用来评价自己，文官欺负皇帝就是维护天道，太监欺负皇帝就是混蛋。我们不接受这种双重标准。

官了。

到唐末黄巢起义，唯一忠心保唐、独撑危局的还是宦官杨复光率领的神策军。

杨复光是一位传奇人物，在宫中谋得实权以后，竟然主动申请到地方上去历练，当监军。他这个监军实际上就是统帅，每次打仗都亲自带队，上阵杀敌。他不仅对排兵布阵十分精通，还是个武林高手，武功非常了得。取得军功以后，他才回到宫中，掌握神策军军权。

面对王仙芝和黄巢的起义，杨复光协调各路兵马，多次击败起义军，并将其分化瓦解，联络沙陀兵支援，最终收复长安。在成功镇压黄巢起义之后，杨复光不幸病死军中。他在军队中很有威信，军中大小军官闻听此讯，无不痛哭流涕。如果杨复光能多活一段时间，唐朝政权应该还能再多维持一段时间。

宦官的第二大职能是蹲点监军。在唐朝前期，对地方的监军由御史台等文官负责。安史之乱后，皇帝不再信任文官，监军工作改为宦官负责。宦官分驻各地监军，也掌握了很大一部分地方军权。朱温篡唐的准备工作之一，就是矫诏下令各地捕杀监军的宦官，可见宦官监军制度已成为野心家篡位夺权的绊脚石[①]。

最后，文官集团出卖了宦官，东汉末年的一幕再次重演。宰相崔胤和实力最强的军阀朱温秘密勾结，请求朱温带兵进京消灭太监。朱温进京以后，把太监屠杀一空，只留下二三十个未成年的小太监伺候皇帝，彻底终结了太监专权。接下来，他就跟董卓一样，强迫皇帝迁都去他的地盘，后来又因为怀疑文官集团图谋不轨，把从长安带过来的文官也统统杀掉。

杀完之后，朱温下令说："这些人平时自诩为清流，其实全都是无耻之徒。把他们的尸体扔进黄河，让他们清流变浊流。"

没过几年，朱温代唐自立，唐朝灭亡。

整体回顾一下东汉、唐朝和明朝太监专权的历史，可以说，太监上台执政，无一不是官僚集团腐败无耻的结果。官僚集团把国家搞得一团糟，宦官才会跑到第一线来救急。一旦连可以救急的太监都没有了，一个王朝就会很快灭亡。"十

---

① 鲍迪克：《"宦官政治"：组织的长寿基因》。

常侍"死而东汉亡,杨复光死而唐朝亡,魏忠贤死而明朝亡。

太监,是帝国政权最后的良心,是帝国高层中最后一批还跟底层社会保持着血肉联系的人物。连太监都被干掉,一个政权也就不再具有存在的价值。

太监当中也会有贪污腐败,但由于存在阉割机制,他们的贪欲和腐败的官僚群体比起来要差得多。太监的晋升机制,也很少会受血缘关系的影响。因此即使到了王朝的末期,太监集团也不会像官僚集团那样彻底坏透了,总还是有一些以国家人民利益为重的人物,在尽力支撑大局。

太监的整体文化素质很低,又没有可以支持他们改革的执行体系,一切都只能依赖皇权,强迫跟他们敌对的文官系统去执行。他们的种种努力最后都难免会沦为失败,他们也往往成为悲剧性的人物。但他们的努力不应该被抹杀。他们中的英雄人物,也应该像文臣武将中那些真正的英雄人物一样,彪炳史册,流芳千古。

八、青史昭昭:为中华帝国辩护

历史是塑造一个民族灵魂的东西。当历史被扭曲以后,当代人的价值观也会跟着被扭曲。

清修《明史》是一部严重扭曲历史真实的史书。投降清朝的东林党人以及他们的衣钵传人,为了推卸自己在明朝亡国中的历史责任,疯狂抹黑明朝的皇帝和与东林党作对的文臣武将以及太监,并以此来迎合清朝皇帝加强专制统治和民族压迫的需要。此外,它还具有"二十四史"的一贯通病,就是根据儒家意识形态和文官集团的利益来判断是非。

《明史》的最大"成就",就是足以让中国人对明朝的历史感到恶心。仿佛270多年间,我们的祖先都像僵尸一样在一群荒淫无耻的暴君的专制统治下浑浑噩噩地生活着。

从这个印象出发,我们也很难对之前的唐朝和汉朝等古代王朝有什么特别好的感觉。结合儒家学者编纂的其他正史,基本上除了宋朝以外的整个中国古代史就都被否定了。而宋朝虽然让儒家士大夫生活得很舒服，但怎么装扮粉饰也掩盖不了它积贫积弱的现实，被辽、西夏、金、蒙古轮流虐，优待士大夫的同时又对老百姓异常残暴，在《水浒传》和《说岳全传》里面丢人现眼，让人实在对宋朝没法产生好感。

于是，整个中华文明史也就都变得丑陋不堪了。

笔者读中学的时候，历史书上不断地告诉我们中华文明多么光辉灿烂，各种科学技术动不动就领先西方好几百年。但是这些东西对我们民族自豪感的塑造好像并不大。既然整个中国古代的历史都已经被描述为一部黑暗专制的历史，那么科技成就也就只能被解释为某些天才的个体灵光一现的结果。我们从中国历史中能学到最多的，无非就是如何进行政治斗争、争权夺利罢了。

但这显然并非中国的历史。笔者写这本书，为很多在历史上被认为是坏人的人翻了案，但最主要的目的，并不是为某些个人翻案，而是要为整个中华文明翻案。翻案的核心，就是要明确中国古代政治制度的伟大和超前。

中国历史上诸多科技成就超越西方数百年甚至上千年，很重要的一个原因，是因为中国的政治制度也超越西方数百年甚至上千年。政治文明是中国古代在文学艺术和科学技术方面取得伟大成就的基础。

集权君主制在古代社会是保护人民权利，促进经济发展，推动社会进步的一种非常优秀的、进步的制度。它可以有效地消除封建割据，统一国家法制，打击贵族豪强，促进商品贸易，使中国人成为古代世界生活最为幸福、权利被保护得最好的一群人。

柏杨在《中国人史纲》中讲过一件事：西汉中期，一个叫路舒温的人向皇帝上疏，反映法官判案往往倾向采取重刑。

路舒温说：

"法官们上下勾结，刻薄的人，被称赞为廉明。残忍的人，被称赞为公正。主持正义、昭雪冤狱的人，却有被认为不忠贞的后患。所以，法官审讯案件，非致人于重刑不可，他对囚犯并没有私人恩怨，只是用别人的自由和生命，来保卫自己的自由和生命而已。他必须把别人陷入重刑，他才可以获得安全。"

于是柏杨说："冤狱与酷刑，是无限权力政治制度下的产物，此种制度存在一日，冤狱与酷刑存在一日……路温舒的奏章，使我们发现中华人权所受的蹂躏，自古就没有有效的保护。"

路舒温的上疏时间是在公元前1世纪。此时中国已经建立起来比较完整的司法制度，犯人需要经过取证、起诉和审判才会被判处刑罚。审判的依据是《九章律》，这是在战国时期的《法经》和秦国的《秦律》基础上修改完善而成的。在此之前100年，汉文帝就已经废除了肉刑，不再有把人砍掉手脚之类的刑罚了，主要刑罚就是笞、杖、徒、流、死。

路舒温反映的问题当然存在，汉法就是非常严。实际上古代社会刑罚都比较严，这跟当时证据取得比较困难有关。

一般来说，"刑罚的威慑力=刑罚的严厉程度 × 犯罪被抓住的概率"。

如果犯罪被抓住的概率为0，也就是绝不会被抓住，那么不管刑法有多么严厉，对罪犯的威慑力都为0；如果刑法的严厉程度为0，也就是没有任何惩罚措施，那么即使犯罪被抓住的概率是100%，那么刑罚的威慑力还是为0。

如果要保持刑罚的威慑力不变，那么犯罪被抓住的概率越高，惩罚力度就应该相对降低；反之，如果犯罪被抓住的概率很低，那么惩罚力度就应该相对较为严厉，才能让人不敢犯罪。

在古代的技术条件下，要保持刑罚对罪犯的威慑力，只能通过严刑峻法来实现。古代社会的刑罚普遍比现代社会严，对证据和程序的要求普遍比现代社会低。这不能简单地解释为古代人比较野蛮、不尊重人权，等等。这些制度特点主要还是刑法跟当时的技术水平和生产力发展水平相适应的结果。汉法对犯罪从重从严处理，有它内在的合理性。

理解中国政治体制优越性的关键之处就在于，要把人民的权利，跟官僚和贵族的权利区分开来。官僚或贵族的权利保护得好的政治制度，不叫先进；只有人民的权利保护得好，才叫先进。皇帝制度，就是通过皇权来严厉管束贵族和官僚的特权，以保护民权。同时，还可以最大限度地集中国家资源来发动战争、兴修水利和组织赈灾。这种制度在古代的交通不便、通信不便、人民受教育程度很低的情况下，具有极大的合理性。这是中华文明存在和发展的政治基础。

到了近代，中国在科学技术、政治制度等各个方面都全面落后于西方。中国也通过革命终结了皇帝制度。但是，这并不表明中国古代的政治发展史就失去了价值。

涉及如何正确处理集权与民主的关系、如何正确处理统治阶层的特权和普通老百姓的民权的关系、如何防止社会精英阶层的腐化堕落、如何为来自社会底层的优秀人才进入精英阶层提供上升渠道、如何根据经济结构的变迁来调整税收结构、如何正确识别打着为国为民旗号的利益集团代言人的真面目、如何防止利益集团一边把税负转嫁给弱势群体一边以保护弱势群体的名义要求国家给自己减税……所有这些问题，都可以从深入地研究中国古代历史中得到启迪或者警示。

千百年来，时代在变，但人性不变。在各种有关权力和物质利益分配的博弈中，人性会做出什么样的反应，是非常值得深入研究的问题。中国2000多年有文字记载的文明史，为这种研究提供了最大最丰富的样本，是我们这个民族相较于其他民族的一大特殊优势。通过研究这个时间跨度最长的样本，可以让我们对社会发展的规律有更深刻的认识，从而帮助我们建立一个比西方世界更好、更完善的社会。

中央集权的职业官僚制度适应能力很强，它既可以有效地管理好农耕社会，也能有效地管理好商业社会，还可以有效地管理好工业社会，目前看起来它在应对信息社会的挑战方面也表现良好。从农耕时代到信息时代，经济基础的这种翻天覆地的变化并没有让郡县制、职业官僚制这个上层建筑发生根本性的变化。

这套体制的优点和缺点都是非常突出的。优点主要是能够集中力量办大事，缺点就是容易腐败和产生官僚主义。怎样能够让这套体制高效地运转，避免腐败和官僚主义，并且和市场经济、信息社会和谐共存、互相促进，可能是当前和未来很长一段时间中国需要回答的最重要的问题。

后记　寻找解读中国历史的新史观

李贽在《与焦弱侯书》中，讲述自己撰写《藏书》的心情："自古至今多少冤屈，谁与辨雪！故读史时真如与百千万人作对敌。"

笔者写这本书的时候，也有类似的感觉。原本计划把全书控制在20万字以内，但是每讲到一个被正史冤枉的历史人物时，总觉得他们为国家为民族作过那么多的贡献，付出那么大的牺牲，数百年甚至上千年来却还一直遭受不白之冤，就总是忍不住想要为他们多说两句。因为，历史欠他们一个公道。

要为这些人鸣冤昭雪，又不能只贴个标签，必须把事情的来龙去脉讲清楚。最后写下来，字数竟然翻了一倍多。最后写书所花的时间，也比原计划大大延长了。

中国古代的所谓"正史"——"二十四史"和《资治通鉴》，并不总能视为客观公正的信史。它们打上太多儒家意识形态，有新王朝统治者的意志以及诸多利益集团的主观烙印。而且，"二十四史"都是亡国后才修史。由于改朝换代一定会伴随长时间、大规模的战乱，许多史料文献也会因此失传。像唐朝、明朝这种历时近300年的王朝，修史的时候距离王朝中前期已经过去200年以上，修完之时距离王朝灭亡也已经过去上百年。这中间夹杂了太多的野史传闻难辨真伪。种种原因混杂在一起，最后修出来的正史里面，有几分是真、几分是假、哪些是真、哪些是假，都很难说得清楚。

后记　寻找解读中国历史的新史观

鲁迅说，二十四史，无非就是帝王将相的家史。而实际情况比鲁迅说的还要更糟糕。它们是被大力篡改过的、严重失真的帝王将相家史。

根据这些"正史"来还原历史的真实面貌非常困难。明朝以前的官修实录，除唐《顺宗实录》五卷及宋《太宗实录》残本20卷外，皆已佚失。即使觉得正史上有哪些地方说得不对，也很难查到比正史更权威的资料。

只有从明朝开始，官修实录才得以完整地保存下来，此外还有很多当事人的回忆录、明朝人自己整理的历史档案等资料也得以流传至今。所以本书虽然是在梳理整个中国古代史，但把重点放在明朝，因为现存文献资料只能支撑我们把明朝和清朝搞清楚。而清朝是由满族建立的王朝，又跨越古代和近代，其典型意义显然不如明朝。

本书用《明实录》等成书时间比《明史》更早、更可靠的材料来考证《明史》记载的真伪，结果发现，清修《明史》对明朝历史的扭曲程度可以说相当惊人。

把明朝的历史搞清楚以后，我们再利用研究明朝历史过程中发现的一些规律，去梳理明朝以前的历史，就可以质疑正史上的一些记录。比如明朝被清朝灭亡，东林党就大力抹黑明朝皇帝和他们的政治对手；那么宋朝最终亡于蒙古，理学士大夫投降元朝以后在编写《宋史》的时候，我们推论说他们也干了类似的事情，这应该是可以说得通的。

这种方法比较笨拙。但明朝之前的材料实在缺乏，也只能如此了。

本书用种种方法去反复推断梳理历史资料，试图尽可能地逼近历史真相，但对明朝之前的故事，最后也只能大体推断出一个框架脉络而已。

"二十四史"和《资治通鉴》早就垄断了对中国历史的解释权，要颠倒这千百年来被正史定论的是非，谈何容易？

但是我们又不能不去颠覆。因为正史里面实在有太多违反人性常识和良知的内容，有些记载还自相矛盾。中国的历史，绝不是儒家士大夫永远正确的历史。他们试图通过篡改历史强加在中国人精神上的枷锁一定要打破。

面对文献不足的困境，本书的基本方法论是"平心而论，据实以求"。也就是从人性的常识和基本的良知出发去观察历史，对某些地方提出质疑，然后再尽可能地寻找材料来证实这种质疑，得出新的结论。

从常识和良知的角度可以得出的必然结论，我们对证据材料的要求就比较低，可以大胆颠覆正史中不合常理的内容；从常识和良知的角度不能得出有把握的结论，我们对证据材料的要求就比较高，在材料不足的情况下就尽可能保守一点，保留正史中记载的观点。

经过这样大量具体事例的辨析，就可以总结出来一些规律。这些规律就体现了一种新的历史观。然后再带着这种新的史观梳理一遍历史材料，就可以发掘出更多被传统史观忽略的材料，作为新的证据。与新史观矛盾的材料，可以根据常识和良知尽可能加以辩驳或重新解释。如果发现实在辩驳不了也无法重新解释的材料，那么就要以此对新史观进行调整，保证理论和史料的一致性。

最后，还会有一些矛盾无法解开，那就需要衡量史料的价值和新史观的支撑强度。如果认为这个新史观已经有了大量的材料支撑，也符合人性的常识和良知，那么对于某些看上去很可靠的史料，我们也只能暂时存疑，不予采纳。因为不管看起来多么可靠的史料，也可能在记录和传抄过程中与历史事实相背离。

比如杨涟的《狱中血书》，几百年来感动了好多人，但我们不能排除一种可能——它是杨涟的儿子伪造的。东林党的记录说杨涟在监狱里面经受各种酷刑折磨，但怎么折磨都没有丧命，还能逮着机会偷偷用毛笔来写血书。血书在杨涟死后被狱卒发现，狱卒因为良心发现把血书偷偷藏了起来，等魏忠贤死后才交给杨涟的儿子。这个过程本身就比较离奇，令人生疑。

杨涟的儿子拿到血书以后，向崇祯皇帝上疏，据此要求皇帝为杨涟平反。在此之前，谁也不知道有这封血书的存在，谁也没见过这个东西。那个狱卒除了杨涟的儿子之外也没有人见过，连名字也没记录下来。谁能保证这封血书不是伪造的呢？

认定这封书信就是伪造出来的证据有没有呢？没有。但要证明它不是伪造的，也同样没有证据。最后，笔者就只能从大的历史观来对此事进行判断，因为东林党一贯虚伪无耻，在造谣作假方面劣迹昭著，因此对这种材料笔者就不予采信。反之，如果我们从诸多材料证实，东林党真的是一群真正的君子，对人对事一贯坚持实事求是的态度，那么就可以认为这份血书是真的。其实就算杨涟的血书是真的，也不能动摇我们对魏忠贤和东林党的整体评价。所以在讲述这段历史的时候，笔者就不提血书的事儿了。

由于历史的记录总会存在偏差，历史事件已不可能被再次观察。面对已经过去的历史也就只能如此了。虽然解读时难免夹杂诸多主观的判断，但这是不可避免的。

面对浩如烟海的史料，没有先入为主的看法，就没办法寻找重点，进行深入的辨析思考。我们认识历史的过程，必然是一种带着主观判断去阅读史料，根据史料修正主观判断，然后再根据主观判断去辨析史料。这是一个反复互动、不断深入的过程。内则求诸良知，外则证之史料。良知良能与实事求是相结合，才能把历史读明白。自己不带着主观判断去读历史，就只能被那些掌握了书写正史权力的利益集团"牵着鼻子走"，被他们的主观判断所控制。这才是我们应该竭力避免的。

本书与那些单独地、个别地辨析某个历史事件、为某个历史人物的翻案文章有一个很大的不同点，就在于它把对个别人、个别事的翻案与一个新的史观结合起来。翻案的主要目标是建立一个新史观。而新史观的建立，又可以为这些个别的翻案提供有力的支持。同时感觉到，除非对整个中国古代史来一个大翻案，单独一个一个翻案终究是翻不过来。有一个宏大的正统史观在那里镇着，个别文章指出正史记载中有某些不合理之处，终究会被正统史观"镇压"下去。

笔者认为，这种"大翻案"在质疑正史权威性的同时，也提升了正史的价值。

为什么这么说呢？因为在近代学习西方的过程中，西方历史观逐渐成为中国人研究自己历史的一大主流思想。这种现象对中国古代史的研究既有好处也有坏处。好处就是拓展了传统历史研究的广度和深度，不好的地方就是容易出现从整体上否定中国传统史学的态度。

以前的中国历史研究，主要还是集中在政治和军事的研究，"二十四史"也主要是讲政治和军事。但现在把政治军事和经济结构的变迁联系起来，从经济社会的角度去研究历史变迁的深层次原因，这确实比单纯地讨论军国大事要深刻得多。

但是这也形成一派观点,就好像鲁迅说的,把"二十四史"直接就当成帝王将相家史。这样一来"二十四史"就真没多少价值了,最后的结果,就是中国的史学研究变成"两张皮",要么彻底套用西方史观,否定传统史学的价值;要么就延续传统儒家那一套,把"二十四史"当正统。

这造成一个很糟糕的现象,就是现在一讲复兴中国文化,很容易简化为宣传儒学,甚至是理学。中华文明的伟大辉煌,岂是儒学所能够代表的,又岂是儒学能够解释得清楚的?而理学,那是中华文明在没落时代产生的糟粕,让它来代表中华文明,简直就是在自己打自己的脸。

其实唯物史观还是有它的局限性,它主要是基于西方历史得出来的结论。它的局限性主要体现在两个方面,一方面是过度强调经济基础的决定作用,而没有充分重视上层建筑的独立性和对经济基础的反作用;另一方面是把生产资料的占有作为划分阶级的主要标准,并认为阶级斗争一定是一个私有制社会的主要矛盾,而农耕时代的国家政权一定是为地主阶级服务的。这对东方专制主义国家并不适用。东方专制君主的权威主要建立在军事强权的基础上,它可以把土地公有制(军屯和官田)和自耕农作为其政权的经济基础,不需要地主阶级的支持也能存在。土地兼并实际上是对政权稳定和君主权威的威胁。皇帝集权与生产资料的集中是互相冲突的。而且土地兼并的主要动力是官僚特权,并不是生产资料的自由交易。

根据本书的结论,如果更加重视上层建筑的作用,把政治军事活动看成是跟经济结构相对独立的东西,研究它如何反作用于经济基础,那么,"二十四史"的价值和传统史学的价值都会大大提高,因为它们的重点就是关心上层建筑,关心政治军事活动。

当然,并不能抛开经济基础去谈上层建筑。皇权政府并不一定就是官僚阶层的统治工具,它是一种相对独立的统治形式。掌握政治权力的人和占有大量生产资料者之间的关系,不一定是一种服务与被服务者之间的关系,还可以是一种互相制衡的关系。

政治清明,政治权力与经济权力互相独立,则政治权力可以有效遏制土地兼并或商业垄断,处在底层的普通老百姓受益最大。

政治权力过大而且腐败，官僚集团就会控制经济活动，自己变成统治阶层，从人民身上榨取不该属于他们的劳动果实。榨取的方式，可以是直接榨取，比如敲诈勒索，也可以是扶植代理人来榨取，通过官僚地主和官僚资产阶级，但官僚集团在其中起主导作用。

政治权力过小而且腐败，政治权力就会沦为剥削阶级的统治工具。

所以，政治和经济的关系，是复杂多变而非一成不变的，有时候国家政权为剥削阶级服务，有时候国家权力又可以制衡经济上的富有阶级。到底哪个方面占主导，取决于具体的政治制度设计、政府是腐败还是清廉等诸多因素。

一个政府到底为什么样的人服务，这个问题的答案在不断变化。有的政治家希望它为人民大众服务，比如海瑞；有的政治家则希望它为权贵集团服务，比如东林党。那么这个时候，"二十四史"里面的政治斗争和军事斗争就都是很有价值的历史记录，而不是单纯的权力游戏。通过观察代表不同社会群体利益的政治人物的言行举止，也可以把政治活动与当时社会的经济活动联系起来。这样一来，"二十四史"既可以是帝王将相家史，也可以是中华帝国的国史，二者不再矛盾。

帝王将相处于中央枢机，他们的思想观念和言行举止都要受到背后利益集团的影响。特别是官僚集团，谁能够坐到某个关键位置上，往往是各种利益集团反复博弈的结果。利益集团通过控制官僚人选、影响他们的思想等方式来影响中央决策。所以中央政府的政治斗争，实际上也就是整个国家经济社会运行的缩影。而军事斗争则是政治斗争的延续，和平的政治手段不能解决利益冲突，就会引发军事斗争，可以把它看成是政治斗争的极端形式。

政治活动和经济活动，哪一方应该在历史研究中应该居于中心地位，取决于什么样的力量在社会资源分配中占据主导地位。对欧洲封建国家而言，可能是生产关系中的雇主占据主导地位；而对中华帝国而言，笔者认为显然是权力结构中居于上层的人物占据主导地位。对于中华帝国这种权力主导型社会，研究政治活动的价值就比研究经济活动的价值可能要更大一些。

这样，我们就可以让政治活动重新回到中国历史研究的中心位置上。而唯物史观也为我们提供了传统史学缺乏的经济结构变迁以及政治经济之间联系的视角。经济基础对上层建筑的影响仍然不可忽视，阶级分析法仍然是对人类群体活动进行分析的基础工具。具体的某个政府官员或者某项政策措施代表某个阶级的利益，这在东西方社会无疑也都普遍存在。与此同时，我们不仅要充分强调上层建筑的独立性及其对经济基础的反作用，还要更加重视使用除了基于生产资料的阶级划分标准以外的其他利益集团划分标准来对人类群体进行划分，以更好地研究人类行为。只有这样，才能更好地理解中国历史和中国社会。

作　者

2024年10月